TRICOLORE

Stage Four

Heather Mascie-Taylor and Sylvia Honnor

Nelson

Tricolore Stage 4

Pupil's Book 4A/4B
Teacher's Book
Tapes or Cassettes
Reproduction Masters
Filmstrips
Overhead Projector
Transparencies

Illustrations

Viv Quillin   Neil Puddephat
David Mostyn   Jake Tebbit
Colin Smithson Roland Fiddy
Mike Hall   Peter Smith
Studio PFB

Designer

Barrie Richardson

Thomas Nelson and Sons Ltd
Nelson House   Mayfield Road
Walton-on-Thames   Surrey
KT12 5PL   UK

51 York Place
Edinburgh
EH1 3JD   UK

Thomas Nelson (Hong Kong) Ltd
Toppan Building 10/F
22A Westlands Road
Quarry Bay   Hong Kong

Thomas Nelson Australia
102 Dodds Street
South Melbourne
Victoria 3205
Australia

Nelson Canada
1120 Birchmount Road
Scarborough   Ontario
M1K 5G4   Canada

Printed in Hong Kong

Acknowledgements

The publishers would like to thank the following examination boards for permission to include questions from previous examination papers:
Associated Examining Board (AEB)
University of Cambridge Local Examinations Syndicate (Cambridge)
Joint Matriculation Board (JMB)
University of London, School Examinations Department (London)
Oxford Delegacy of Local Examinations (Oxford)
Oxford and Cambridge Schools Examination Board
Welsh Joint Education Committee (WJEC)
Associated Lancashire Schools Examining Board (ALSEB)
East Anglian Examinations Board (EAEB)
East Midland Regional Examinations Board (EMREB)
London Regional Examinations Board (LREB)
Northern Ireland Examinations Council (NIEC)
North West Regional Examinations Board (NWREB)
Southern Regional Examinations Board (SREB)
South East Regional Examinations Board (SEREB)
South Western Examinations Board (SWEB)
West Midlands Examinations Board (WMEB)
Yorkshire and Humberside Regional Examinations Board (YHREB)
Northern Examining Association
(Associated Lancashire Schools Examining Board,
Joint Matriculation Board, North Regional Examinations Board,
North West Regional Examinations Board,
Yorkshire and Humberside Regional Examinations Board)
Achievement Test Working Party, Newcastle LEA

Photographs Brendan Hearne

Other photographs Air France: pp. 111, 112, 113   Conseil de l'Europe: p. 20   Direction du Tourisme: p. 61 centre right (Karquel); p. 65 (Serge Chirol)   Documentation Française: p. 14 (J. P. Hochet); p. 26 bottom centre (Bouclier); p. 46 (Gratien/CRT); p. 55 (Almassy); p. 61 (H. Claire Virvaux); p. 33 (Pinheira Dosela); p. 135 (J. Suquet-I.N.R.D.P.)   Food & Wine from France: pp. 170, 200   French Government Tourist Office: p. 124   French Railways: p. 98   Keith Gibson: pp. 20, 35, 37, 45, 67, 70, 148, 162, 192   Murray/Sipa Press: p. 28   Office du Tourisme de Lyon: p. 61   Clive Pickering: pp. 128, 130, 142, 151, 157, 158   R.A.T.P.: pp. 92, 93   Renault (UK): p. 83   Yorkshire & Humberside Tourist Board: p. 51 (Jack Wetherby)

Cover photograph Pictor International

Introduction

Tricolore 4 is the final stage of the Tricolore French Course and contains materials for 1½ – 2 years' work.

The two pupils' books, 4A and 4B, are designed to help you to revise and extend your knowledge of French so that, by the end of the course, you should be able to do the following:

1
Visit a French-speaking country and cope there with everyday situations such as shopping, using public transport, booking accommodation, finding out information, ordering food and drink and sorting out any problems which arise.

2
Talk or write about yourself, your family, school life, your local area, your interests, hobbies and ambitions, and also ask French people about these things.
You should be able to express your opinions on a variety of matters, including television, exams, smoking and marriage (particularly after working on Pupil's Book 4B).

3
Offer advice or assistance to French-speaking visitors staying in your own country, explaining to them what there is to see in your area, how they can travel around, and helping them with any difficulties.

4
Be fairly well-informed about everyday life in France and French-speaking countries.

5
Find out information from brochures, instructions, posters, etc. printed in French.

6
Read for enjoyment or interest a French magazine or newspaper article, or a short story, and understand the gist of it even if you do not know the meaning of every word.

7
Understand most of what French people say when they are actually speaking to you.

8
Understand the gist of other spoken French which you are likely to hear, such as conversations between members of a French family or friends, travel information, simple weather or news items on the radio.

9
Be familiar with the most important grammar and structures of the French language and use this knowledge to help you to express yourself better in French, and to understand more fully the French that you hear or read.

Besides introducing new language, Stage 4 does include a lot of revision and consolidation of topics or grammar which have already been covered earlier in the course. In some cases, you may not need to spend long on these areas, and your teacher may suggest that you work through some of them quickly on your own, or even omit some altogether. However, it is important to keep practising the language which you have already learnt, and these sections should also prove very useful for reference when you are revising by yourself. (Use the list of contents, page 4, the vocabulary index, page 266, and the grammar index, page 266, to help you to find the pages which you need.)

At the back of each book, there are sections containing extra practice and guidance in preparing for examinations. You will probably use some of this material in class, but it has been designed so that you can work through much of it on your own when you are doing revision for exams.

Bonne chance et bon travail!

Contents

Je me présente

Je m'appelle Pierre Richard. J'ai dix-sept ans . . . depuis un mois. Je suis français et j'habite à Toulouse, dans le sud de la France. Je vais au lycée et je suis en terminale. En dehors du lycée, je fais du sport et j'aime écouter de la musique. Je vais au cinéma aussi. J'ai une sœur et un frère. Ma sœur a quinze ans et mon frère, onze ans. C'est la première fois que je viens à Paris.

Moi, je m'appelle Jean-Louis Giraud. Je suis belge. J'habite à Bruxelles. J'ai seize ans. J'ai deux frères qui sont plus jeunes que moi. Nous sommes cinq à la maison. Mon père est employé de bureau et ma mère est pharmacienne. J'aime voyager; je suis allé en Italie plusieurs fois. J'aime aussi faire de l'informatique . . . et j'aime le sport aussi.

Bienvenue en France!

Chaque année, beaucoup de jeunes étrangers passent leurs vacances en France. Quelques-uns participent à des stages «Connaissance de la France». Ces stages réunissent des groupes de jeunes, français et étrangers, pour l'étude d'une région de France. Les jeunes sont logés dans des foyers ou dans des auberges de jeunesse et restent ensemble pendant dix à quinze jours.

Au début du stage, chacun se présente. Voilà quatre jeunes qui participent à un stage «Connaissance de Paris».

Alors moi, je m'appelle Sylvie Crochaud. J'ai dix-huit ans. Je suis suisse. J'habite dans un village à la montagne. Le village s'appelle Saint-Cergue, et ce n'est pas loin de Genève. Je suis fille unique. Mon père est maçon et ma mère travaille dans un hôtel. Alors, quand j'ai du temps libre, j'aime écouter de la musique. J'aime lire aussi . . . et me promener. Pour lire, j'aime bien les romans, et la science-fiction. Je suis déjà allée en France une fois, à Lyon, en voyage scolaire.

Et puis, moi, je m'appelle Sigrid Kötter. Je suis allemande. J'habite à Bonn. J'ai dix-sept ans et j'ai une sœur qui a quatorze ans. Ma mère est professeur de français, donc je viens en France assez souvent. Mon père est décédé. Quand j'ai du temps libre, je fais de la musique, je joue de la guitare dans un groupe . . . on joue de la musique moderne, surtout. Je chante en anglais quelquefois. Mon rêve, c'est d'aller aux États-Unis.

1·1 Salut!

Et les autres?
Voilà les détails d'autres participants. Pouvez-vous les présenter?
Exemple:
Voilà Abdul Sanchez. Il a . . .

Abdul Sanchez
18 ans, algérien, vient d'Oran.
Une sœur, Fatima, 15 ans. Père:
technicien. Mère: sans profession.
Aime: la musique, le sport.

Marta Secca
17 ans, portugaise, vient de
Lisbonne. Un frère, José, 21 ans.
Père: instituteur. Mère: médecin.
Aime: danser, jouer du piano,
voyager. Son rêve: faire un
voyage en Amérique du sud.

Frédéric Silzer
19 ans, autricien, vient
d'Innsbruck. Fils unique. Parents
divorcés, vit avec sa mère –
professeur de physique. Aime: le
football, le ski, discuter de la
politique.

Jane Lewis
18 ans, anglaise, vient de
Manchester. Un frère, David, 15
ans. Une sœur, Helen, 8 ans.
Père: employé de banque. Mère:
infirmière. Aime: le sport, les
voyages, la lecture.

Et vous?

Imaginez que vous aussi, vous participez à un
stage «Connaissance de la France».
Présentez-vous, en répondant à ces
questions.
1 Comment vous appelez-vous?
2 Quel âge avez-vous?
3 Vous êtes de quelle nationalité?
4 Où habitez-vous?
5 Avez-vous des frères ou des sœurs?
6 Qu'est-ce que vous aimez faire quand vous
avez du temps libre?
7 Quel est votre rêve?

A vous de poser les questions (1)

Vous travaillez avec un partenaire. L'un de vous regarde
cette page, l'autre regarde la page 33.
Voilà les détails de trois autres personnes qui participent
au stage.
Votre partenaire a les détails de trois personnes
différentes.

Vous devez lui poser des questions pour découvrir les
détails qu'il a, et il va vous poser des questions à propos
des personnes ci-dessous.

Exemple:
Comment s'appelle la quatrième/cinquième/sixième
personne?

	nom	prénom	âge	nationalité	ville domicile	famille	loisirs
1	Dulac	Jean	16	Français	Strasbourg	fils unique	le football, le tennis
2	Laval	Chantal	18	Suisse	Genève	1 frère	la danse, le chant
3	Macdonald	Susan	17	Écossaise	Édimbourg	1 frère, 1 sœur	la lecture, le cinéma
4	?	?	?	?	?	?	?
5	?	?	?	?	?	?	?
6	?	?	?	?	?	?	?

 **Asking and replying to questions**

Asking questions

a) **Using your voice**
In conversational French, you will find that people change a simple statement into a question, simply by raising their voice in a questioning way:

Tu as des frères ou des sœurs? — *Do you have any brothers or sisters?*

b) **Using Est-ce que . . .**
You can make any statement into a question by adding **Est-ce que** to the beginning of the sentence:

Est-ce que vous restez longtemps en France? — *Are you staying long in France?*

c) **Using n'est-ce pas**
N'est-ce pas is used when you are expecting someone to agree with you. Roughly translated it means 'don't you think?', 'isn't it?':

Il fait froid, **n'est-ce pas**? — *It's cold, isn't it?*

d) **Using inversion**
A more formal way of asking questions, particularly found in written French, is to turn the verb and the subject round:

Avez-vous un animal à la maison? — *Do you have any pets?*

Notice that if the verb ends in a vowel in the 3rd person, you have to add an extra **-t-** when you turn it round:

Où habite-**t**-elle? — *Where does she live?*

e) Useful question words:

Combien?	*How much?*
Comment?	*How? What?*
Comment est-il?	*What is he like?*
Où?	*Where?*
D'où venez-vous?	*Where are you from?*
Pourquoi?	*Why?*
Quand?	*When?*
Qu'est-ce que . . . ?	*What . . . ?*
Qu'est-ce qu'il fait dans la vie?	*What does he do for a living?*
Qui?	*Who?*
Quoi?	*What?*

(f) **Quel**
Notice that **quel** is an adjective and agrees with the noun which follows:

Quel âge avez-vous? — *How old are you?*

De **quelle** nationalité est-elle? — *What nationality is she?*

Quels journaux lisez-vous? — *Which newspapers do you read?*

Quelles chaussures vas-tu mettre? — *Which shoes are you going to wear?*

Replying to questions

a) Often there is more than one way to answer a question:

– Qui est la fille aux cheveux blonds? — *Who's the girl with the blond hair?*
– Nicole. — *Nicole.*
C'est Nicole. — *It's Nicole.*
Elle s'appelle Nicole. — *She's called Nicole.*
C'est la sœur de Marc. — *It's Marc's sister.*

b) When replying to a question, you would normally use the same tense (Present, Past, Future) as was used in the question:

Present Tense
– Où **habitez**-vous? — *Where do you live?*
– J'**habite** à Lille, dans le nord de la France. — *I live in Lille, in the north of France.*

Perfect Tense
– Quand **êtes**-vous **arrivés** en France? — *When did you arrive in France?*
– Nous **sommes arrivés** samedi dernier. — *We arrived last Saturday.*

Future Tense
– Que **ferez**-vous pendant les vacances de Pâques? — *What will you do during the Easter holidays?*
– J'**irai** dans les Alpes. — *I'll go to the Alps.*

c) If the question begins with *pourquoi* ('why'), answer with **parce que** ('because') or **pour** ('in order to'):

– Pourquoi passez-vous vos vacances en France, chaque année? — *Why do you spend your holidays in France each year?*
– **Parce que** mon père est professeur de français. — *Because my father is a French teacher.*

– Pourquoi prenez-vous le car à Londres? — *Why are you going by coach to London?*
– **Parce que** c'est moins cher. — *Because it's cheaper.*

Notice that **parce que** is followed by a subject (*mon père, c'*) + a verb:

– Pourquoi partez-vous tôt, demain? — *Why are you leaving early tomorrow?*
– **Pour** être au port à l'heure. — *To be at the port in time.*

– Pourquoi téléphonez-vous au théâtre? — *Why are you phoning the theatre?*
– **Pour** réserver des places. — *To reserve some seats.*

Pour is followed by the infinitive of the verb (*être, réserver*).

Les questions ne sont pas complètes

Il manque des mots importants dans ces questions.
A vous de trouver les mots qui manquent.

1 . . . s'appelle la fille là-bas?
2 . . . âge a-t-elle?
3 Et le garçon aux cheveux blonds, . . . est-il?
4 De . . . nationalité est-il?
5 Et toi, . . . âge as-tu?
6 Ton anniversaire c'est . . . ?
7 . . . habites -tu en France?
8 . . . es-tu venu à Paris? Par le train?
9 . . . as-tu payé ton billet de train?
10 Tu restes à Paris, jusqu'à . . . ?

Pour faire sa connaissance

Vous voulez faire la connaissance d'une de ces personnes. Écrivez six questions que vous pouvez lui poser.

Interview avec Nicole Deladier

— Félicitations Nicole. Vous êtes la nouvelle championne junior de ski nautique. Vous êtes sans doute très heureuse.
— Er . . . oui . . . enfin . . . oui bien sûr . . . c'est vraiment formidable.
— On ne vous connaît pas très bien encore. Me permettez-vous de vous poser quelques questions à propos de votre vie personnelle?
— Oui, allez-y.
— Alors, quel âge avez-vous? Où habitez-vous?
— J'ai dix-sept ans. Mon anniversaire est le 24 juillet. J'habite à Grenoble.
— Ça fait longtemps que vous faites du ski nautique?
— Oui. Je fais du ski nautique depuis l'âge de neuf ans. Alors, ça fait huit ans.
— Et qu'est-ce que vous faites en dehors du ski nautique?
— J'aime beaucoup la lecture. Je lis surtout des romans policiers. Mon écrivain favori est Georges Simenon. Je vais au cinéma aussi. J'adore les films de Jean-Paul Belmondo.
— Aimez-vous la musique, les vacances?
— La musique non, pas spécialement. Comme vacances, je vais souvent dans les pays du sud – la Grèce, l'Italie, le Portugal.
— Est-ce qu'il y a quelque chose que vous détestez?
— Oui, je déteste faire les courses dans les grands supermarchés.
— Merci, Nicole Deladier.

Écoutez l'interview avec Nicole Deladier, puis écrivez un petit article sur elle pour un magazine.

Exemple:
Nicole Deladier, la nouvelle championne de ski nautique, a 17 ans. Son anniversaire est . . . *etc.*

Détails personnels vocabulaire et phrases utiles

l' adresse (f)	address
l' âge (m)	age
l' anniversaire (m)	birthday
la date de naissance	date of birth
le domicile habituel	permanent address
le lieu de naissance	place of birth
la nationalité	nationality
né(e)	born
le nom de famille	surname
le numéro de téléphone	telephone number
le prénom	Christian name
le domicile	home address

La situation de famille

célibataire	single
divorcé(e)	divorced
marié(e)	married
séparé(e)	separated
veuf(veuve)	widowed

Religion

catholique	catholic
chrétien(-ienne)	Christian
croyant(e)	practising a religion
hindou(e)	Hindu
juif(ve)	Jewish
musulman(e)	Muslim
protestant(e)	protestant
sans religion	agnostic
sikh	Sikh

Quelques professions

un agent de police	policeman
un(e) coiffeur(-euse)	hairdresser
un(e) cuisinier(-ière)	cook
un électricien	electrician

un(e) employé(e)	employee
~ de bureau	office worker
~ des PTT	Post Office worker
~ de la SNCF	railway worker
un(e) fonctionnaire	civil servant, government worker
un(e) infirmier(-ière)	nurse
un ingénieur	engineer
un maçon	builder
un mécanicien	mechanic
un mineur	miner
un(e) programmeur(-euse)	programmer
un(e) représentant(e)	representative
une secrétaire	secretary
un(e) technicien(-ienne)	technician
un(e) vendeur(-euse)	sales assistant
sans profession	without a current job
en chômage	unemployed

Vos papiers, s'il vous plaît?	Your papers, please? (You are asked to show some form of identification, either a 'carte d'identité' or a passport.)
Votre nom, s'il vous plaît?	What is your name (surname) please?
Ça s'écrit comment?	How do you spell it?
Et votre prénom?	And your Christian name?
Quelle est votre adresse en France?	What is your address in France?
Avez-vous le téléphone?	Do you have a phone?
Quelles sont vos co-ordonnées?	How can you be contacted? (address, telephone)
Quelle est votre date de naissance?	What is your date of birth?

— Alors, vous vous appelez Pierre, vous habitez chez votre mère, et vous vendez des fleurs devant l'hôpital. C'est tout?

Now you can:

understand people introducing themselves and ask and answer questions about personal details (name, age, nationality, where you live etc.)

Personnage mystère

Déchiffrez le code et vous trouverez les réponses à toutes les questions. Ça vous aidera à identifier le personnage mystère.
Solution page 12

Ça s'écrit comment?

Choisissez une de ces villes et épelez-la pour votre partenaire. Est-ce qu'il/elle peut l'écrire correctement – sans regarder le livre bien sûr!

Auxerre   Limoges
Bayonne   Marseille
Carcassonne Perpignan
Dinard   Toulouse
Étretat   Valence
Grenoble   Yvoire

Le jeu des pays

En remplaçant chaque lettre de cette grille par celle qui la suit dans l'alphabet, vous découvrirez dix pays d'Europe.

1	F	Q	D	B	D		
2	R	T	H	R	R	D	
3	H	S	Z	K	H	D	
4	D	R	O	Z	F	M	D
5	H	Q	K	Z	M	C	D
6	Z	T	S	Q	H	B	G D
7	O	N	Q	S	T	F	Z K
8	A	D	K	F	H	P	T D
9	Z	K	K	D	L	Z	F M D
10	K	T	W	D	L	A	N T Q F

Horizontalement

1 Quelle est votre saison préférée?
4 Quelle est votre couleur favorite?
5 Quelle est votre boisson préférée?
6 Quelle est votre principale distraction?
8 Quel est votre animal préféré?
9 Par quel moyen de transport aimez-vous vous déplacer?
10 Quel est votre sport préféré?
11 Quel est votre prénom?

Verticalement

1 Où êtes-vous né?
2 Quel est votre plat préféré?
3 Qu'est-ce que vous faites dans la vie?
7 Quelle est votre situation de famille?
9 Quelle est la couleur de vos yeux?

11

Des sigles

Lisez ces abréviations, puis choisissez la bonne définition.

¹ (RER) ² SNCF ³ ONU

⁴ C.E.S. ⁵ H.L.M. ⁶ l'URSS

⁷ TF1 FR3

⁸ PTT

a) C'est un pays.
b) C'est une maison ou un appartement qui appartient à l'état.
c) C'est une école.
d) C'est les chemins de fer français.

e) C'est la poste.
f) C'est une partie très moderne du métro.
g) Ce sont des chaînes de la télévision française.
h) C'est une association des pays du monde.

A propos de l'alphabet

En français on dit le jour J et l'heure H pour des moments importants. Quelqu'un qui ne sait ni lire ni écrire est analphabète.

L'alphabet

A B C D E F G H I J K
L M N O P Q R S T U
V W X Y Z

Les accents

à	accent grave (m)
é	accent aigu (m)
ô	accent circonflexe (m)
ç	cédille (f)
ï	tréma (m)

La ponctuation

.	point (m)
,	virgule (f)
:	deux-points (m)
;	point-virgule (m)
?	point d'interrogation (m)
-	tiret (m)
!	point d'exclamation (m)
« »	guillemets (m.pl.) (*Ouvrez/Fermez les guillemets.*)
( )	parenthèses (f.pl.) (*Mettre entre parenthèses.*)

Les numéros

1	un
2	deux
3	trois
4	quatre
5	cinq
6	six
7	sept
8	huit
9	neuf
10	dix
11	onze
12	douze
13	treize
14	quatorze
15	quinze
16	seize
17	dix-sept
18	dix-huit
19	dix-neuf
20	vingt
21	vingt et un
22	vingt-deux
30	trente
31	trente et un
40	quarante
41	quarante et un
50	cinquante
51	cinquante et un
60	soixante
61	soixante et un
70	soixante-dix
71	soixante et onze
72	soixante-douze
80	quatre-vingts
81	quatre-vingt-un
82	quatre-vingt-deux
90	quatre-vingt-dix
91	quatre-vingt-onze
100	cent
500	cinq cents
550	cinq cent cinquante
1 000	mille
5 000	cinq mille
1 000 000	un million

premier(-ère)	*first*
deuxième	*second*
troisième	*third*
quatrième	*fourth*
cinquième	*fifth*
sixième	*sixth*
septième	*seventh*
huitième	*eighth*
neuvième	*ninth*
dixième	*tenth*
un quart	*a quarter*
un tiers	*a third*
un demi	*a half*
deux tiers	*two thirds*
trois quarts	*three quarters*

Personnage mystère-solution

Vous l'avez deviné? Oui, c'est en effet Sacha Distel!

Paris en chiffres

Cirques	2
Grands magasins	12
Hôpitaux publics	24
Piscines municipales	26
Ponts sur la Seine	35
Théâtres	61
Bibliothèques	83
Marchés	84
Musées	85
Supermarchés	106
Lycées	109
Stades	117
Collèges	118
Stations de métro	360
Hôtels	3 783
Restaurants	4 992
Cabines téléphoniques publiques	7 000
Habitants	2 176 243

C'est dans quel arrondissement?

Consultez le *Petit Annuaire de la Ville de Paris* pour répondre à ces questions.

Exemples:
1 C'est dans le quinzième arrondissement.
10 C'est dans le dix-neuvième arrondissement.

1 Où se trouve le CIDJ?
2 Et le bureau des objets trouvés?
3 Je cherche le musée Carnavalet.
4 Où se trouve l'Alliance Française?
5 Et l'office de tourisme?
6 Le camping du Bois de Boulogne, c'est où?
7 Et le bureau de poste principal?
8 Je cherche l'Accueil des Jeunes en France.
9 Pour la gare du Nord, s'il vous plaît?
10 Et la gare routière?

Petit annuaire de la ville de Paris

La ville de Paris est divisée en vingt arrondissements. Tout au centre (autour de l'île de la Cité) se trouvent le premier, le deuxième, le troisième, le quatrième, le cinquième et le sixième arrondissements. Si vous cherchez un endroit, il est utile de savoir dans quel arrondissement il se trouve.

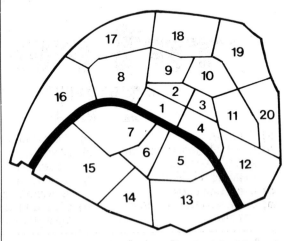

Accueil des Jeunes en France (AJF), 119 rue Saint-Martin, Paris 4^e	Tél 277 87 80
Alliance Française, 101 boulevard Raspail, Paris 6^e	Tél 544 38 28
Bureau des objets trouvés, 36 rue des Morillons, Paris 15^e	Tél 531 14 80
Bureau de poste principal (ouvert toute la nuit), 52 rue du Louvre, Paris 1er	Tél 233 71 60
Camping du Bois de Boulogne, allée du Bord de l'Eau, Paris 16^e	Tél 506 14 98
CIDJ (Centre d'Information et de Documentation Jeunesse), 101 quai Branly, Paris 15^e	Tél 566 40 20
Gare du Nord, 18 rue de Dunkerque, Paris 10^e	Tél 280 03 03
Gare routière internationale, 8 place de Stalingrad, Paris 19^e	Tél 205 12 10
L'office de tourisme de Paris, 127 Champs Elysées, Paris 8^e	Tél 723 61 72
Musée Carnavalet, 23 rue de Sévigné, Paris 3^e	Tél 272 21 13

Now you can:
understand and use the alphabet and numbers in French.

LA VIE FAMILIALE EN FRANCE – QUELQUES STATISTIQUES

Est-ce qu'on se marie jeune en France?

En France, le mariage est permis à partir de 18 ans pour les hommes et de 15 ans pour les femmes, mais la plupart des Français et des Françaises se marient beaucoup plus tard: l'âge moyen du mariage est de 23 ans 9 mois pour les hommes et de 21 ans 10 mois pour les femmes.

Quel est le nom de famille le plus commun?

En effet, ce n'est pas Dupont ou Dupond comme le pensent beaucoup de personnes. Le nom de famille le plus commun c'est Martin, puis c'est Bernard, ensuite viennent Thomas, Petit, Dubois, Durand, Moreau, Michel, Richard et Robert. Dupont n'est que dix-neuvième.

Est-ce qu'il y a beaucoup de «familles nombreuses» en France, c'est-à-dire des familles avec beaucoup d'enfants?

Regardez les chiffres: 17% des familles n'ont pas d'enfants; 25% ont un enfant; 24% ont deux enfants; 14% ont trois enfants; 20% ont quatre ou plus de quatre enfants. Ça veut dire qu'il y a en moyenne 2,3 enfants par famille en France.

Et le divorce, ça existe aussi?

Oui, environ un mariage sur cinq se termine en divorce.

Est-ce qu'on vit longtemps en France?

Comme dans beaucoup de pays, les femmes vivent plus longtemps que les hommes.

En France, l'espérance de vie est de 69 ans 5 mois pour les hommes et de 77 ans 5 mois pour les femmes.

Avez-vous bien compris?

1 a) At what age is marriage legal for men?
b) And for women?
2 What is the average age of marriage for men?
3 What is the most common French surname?
4 What percentage of French families have four children or more?

5 What is the average number of children per family?
6 How many marriages end in divorce?
7 a) What is the life expectancy for men?
b) And for women?

La famille vocabulaire utile

un beau-frère	brother-in-law
un beau-père	step-father, father-in-law
les beaux-parents (m.pl.)	parents-in-law
un bébé	baby
une belle-mère	step-mother, mother-in-law
une belle-sœur	sister-in-law
un(e) cousin(e)	cousin
un(e) enfant	child
la famille	family
une femme	wife, woman
un(e) fiancé(e)	fiancé(e)
une fille (unique)	(only) daughter, girl
un fils (unique)	(only) son
un frère	brother
un garçon	boy
une grand-mère	grandmother
un grand-père	grandfather
les grands-parents	grandparents
le mari	husband
la mère	mother
un neveu	nephew
une nièce	niece
un oncle	uncle
un parent	parent, relation
le père	father
les petits-enfants	grandchildren
une sœur	sister
une tante	aunt
un(e) voisin(e)	neighbour

Pour décrire quelqu'un dans la famille

plus âgé que	older than
moins âgé que	younger than
l'aîné(e)	oldest
le(la) cadet(ette)	youngest
jeune	young
vieux(vieille)	old
décédé ⎱ mort ⎰	dead

Les animaux domestiques

un animal	animal
un chat (une chatte)	cat
un cheval	horse
un chien (une chienne)	dog
un cochon d'Inde	guinea pig
un hamster	hamster
un lapin	rabbit
un oiseau	bird
un perroquet	parrot
une perruche	budgerigar
un poisson(rouge)	(gold)fish
une souris	mouse
une tortue	tortoise

Petit arbre généalogique

Grand-père **André** 74 ans   *Grand-mère* **Jeanette** 70 ans

Claude 53 ans   **Denise** 47 ans

Jean-Paul 42 ans   **Claire** 39 ans

Françoise 16 ans   **Thierry** 18 ans   **Marie-Laure** 13 ans

Carolle 15 ans   **Yves** 11 ans

Vrai ou faux?

1 Jean-Paul est l'oncle de Françoise.
2 Denise est la femme de Jean-Paul.
3 Claire est la belle-sœur de Denise.
4 Yves et Thierry sont cousins.
5 Claude est la belle-fille d'André et de Jeanette.
6 Marie-Laure est le neveu de Jean-Paul et de Claire.
7 Jeanette est la belle-mère de Carolle.
8 André est le grand-père de Françoise.

C'est qui?

Exemple: Qui est André?
C'est le grand-père de Thierry.

1 Qui est Claude?
2 Qui est Jeanette?
3 Qui sont Carolle et Yves?
4 Qui est Claire?
5 Qui est Marie-Laure?
6 Qui est Thierry?
7 Qui sont André et Jeanette?
8 Qui est Jean-Paul?

Qui est-ce?

1 La sœur de votre mère est votre . . .
2 Le mari de votre tante est votre . . .
3 Les enfants de votre tante sont vos . . .
4 Le père de votre père est votre . . .
5 La femme de votre grand-père est votre . . .
6 Le fils de votre sœur et de votre beau-frère est votre . . .
7 La fille de votre frère et de votre belle-sœur est votre . . .

Le carnet du jour

naissances

M. et Mme André MASSON
ont la joie d'annoncer la
naissance de leur fils

Dominique

le 27 juillet

M. et Mme Robert Michel
ont la joie d'annoncer la
naissance, le 7 août, de leur
première petite-fille

Claire

chez Jean-Luc Michel et Isabelle,
née Guillaume.

mariages

M. et Mme Henri LEGRAND
Le colonel et Mme
MARTIAL

sont heureux de vous faire part du
mariage de leurs enfants

Agnès et Bernard

qui sera célébré le 29 août, à 16
heures en l'église Saint-Ambroise
à Paris.

fiançailles

On nous prie d'annoncer les
fiançailles de

Mlle Marie Barrière
fille de M. Jacques Barrière et de
Mme, née Monique Platon

avec

M. Arnaud Debreu
fils du colonel Henri Debreu et de
Mme, née Chantal Houlon.

deuils

Mme Gérard Vincent, son épouse
Mlle Colette Vincent, sa fille
M. Jean Vincent, son fils
M. et Mme Pierre Le Verger
et leurs enfants,
sa sœur et beau-frère, ses neveux
et ses nièces et toute la famille
ont la douleur de vous faire part
du décès de

M. Gérard Vincent

survenu le 20 août
Les obsèques auront lieu le 24
août au cimetière du Père-
Lachaise.

Avez-vous bien compris?

1 Have M. and Mme Masson had a son or a daughter?
2 How is Claire related to M. and Mme Robert Michel?
3 Who is Marie Barrière's fiancé?
4 Who is getting married soon?
5 When and where will the marriage take place?
6 When did M. Gérard Vincent die?
7 How many children did he have?
8 When will the funeral take place?

Un correspondant français

Avoir un correspondant français est un excellent moyen de faire la connaissance d'un(e) jeune Français(e) et, éventuellement de faire un échange.

Pour trouver un correspondant, vous pouvez consulter le courrier des lecteurs dans les magazines pour la jeunesse comme *Salut!, Podium-Hit, OK!, Âge tendre, Girls* ou même y mettre une petite annonce.

Vous cherchez un correspondant?

J'ai 14 ans et j'aimerais correspondre avec filles ou garçons de 13 à 16 ans, aimant le cinéma et la musique rock. **Mohammed Benkarroum, 19 rue Cloron-Riad, Meknès (Maroc).**

Jeune fille de 15 ans, dés. corresp. avec filles et garçons de 15 à 20 ans de tous pays, parlant français. **Françoise Declerc, 76, avenue Lebon, 1160 Bruxelles, (Belgique)**

Dés. corresp. avec filles et garçons de 16 ans à 20 ans, aim. la danse, la musique et la moto. **Lise Sylvestre, 97 200 Fort-de-France (Martinique)**

Jeune Ivoirien de 16 ans dés. corresp. avec filles ou garçons de tous pays parlant français et aim. les voyages, la natation, la voile, et le vélo. **Jean Goly Konassi, 06 B.P. 29 Abidjan 08, (Côte d'Ivoire)**

J'ai 15 ans et j'aimerais correspondre avec Américains ou Anglais pour me perfectionner dans cette langue et lier amitié. **Suzanne Laurent, 62 rue Moille Beau – 1209 – Genève (Suisse)**

J.H. 15 ans aimerait correspondre avec Anglais même âge en vue échange pour le mois d'août. **Marc Koster, 21 rue Ermesinde, Luxembourg (Luxembourg)**

Dés. corresp. avec garçons de 16 à 20 ans, parlant arabe ou français, aim. la nature, le sport et les voyages. **Fatima Mechkour, Ilot 1 No 22 Cité Petit-Lac, Oran (Algérie)**

Jeune Anglais, 15 ans, aimant le sport, les langues et les voyages, désire correspondre avec Français même âge en vue échange. **Ian Steele, 15 Churchdown Road, Gloucester.**

A Find a suitable pen-friend for these people:

1 Susan Clarke (14) loves old films and rock music.
2 Peter Barclay (15) wants to do an exchange this summer.
3 Helen Sharpe (16), very sporty, likes long walks in the country, is looking for a female pen-friend.
4 John Matthews (16), also sporty, likes swimming, cycling and stamp collecting.
5 Alison Gray (17) likes music, dancing and travelling.

B Imagine that you want a pen-friend. Write an advert about yourself for a teenage magazine.

Une lettre à lire . . .

Imagine that you have received this letter in response to your request for a pen-friend. Your family want to know all about your new pen-friend, so note down in English all the facts about Bruno that are given.

Cher Ian,   Le 10 juin

J'ai lu votre petite annonce dans le magazine "Europa" et je vous écris tout de suite parce que ça fait longtemps que je cherche un correspondant anglais.

Je me présente d'abord : je m'appelle Bruno Durand et j'ai quinze ans. Mon anniversaire est le 7 juin - j'ai un frère qui est plus âgé que moi. Il a vingt-trois ans et et il est marié avec un enfant. Il s'appelle Robert. J'ai aussi une sœur Hélène, qui a dix-huit ans. Je suis le cadet de la famille. Est-ce que vous avez aussi des frères ou des sœurs? Et avez-vous des animaux? Nous avons un chien qui s'appelle Napoléon. C'est un boxer. Mon père est instituteur et ma mère travaille dans un bureau.

Qu'est-ce que vous faites comme sport? Moi, je joue au basket et je fais du vélo. J'aime aussi le football.

Aimez-vous la musique pop? Mon groupe favori est Téléphone. C'est un groupe français. Vous le connaissez? J'ai beaucoup de leurs disques.

Je vous envoie une photo de moi et de ma famille. Je ressemble beaucoup à mon père, n'est-ce pas? - du moins tout le monde le dit. Dans l'attente de vos nouvelles, Amitiés.

Bruno.

. . . et une lettre à écrire

Write a first letter to a pen-friend following this guideline:

1 Say where you obtained the address of the French person:
> J'ai lu votre petite annonce dans le magazine . . .
> Mon professeur de français m'a donné votre adresse.

2 Introduce yourself, giving your name, age and birthday:
> Je me présente: je m'appelle . . . et j'ai . . . ans.
> Mon anniversaire est le . . .

3 Ask your pen-friend how old (s)he is and when his (her) birthday is:
> Quel âge avez-vous?
> C'est quand, votre anniversaire?

4 Describe your family:
> Je suis fils(fille) unique.
> J'ai . . . frère(s) et . . . sœur(s).
> Je n'ai pas de frères (sœurs).
> Il/Elle s'appelle . . . Il/Elle a . . . ans.

5 If you have older brothers or sisters, say if they are married or working.
Say what your parents do for a living. (*For a list of jobs, see page 10*).

6 Ask your pen-friend about his(her) family.

7 Say you're sending a photo of yourself and/or your family.
If you look like someone else in the family, point this out:
> Je ressemble à ma mère/mon père/ma sœur (aînée) /mon frère (aîné) *etc.*

 **Grammaire** The Present Tense

Notice that you have mainly been using the Present Tense in this unit. This is because you have been talking about things which *do not change* (your name, details about your family, descriptions of people etc.).
Remember that there is only one form of the Present Tense in French so, for instance, *il travaille* means 'he works', 'he is working' and 'he does work'.

How to form the Present Tense

Regular verbs form the Present Tense in one of three ways, depending on whether the infinitive of the verb ends in *-er, -re* or *-ir*.

jou**er**		répond**re**		fin**ir**	
je	jou**e**	je	répond**s**	je	fin**is**
tu	jou**es**	tu	répond**s**	tu	fin**is**
il elle on	jou**e**	il elle on	répond	il elle on	fin**it**
nous	jou**ons**	nous	répond**ons**	nous	fin**issons**
vous	jou**ez**	vous	répond**ez**	vous	fin**issez**
ils elles	jou**ent**	ils elles	répond**ent**	ils elles	fin**issent**

Many commonly used French verbs are *irregular*, particularly in the Present Tense. Note in particular the following:

aller	*to go*	être	*to be*
avoir	*to have*	faire	*to do, make*
boire	*to drink*	mettre	*to put*
comprendre	*to understand*	pouvoir	*to be able, can*
connaître	*to know*	prendre	*to take*
croire	*to believe, think*	savoir	*to know*
		venir	*to come*
devoir	*to have to, must*	voir	*to see*
		vouloir	*to wish, want*
dire	*to say*		

Some of these are very irregular, like **avoir** and **être**. Some are only slightly irregular, like **prendre** and **comprendre**. All irregular verbs are listed in the verb table on page 251 and you will be practising many of them as you work through this and other units.

Depuis *and* ça fait . . . que

The Present Tense is used with these two expressions when the verb refers to something that is *still going on*:

– Ça fait longtemps que vous **habitez** à Paris?
  Have you been living in Paris for long?
– Oui, ça fait cinq ans qu'on **habite** ici.
  Yes, we've been living here for five years.
– Vous **êtes** en France depuis quand?
  How long have you been in France?
– Depuis le 5 juillet.
  Since July 5th.
– Vous **apprenez** le français depuis longtemps?
  Have you been learning French for long?
– Oui, j'**apprends** le français depuis quatre ans.
  Yes, I've been learning French for four years.

Depuis quand?

1 Depuis combien de temps apprenez-vous le français?
2 Depuis combien de temps allez-vous au lycée?
3 Ça fait longtemps que vous habitez votre ville/village?
4 Vous apprenez à jouer d'un instrument de musique? Si oui, depuis combien de temps?
5 Vous faites partie d'une équipe (de football, de tennis etc)?
Si oui, depuis combien de temps?
6 Ça fait longtemps que vous écrivez à un(e) correspondant(e) français(e) ou est-ce que vous n'en avez pas?

Now you can:
understand information about family life in France and talk and write about yourself and your family.

Je travaille au Conseil de l'Europe

Helen Andrews est anglaise. Elle est originaire de Birmingham mais, depuis un an, elle travaille comme secrétaire au Conseil de l'Europe à Strasbourg. Elle nous parle de son travail et de sa vie à Strasbourg.

«Pour trouver mon poste, j'ai répondu à une petite annonce dans le journal, il y a deux ans. On m'a interviewée et on m'a acceptée, mais j'ai dû attendre un an avant d'être nommée à ce poste. Donc, ça fait environ un an que je travaille à Strasbourg. Quand je suis arrivée, je n'étais pas complètement perdue. Je connaissais déjà un peu la région et j'avais fait la connaissance d'une famille, qui habite dans un village près de Strasbourg.

Le Conseil de l'Europe est un organisme assez grand – il y a environ 750 fonctionnaires – et il y a beaucoup d'étrangers: Danois, Espagnols, Allemands, Italiens, et, avec le temps, on se fait des amis. Au début, je logeais dans un foyer de jeunes filles, mais maintenant je partage un appartement avec une Hollandaise et une Italienne.

Le Conseil de l'Europe a été créé en 1949 pour renforcer la co-opération entre les pays de l'Europe de l'ouest. Il y a plusieurs secteurs: les droits de l'homme, la santé publique, l'éducation, l'environnement, etc. Moi, je travaille dans le service de presse et d'information. Nous préparons des dépliants et des documents sur tous les aspects du Conseil de l'Europe. Il y a vingt et un pays qui font partie de l'association et treize langues officielles. Bien sûr, moi je m'occupe surtout des documents et des brochures qui sont préparés en anglais!»

Avez-vous bien compris?

1 Where does Helen Andrews work?
2 How long has she worked there?
3 How did she apply for the job?
4 Did she know the area at all before she went to work there?
5 What nationality are her flatmates?
6 Name *one* of the functions of the Council of Europe.
7 How many countries are members of the Council of Europe?
8 How many official languages are there?

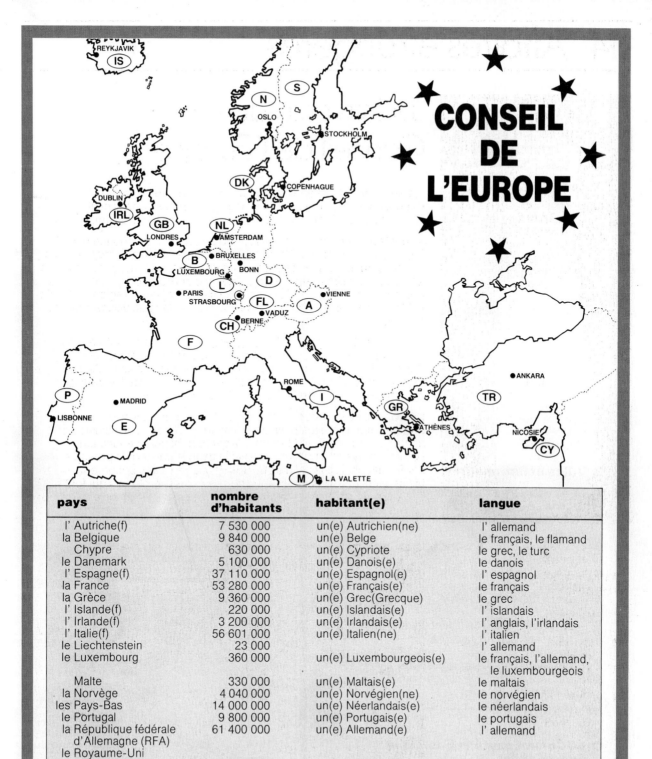

CONSEIL DE L'EUROPE

pays	nombre d'habitants	habitant(e)	langue
l' Autriche(f)	7 530 000	un(e) Autrichien(ne)	l' allemand
la Belgique	9 840 000	un(e) Belge	le français, le flamand
Chypre	630 000	un(e) Cypriote	le grec, le turc
le Danemark	5 100 000	un(e) Danois(e)	le danois
l' Espagne(f)	37 110 000	un(e) Espagnol(e)	l' espagnol
la France	53 280 000	un(e) Français(e)	le français
la Grèce	9 360 000	un(e) Grec(Grecque)	le grec
l' Islande(f)	220 000	un(e) Islandais(e)	l' islandais
l' Irlande(f)	3 200 000	un(e) Irlandais(e)	l' anglais, l'irlandais
l' Italie(f)	56 601 000	un(e) Italien(ne)	l' italien
le Liechtenstein	23 000		l' allemand
le Luxembourg	360 000	un(e) Luxembourgeois(e)	le français, l'allemand, le luxembourgeois
Malte	330 000	un(e) Maltais(e)	le maltais
la Norvège	4 040 000	un(e) Norvégien(ne)	le norvégien
les Pays-Bas	14 000 000	un(e) Néerlandais(e)	le néerlandais
le Portugal	9 800 000	un(e) Portugais(e)	le portugais
la République fédérale d'Allemagne (RFA)	61 400 000	un(e) Allemand(e)	l' allemand
le Royaume-Uni			
l'Angleterre	46 300 000	un(e) Anglais(e)	l' anglais
l'Écosse	5 228 000	un(e) Écossais(e)	l' anglais
l'Irlande du nord	1 531 000	un(e) Irlandais(e)	l' anglais
le pays de Galles	2 725 000	un(e) Gallois(e)	l' anglais, le gallois
la Suède	8 280 000	un(e) Suédois(e)	le suédois
la Suisse	6 350 000	un(e) Suisse	le français, l'allemand l' italien, le romanche
la Turquie	43 200 000	un(e) Turc(Turque)	le turc

Un quiz sur

A Les pays

1 Quels sont les pays qui ont une frontière commune avec la France?
2 Quels sont les pays qui ont une frontière commune avec l'Espagne?
3 Quelles langues parle-t-on en Suisse?
4 Quels sont les quatre pays qui font partie du Royaume-Uni?
5 Comment s'appellent les trois pays qui font partie de la Scandinavie?
6 Quels sont les pays francophones d'Europe?
7 Quel est le pays avec le plus grand nombre d'habitants?
8 Quel est le pays avec le plus petit nombre d'habitants?
9 Est-ce que la Belgique est plus grande que l'Islande?
10 Est-ce que l'Italie est plus grande que l'Espagne?

B Villes et nationalités

1 Maria est née à Bonn. De quelle nationalité est-elle?
2 José est né à Madrid. De quelle nationalité est-il?
3 Gudrun est née à Innsbruck. De quelle nationalité est-elle?
4 Frank est né à Amsterdam. De quelle nationalité est-il?
5 Chantal habite Bruxelles. C'est en quel pays?
6 Pierre habite Genève. C'est en quel pays?
7 Comment s'appelle la capitale de la Norvège?
8 Comment s'appelle la capitale de l'Italie?
9 Comment s'appelle la capitale du Danemark?
10 Comment s'appelle la capitale de l'Irlande?

C La Communauté Économique Européenne

1 Combien de pays d'Europe font partie du marché commun? Pouvez-vous en nommer six?
2 Il y a sept langues officielles. Pouvez-vous en nommer cinq?
3 Les activités du Parlement Européen ont lieu dans trois pays différents. Pouvez-vous les nommer?

Les plaques de nationalité

Quand on part à l'étranger avec sa voiture, il faut mettre une plaque de nationalité sur la voiture. Reconnaissez-vous le pays d'origine de ces voitures?

Exemple: 1 C'est une voiture britannique.

1 (GB)   2 (F)   3 (B)   4 (I)
5 (E)   6 (IRL)   7 (D)   8 (CH)
9 (P)   10 (S)   11 (NL)   12 (DK)

Le monde

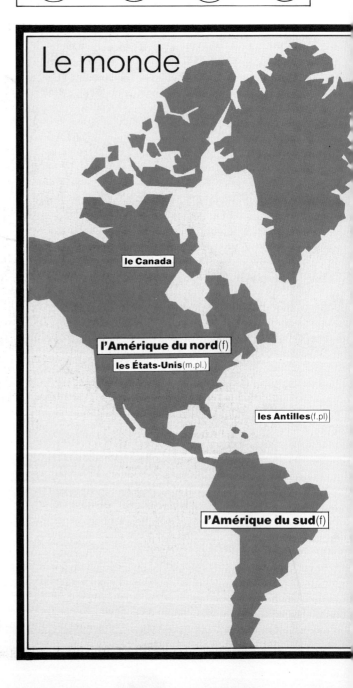

le Canada

l'Amérique du nord(f)

les États-Unis(m.pl.)

les Antilles(f.pl)

l'Amérique du sud(f)

Aimez-vous les timbres?

Reconnaissez-vous l'origine de ces timbres?

Exemple: **1** C'est un timbre allemand.

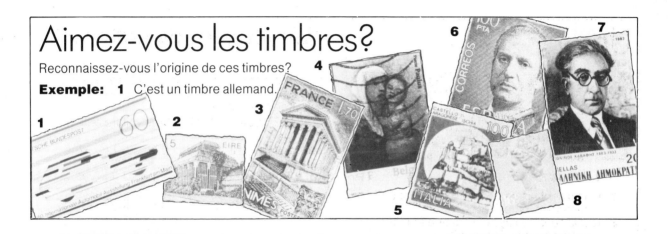

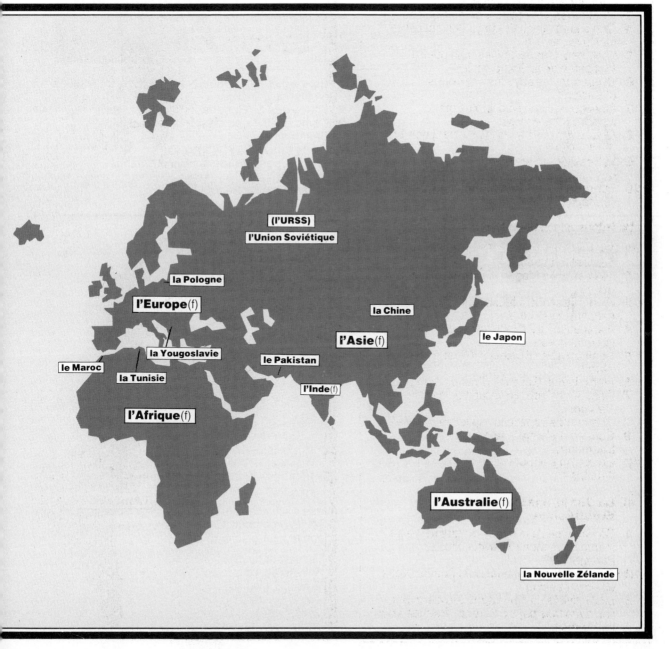

Projets d'été

Que faites-vous cet été, Mme Roberts? Vous restez à Lyon?

Non, nous allons en Angleterre. Nous passerons une semaine à Londres et une semaine à Cambridge. Mon mari vient de Cambridge, vous savez, et nous irons chez ses parents. Et vous, M. Dupont?

Nous restons en France. Pendant le mois de juillet, nous restons à Lyon. Ma tante, qui vient de Belgique, va nous rendre visite. Puis, au mois d'août, nous allons à Perpignan.

1 Est-ce que Mme Roberts va passer ses vacances en France?
2 Est-ce que M. Roberts vient de Londres?
3 Combien de temps les Roberts passeront-ils à Cambridge?
4 Où se trouve Cambridge?
5 Et M. Dupont, est-ce qu'il va en Grande-Bretagne?
6 Sa tante habite en quel pays?
7 Où vont-ils au mois d'août?

Grammaire

Prepositions with countries and towns

Notice that:
– you use **en** with countries to mean 'in' or 'to'.
– you use **à** with towns and cities to mean 'in,' 'to' or 'at'.
– you use **de** with towns and countries to mean 'of' or 'from'.

Exceptions:
– Most names of countries are feminine and follow the above rule. There are, however, a few masculine countries (*le* Maroc, *le* Canada, *le* Luxembourg, *le* pays de Galles, *les* États-Unis) when you have to use **au** or **aux** to mean 'in' or 'to':

Je vais **au** Maroc.
New York se trouve **aux** États-Unis.

You also have to use **du** or **des** to mean 'of' or 'from':

Mon oncle vient **du** Canada.
Nos voisins sont venus **des** États-Unis.

– Some towns have *le* before the name (*le* Mans, *le* Havre) and follow this pattern:

Je vais de Southampton **au** Havre.
Ils vont **du** Havre à Southampton.

Le tour du monde

1 Paris – Singapour – Bangkok – Hong Kong – San Francisco – Paris
2 Bruxelles – Tokyo – Honolulu – Los Angeles – New York – Bruxelles
3 Londres – Sydney – Auckland – Fiji – Los Angeles – Londres

Vous voulez faire le tour du monde. Voilà trois circuits organisés. Choisissez-en un et décrivez votre voyage:

Je vais partir de . . .
J'irai d'abord à . . .
Ensuite, j'irai à . . .
De . . . , j'irai à . . .
Puis, j'irai à . . .
Enfin, je rentrerai à . . .

Projets de voyage

Inde-Nepal-Pakistan

Un circuit organisé, très complet.

Du passe de Khyber à l'Himalaya, vous visiterez le Pakistan, l'Inde et le Népal.

Durée: 19 jours

ITINERAIRE:

1er jour:	départ de Paris.
2e jour:	arrivée à Rawalpindi, au Pakistan. Installation à l'hôtel et visite de la ville.
3e jour:	départ en bus pour la vallée de Swat, dans l'Himalaya.
4e jour:	journée libre.
5e jour:	Swat-Peshawar – célèbre ville avec un bazar animé.
6e jour:	excursion au Khyber Pass – soirée: départ en avion pour Lahore.
7e jour:	visite de Lahore, une des villes les plus anciennes de l'Inde du nord.
8e jour:	Lahore-Amritsar. Visite de la ville sacrée des Sikhs et où se trouve le célèbre temple d'or.
9e jour:	vol pour Delhi et continuation sur Jaipur.
10e jour:	Jaipur. Visite des palais et promenade dans les bazars.
11e jour:	Jaipur-Agra par la route.
12e jour:	Agra – visite de la ville.
13e jour:	avion pour Benares. Visite de la ville, des bords du Gange.
14e jour:	le matin, promenade sur le Gange en bateau.
15e jour:	avion pour Kathmandu (Népal).
16e, 17e jours:	visite de la vallée.
18e jour:	vol, dans la soirée, pour Delhi.
19e jour:	visite de Delhi, et envol pour Paris.

Trinidad et Tobago
SPÉCIAL CARNAVAL

Durée: 15 jours

Si vous aimez la musique des Caraïbes, le steelband, le calypso, ne manquez pas le carnaval à Trinidad. C'est le deuxième carnaval au monde après celui de Rio de Janeiro, au Brésil. C'est un spectacle somptueux qui dure cinq jours, mais aussi un carnaval des rues, où une centaine de steelbands font danser les habitants de Trinidad.

Détails approximatifs:

Départ le 8 février

Paris – Caracas (Vénézuela)

Caracas – Port of Spain (Trinidad)

Cinq jours de Carnaval à Port of Spain.

Cinq jours de repos à Tobago pour profiter du soleil et de la plage aux Caraïbes.

Retour à Paris via Caracas.

Avez-vous bien compris?

A Look at the details of the first holiday:

1 In which order will you visit the three countries?
2 What are you told about Lahore?
3 What is important about Amritsar?
4 What will you visit in Jaipur?
5 What will you do on the day after you arrive in Benares?
6 How will you travel from Benares to Katmandu?

B Look at the details of the second holiday:

1 What sort of people would enjoy this holiday?
2 How long does the special event last and in which month is it held?
3 What else would you do on this holiday?
4 Which country would you pass through en route?

C Which holiday would you choose and why?

Êtes-vous un bon touriste?

Savez-vous dans quels pays ou dans quelle ville se trouvent ces curiosités touristiques?

1 le Taj Mahal
2 les Pyramides
3 la statue de la Liberté
4 la basilique Saint-Pierre et le Vatican
5 l'Acropole
6 l'abbaye de Westminster
7 le musée du Prado
8 Versailles
9 le Kremlin
10 la tour de Pise

Now you can:

recognise and use the names of foreign countries, understand information about them and describe travelling abroad.

PARIS VILLE INTERNATIONALE

Environ 8 pour cent des habitants de France ne sont pas français. Ce sont des étrangers et des immigrés de toutes les nationalités qui sont venus s'installer en France, au cours des années. Beaucoup y habitent depuis plus de vingt ans, d'autres, surtout des Vietnamiens et des Chinois, sont arrivés en France à partir de 1975. La plupart des étrangers et des immigrés habitent à Paris, ce qui donne à la capitale un aspect cosmopolite et exotique.

Les Algériens, les Marocains et les Tunisiens se sont installés principalement dans le quartier de la Goutte d'Or (Paris 18e). Le dimanche, c'est un quartier très animé; des groupes montent et descendent la rue Myrha, les hommes d'un côté, les femmes de l'autre. Toutes les boutiques sont ouvertes. Dans les cafés, les hommes jouent aux cartes et boivent du thé. On entend de la musique orientale et des émissions islamiques, diffusées par «Radio Soleil», la radio du quartier. C'est un quartier pauvre, mais avec une identité culturelle importante. Saïd, marocain, y habite avec sa femme et ses huit enfants. Il est cuisinier, et sa femme travaille dans une maison de disques. A tour de rôle, les aînés gardent les petits quand les parents travaillent. Les enfants reçoivent une éducation française, mais à la maison, on parle arabe, et toute la famille retourne au Maroc, tous les deux ans.

Dans le 13e arrondissement, surnommée la «mini Chine», on peut s'imaginer en Extrême Orient. Depuis 1975, des Chinois venus du Vietnam, du Cambodge et du Laos, mais tous originaires de la Chine du sud, se sont installés dans ce quartier de Paris. On y trouve des épiceries et des supermarchés asiatiques, qui vendent du riz, des nouilles, des jus de fruits exotiques, des herbes et des légumes étrangers. Épiceries, bijouteries, coiffeurs, magasins de hi-fi – presque tous les magasins sont tenus par les Chinois; les clients aussi sont presque tous chinois. A l'école de la Porte de Choisy, il y a une institutrice chinoise qui raconte des histoires du pays et qui apprend des comptines aux enfants, et le dimanche, on donne des cours de Mandarin. Un tiers des élèves sont asiatiques.

Les Vietnamiens sont une autre communauté asiatique importante. Ils sont plus de 100 000 à Paris et vivent principalement dans le 5e et le 13e arrondissements. L'Union générale des Vietnamiens en France organise des activités socioculturelles et maintient des liens avec le pays et les familles restées au Vietnam. On organise aussi, pour les enfants, des cours de langue, d'histoire et de géographie, le samedi après-midi. Et à l'occasion des fêtes importantes, par exemple la fête du Têt (le Nouvel An Vietnamien) toute la communauté se réunit.

Puis, il y a les Grecs, les Italiens, les Portugais et les Espagnols, qui travaillent un peu partout, et qui ont leurs propres restaurants et leurs magasins préférés.

Et il y a les Britanniques et les Américains, qui viennent à Paris, pour de courtes périodes de deux ou trois ans, en moyenne, mais qui ont leurs lieux de rencontres favoris, comme «Shakespeare and Company» et «Harry's Bar» et un magazine anglophone, qui s'appelle *Passion*.

Avez-vous bien compris?

1 When did many Vietnamese and Chinese people come to settle in France?
2 If you visited the *Goutte d'Or* region, you might see people of which nationalities?
3 What is a typical drink for the people who live there?
4 What sort of programmes does *Radio Soleil* broadcast?
5 Where do Saïd's children learn Arabic?
6 What sort of things might you see in a super-market in the 13th district?
7 What proportion of the children at the *école de Choisy* are Asian?
8 Are there any special arrangements to teach them about their own culture and language?
9 About how many Vietnamese are there in Paris?
10 On what occasion might they group together to celebrate?
11 What other nationalities are mentioned in the article?
12 What is said about the average length of stay of the British and Americans living in Paris?

Vous me reconnaissez?

Écoutez d'abord chaque personne qui parle, puis essayez d'identifier les personnes sur les photos.

Qui est-ce?

Lisez bien les descriptions suivantes de personnâlités
célèbres. Pouvez-vous les identifier?

1
Elle est originaire de la Tchécoslovaquie, mais elle habite maintenant aux États-Unis. Elle est joueur de tennis professionnel. Elle a gagné le championnat de Wimbledon plusieurs fois. Elle est née en 1956. Elle a les cheveux blonds et les yeux verts.

2
Il est anglais. Il est né en 1942 à Liverpool. Il est marié et il a un fils et trois filles. Sa femme s'appelle Linda. Il est musicien. Il écrit des chansons, il joue de la guitare et il chante. Il a fait partie d'un groupe célèbre pendant les années soixante.

3
C'est un grand athlète anglais, peut-être le meilleur athlète du monde. Aux Jeux Olympiques en 1984, il a remporté la médaille d'or pour le décathlon. Il a les cheveux noirs et frisés et les yeux bruns.

4
Elle est française et elle est vedette de cinéma. Elle a les cheveux longs et blonds et les yeux bleus. Elle a joué dans de nombreux films comme, par exemple, *Le dernier métro*. Elle est mieux connue en France qu'en Grande-Bretagne.

5
Il est antillais. Il est né à Antigua en 1952. Il est joueur de cricket. Dans les matchs internationaux, il marque beaucoup de «runs». Ses initiales sont V.R. Il a les cheveux noirs et frisés et les yeux bruns.

6
Il est français et il est acteur. Il est né en 1933, Il a un fils et deux filles et il est divorcé. Il a joué dans beaucoup de films, surtout des films policiers, comme *Le Professionnel*. Son prénom est Jean-Paul.

Faites des descriptions

Maintenant à vous d'écrire une description d'une de ces personnes et de quelqu'un que vous connaissez.

Nom: Platini
Prénom: Michel
Date de naissance: 1955
Profession: footballeur
Nationalité: français

Nom: Noah **Prénom:** Yannick
Date de naissance: 1960
Profession: joueur de tennis
Nationalité: franco-camerounais

Nom: Adjani
Prénom: Isabelle
Date de naissance: 1955
Profession: actrice
Nationalité: française

Pour faire une description *vocabulaire et phrases utiles*

Age

J'ai Il a Elle a	(environ)	dix quinze dix-huit vingt trente quarante cinquante	ans.

Physical appearance

Je Il Elle	(ne) suis (n') est	(pas)	assez très	grand(e). petit(e). mince.

Hair colour and style

J'ai Il a Elle a	les cheveux	blonds blancs noirs marron	et	courts. longs. moyens. raides,
. . . aux cheveux		foncés		frisés.

Eye colour

J'ai Il a Elle a	les yeux	bleus. gris. verts.
	. . . aux yeux	bruns. noirs.

Other features

Il	a	une barbe. une moustache.
	est	chauve.

Wearing glasses, earring(s), necklace

Je Il Elle	porte	des lunettes. une(des) boucle(s) d'oreille. un collier.

Your impressions of someone or something

avoir l'air	to seem, look
Il a l'air sympa.	He seems pleasant.
Elle a l'air intelligente.	She seems clever.
Ce livre a l'air intéressant.	This book looks interesting.
sembler	to seem
Le chien semble avoir faim.	The dog seems hungry.
Il semble être plus âgé.	He seems older.

Voilà les six membres du groupe *Toile d'Araignée*. Choisissez une personne et écrivez son nom dans votre cahier de brouillon.

Puis, travaillez avec un partenaire. Chacun à son tour doit poser cinq questions à propos de la personne choisie (sans mentionner le nom, bien sûr) à son partenaire. Puis, il doit deviner le nom de la personne choisie.

Nom:	Renaldi	Seurat	Moulin	Gilbert	Lefèvre	Delarue
Prénom:	Philippe	Nicole	Sophie	Nicolas	Christine	André
Age:	23 ans	24 ans	23 ans	24 ans	22 ans	22 ans
Cheveux:	marron	noirs	blonds	marron	noirs	blonds
Yeux:	verts	bleus	bleus	bruns	verts	bruns
Mois d'anniversaire:	mars	mars	janvier	juin	février	juin
Situation de famille:	célibataire	célibataire	mariée	célibataire	mariée	célibataire
Ville domicile:	Paris	Marseille	Paris	Bordeaux	Marseille	Bordeaux

Les vêtements

un anorak	anorak
les bas (m.pl.)	stockings
un blouson	casual jacket
un bonnet	woolly hat
des bottes (f.pl.)	boots
une casquette	cap
un chapeau	hat
des chaussettes (f.pl.)	socks
des chaussures (f.pl.)	shoes
une chemise	shirt
un chemisier	blouse
un collant	tights
un complet	suit, outfit
un costume	men's suit
une cravate	tie
une écharpe	long, woolly scarf
un ensemble	ladies suit
un foulard	scarf (headscarf)
des gants (m.pl.)	gloves
un gilet	waistcoat
un imperméable	raincoat
un jean	pair of jeans
une jupe	skirt
un maillot (de bain)	swimming costume
un manteau	coat
un mouchoir	handkerchief
un pantalon	pair of trousers
un pardessus	overcoat
un pullover	pullover
un pyjama	pyjamas
une robe	dress
un short	pair of shorts
un slip	pants
un soutien-gorge	bra
un sweat-shirt	sweatshirt
un tailleur	ladies' suit
un tricot	knitted top
un T-shirt	T-shirt
une veste	jacket
un vêtement	article of clothing

Les couleurs

noir	black	rouge	red
blanc	white	jaune	yellow
bleu	blue	blond	blonde
vert	green	marron*	brown
brun	brown	clair	light
gris	grey	foncé	dark

*marron is invariable.

On fait les valises

A

Demain, Monique et Robert partiront en vacances. Aujourd'hui, ils font leur valise. Pour Monique, il y a un problème . . . elle a beaucoup, beaucoup de vêtements . . . et une toute petite valise. Alors, elle décide de prendre seulement les vêtements qui, sur cette image, vont par deux. Qu'est-ce qu'elle prend?

Exemple: **1** Elle prend deux robes.

B

Pour Robert, aucun problème. Il n'a pas beaucoup de vêtements, il met tous les vêtements qui sont sur le lit dans sa valise. Qu'est-ce qu'il prend?

Exemple: **1** Il prend un short.

C

Maintenant, faites une description de Monique ou de Robert.

 Adjectives

Complétez les définitions

Many of the words used in descriptions are adjectives (words which describe nouns).

Remember that, in French, adjectives change according to the noun they describe and whether it's masculine, feminine, singular or plural. Many follow this pattern:

masculine singular	feminine singular	masculine plural	feminine plural
noir	noire	noirs	noires

But a lot of adjectives follow other patterns (*see page 243*). There are also some common adjectives, e.g. *beau, blanc, vieux* etc. which are irregular (*see page 243*).

Position of adjectives

Adjectives normally follow the noun:

J'ai lu un article très **intéressant** sur le camping en France.	*I read a very interesting article about camping in France.*

This is always the case with adjectives of colour and nationality:

Tu aimes cette jupe **noire**?

Nous avons une voiture **française**.

However, there are a few common (usually short) adjectives which go in front of the noun:

beau	*beautiful*	**haut**	*high*
bon	*good*	**jeune**	*young*
court	*short*	**joli**	*pretty*
excellent	*excellent*	**long**	*long*
gentil	*kind*	**mauvais**	*bad*
grand	*big*	**petit**	*small*
gros	*fat*	**vieux**	*old*

C'est un **petit** garçon d'environ six ans.

La Loire est un **long** fleuve.

Some adjectives change their meaning if they come in front of the noun. Here are a few of the most common ones:

ancien	un **ancien** élève	*a former pupil*
	un bâtiment **ancien**	*an old (ancient) building*
cher	un **cher** ami	*a dear friend*
	un hôtel **cher**	*an expensive hotel*
propre	Elle a son **propre** appartement.	*She's got her own flat.*
	Je n'ai pas de chemise **propre**.	*I haven't got a clean shirt.*

1 Il est . . . . Il est très . . . . Il est joueur de tennis . . . . Il a les cheveux . . . et . . . et les yeux . . . . (**américain, sportif, professionnel, marron, frisé, bleu**)

2 Elle est . . . . Elle est . . . et . . . . Elle a les cheveux . . . et les yeux . . . . Elle est mariée avec un prince. (**anglais, grand, mince, blond, bleu**)

3 C'est quelque chose qui est nécessaire quand on veut faire du camping, surtout la nuit. Elle peut être . . . ou . . . . Elle peut être . . , . . . , . . . ou n'importe quelle couleur, mais elle est souvent . . . . (**grand, petit, bleu, vert, orange, blanc**)

4 C'est un reptile qui est . . . et . . . et qui glisse dans l'herbe. Certains sont très . . . . (**long, mince, dangereux**)

5 Ils sont souvent . . . et . . . à visiter, surtout si on aime l'histoire. On en trouve beaucoup dans le Val de Loire. (**ancien, intéressant**)

6 Ce sont des églises . . . et . . . . Certaines sont très . . . , comme par exemple celles de Chartres, de Reims, de Paris et de Strasbourg. (**grand, beau, célèbre**)

7 C'est un animal qu'on voit assez souvent à la campagne. Ça peut être un animal domestique aussi. Il peut être . . . , . . . ou . . . , mais il est souvent . . . . Il n'est ni . . . ni très . . . . Il a de . . . oreilles et une toute . . . queue. Il aime manger les carottes et les choux. (**noir, blanc, gris, brun, grand, petit, gros, petit**)

8 Ce n'est ni un animal ni une personne. C'est un légume. Il est . . . et . . . et il est . . . . Il pousse sous terre. (**long, étroit, orange**)

9 C'est quelque chose à manger, mais ce n'est pas un légume. Il est assez . . . , il est . . . et il est . . . . Avec des oignons et de la sauce vinaigrette on en fait une salade . . . . (**petit, rond, rouge, délicieux**)

10 C'est une ville . . . qui se trouve dans l'est de la France. Dans cette ville on peut voir une très . . . cathédrale. La ville est située sur le Rhin, tout près de la frontière . . . . Le Conseil de l'Europe a son siège ici. (**français, beau, allemand**)

Encore des définitions

Maintenant, c'est à vous d'écrire des définitions pour la page des jeux d'un magazine français.

Exemple:
C'est un fruit long et jaune. (*une banane*)

Pour parler du caractère de quelqu'un
vocabulaire et phrases utiles

agréable	*pleasant*	intelligent	*intelligent*
agressif (-ve)	*aggressive*	jaloux (-ouse)	*jealous*
aimable	*kind, likeable*	méchant	*naughty, bad, spiteful*
ambitieux (-euse)	*ambitious*	paresseux (-euse)	*lazy*
amusant	*fun*	patient	*patient*
bête	*stupid*	sensible	*sensitive*
calme	*quiet*	sérieux (-euse)	*serious*
courageux (-euse)	*brave*	sociable	*sociable*
difficile	*difficult*	sportif (-ve)	*sporty, athletic*
drôle	*funny*	sympathique	*nice*
égoïste	*selfish*	timide	*shy*
fier (-ière)	*proud*		
généreux (-euse)	*generous*		
gentil	*nice*	C'est un imbécile.	*(S)he's an idiot.*
honnête	*honest*	Quel imbécile!	*What a fool!*
impatient	*impatient*	Il/Elle a mauvais	*(S)he's an unpleasant*
indépendant	*independent*	caractère.	*character.*

Rencontres - Mariage

Institutrice, 34 ans, célibataire, féminine, jolie, sensible, espère rencontrer Monsieur sérieux et responsable. (G203)

Fonctionnaire, 36 ans, divorcé, bon caractère, svelte, sens de l'humour, souhaite rencontrer jeune femme active et agréable. (D317)

Jolie jeune femme de 36 ans, veuve, deux enfants à charge, honnête, sportive, ayant sens humour cherche homme courageux et de bon caractère. (A119)

Il occupe un poste de responsabilité dans un laboratoire, il a 27 ans, il est célibataire et il est las d'être seul. 1,75m, 70 kg. Sérieux, honnête, sentimental, il désire donner un sens à sa vie et rencontrer une jeune fille sincère et agréable (B481)

Cadre, 55 ans, veuf, responsable, ambitieux, agréable physiquement, courtois, désire rencontrer une dame active et jeune de caractère pour vie harmonieuse. (C532)

Infirmière, 31 ans, divorcée, indépendante, élégante, dynamique, aimant la littérature, le cinéma et le sport cherche Monsieur, ayant 30/40 ans, grand, physique agréable et ayant éducation. (E643)

Avez-vous bien compris?

1 What information are you given about the primary school teacher?

2 Describe the man who is a widower.

3 What *two* qualities is he looking for in a future partner?

4 What sort of man is the nurse looking for?

5 Which of the women would, according to the advert, make the most suitable partner for the man who is divorced?

6 What do you know about the man who works in a lab?

Des couples bien différents

Voilà les descriptions du mari ou de la femme d'un couple. Chaque fois, l'autre personne dans le couple est tout à fait l'opposé. Essayez de la décrire.

1

Elle, elle est très grande et mince, aux cheveux longs et noirs et aux yeux bruns. Elle n'est pas très aimable. Elle est égoïste et elle est paresseuse.

2

Lui, il est petit aux cheveux frisés. Il est indépendant et il n'est pas très sociable. Il est un peu timide.

3

Elle est assez grande aux cheveux blonds et aux yeux bleus. Elle est assez sympathique, mais elle est impatiente.

4

Il est intelligent et ambitieux. Il est sportif et sociable. Il est très aimable.

Quelqu'un que j'admire

Y a-t-il quelqu'un dans la vie, une personne célèbre peut-être, que vous admirez? Écrivez une petite description de cette personne.

Voilà quelques idées pour vous aider.

Qui est-ce?

Est-ce que c'est . . .
   un(e) champion (-ne) de natation/de tennis etc.

   un(e) chanteur (-euse)

   un footballeur

   un homme/une femme politique

   un(e) musicien (-ne) une vedette de TV/ cinéma

Comment est-il/elle physiquement?

Quel âge a-t-il/elle?

Est-il/elle marié(e)?

L'avez-vous rencontré(e)?

Pourquoi l'admirez-vous?

A vous de poser les questions (2)

Vous travaillez avec un partenaire. L'un de vous regarde cette page, l'autre regarde la page 7.

Voilà les détails de trois autres personnes qui participent au stage. Votre partenaire a les détails de trois personnes différentes.

Vous devez lui poser des questions pour découvrir les détails qu'il a, et il va vous poser des questions à propos des personnes ci-dessous.

Exemple:
Comment s'appelle la première/deuxième/troisième personne?

	nom	prénom	âge	nationalité	ville domicile	famille	loisirs
1	?	?	?	?	?	?	?
2	?	?	?	?	?	?	?
3	?	?	?	?	?	?	?
4	Rodrigues	Pedro	18	Espagnol	Madrid	fils unique	le football, le théâtre
5	Sjöberg	Jutta	17	Suédoise	Stockholm	1 sœur	la lecture, la danse
6	Bäcker	Willi	20	Allemand	Bonn	2 frères	la natation, le hockey

Carte d'identité de vos stars

Nom: Jackson	
Prénom: Al	
Date de naissance: 23 mai 1958	
Lieu de naissance: Los Angeles	
Profession: chanteur	
Taille: 1,90 m	
Poids: 86 kg	
Cheveux: bruns	
Yeux: verts	
Situation de famille: marié, un enfant, Jasper	
Son père: médecin	
Sa mère: sans profession	
Domicile: New York	
Principale qualité: la patience	
Principal défaut: il est un peu paresseux	
Adore: le football américain, les sports nautiques, la cuisine chinoise	
Déteste: se lever le matin, les interviews	
Couleur préférée: le bleu	

Nom: Dubois	
Prénom: Marianne	
Date de naissance: 17 octobre 1956	
Lieu de naissance: Avignon	
Profession: comédienne	
Taille: 1,65 m	
Poids: 50 kg	
Cheveux: blonds	
Yeux: verts	
Situation de famille: célibataire, un chat: Moustache	
Son père: musicien	
Sa mère: chanteuse	
Domicile: Paris	
Principale qualité: la générosité	
Principal défaut: elle est tout le temps en retard	
Adore: les vacances, Moustache, les fruits de mer, se baigner dans la mer	
Déteste: le métro, faire des courses dans les grands magasins	
Couleurs préférées: le noir et le rouge	

Vous êtes journaliste

Vous venez d'interviewer une de ces deux personnes. Maintenant écrivez un petit article sur Al Jackson ou Marianne Dubois pour un magazine français.

Now you can:

understand and give descriptions of places, personal appearance and character.

Heureux de faire votre connaissance

Conversations

1 – Salut, Paul! Ça va?
– Salut, Jean-Luc. Oui, ça va. Dis, Jean-Luc, tu connais la fille là-bas, aux cheveux noirs?
– Laquelle?
– Celle qui porte un T-shirt rose et un pantalon gris.
– Mais, bien sûr, c'est ma sœur!
– C'est ta sœur? Eh bien, tu peux me la présenter.
– D'accord.
Jacqueline, je te présente, Paul. Paul, ma sœur, Jacqueline.
– Bonjour Jacqueline.
– Bonjour Paul.

Que savez-vous de Jacqueline? (cheveux, vêtements, sœur/copine de Jean-Luc)

2 – Anne-Marie! Salut! Ça va?
– Tiens! Jean-Pierre. Euh . . . tu connais Sigrid, une amie allemande? Sigrid, Jean-Pierre.
– Bonjour, Sigrid.
– Bonjour, Jean-Pierre.
– Tu es en vacances à Paris?
– Oui, et toi?
– Moi aussi. Tu es là pour combien de temps?
– Encore quatre jours. On part samedi.
– Et tu viens d'où en Allemagne?
– De Bonn. Tu connais?
– Non . . . mais je suis allé en Allemagne, une fois, en voyage scolaire. On est allé à Stuttgart, puis dans la forêt noire. Et toi, tu connais bien la France?
– Assez bien. Ma grand-mère est française, donc je passe souvent mes vacances chez elle.

Que savez-vous de Sigrid?
(l'amie/la sœur d'Anne-Marie, connaît bien la France, vient d'où en Allemagne)

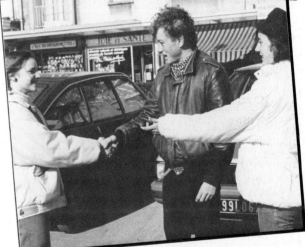

3 – Salut! Je m'appelle <u>David</u>.
– Bonjour, <u>David</u>. Moi, je m'appelle <u>Paul</u>. Tu es en vacances ici?
– Oui, et toi?
– Moi aussi. Tu es là pour combien de temps?
– Encore <u>cinq</u> jours. Je pars <u>vendredi</u>.
– Tu es <u>français</u>?
– Non, je suis <u>anglais</u>. Et toi?
– Moi, je suis <u>hollandais</u>. J'habite à <u>Amsterdam</u>. Et toi, tu habites où en <u>Angleterre</u>?
– A <u>Southampton</u>
– Tiens, voici <u>Hélène.</u> Tu la connais? C'est une copine française.
– Non, bonjour <u>Hélène.</u>

Lisez cette conversation avec un(e) partenaire. Puis en changeant les mots soulignés, faites des conversations différentes.

On rencontre des gens vocabulaire et phrases utiles

Formal introductions

Je vous présente . . .   I'd like to introduce . . .
Enchanté(e).
Heureux (-euse) de faire   Pleased to meet you.
   votre connaissance.

Informal introductions

Vous connaissez . . .
(Tu connais . . .) ?   Do you know . . . ?
Voici . . .   This is . . .
Bonjour . . .   Hello . . .
On peut se tutoyer.*
On peut se dire «tu».   We can call each other 'tu'.
Est-ce que je peux te   Can I call you 'tu'?
   tutoyer?
D'où venez-vous?   Where are you from?

Friends

un(e) ami(e)   close friend
un(e) camarade   friend, classmate
   un copain (une copine)   friend
un(e) petit(e) ami(e)   boy-(girl-) friend

Greetings

A bientôt.   See you soon.
A ce soir/demain/samedi.   See you this evening/
        tomorrow/on Saturday.
A tout à l'heure!   See you later!
A un de ces jours!   See you around!
Au revoir.   Goodbye.
Soyez le(la) bienvenu(e)!   Welcome!
Bonjour!   Hello!/Good morning.
Bonne nuit!   Good night!
Bonsoir!   Good evening!
Ça va?   How are you?
Comment ça va?
Comment vas-tu?   How are things?
Comment allez-vous?
Ça va.   Okay.
Pas mal.   Not bad.
Bien, merci.   Fine, thanks.
Et toi/vous?   How about you?
faire la bise*   to kiss someone on both
        cheeks
Salut!   Hello!/Hi!

Special occasions

A votre santé!   Cheers!
Bonne/Heureuse année!   Happy New Year!
Bon anniversaire!   Happy Birthday!
Bon appétit!   Enjoy your meal!
Bonne chance!   Good luck!
Bonne fête!   Best wishes on your Saint's
        day!
Bonne fin de séjour!   Enjoy the rest of your stay!
Bon voyage!   Have a good journey!
Bon retour!   Have a good journey back!
Bon week-end!   Have a good weekend!
Félicitations!   Congratulations!
Joyeux Noël!   Happy Christmas!

Arranging to see someone again

On pourrait peut-être se   Perhaps we could see each
   revoir?   other again.
Tu es libre ce soir?   Are you free this evening?
Tu fais quelque chose   Are you doing anything on
   samedi?   Saturday?

Accepting or declining

Oui, je veux bien.
Merci, c'est gentil.   Yes, I'd like to.
Oui, avec plaisir.
Euh . . . je ne sais pas.   I'm not sure.
C'est un peu difficile.   It's a bit difficult.
Je vais en parler à . . .   I'll ask . . .
Désolé(e), mais je ne suis   Sorry, I'm not free.
   pas libre.
Je te remercie, mais je ne   Thank you, but I can't
   peux pas.   manage it.

Difficulties

Comment?   Sorry, what was that?
        Pardon?
Je ne comprends pas.   I don't understand.
Pouvez-vous répéter ça, s'il   Can you repeat that
   vous plaît?   please?
Pouvez-vous parler plus   Can you speak more slowly
   lentement, s'il vous plaît?   please?

Polite phrases

Merci (beaucoup).   Thank you (very much).
De rien.
Il n'y a pas de quoi.   It's nothing.
C'est (très) gentil de ta/votre   It's (very) kind of you.
   part.
. . . s'il vous (te) plaît.   . . . please.
Je (t') vous invite.   Be my guest.
Je vous en prie.   It's a pleasure.

*__Note:__ Remember that it's common to shake hands with
people whenever you meet them and say goodbye to
them. It's also common to kiss people on both cheeks,
particularly people you know well, member of the family
you're staying with, etc.
It's becoming increasingly common to use *tu* with people
of your own age, colleagues etc. especially in an informal
situation.
However, if in doubt, use *vous* and let the French person
suggest that you use *tu*.

— Maintenant que nous sommes fiancés, me permettez-
vous de vous tutoyer?

Tu fais quelque chose samedi?

- Christine, je te présente David, un copain anglais.
- Bonjour, David
- Bonjour Christine. Vous êtes hollandaise aussi?
- Non, je suis française. Mais on peut se tutoyer, n'est-ce pas?
- Oui, bien sûr. Tu habites à Paris?
- Non, j'habite à Rouen en Normandie. Tu connais la Normandie?
- Non, pas très bien, mais je suis allé à Dieppe, l'année dernière.
- Ah bon. Ça t'a plu?
- Oui, mais je préfère Paris. Dis Christine, tu fais quelque chose samedi? Il y a un bon film au cinéma, on pourrait peut-être y aller ensemble.
- Euh, je ne sais pas. Qu'est-ce que c'est comme film?
- C'est *Le dernier métro* avec Catherine Deneuve et Gérard Depardieu.
- Ah oui. On dit que c'est un bon film. Eh bien, d'accord. Ça commence à quelle heure?
- Il y a une séance à 20h30. Si on se voyait devant le cinéma Rex à huit heures.
- Bon, d'accord. A samedi, alors.

On pourrait peut-être se revoir?

A Practise what you would say to invite someone out.

1 Ask if they're free on Friday.
2 Suggest going into town.
3 Ask if they're free on Saturday evening.
4 Suggest going to a discotheque.
5 Ask if they're doing anything tomorrow evening.
6 Suggest going to the cinema.
7 Suggest going to the cafe for a drink.
8 Invite them to go for a picnic.

Tu fais quelque chose Tu es libre	demain ce soir samedi soir vendredi	?
Est-ce que tu aimerais On pourrait peut-être	prendre un verre au café aller au cinéma aller dans une discothèque faire un pique-nique aller en ville	

B Now practise some replies:

1 Say yes, you'd like to go out.
2 Say you don't know, you'll have to ask your penfriend.
3 Say you're sorry, but you're not free then.
4 Say thank you but you won't be able to go.
5 Say it's a bit difficult that day, perhaps some other day.
6 Accept with pleasure.

Oui, je veux bien. Merci, c'est gentil. Avec grand plaisir.	Euh, je ne sais pas. Il faut que je demande à . . . C'est un peu difficile. Un autre jour, peut-être.

Désolé(e), mais j'ai rendez-vous avec quelqu'un d'autre. Desolée, mais je ne suis pas libre. Je te remercie, mais je ne peux pas.

C Now practise a conversation with a partner:

- Pupil **A** suggests going out that evening.
- Pupil **B** isn't free.
- Pupil **A** persists and asks if Pupil **B** is free later in the week. (Friday or Saturday)
- Pupil **B** isn't sure.
- Pupil **A** suggests going somewhere specific (cinema, disco, picnic)
- Pupil **B** accepts.
- Pupil **A** suggests where they could meet.

Quelquefois on a envie de revoir quelqu'un, mais on ne sait pas son adresse, ou même pas son nom! Lisez les lettres de deux jeunes Françaises et répondez aux questions.

1 Où est-ce que Corinne a rencontré le garçon qu'elle recherche?
2 C'était quand?
3 Qu'est-ce qu'il portait?
4 Paul, où habite-t-il?
5 Quand est-ce que Laurence l'a rencontré?
6 Comment est-il?

Le courrier des lecteurs

CHÈRE MARTINE

Je m'appelle Corinne et je recherche un garçon que j'ai rencontré dans le train à destination de Paris, le 28 août dernier. Il est châtain, les yeux marron clair. Il mesure 1m70 environ. Il était vêtu d'un pantalon vert et d'une chemise blanche. Nous avons discuté un peu, mais je ne sais pas son nom. Si quelqu'un le connaît, montrez-lui mon message, s'il vous plaît, et dites-lui de m'appeler au (16.1) 325.28.16. Merci à tous.

CHÈRE MARTINE

Je voudrais retrouver un garçon qui s'appelle Paul (je ne sais pas son nom de famille). Il habite Tours et je l'ai rencontré à la MJC le 12 septembre. Il est grand et blond, avec les yeux verts. Il est sportif: il aime jouer au volley et au ping-pong et il a un cyclomoteur. Paul, si ce message te parvient, envoie-moi une photo de toi et écris-moi à l'adresse suivante: Mlle Masson Laurence, 8 Square Marie-Curie, Paris 75006. Merci d'avance.

Débrouillez-vous!

A

You pick up the telephone when it rings:

Salut! C'est Jean-Luc à l'appareil. Écoute, tu es libre ce soir?
You're free.
Formidable! C'est mon anniversaire et j'organise une boum avec des copains. Tu vas venir, n'est-ce pas?
Wish Jean-Luc a happy birthday and accept his invitation.
Excellent. Eh bien, si tu viens à partir de 20 heures.
Agree, then ask him for his address.
Mon adresse, c'est: 19, rue du château. Allez, au revoir, et à ce soir.
Say goodbye/see you later.

B

It's the evening and you are at Jean-Luc's.

1 *Jean-Luc introduces you to one of his friends. He/she asks you the following questions:*
Tu viens d'où en Angleterre . . . de Londres?
....
Tu parles bien français – tu l'apprends au collège?
....
Tu viens souvent en France?
....
Tu restes encore combien de temps?
....
*Now think of **three** questions you could ask to keep the conversation going.*

2 *You understood that Chantal (aged 15, long dark hair, green eyes) would be there. Ask the person you're speaking to if she's there.*
....
Je ne sais pas. Elle est comment?
....

3 *Now you're talking to a girl who isn't French, but you're not quite sure what nationality she is. Ask her.*
....
Je suis allemande.
*Now ask her **two** more questions.*

4 *Someone else has started chatting to you now. You're not very keen on him/her so you decline politely when (s)he suggests meeting again.*
Tu es libre, demain? On pourrait peut-être se revoir?
....

5 *It's time to go, but you're having difficulty finding your navy blue raincoat.*
....
Il est comment ton manteau?

6 *Say goodbye to Jean-Luc and thank him.*
Au revoir. Dis, tu peux me donner ton adresse en Angleterre?
Dictate your address and spell the name of the town where you live.

Qu'est-ce qu'on dit?

Quelquefois, quand on est avec des amis français, l'occasion se présente de leur souhaiter un bon anniversaire ou un bon voyage. Sauriez-vous quoi dire dans de telles situations?

1 C'est le jour de Noël.
2 C'est l'anniversaire d'un ami français.
3 Quelqu'un va partir en vacances.
4 Vous allez commencer un repas.
5 C'est la fête d'une amie française.
6 Quelqu'un va passer un examen important.
7 C'est vendredi, et un ami va passer le week-end à Paris.
8 C'est le jour de l'an.
9 Une amie vient d'avoir son permis de conduire.
10 Vous buvez du champagne avec des amis.

Bon voyage!
Bonne fête!
Bonne chance!
Bon anniversaire!
Bon week-end!
Joyeux Noël!
Félicitations!
Bon appétit!
A votre santé!
Bonne année!

Now you can:
introduce people, arrange to see them again and offer good wishes on special occasions.

Checklist . . . **Checklist . . .** Checklist . . .

Now you can:

1 understand people introducing themselves and ask and answer questions about personal details (name, age, nationality, where you live etc.).

2 understand and use the alphabet and numbers in French.

3 understand information about family life in France and talk and write about yourself and your family.

4 recognise and use the names of foreign countries, understand information about them and describe travelling abroad.

5 understand and give descriptions of places, personal appearance and character.

6 introduce people, arrange to see them again and offer good wishes on special occasions.

En ville et à la campagne

Les Français, où habitent-ils?

73 pour cent des Français habitent en ville. (En Grande-Bretagne, c'est 85 pour cent de la population.) Où habitent-ils exactement? Un Français sur cinq habite à Paris ou dans la région parisienne. Mais à part Paris, il n'y a que trois agglomérations – Lyon, Marseille et Lille – qui ont environ un million d'habitants. La plupart de la population habite donc des villes moyennes comme, par exemple, Clermont-Ferrand, Quimper et Annecy.

■ LYON — plus de 300 000 hab.
■ Dijon — de 100 000 à 300 000 hab.
▲ Niort — de 50 000 à 100 000 hab.
• Dieppe — de 20 000 à 50 000 hab.

La Corse

Où habitent-ils?

Ces jeunes Français habitent tous dans une des «six villes de France».

1 Jean-Paul habite dans le nord de la France dans une ville industrielle qui se trouve près de la frontière belge.

4 André habite une grande ville industrielle qui se trouve au centre de la France. Dans sa ville, il y a un vieux quartier pittoresque avec une cathédrale et des musées.

2 Sophie habite dans le sud de la France dans une petite ville à la montagne. C'est un lieu de pèlerinage et il y a un château et un musée.

5 Nicole habite une ville au bord de la mer, dans l'ouest de la France. A la fin de juillet beaucoup de personnes visitent la ville pour assister aux fêtes de la région.

3 Marc habite une ville moyenne qui se trouve entre Lyon et Genève. Sa ville est célèbre surtout pour son site pittoresque, au bord d'un lac et entouré de montagnes.

6 Louise habite au bord de la mer dans le sud-ouest de la France près de la frontière espagnole. Sa ville, avec ses plages, son casino et son port de pêche est un centre touristique important.

D'où viennent-ils?

On appelle les habitants de Paris, les Parisiens. Pouvez-vous deviner d'où viennent ces habitants?

1 les Lyonnais
2 les Marseillais
3 les Rochelais
4 les Strasbourgeois
5 les Grenoblois
6 les Stéphanois
7 les Orléanais
8 les Nantais
9 les Bordelais
10 les Rennais

Six villes de France

nom	nombre d'habitants	situation	autres détails et principales curiosités
Annecy	60 000	dans les Alpes à 137 km de Lyon	lac, vieux quartier, château avec musée régional, églises
Biarritz	27 653	sur la côte atlantique à 184 km de Bordeaux	station balnéaire, casino, musée de la mer, port de pêche
Clermont-Ferrand	161 203	dans le Massif Central à 389 km de Paris	usines *Michelin*, cathédrale et églises, musées, vieux quartier
Lourdes	18 096	dans les Pyrénées à 85 km de Toulouse	cité religieuse et lieu de pèlerinage, château, musée pyrénéen
Valenciennes	43 202	dans le nord à 206 km de Paris	musée des beaux arts
Quimper	60 510	en Bretagne à 205 km de Rennes	cathédrale, musées, grandes fêtes de Cornouaille (fin juillet)

Une enquête à Lyon

Radio Lyon a fait une émission sur les personnes qui ont emménagé à Lyon récemment. Voilà un extrait de l'émission.

1
– Vous habitez à Lyon depuis longtemps?
– Non, depuis six mois seulement.
– Et avant, où habitiez-vous?
– Avant, j'habitais à Annecy.
– Annecy, c'est une belle ville, n'est-ce pas?
– Oui, c'est une belle ville. Dans le vieux quartier et près du lac, c'est très pittoresque. Mais en été, il y a trop de touristes.

2
– Et vous, Madame. Vous êtes de la région?
– Non, je viens de Quimper, en Bretagne.
– Ah oui, Quimper. C'est une grande ville, n'est-ce pas?
– Hum... non, pas très grande. Il y a environ 60 000 habitants.
– Et qu'est-ce qu'on peut faire à Quimper?
– Il y a une cathédrale et des musées à visiter. Il y aussi des magasins et des cinémas bien sûr. Et puis, ce n'est pas loin de la mer.
– Et ça fait longtemps que vous habitez à Lyon?
– Hum... neuf mois.
– Et Lyon, ça vous plaît?
– Oui et non. Il y a beaucoup de distractions, bien sûr, mais je n'aime pas tellement les grandes villes.

3
Maintenant on vous interviewe. Imaginez que vous avez quitté votre ville en Grande-Bretagne il y a deux ans et emménagé à Lyon.
Répondez aux questions de l'interviewer.
1 Vous habitez à Lyon depuis longtemps?
2 Et avant, où habitiez-vous?
3 C'est où, exactement?
4 Et qu'est-ce qu'on peut faire là?
5 Lyon, ça vous plaît?

A vous de poser les questions

Voilà des questions que vous pouvez poser à un Français/une Française quand vous voulez lui parler de sa ville ou de sa région.

Où habitez-vous?/Où habites-tu?	*Where do you live?*
D'où venez-vous?/D'où viens-tu?	*Where do you come from?*
Vous êtes de la région?/Tu es de la région?	*Do you live locally?*
C'est près d'ici/de Paris/de Lyon?	*Is it near here/Paris/Lyon?*
Ça se trouve où exactement?	*Where exactly is that?*
C'est au bord de la mer/à la montagne/à la campagne?	*Is it by the sea/in the mountains/in the country?*
C'est une grande ville?	*Is it a large town?*
C'est une ville touristique/intéressante/industrielle?	*Is it a tourist town/an interesting town/an industrial town?*
Ça vous plaît, comme ville/comme région?	*Do you like the town/the area?*
Ça fait longtemps que vous habitez là?	*Have you lived there for a long time?*
Qu'est-ce qu'il y a à ...?	*What is there at ...?*
Est-ce qu'il y a beaucoup de distractions à ...?	*Is there much in the way of entertainment in ...?*

Il manque les questions!

Voilà les extraits des conversations, mais il manque les questions! A vous de décider quelles questions avaient été posées. (Les personnes ne se connaissent pas, alors elles se vouvoient.)

1 – ....?
– J'habite à Toulouse. Vous connaissez?
– ....?
– C'est une grande ville dans le sud de la France.
– ....?
– Non, c'est assez loin de la mer.

2 – ....?
– Je suis de Strasbourg, dans l'est de la France.
– ....?
– Ah oui. Ça me plaît beaucoup comme ville.
– ....?
– Pour les touristes, il y a la cathédrale, le vieux quartier, des musées – beaucoup de choses.

3 – ....?
– J'habite à Cahors dans le Lot, vers le sud-ouest de la France.
– ....?
– C'est entre Toulouse et Limoges.
– ....?
– Non, ce n'est pas une grande ville. Il y a environ 46 000 habitants.

4 – ....?
– Fontenay-sous-Bois.
– ....?
– C'est près de Paris.
– ....?
– Non, je n'aime pas tellement. Je n'aime pas les villes. J'aimerais mieux vivre à la campagne.

LYON
capitale régionale

Capitale de la région Rhône-Alpes, Lyon est une grande ville industrielle avec plus d'un million d'habitants. Les principales industries sont la métallurgie, la pétro-chimie et la fabrication de textiles synthétiques.

De son aéroport à Satolas (à 30 km du centre de la ville) il y a des vols fréquents vers d'autres villes de France et du monde. Et avec le nouveau TGV (train à grande vitesse) il faut seulement deux heures pour atteindre Lyon de Paris par le train.

Au centre-ville, il est agréable de se promener le long des quais ou dans les rues piétonnes. La rue de la République («la rue de la Ré» comme disent les Lyonnais) est la plus grande rue piétonne du monde. Là, on trouve des librairies, des magasins de mode, des grands magasins et des cafés.

Lyon est un grand centre culturel pour toute la région. A part ses 26 musées, il y a un opéra, un auditorium, une maison de la danse, plusieurs théâtres et des salles de cinéma.

Pour les sportifs, il y a le Palais des Sports, plusieurs piscines, une patinoire, une piste de ski artificielle et même un boulodrome (où on peut jouer aux boules).

La Part-Dieu est un nouveau quartier de Lyon très moderne. C'est un grand centre commercial avec environ 200 magasins, des salles de cinéma et la bibliothèque municipale.

Vous n'aurez pas faim à Lyon. Dans de grands restaurants très célèbres ou dans de petits restaurants traditionnels (qu'on appelle des «bouchons») on mange bien, car Lyon, c'est la capitale de la gastronomie française.

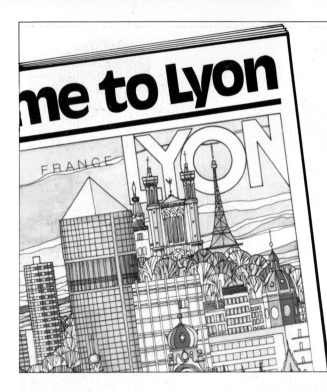

Welcome to Lyon!

Imagine that you've been asked by the tourist office to help produce a leaflet about Lyon for English-speaking visitors. Answer these questions and jot down any other details about Lyon which you think would interest tourists.

Travel to and around Lyon:

1 How far is the airport?
2 Are there frequent flights from London?
3 How long does it take from Paris by train?
4 What sort of public transport is there in the city?

Things to see and do:

5 Suggest *three* different places to visit.
6 Mention *two* sports you could practise.

Vivre à Lyon, c'est bien?

Read what these French people think of Lyon and find out the answers to these questions.

1 Has Jean-Luc always lived in Lyon?
2 Does he want to stay there?
3 Who thinks that there aren't enough cinemas and film clubs in Lyon?
4 Which street in Lyon is a main meeting-point, particularly on Wednesday and Saturday afternoons?
5 How long has Marc lived in Lyon?
6 Whereabouts in Lyon does he have a flat?
7 Give one advantage of the location of Lyon?

Communauté Urbaine de Lyon

«Je suis né à Lyon et je désire y rester. C'est une vraie grande ville où l'on se connaît encore. D'ailleurs il y a là toute ma famille et mes meilleurs amis.»

Jean-Luc, employé de la SNCF

«Lyon, c'est pas mal. On peut sortir facilement le soir et voir d'excellents spectacles. Simplement pour le cinéma c'est moins bien – il n'y a pas assez de ciné-clubs à Lyon.»

Anne-Marie, étudiante

«On est moins isolé à Lyon qu'à Paris, par exemple. La rue de la Ré, c'est un vrai lieu de rencontre. Les mercredis ou les samedis après-midi on est sûr de rencontrer quelqu'un qu'on connaît, pas toujours quelqu'un qu'on a envie de voir!»

Pierre, lycéen

«J'ai emménagé à Lyon il y a deux ans. Avant j'habitais à Paris. Je trouve que ce n'est pas désagréable du tout d'habiter ici. On a les avantages d'une grande ville et on n'est, quand même, pas trop loin de Paris (quatre heures de train, ou seulement deux heures avec le TGV). Ici il est possible de trouver des studios ou de petits appartements à partager pour pas trop cher. Moi, je partage avec deux copains un petit trois-pièces: 1 500F par mois, en plein centre-ville et dans un quartier sympa. Autre avantage de Lyon, on n'est pas trop loin de la montagne, donc en hiver, on peut partir faire du ski.»

Marc, programmeur

Now you can:
ask someone questions about where they live and understand descriptions of towns and cities (location, size, places of interest).

2·2 A la campagne

La vie rurale en France

27 pour cent de la population française habitent à la campagne – c'est-à-dire dans de petites communes qui ont moins de 2 000 habitants.
C'est comment, la vie à la campagne? Quels sont les avantages et les inconvénients? Trois jeunes Français vous parlent de leur vie à la campagne.

François

«Moi, j'habite dans une ferme qui se trouve à 20 kilomètres environ du Havre, en Normandie. Je suis très content de vivre à la campagne. J'aime le plein air et j'aime beaucoup les animaux. Pendant les vacances scolaires, j'aide mes parents dans le travail de la ferme. Je m'occupe des vaches. Nous en avons 27. Nous avons aussi des poules, des oies, des lapins et des moutons. Pour moi, je n'aimerais pas quitter la campagne pour vivre en ville. Mais ce qui n'est pas bien à la campagne, c'est qu'il n'y a pas d'école, donc on est obligé d'être interne.»

Marie-Claire

«A mon avis, la vie est trop tranquille à la campagne. Je m'ennuie, surtout pendant les vacances. Nous habitons dans un petit village à 30 kilomètres de Rodez. On connaît tout le monde, bien sûr, mais il n'y a pas beaucoup de jeunes et il n'y a pas de distractions: aucun cinéma, aucune maison de jeunes, aucune piscine ... rien sauf quelques magasins et un café. Et, en plus, il n'est pas facile d'aller en ville: il n'y a qu'un autobus par jour à Rodez. La vie à la campagne, ce n'est pas pour moi, j'aimerais mieux vivre en ville.»

Marc

«J'habite dans une ferme pas loin de Poitiers. Notre ferme est toute petite. Nous avons trois chèvres, pas mal de lapins, des poules, des canards et deux cochons. Ce sont mes parents qui s'occupent des animaux. Ma sœur et moi, nous les aidons pendant les vacances, mais c'est tout.
Dans le village il n'y a pas grand-chose: un café, une église et deux ou trois magasins. Mais nous ne sommes pas très loin de Poitiers – c'est à 12 ou 13 kilomètres d'ici – et là il y a beaucoup de choses à faire.
Moi, je suis assez content de vivre ici. J'aime bien faire des promenades à vélo. Il n'y a pas de piscine, mais on peut se baigner dans la rivière, ou même aller à la pêche.»

Vrai ou faux?

Corrigez les phrases qui sont fausses.

1 27 pour cent de la population française habitent à la montagne.
2 François habite dans une ferme en Bretagne.
3 Il aime bien la vie à la campagne.
4 Une vache est un animal de ferme.
5 D'après François, un inconvénient de la vie à la campagne, c'est qu'il faut être interne à l'école.
6 Marie-Claire habite dans un village près de Poitiers.
7 Elle aussi, elle aime bien la vie à la campagne.
8 Dans son village il n'y a pas de cinéma, mais il y a une piscine.
9 De son village il n'est pas facile d'aller en ville en transport public.
10 Marc habite dans une grande ferme pas loin de Poitiers.
11 Dans sa ferme, il y a des vaches, des moutons et des chèvres.
12 On peut aller à la pêche, mais on ne peut pas se baigner dans la rivière.

Vivre à la campagne – avantages et inconvénients

Quel est votre avis sur la vie à la campagne?

Moi, [j'aime / j'aimerais]   vivre à la campagne parce que(qu')...

la vie est plus calme	– il y a moins de bruit et de circulation.
la vie est plus saine	– on peut passer plus de temps en plein air.
	– on peut faire de longues promenades.
	– l'air est moins pollué.
on est plus près de la nature.	
on connaît tout le monde.	

Moi, [je n'aime pas / je n'aimerais pas]   vivre à la campagne parce que (qu')...

la vie est trop tranquille – on s'ennuie.
il n'y a pas assez de distractions.
il peut être difficile d'aller en ville en transport public.

A la campagne vocabulaire utile

agricole	agricultural	un lac	lake	un verger	orchard
un arbre	tree	un légume	vegetable	un vignoble	vineyard
un berger	shepherd	la lune	moon	un village	village
un bois	wood	la mer	sea		
le bord	edge	une montagne	mountain		
une branche	branch	la nature	nature		
un buisson	bush	un ouvrier agricole	farm-worker		
un camping	campsite			**Les animaux et les oiseaux**	
un champ	field	un parc régional naturel	regional park		
une colline	hill				
une étable	stable	le paysage	countryside	un agneau	lamb
une ferme	farm	un paysan	countryman, peasant	un canard	duck
un fermier	farmer			un cheval	horse
une feuille	leaf	la pêche	fishing	une chèvre	goat
une fleur	flower	la plage	beach	un cochon	pig
un fleuve	river	une plante	plant	un lièvre	hare
la forêt	forest	en plein air	in the open air	un mouton	sheep
un fruit	fruit	une prairie	meadow	une oie	goose
la gorge	ravine	une randonnée	ramble, hike	un oiseau	bird
le grenier	hay loft	une rivière	river	une poule	hen
les grottes (f.pl.)	caves	un rocher	rock	un renard	fox
		sauvage	wild	un serpent	snake
la haie	hedge	un sentier	path	un taureau	bull
l' herbe (f)	grass	les vendanges (f.pl.)	grape harvest	une vache	cow
un insecte	insect			un veau	calf

Les métiers de la campagne:

Vétérinaire

Frédéric Tiano est vétérinaire à Bernay en Normandie. Il nous parle de son métier.

Votre travail, en quoi consiste-t-il?
Pouvez-vous nous raconter une journée typique?
Oui, bien sûr. Ma journée de travail commence à 9 heures. De 9 heures à 10 heures, je reçois des animaux dans mon cabinet. Ce sont surtout des chiens et des chats. Euh … ils ont besoin d'une piqûre ou bien … de … d'un examen médical. Puis, … après 10 heures, je fais mes visites. Je … je vais de ferme en ferme et je passe la plus grande partie de la journée dans les champs et dans les étables. Quelquefois il faut traiter une vache qui a une infection, … ou bien il faut donner une piqûre à un cheval.

Est-ce que le travail varie suivant les saisons?
Oui, beaucoup. En hiver, j'ai beaucoup plus de travail. Les animaux souffrent du froid et de l'humidité. Au printemps aussi, on a beaucoup de travail. Il faut être disponible jour et nuit, même au milieu de la nuit. Alors, l'été, c'est plus calme.

Est-ce que les animaux sont quelquefois agressifs?
Oui. Il faut toujours avoir une certaine prudence dans l'approche d'un animal. Il ne faut jamais être brusque ou énervé. Il ne faut pas non plus parler d'une voix trop forte. Beaucoup de vétérinaires ont une sorte de télépathie avec les animaux. On sent quand une bête est agressive.

Est-ce que vous avez jamais été attaqué par un animal?
Oui … une fois … c'était il y a dix ans, quand je travaillais comme aide-vétérinaire – une vache m'a donné un coup de pied dans les côtes. Ça faisait mal, mais ce n'était pas grave.

Et finalement, êtes-vous content d'être vétérinaire?
Ah oui, énormément. J'aime beaucoup les animaux et j'aime bien vivre à la campagne, alors pour moi, c'est vraiment un métier passionnant.

What do you know about the work of a country vet?

1 What sort of animals are treated in the surgery?
2 Where is most of the day spent?
3 Give an example of the sort of treatment which might be given.
4 Why is winter a busy season?
5 What advice is given about approaching an animal which is ill?

La vie d'un vétérinaire

Écrivez un petit résumé de l'interview avec Frédéric Tiano. Voilà quelques idées:
Frédéric Tiano est vétérinaire …
Sa journée de travail commence …
Dans son cabinet, il …
Puis, après 10 heures …
Il a plus de travail en … qu'en …
Il a été attaqué par un animal une fois, … (quand? c'était grave?)
Il aime son métier parce que …

Vacances à la campagne

Vous cherchez la tranquillité, le calme et le repos? Vous aimez les distractions de plein air, la pêche, les promenades à pied et à vélo ou l'équitation? Alors, passez vos vacances à la campagne!

Les stations vertes de vacances

Les stations vertes de vacances et les villages de vacances sont des localités rurales aménagées pour offrir aux citadins, à la fois, le repos et des distractions de plein air pendant leurs vacances. Chaque station doit offrir un attrait naturel (rivière, plan d'eau, forêt ou site pittoresque), des possibilités d'hébergement (en hôtel de tourisme, ou en camping deux étoiles, ou chez l'habitant) et un équipement de loisirs (piscine, terrain de jeux, tennis etc.).

Les gîtes ruraux

Les gîtes ruraux sont des maisons ou des appartements, à la campagne ou à la montagne, qui peuvent accueillir 2 à 12 adultes. La Fédération Nationale des Gîtes de France contrôle la qualité des gîtes et assure un niveau de base. Les gîtes sont classés – d'un épi à trois épis – en fonction de leur situation et du degré de confort offert.

Les chambres d'hôte

Les chambres d'hôte sont des chambres chez des particuliers qui offrent aux touristes la nuitée, c'est-à-dire le coucher et le petit déjeuner. Les chambres d'hôte se trouvent à la campagne, chez des agriculteurs ou dans une ferme. Si on offre la «table d'hôte», il est possible de prendre aussi le repas du soir à la maison.

Le camping à la ferme

Le camping à la ferme se pratique selon plusieurs formes. Généralement, les agriculteurs s'engagent à recevoir six tentes ou cinq caravanes (un maximum de 20 occupants) et à offrir aux campeurs de l'eau potable, un W.-C. et un lavabo.

CHAMBRES D'HOTE: *Côte d'Azur*

ACCES ET SITUATION	EQUIPEMENT
Les Mésanges	
Accès: par route Nice-Grasse. A 25 Km de Grasse. Alt. 830 m.	Au rez-de-jardin. 1 chambre 1 lit 2 pl. Salle de bains. Mobilier rustique. Ch. + pt. déj. 2 pers.: 120F. Table d'hôte sur commande.
Situation: A 200 m du village dans une ferme bien restaurée, environnement de prairies et forêts.	
L'Olivier	
Accès: par R.N. 202. A 2 km de Saint-Martin du Var et 100 m après le pont.	1 chambre 1 lit 2 pl. cabinet toilette (lav. bidet) dans chambre. Sanitaire et douche au palier intermédiaire. Propriétaire anglophone. Possibilité table d'hôte. Chambre d'hôte 1 pers. 80F, 2 pers. 100F. + pt. déj.16F Possibilité 1 lit enfant (20F + p.dj.) Produits de la ferme.
Situation: Au 2ᵉ étage d'une grande maison de campagne (rose) à 100 m de la R.N. 202. A 25 km de la mer. Environnement de la Vallée du Var, cultures, prairies, vergers.	

Vacances en «chambre-d'hôte»

Some friends of your parents have asked you to help them book bed and breakfast accommodation in the south of France. They've been sent this leaflet and want to know the following details about the two places listed:

1 distance from the nearest village
2 what the surrounding area is like
3 distance from the sea (if given)
4 what sort of accommodation is offered (e.g. single room with bathroom, double room with bathroom, double room with washing facilities etc.)
5 whether it's possible to have an evening meal (*table d'hôte*)
6 whether anyone speaks English (if given)
7 the cost of bed and breakfast for two people

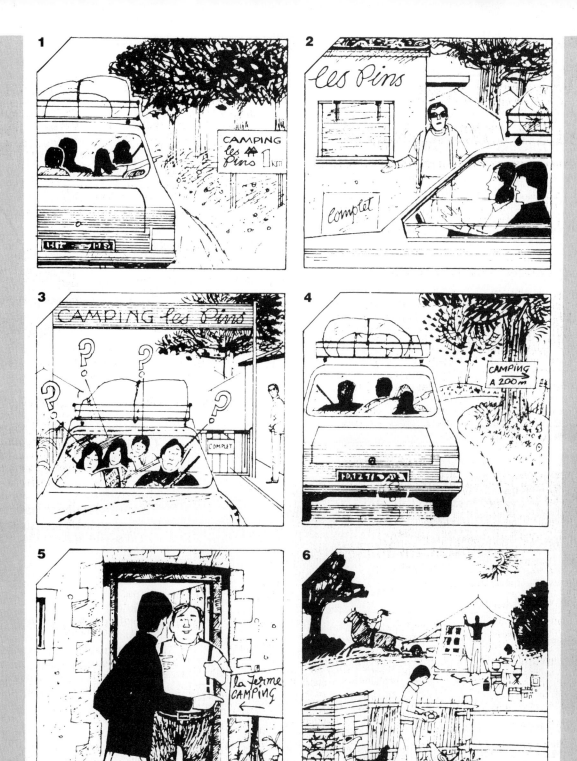

NEA Joint GCE O-level and CSE examination 1981

Now you can:
talk about the countryside, discuss the advantages and disadvantages of living in the country and understand details of holiday accommodation.

2.3 Chez vous

Votre ville, votre région
vocabulaire et phrases utiles

C'est une	grande petite	ville	administrative. industrielle. historique. touristique. importante. de province.

C'est une ville moyenne.

... au bord de la mer.		
... située dans	le nord le sud l'est l'ouest le centre	de l'Angleterre. de l'Écosse. de l'Irlande. du pays de Galles.

C'est un	grand petit	village dans	le Yorkshire. le Somerset. le Sussex. *etc.*

C'est près de ...

C'est à ... kilomètres (milles) de ...

Il y a environ ... habitants.

A ... il y a Près de ... il y a Comme distractions, il y a	une bibliothèque. une cathédrale. un centre commercial. un château. un cinéma. un complexe sportif. une discothèque. de grands magasins. un jardin public. une maison de la culture. un (grand) marché. des monuments historiques. un musée. un (grand) parc. une patinoire. une piscine. un stade. un terrain de sports. un théâtre. une université.

Vous avez la parole

En France, on vous posera sûrement des questions sur votre domicile et la région où vous habitez. Choisissez dix des questions ci-dessous et écrivez vos réponses.

1 Où habitez-vous?
2 C'est où exactement?
3 C'est une grande ville?
4 Habitez-vous au centre de la ville ou dans la banlieue?
5 Ça fait longtemps que vous y habitez?
6 C'est comment votre quartier? Est-ce qu'il y a des magasins/un parc/une piscine près de chez vous?
7 Est-ce qu'il y a beaucoup de distractions? (cinéma, théâtre, concerts, sports *etc.*)
8 Est-ce que c'est une ville industrielle? Quelles sont les industries principales?
9 C'est une ville touristique? Qu'est-ce qu'il y a pour les touristes?
10 Est-ce que vous êtes près de la campagne/la montagne/la mer?
11 Qu'est-ce qu'il y a d'intéressant dans votre région?
12 Ça vous plaît comme ville/ comme région?
13 Préférez-vous les grandes villes ou la campagne?
14 Habitez-vous dans une maison ou dans un appartement?
15 Pensez-vous quitter votre ville/votre région plus tard dans la vie?
16 Si vous habitez à la campagne, comment s'appelle la ville la plus proche?
17 Combien d'habitants y a-t-il dans votre ville/village?
18 Quelles sortes de magasins y a-t-il dans votre ville/village?

Cher Robert,

Merci beaucoup pour ta dernière lettre et les dépliants sur Annecy. C'est une très belle ville que je veux bien visiter un jour.

Je t'envoie une photo de notre maison et quelques dépliants sur Cheltenham et le Gloucestershire. Nous habitons pas loin du centre de Cheltenham.

Moi, j'aime bien aller en ville. Il y a beaucoup de magasins, des cinémas et un théâtre. Au mois de juillet, il y a un grand festival avec des concerts de musique. Est-ce que tu aimes la musique? Moi, j'aime surtout le jazz.

Le Gloucestershire est une belle région où il y a de petits villages et des collines qui s'appellent « Les Cotswolds ». Le paysage est très pittoresque.

De temps en temps, je vais aussi à Gloucester. Ce n'est pas très loin, à 20 kilomètres environ. J'y vais pour voir des matchs de rugby ou pour faire du ski sur la piste de ski artificielle.

Dans ta prochaine lettre, parle-moi un peu de ta vie à l'école, quelles matières tu préfères et comment tu trouves tes profs.

A bientôt,

David

Une lettre à écrire

Écrivez une lettre à un(e) correspondant(e) français(e) dans laquelle vous décrivez votre ville et votre région:

location géographique
nombre d'habitants
monuments historiques
fêtes
festivals
distractions
sports
etc.

Dites si vous êtes content d'y vivre ou si vous préféreriez vivre ailleurs.

Vacances en Grande-Bretagne

On va préparer une brochure sur votre région pour des touristes français. Pouvez-vous aider en répondant à ces questions?

Est-ce que c'est une région rurale/industrielle/ montagneuse/pittoresque?
Quelles sont les principales villes?
Qu'est-ce qu'il faut absolument voir, si on visite la région?
Quelle est la meilleure saison de l'année pour visiter votre région?
Est-ce qu'il y a des fêtes ou des festivals intéressants?

Yorkshire
CENTRE DE LA GRANDE-BRETAGNE

Now you can:
describe your local area.

2.4 Non, non et non!

Vacances à la campagne? Non, merci!

1 Est-ce que Jacqueline passe de bonnes vacances?
2 Est-ce qu'elle connaît beaucoup de gens?
3 Est-ce qu'il y a beaucoup de choses à faire?
4 Est-ce qu'il est facile d'aller en ville?
5 Est-ce que Jacqueline aime la vie à la campagne?

Notice how many different negative expressions Jacqueline used in her postcard. If you're not sure what they all mean, look through the grammar notes then practise using them in the exercises which follow.

 Negatives

General points

1. As a general rule, the negative goes on either side of the verb.

2. In the Perfect Tense, the negative (apart from *ne ... personne, ne ... que* and *ne ... nulle part*) goes round the auxiliary verb:

   Je **n'**ai **pas** vu ça.   *I haven't seen that.*

3. If there is a pronoun before the verb, the *ne* goes before that:

   Je **ne le** connais pas.   *I don't know him.*

4. If the infinitive is in the negative, the two parts of the negative are used together:

   Je l'ai persuadé de **ne pas** partir.   *I persuaded her not to leave.*

5. After the negative, *du, de la, de l', des, un, une* become *de* or *d'* (except with the verb *être* and after *ne ... que*):

   Il ne reste plus **de** gâteau.   *There's no cake left.*

ne ... pas	*not*
ne ... plus	*no more, no longer, none left*
ne ... jamais	*never*
ne ... rien	*nothing*
ne ... personne	*nobody*
ne ... que	*only*
ne ... nulle part	*nowhere, not ... anywhere*
ne ... aucun	*no ...*
ne ... ni ... ni	*neither ... nor, not ... either ... or*

ne ... pas

Je **n'**ai **pas** le temps.   *I haven't got time.*
Ne vous inquiétez **pas**.   *Don't worry.*

ne ... plus

Merci, je **n'**en veux **plus**.   *No thank you, I don't want any more.*

ne ... jamais

On **ne** sort **jamais**.   *We never go out.*
Je **ne** l'ai **jamais** vu.   *I've never seen him.*
– Avez-vous déjà visité la Bretagne?   *– Have you ever been to Brittany.*
– Non, **jamais**.   *– Never.*

ne ... rien

Il **n'**y a **rien** au cinéma.   *There's nothing on at the cinema.*
Ça **ne** fait **rien**.   *It doesn't matter.*

Notice that **rien** can be used on its own and at the beginning of a sentence:

– Qu'est-ce que tu as fait aujourd'hui?   *– What did you do today?*
– **Rien**.   *– Nothing.*
Rien n'est plus facile.   *There's nothing simpler.*

ne ... personne

Je **ne** connais **personne** à Paris.   *I don't know anyone in Paris.*
Il **n'**y a **personne**.   *There's nobody there.*

Notice that **personne** can also be used on its own and at the beginning of a sentence:

Personne n'est venu.   *Nobody came.*
– Qui est dans le café?   *– Who's in the café?*
– **Personne**.   *– Nobody.*

Ça ne se fait pas!

Qu'est-ce qu'il faut et qu'est-ce qu'il ne faut pas faire en France? Donnez cinq conseils à quelqu'un qui va visiter la France cette année.

Il ne faut pas On ne doit pas Il faut On doit	rouler à droite. rouler à gauche. parler anglais tout le temps. oublier son passeport. refuser tout ce qu'on vous offre à manger. dire que tout est meilleur en Grande-Bretagne. se plaindre tout le temps. rentrer trop tard si on est chez une famille. parler français le plus possible. changer son argent en francs français.

In the Perfect Tense, **personne** goes *after* the past participle:

Je **n**'ai vu **personne** en ville. — *I didn't see anybody in town.*

ne ... que

Je **n**'ai **que** 10 francs. — *I've only got 10 francs.*

Il **ne** reste **que** ça. — *That's all that's left.*

In the Perfect Tense, **que** goes *after* the past participle:

Elle **n**'a passé **qu**'un week-end à Paris. — *She only spent a weekend in Paris.*

ne ... nulle part

Je **ne** les vois **nulle part**. — *I can't see them anywhere.*

In the Perfect Tense, **nulle part** goes *after* the past participle:

Elle a cherché partout son porte-monnaie, mais elle **ne** l'a trouvé **nulle part**. — *She looked all over for her purse, but she didn't find it anywhere.*

ne ... aucun

Notice that **aucun** is an adjective and agrees with the noun which follows:

Il **n**'y a **aucun** doute. — *There's no doubt.*

Ça **n**'a **aucune** importance. — *It's of no importance.*

Je **n**'en ai **aucune** idée. — *I've no idea.*

ne ... ni ... ni

Notice that **ni ... ni ...** go *before* the words to which they refer:

Je **ne** connais **ni** lui **ni** ses parents. — *I don't know either him or his parents.*

Ni l'un **ni** l'autre. — *Neither one nor the other.*

Ni moi non plus. — *Nor me.*

Le pique-nique

Regardez le pique-nique de Jean-Pierre et de Jacqueline et répondez aux questions de Jean-Pierre.

Exemple: **1** Non, il n'y a pas de saucisson.

1 Est-ce qu'il y a du saucisson?
2 Est-ce qu'il y a du pâté?
3 Est-ce qu'il y a des tomates?
4 Est-ce qu'il y a des radis?
5 Est-ce qu'il y a des bananes?
6 Est-ce qu'il y a des poires?
7 Est-ce qu'il y a du chocolat?
8 Est-ce qu'il y a du vin?
9 Est-ce qu'il y a de la bière?
10 Ben alors, dites-moi ce qu'il y a!

Elle n'est plus jeune

Quand la grand-mère d'Anne-Marie était jeune, elle faisait beaucoup de choses. Mais maintenant, elle n'est plus très active, elle ne fait plus de sport et elle ne sort presque jamais. Cependant, elle est très au courant de tout ce qui se passe dans le monde. Elle lit un journal tous les jours, elle écoute la radio et elle regarde la télévision. Répondez pour Anne-Marie aux questions de son ami, Paul.

1 Est-ce que ta grand-mère va à la piscine?
2 Est-ce qu'elle joue au badminton?
3 Est-ce qu'elle se promène à vélo?
4 Est-ce qu'elle va souvent en ville?
5 Est-ce qu'elle lit beaucoup?
6 Est-ce qu'elle va à la bibliothèque?
7 Est-ce qu'elle regarde la télévision?
8 Est-ce qu'elle sort souvent?

Qu'est-ce qui manque?

Regardez ces deux dessins; l'artiste a oublié sept choses dans le deuxième dessin. Qu'est-ce qui manque dans le dessin modifié? (*Il n'y a pas ...*/*Il n'y a que ...*)

Dessin original

Dessin modifié

Mais si! Mais non!

Corrigez chacune des phrases suivantes, comme dans les exemples.

Exemples: 1   Mais si, on y mange très bien.
                 8   Mais non, il ne faut pas toujours payer pour aller à la plage.

1   On ne mange pas bien en France.
2   Dans les cafés, on ne sert jamais de thé.
3   On ne peut pas boire l'eau du robinet.
4   On ne trouve jamais de journaux anglais.
5   Les magasins ne sont pas ouverts l'après-midi.
6   Il n'y a pas d'autoroutes.
7   Les Français n'aiment pas les animaux.
8   Il faut toujours payer pour aller à la plage.
9   Les petits hôtels sont très chers.
10   Il y a toujours des embouteillages sur les routes.

Les achats de Mme Dupont

Voilà la liste de Mme Dupont. Lisez l'histoire et trouvez ce qu'elle achète aujourd'hui et ce qu'elle ne peut pas acheter. Répondez comme dans l'exemple.

pain
carottes
haricots verts
pommes
oranges
banane
beurre
sucre
porc
pâté maison

Exemple: 1   Elle ne peut pas acheter de pain.

Dans le village où habite Mme Dupont, il n'y a que trois magasins: l'épicerie de Mme Leclerc, la boulangerie de Mlle Martin et la charcuterie de Mme Michel.

Aujourd'hui, il n'y a personne à la boulangerie, parce que Mlle Martin est malade. (Les deux autres magasins ne vendent pas de pain.)

A l'épicerie, Mme Leclerc n'a plus de légumes, parce que son mari n'a pas pu aller au marché, ce matin. Comme fruits, elle n'a que des pommes et des bananes. Alors ici, Mme Dupont n'achète que des fruits, du beurre et du sucre.

A la charcuterie, Mme Dupont n'achète rien: il n'y a plus de porc, et aujourd'hui Mme Michel n'a que du pâté d'Ardennes (la famille Dupont n'aime que du pâté maison).

Ce n'est pas possible!

Lisez les deux phrases dans chaque paire. Certaines sont correctes, d'autres n'ont pas de sens. Faites une liste des paires qui n'ont pas de sens.

1   Mon grand-père a quatre-vingt-douze ans. Il n'est plus jeune.
2   Je vais à Paris tous les ans. Je n'ai jamais visité la France.
3   Le chien ne mange presque rien. Il devient très maigre.
4   Elle n'aime ni la radio ni la télévision. Elle est toujours en train de regarder une émission à la télé.
5   Ils n'ont plus de légumes à l'épicerie. Regarde ces carottes que j'ai achetées à l'épicerie.
6   Vous ne faites pas de sport? Cela ne vous intéresse pas?
7   Je n'ai rien à mettre. Je vais mettre ma nouvelle robe.
8   Il ne me téléphone jamais. Il m'a téléphoné hier soir.
9   Elle ne fait jamais rien. Elle est très paresseuse.
10   Ils ne sont plus à la maison. Ils sont dans la cuisine.

Répondez sans dire oui ou non

1 Est-ce que le président de la République habite à Londres?

2 Est-ce que vous avez vu beaucoup de films français?

3 Est-ce qu'il y a beaucoup de choses dans une valise vide?

4 Est-ce qu'on peut acheter beaucoup de choses quand on n'a pas d'argent?

5 Est-ce qu'on peut toujours acheter des timbres dans une charcuterie en France?

6 Est-ce qu'on mange beaucoup quand on n'a pas faim?

7 Est-ce qu'il y a beaucoup de gens dans un restaurant fermé?

8 Est-ce qu'il y a beaucoup de touristes sur la plage quand il neige?

9 Est-ce qu'on voit souvent des éléphants dans les cafés en France?

10 Avez-vous jamais visité la Chine?

— Tu ne vas pas sortir ce soir.
Tu ne vas jamais revoir ce garçon.
Tu n'iras plus à son appartement.
Tu ne lui téléphoneras ni écriras.
Et je ne veux plus rien entendre de cette histoire!

Au terrain de camping

Regardez la photo du terrain de camping et dites si ces phrases sont vraies ou fausses. Corrigez les phrases qui sont fausses.

1 Il n'y a personne au terrain de camping.
2 Il n'y a aucune voiture sur la photo.
3 On ne voit aucun animal.
4 Il n'y a ni adultes ni enfants.

5 Il n'y a pas de magasin sur la photo.
6 On ne voit le bureau d'accueil nulle part sur la photo.
7 On ne trouve jamais de caravanes sur un terrain de camping.
8 Les gens ne font rien sur ce terrain de camping.

Now you can: understand and use different forms of the negative.

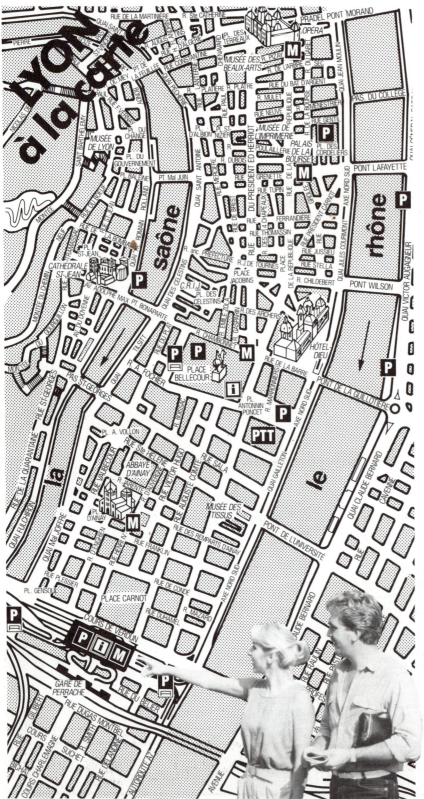

Des touristes à Lyon

1

– Pour aller à l'office de tourisme, s'il vous plaît.
– L'office de tourisme, c'est place Bellecour. Vous êtes à pied? Eh bien, descendez cette rue jusqu'au bout et vous arriverez à une grande place, la place Bellecour. L'office de tourisme se trouve là.
– Merci. C'est loin d'ici?
– Non, c'est à 500 mètres.

2

– Pardon, Madame, est-ce qu'il y a un hôtel près d'ici?
– Oui, il y a l'hôtel Sofitel, quai Gailleton. C'est un grand hôtel de luxe très cher ... ou bien vous avez La Résidence, rue Victor Hugo. C'est un bon hôtel et moins cher que le Sofitel.
– Ça serait mieux. Et pour la rue Victor Hugo, s'il vous plaît?
– Continuez tout droit et c'est la troisième rue à droite.

3

– Pardon, Monsieur, où se trouve la gare Perrache, s'il vous plaît?
– Continuez tout droit jusqu'au carrefour, puis prenez à gauche et suivez la rue jusqu'au bout.
– Merci, c'est loin?
– Non, c'est à dix minutes à pied environ.

4

– Pardon Monsieur, pour aller au Vieux Lyon, s'il vous plaît?
– Ah, c'est assez compliqué. C'est dans ce sens-là, mais pour y aller en voiture ... hum ... non, je ne suis pas sûr. Je suis désolé, demandez à quelqu'un d'autre.

5

– Pardon Madame, je cherche le bureau de poste, s'il vous plaît.
– Le bureau de poste ... voyons. Ah oui, c'est facile. Prenez cette rue jusqu'aux feux, puis tournez à droite. Le bureau de poste se trouve un peu plus loin, à côté d'une pharmacie. Vous ne pouvez pas le manquer. C'est un grand bâtiment gris.

En ville vocabulaire et phrases utiles

Asking for directions

Pardon	Monsieur, Madame, Mademoiselle,	pour aller	à la gare à l'office de tourisme au commissariat		s'il vous plaît?
		est-ce qu'il y a	un café une piscine	dans le quartier près d'ici	

Understanding directions

Continuez tout droit.	*Go straight on.*
Prenez la première rue à droite/à gauche.	*Take the first road on the right/left.*
Prenez la deuxième rue à droite/à gauche.	*Take the second road on the right/left.*
Continuez jusqu'aux feux.	*Go on to the traffic lights.*
Au carrefour, tournez à droite/à gauche.	*At the crossroads, turn right/left.*
C'est en face du grand magasin.	*It's opposite the department store.*
là-bas	*over there*

In town

le boulevard périphérique	*ring road*
le panneau	*sign*
le passage clouté	*pedestrian crossing*
le passage souterrain	*subway*
la place	*square*
le refuge	*central reservation*
la rue (principale)	*(main) street*
le sens unique	*one-way system*
le trottoir	*pavement*
la voie piétonne	*pedestrian precinct*

Points of reference

au carrefour	*at the crossroads*
au coin	*at the corner*
au passage à niveau	*at the level crossing*
au pont	*at the bridge*
au rond-point	*at the roundabout*
aux feux	*at the traffic-lights*
Vous passerez devant un cinéma.	*You'll pass a cinema.*

Describing distance

C'est tout près.	*It's very near.*
C'est près de ...	*It's near the ...*
C'est assez loin.	*It's quite a way.*
C'est loin.	*It's some distance.*
C'est très loin.	*It's a very long way away.*
C'est près d'ici?	*Is it near here?*
C'est loin?	*Is it far?*
C'est à deux kilomètres.	*It's two kilometres away.*
C'est à dix minutes d'ici.	*It's ten minutes from here.*
C'est à 500 mètres environ.	*It's about 500 metres away. (approx. one third of a mile)*
C'est à cinq minutes à pied.	*It's five minutes on foot.*
Vous en avez pour dix minutes de marche.	*You've got about a ten-minute walk.*

Describing position

C'est après la station-service.	*It's after the petrol station.*
C'est avant le supermarché.	*It's before the supermarket.*
C'est à votre droite/gauche.	*It's on your right/left.*
C'est droit devant vous.	*It's right in front of you.*
à (au, à l' 'à la, aux)	*to, at*
à côté de	*next to, beside*
à l'intérieur de	*inside*
au bout de	*at the end of*
au coin de	*at the corner of*
au dessous de	*below*
au dessus de	*above*
au milieu de	*in the middle of*
contre	*against*
dans	*in*
de (du, de l', de la, des)	*from*
devant	*in front of*
derrière	*behind*
en face de	*opposite*
entre	*between*
sous	*under*
sur	*on*

Vous êtes à Lyon
Vous parlez pour votre famille.
On veut savoir comment aller à ces endroits.

1	2	3	4	5	6	7	8	9	10
			Hôtel Bellecour			Chez Georges			

C'était bien ça?

Écoutez bien les directions. Puis vérifiez que vous avez bien compris.

Exemple: 1 Alors je descends la rue jusqu'au bout, puis je prends la rue à gauche.

Si vous n'avez pas bien compris la première fois, vous pouvez toujours demander: *Pouvez-vous répéter, s'il vous plaît?*

Ça se trouve où, s'il vous plaît?

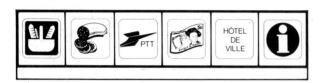

A Vous cherchez ces endroits. Posez des questions à votre partenaire, qui doit vous renseigner.

Exemple: – Où se trouve l'hôtel de ville, s'il vous plaît?
– C'est à l'autre bout de la rue, en face du commissariat.

1	town hall	**5**	post office	**9**	supermarket
2	theatre	**6**	petrol station	**10**	tourist office
3	chemist's	**7**	*charcuterie*		
4	bank	**8**	police station		

B Maintenant, dites ce qu'on cherche!

Exemple: 1 On cherche la boulangerie.

1 Mais c'est droit devant toi, au coin de la rue. Tu la vois? En face du café.
2 C'est là-bas, entre la pharmacie et la station-service.
3 Oui, c'est là, en face de la banque. Tu la vois?
4 Mais c'est tout près. Regarde, à côté du café. Tu le vois?
5 Ah oui, le voilà, à l'autre bout de la rue, après l'hôtel de ville. Tu le vois?
6 C'est en face du supermarché. Tu la vois?
7 Mais c'est juste en face. Regarde. C'est à côté du théâtre. Tu le vois?
8 C'est à l'autre bout de la rue, juste avant la station-service. Tu le vois?

A vous, maintenant
Vous êtes en ville

1 Vous êtes dans la rue et vous arrêtez un passant.

Ask politely for directions to the tourist office.
– Le Syndicat d'Initiative? Continuez tout droit, traversez le pont, et prenez la première rue à droite.
Say you have not understood, and ask if he/she will speak more slowly.
– Bien sûr ... continuez tout droit, traversez le pont, et prenez la première rue à droite.
Ask if it is far away
– Non, c'est à dix minutes d'ici.

NICSE 1983

2 Vous êtes dans la rue et vous cherchez l'appartement d'un ami. Vous avez son adresse sur une carte.

– Vous cherchez quelque chose, Mlle/Monsieur?
Say you are looking for this address.
– Ah oui, je connais bien cette rue.
Ask if it is far away.
– Non, vous en avez pour dix minutes de marche.
Ask how you can get there.
– Prenez la première rue à gauche, puis c'est tout droit.
Thank him/her and say that you are going there straight away.

NWREB 1983

3 Vous vous êtes égaré en France. Vous arrêtez un passant pour lui demander des directions.

– Oui, Monsieur. Vous désirez?
Tell him that you are looking for the Hôtel de Paris.
– Il est dans la prochaine rue, à gauche. Êtes-vous américain, Monsieur?
You tell him no and that you are English.
– Depuis combien de jours êtes-vous en France?
Tell him that you arrived yesterday.
– Passez de bonnes vacances, Monsieur.

NEA Joint GCE O-level and CSE examination 1983

4 Vous êtes en auto avec vos parents. Vous parlez à un monsieur/une dame qui passe dans la rue.

Ask the way to the Information Bureau.
– Continuez tout droit, puis prenez la deuxième rue à droite.
Ask if there is a car park there.
– Oui, il se trouve à côté du Syndicat d'Initiative.
Ask him/her at what time the shops open.
– A deux heures.

SREB 1983

On peut vous aider?

A Dites à ces touristes où il faut aller.

Exemple: **1** Allez à la papeterie.

1 Je voudrais acheter un journal.
2 Je cherche du pain.
3 Je voudrais acheter beaucoup de provisions.
4 Où est-ce qu'on peut changer de l'argent?
5 Mes enfants veulent jouer au ballon.
6 Pour des renseignements touristiques, s'il vous plaît?
7 Où est-ce qu'on peut acheter des timbres?
8 On a besoin d'essence pour la voiture.

B Maintenant, expliquez où il faut aller en employant les mots suivants:

près de *near*
à côté de *next to*
en face de *opposite*

Exemple: **1** C'est en face de la cathédrale.

1 Où se trouve le château?
(opposite the cathedral)
2 Pour aller à la bibliothèque, s'il vous plaît?
(next to the museum)
3 Je cherche le théâtre.
(near the library)
4 Où se trouve la piscine?
(opposite the stadium)
5 Est-ce qu'il y a une station-service près d'ici?
(opposite the supermarket)
6 Pour aller au complexe sportif, s'il vous plaît?
(near the university)
7 Nous cherchons le restaurant «le Québec».
(opposite the cinema)
8 Est-ce qu'il y a une discothèque ici?
(next to the hotel)

Vous êtes en France

Vous êtes dans la rue dans une ville en France que vous connaissez assez bien. Un(e) passant(e) s'approche de vous et vous demande le chemin à prendre pour arriver à la gare routière.

– Pardon, Monsieur/Mademoiselle, pour aller à la gare routière, s'il vous plaît?
Tell the person first to carry on straight ahead to the Hôtel de Rouen.

– Oui, et après?
Next tell the person to turn right and then take the first street on the left.

– D'accord. C'est très loin?
Say that it is about 500 metres away.

– Merci, Monsieur/Mademoiselle. Ça fait cinq minutes à pied, n'est-ce pas?

EAEB 1983

Donnez les directions en français

Exemple: **1** Tournez à gauche – ce n'est pas loin.

1 «Pour aller à la gare, s'il vous plaît?»

2 «Pardon, je cherche Church Street. Savez-vous où c'est?»

3 «Est-ce qu'il y a un hôtel près d'ici?»

4 «Pouvez-vous nous aider? Nous cherchons l'université.»

5 «Savez-vous où se trouve le musée du château, s'il vous plaît?»

6 «Est-ce qu'il y a un bureau de poste quelque part?»

7 «Pour aller en ville, c'est loin?»

8 «Est-ce qu'il y a un parking près d'ici»

La chasse au trésor

Lisez les descriptions des dix photos et les cinq clefs avant d'écouter l'enregistrement du jeu «La chasse au trésor». Après chaque clef, vous aurez vous-même l'occasion de dire quelle direction Chantal devrait prendre pour arriver au trésor caché.

1 La visite d'un parc donne toujours du plaisir,
Quelle façon idéale de passer ses loisirs!
Le parfum des fleurs est vraiment délicieux,
Mais vous y trouverez même un trésor plus précieux.

2 Une industrie traditionnelle s'exerçait dans ce site,
Mais de nos jours ce sont les touristes qui y vont en visite.

3 Nos ancêtres les Gaulois se réunissaient
Dans cet amphithéâtre spectaculaire,
Dans quelques années qu'ils reviennent nous aider
A y célébrer notre bimillénaire.

4 Il faut quitter là-bas votre hélicoptère,
Un transport plus grand va vous porter en l'air.
Ensuite vous irez dans un lieu touristique
Et vous serez transformé en parachutiste.

5 C'est un parc touristique où vous irez, bien sûr,
Un endroit ou se trouvent pas mal de voitures.
Si c'est avant 20 heures, vous aurez le trésor,
Mais tout disparaîtra, par la suite, en vapeur.

L'aéroport international de Sato-las Situé à 30 km de Lyon. L'aérogare à cinq niveaux peut accueillir 3 millions de passagers par an.

Amphithéâtre des Trois Gaules
Sur la colline de la Croix-Rousse, dans l'ancienne ville des Gaulois, qui s'appelait Condate, cet amphithéâtre était probablement le site du premier parlement français. C'est ici dans ce lieu de réunions des Gaulois, qu'en 1989, on va célébrer la fête des 2 000 ans de la France.

Avenir-Land Le Parc de Loisirs Rhône-Alpes. Un rêve américain en France. Accès par l'autoroute 43.

L'aéroport civil de Bron Aéroclub de Lyon et du sud-est.

Parc de la Tête d'Or Visitez le jardin zoologique, le jardin botanique, le jardin alpin et surtout une des plus belles roseraies du monde – plus de 100 000 rosiers. Selon la tradition, dans ce parc est enterré quelque part un trésor – une tête de Christ en or.

La maison des Canuts (à la Croix-Rousse) Musée de l'époque où Lyon était capitale de l'industrie de la soie. Visite commentée par un vrai "canut" (un ouvrier qui fabrique la soie.) Exposition de tissus. Démonstration de tissage de soie et de velours.

Terrain de vol à voile et parachutisme de Corbas

Théâtres romains Ensemble, sur la colline de Fourvière, deux théâtres romains spectaculaires. Le plus grand, semblable aux théâtres d'Arles et d'Orange, est le plus ancien de France. Utilisé de nos jours, comme à l'époque romaine, pour des spectacles dramatiques. Le plus petit, l'Odéon, était plutôt réservé à la musique.

Château de Rochetaillée sur Saône et musée de l'automobile Henri Malartre A 11 km de Lyon, accès par la N433. Visitez le château et son parc. Admirez les 180 modèles d'automobiles exposés – dont 17 sont uniques au monde. Notez spécialement une voiture Scotte à vapeur de 1892 et les premières voitures Peugeot et Renault.

Le pays traditionnel du Beaujolais Visite des caveaux. Dégustation. Essayez le Beaujolais nouveau.

Now you can:

find your way around when visiting a French town by asking for and understanding directions and help French visitors by giving simple instructions.

2·6 Dans le passé

Une visite à Lyon

Alain arrive à l'appartement de son ami Yves, à Villeurbanne, dans la banlieue de Lyon. Il est onze heures du soir.

– Tiens, salut Alain. Te voilà enfin. Je t'attendais plus tôt.
– Salut Yves.
– Ça va? Tu as fait un bon voyage?
– Non, c'était épouvantable.
– Qu'est-ce qui s'est passé?
– Je voulais quitter le bureau à deux heures, mais le chef m'a demandé de rester pour finir un travail important. Donc je n'ai pu partir qu'à quatre heures. Je suis rentré à toute vitesse à la maison, j'ai ramassé mes affaires et j'ai tout mis dans la voiture. J'étais prêt à partir quand j'ai vu que je n'avais pas ta dernière lettre avec ta nouvelle adresse. Donc de retour à l'appartement, j'ai cherché partout et finalement je l'ai trouvée dans la poche de mon jean. Alors je me suis enfin mis en route vers cinq heures et demie, à l'heure où tout Paris partait pour le week-end ... des embouteillages partout. C'était affreux! Bref, j'ai pris l'autoroute et tout allait bien ... mais près de Mâcon il y avait un accident de la route et il y avait encore de gros embouteillages.
– Oui, on en a parlé à la radio.

> Cher Alain,
> Merci bien de ta lettre. Alors, tu viens à Lyon le week-end prochain – c'est formidable!
> J'ai déménagé depuis ta dernière visite – j'habite maintenant dans un appartement moderne près de l'université.
> Pour le trouver, pas de problème. L'immeuble est situé le long du boulevard périphérique de Lyon. A côté de l'immeuble (couleur marron), il y a une station-service. Tu ne peux pas le manquer!
> A vendredi prochain, alors,
> Yves

– Enfin je suis arrivé à Lyon et je suivais le périphérique quand soudain la voiture s'est arrêtée. Problème: manque d'essence, l'indicateur ne marchait pas! Alors, je suis parti chercher une station-service. Heureusement, j'en ai trouvé une pas très loin. Je suis retourné à la voiture avec l'essence et j'ai continué jusqu'à chez toi.

1 Quand Alain a-t-il voulu quitter son bureau?
2 Quand est-ce qu'il a enfin quitté le bureau?
3 Qu'est-ce qu'il a fait ensuite?
4 Qu'est-ce qu'il a cherché dans son appartement?
5 Quand est-ce qu'il est parti de l'appartement?
6 Comment a-t-il voyagé jusqu'à Lyon?
7 Pourquoi y avait-il des embouteillages près de Mâcon?
8 Qu'est-ce qu'Alain a dû faire quand sa voiture s'est arrêtée?

Grammaire

The Perfect Tense (1)

The Perfect Tense is the most commonly used of the past tenses. It is frequently used in conversation and letters and describes an action which is *completed* and is *no longer happening*. Often, the action described happened *once only*:

| Je **suis rentré** à toute vitesse à la maison. | *I returned home as fast as possible.* |

| J'**ai** tout **mis** dans la voiture. | *I put everything in the car.* |
| J'**ai trouvé** une station-service pas très loin. | *I found a petrol station not too far away.* |

The Perfect Tense is made up of two parts: an **auxiliary verb** (either *avoir* or *être*) and a **past participle**. Most verbs form the Perfect Tense with *avoir*.

The Perfect Tense with *avoir* — regular verbs
The past participle of regular verbs is formed as follows:

-er verbs → **é**   *-re* verbs → **u**   *-ir* verbs → **i**

manger		perdre		choisir	
j' tu	**ai** **as**	j' tu	**ai** **as**	j' tu	**ai** **as**
il elle on	**a**	il elle on	**a**	il elle on	**a**
	mangé		**perdu**		**choisi**
nous vous	**avons** **avez**	nous vous	**avons** **avez**	nous vous	**avons** **avez**
ils elles	**ont**	ils elles	**ont**	ils elles	**ont**

Une journée à Londres

Écrivez cette lettre correctement en mettant les verbes entre parenthèses au passé composé.

Reading, le 23 octobre

Chère Françoise,
Je passe de bonnes vacances chez ma correspondante Linda. L'autre jour, nous (visiter) Londres. On (passer) le matin à Oxford Street. Nous (regarder) dans tous les grands magasins. Je (acheter) un T-shirt et un guide de Londres.
À midi, nous (manger) chez McDonald's. Je (choisir) un hamburger et une glace au

chocolat. Quand nous (finir) notre repas, nous (décider) de visiter la Tour de Londres. Hélas, il y avait beaucoup de touristes. Je (entendre) dire que c'est le monument le plus populaire de Londres. Nous (attendre) longtemps. Mais je (trouver) la visite très intéressante. Je (aimer) surtout les bijoux de la reine.
J'espère que, toi aussi, tu passes de bonnes vacances.
À bientôt
Chantal

Conversations

Complétez ces conversations en mettant la forme correcte du verbe qui manque. Tous les verbes forment le passé composé avec *avoir*, mais faites attention aux verbes irréguliers!

1
– Qu'est-ce que tu ... ... samedi soir? (**faire**)
– Rien de spécial. J'... ... la télévision, j' ... ... le concert à la radio et j'... ... un peu. (**regarder, écouter, lire**)
– Est-ce que tu ... ... le film à la télé? (**voir**)
– Non, je ne l'... pas ... (**voir**)

2
– Alors, vous ... ... au restaurant hier soir? (**dîner**)
– Oui, c'était excellent. Moi, j'... ... de l'agneau et mon mari ... ... un steak au poivre. (**prendre, choisir**)
– Vous ... ... du vin? (**boire**)
– Bien sûr, on ... ... un bon vin de la région. (**choisir**)

3
– Est-ce que les Duval ... ... à louer un appartement à Paris? (**réussir**)
– Non, ils ... ... beaucoup de difficulté. (**avoir**)
Ils ... ... à deux agences à Paris, mais ils n'... rien ... (**écrire, recevoir**)

4
– Allô.
– Bonjour, Dominique. Où est-ce que tu ... ... ? J'... ... de te téléphoner au moins cinq fois aujourd'hui. (**être, essayer**)
– J'... ... aller chez maman. J'... ... mon frère en ville et il m'... ... que maman n'allait pas bien. (**devoir, voir, dire**)

Grammaire

The Perfect Tense (2)

The Perfect Tense with *avoir* – irregular verbs

Some of the most commonly used verbs have irregular past participles. It is best to learn these by heart. However, they will gradually become familiar as they are frequently used.

Here are the 20 most commonly used verbs, listed in alphabetical order. These and others are also listed in the verb table on page 251

avoir (**eu**)	to have
boire (**bu**)	to drink
comprendre (**compris**)	to understand
connaître (**connu**)	to know, be acquainted with
courir (**couru**)	to run
croire (**cru**)	to believe, think
devoir (**dû**)	to have to, to owe
dire (**dit**)	to say
écrire (**écrit**)	to write
être (**été**)	to be
faire (**fait**)	to do, make etc.
lire (**lu**)	to read
mettre (**mis**)	to put (on)
ouvrir (**ouvert**)	to open
pouvoir (**pu**)	to be able
prendre (**pris**)	to take
recevoir (**reçu**)	to receive
savoir (**su**)	to know, know how to
voir (**vu**)	to see
vouloir (**voulu**)	to wish, want to

Grammaire

The Perfect Tense (3)

The Perfect Tense with *être*

Thirteen common verbs, mostly verbs of movement, and three similar verbs form the Perfect Tense with **être**. These are most easily remembered in pairs of verbs which are opposite or nearly opposite in meaning:

aller (**allé**)	to go
venir (**venu**)	to come
also revenir	to return
and devenir	to become
arriver (**arrivé**)	to arrive
partir (**parti**)	to leave
sortir (**sorti**)	to go out
entrer (**entré**)	to enter
also rentrer	to return, to go home
monter (**monté**)	to go up, to get on
descendre (**descendu**)	to go down, to get off
naître (**né**)	to be born
mourir (**mort**)	to die
rester (**resté**)	to stay
tomber (**tombé**)	to fall
retourner (**retourné**)	to return

A useful way of remembering these verbs is to remember that each letter in the phrase 'Mr. Vans tramped' stands for a verb which forms the Perfect Tense with **être**.

Remember that with verbs used with **être**, the past participle must agree with the subject.

Here is the Perfect Tense of *aller* written out in full:

je	**suis**	**allé(e)**	nous	**sommes**	**allé(e)s**
tu	**es**	**allé(e)**	vous	**êtes**	**allé(e)(s)**
il	**est**	**allé**	ils	**sont**	**allés**
elle	**est**	**allée**	elles	**sont**	**allées**
on	**est**	**allé(e)(s)**			

If the **e** is in brackets, only add it if the subject is feminine.
If the **s** is in brackets, only add it if the subject is plural:

Tu es allé au cinéma hier, Jean?
Tu es allé**e** au cinéma hier, Nicole?

Vous êtes allé au cinéma hier, Monsieur?
Vous êtes allé**e** au cinéma hier, Madame?

Vous êtes allé**s** au cinéma hier, Jean et Pierre?
Vous êtes allé**es** au cinéma hier, Nicole et Sylvie?

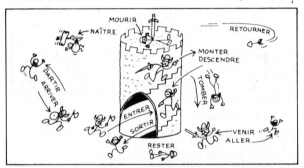

Des touristes à Paris

Karl Beckbauer

Samedi dernier, Karl ... ... au Centre Pompidou. (**aller**)
Il ... ... du terrain de camping à deux heures et il ... ... à l'arrêt d'autobus. (**partir, aller**)
Après cinq minutes, l'autobus ... ... et Karl ... . (**arriver, monter**).
Quand l'autobus ... ... près de l'hôtel de ville, Karl ... . (**arriver, descendre**)
Il ... ... dans le Centre Pompidou à trois heures moins le quart. (**entrer**)
Il ... ... au musée d'art moderne tout l'après-midi. (**rester**)
Il ... ... à six heures et il ... ... au Bois de Boulogne par le métro. (**sortir, rentrer**)

Christine Ford

Christine ... ... à la Tour Eiffel. (**aller**)
Elle ... ... de l'auberge de jeunesse à neuf heures et quart. (**partir**)
Elle ... ... à la station de métro la plus proche. (**aller**)
Elle ... ... dans le métro et elle ... ... à Bir Hakeim. (**monter, descendre**)
Heureusement, il faisait beau, Christine a acheté un billet et elle ... ... au deuxième étage de la Tour Eiffel à pied. (**monter**)
Elle ... ... en haut pendant une heure. (**rester**)
Puis, elle ... ... et elle ... ... dans un café. (**redescendre, entrer**)

M. et Mme Murray

M. et Mme Murray ... ... à Versailles. (**aller**)
Ils ... ... de leur hôtel à dix heures et demie. (**partir**)
Ils ... ... à la station de métro. (**aller**)
Ils ... ... dans le métro et ils ... ... à Pont de Sèvres. (**monter, descendre**)
Ils ... ... du métro et ils ... ... à l'arrêt d'autobus. (**sortir, aller**)
Au bout de dix minutes, l'autobus ... ... et M. et Mme Murray ... ... dans l'autobus. (**arriver, monter**)
Ils ... ... à Versailles. (**descendre**)
Ils ont visité tout le château, ils ont pris beaucoup de photos. Ils y ... ... presque quatre heures. (**rester**)
Enfin, ils ... ... et ils ... ... à leur hôtel. (**sortir, rentrer**)

Accident de rivière

Adapted from an original item published by the Nuffield Foundation in En Avant 4B.

Sophie Dupont, une jeune fille de 15 ans, doit souvent s'occuper de son petit frère Claude, pendant les vacances. Complétez cette petite histoire où Sophie raconte ce qui s'est passé l'autre jour.

Task A Put in the correct form of *avoir* or *être*.

«L'autre jour, ma mère (**1** ...) allée au bureau. Mon frère et moi, nous (**2** ...) restés à la maison, à regarder la télé. L'émission était intéressante; mais soudain Claude (**3** ...) crié: «J'en ai assez; je veux aller à la pêche! Allons à la pêche!» Et il (**4** ...) éteint la télé. Très en colère, j'(**5** ...) préparé des sandwichs, j'(**6** ...) mis de la limonade dans mon sac, j'(**7** ...) emporté quelques affaires, et nous (**8**...) allés au bord de la rivière, qui se trouve près de chez nous.»

Task B Put in the correct form of the past participle.

«Quand nous y sommes (**1** arriver), Claude a (**2** prendre) son ballon et a (**3** crier): «Je veux jouer au ballon. Sophie, joue avec moi!» J'ai (**4** penser): «Oh là là, il est vraiment insupportable». Mais pour être tranquille, j'ai (**5** jouer) au ballon avec lui. Puis nous avons (**6** manger) ... Enfin, Claude a (**7** manger)! Moi, j'ai (**8** avoir) un petit sandwich et un peu de limonade. Ensuite, Claude a (**9** commencer) à pêcher et moi, j'ai (**10** pouvoir) lire mon journal.»

Task C Put in the correct form of the Perfect Tense.

1 «Soudain, j'... ... un cri et un grand 'Plouf'. (**entendre**)
2 C'était Claude! Il ... ... à l'eau! C'était la troisième fois en une semaine! (**tomber**)
3 Je n'... pas ... attention et j'... ... à lire. (**faire, continuer**)
4 Deux pêcheurs ... ... en courant. (**arriver**)
5 Ils ... ... à l'eau pour aller chercher Claude. (**sauter**)
6 Mais Claude, qui a l'habitude, ... tout seul. (**sortir**)
7 Les deux pêcheurs ... ... , pas très contents. (**repartir**)
8 Quand Claude ... ... , il ... ... : «Brrr! ... il ne fait pas chaud. Rentrons à la maison». (**revenir, dire**)
9 Alors, nous ... ... à la maison. (**rentrer**)
10 A la télé, il y avait une émission sur la pêche, mais Claude qui n'aime plus ça, ... se coucher.» (**partir**)

Un bon week-end

Alain s'est bien amusé à Lyon – voilà ce qu'il a fait. Imaginez que vous êtes Alain et décrivez à un ami comment vous avez passé le week-end.

Exemple: 1 Samedi matin, je suis resté au lit jusqu'à 11 heures.

1 Samedi matin: rester au lit jusqu'à 11 heures.
2 L'après-midi: aller au match de football.
3 Le soir: passer la soirée chez une copine d'Yves.
4 Dimanche matin: faire une promenade en ville.
5 L'après-midi: aller au cinéma pour voir «Rendez-vous mortel».
6 Le soir: dîner au restaurant.
7 Lundi matin: faire une promenade au parc; jouer aux boules avec des copains.
8 L'après-midi: aller en ville pour faire des achats.
9 Le soir: écouter des disques et discuter avec des copains.
10 Mardi matin: retourner à Paris.

Une carte postale de Lyon

Imaginez que vous avez passé une journée à Lyon. (Vous devez connaître la ville assez bien, maintenant!) Imaginez ce que vous avez fait et écrivez une carte postale à un(e) ami(e).

Now you can:
describe events in the past, using the Perfect Tense.

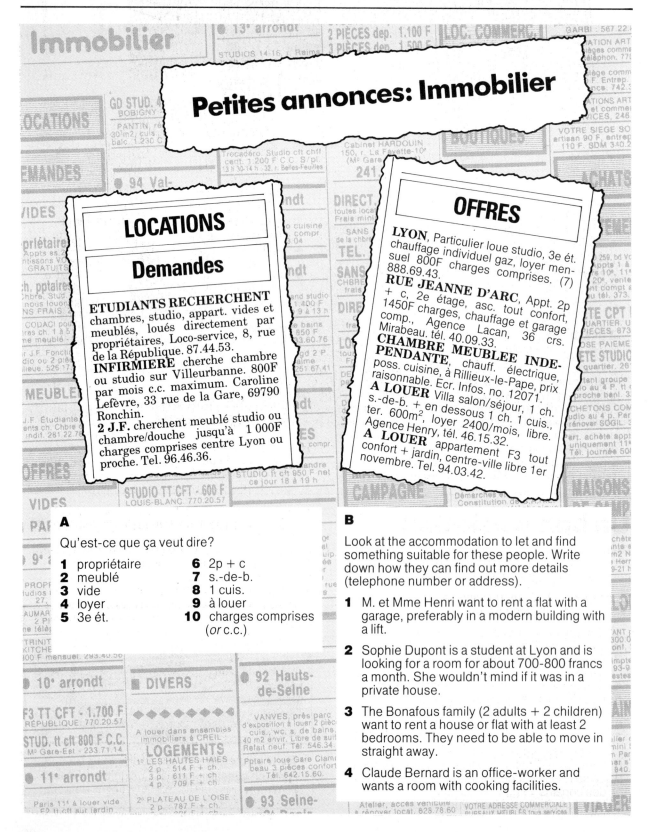

Petites annonces: Immobilier

LOCATIONS

Demandes

ETUDIANTS RECHERCHENT chambres, studio, appart. vides et meublés, loués directement par propriétaires, Loco-service, 8, rue de la République. 87.44.53.

INFIRMIERE cherche chambre ou studio sur Villeurbanne. 800F par mois c.c. maximum. Caroline Lefèvre, 33 rue de la Gare, 69790 Ronchin.

2 J.F. cherchent meublé studio ou chambre/douche jusqu'à 1 000F charges comprises centre Lyon ou proche. Tel. 96.46.36.

OFFRES

LYON, Particulier loue studio, 3e ét. chauffage individuel gaz, loyer mensuel 800F charges comprises. (7) 888.69.43.

RUE JEANNE D'ARC, Appt. 2p + c, 2e étage, asc. tout confort, 1450F charges, chauffage et garage comp., Agence Lacan, 36 crs. Mirabeau. tél. 40.09.33.

CHAMBRE MEUBLEE INDE-PENDANTE, chauff. électrique, poss. cuisine, à Rillieux-le-Pape, prix raisonnable. Ecr. Infos. no. 12071.

A LOUER Villa salon/séjour, 1 ch. s.-de-b. + en dessous 1 ch. 1 cuis., ter. 600m², loyer 2400/mois, libre. Agence Henry, tél. 46.15.32.

A LOUER appartement F3 tout confort + jardin, centre-ville libre 1er novembre. Tel. 94.03.42.

A

Qu'est-ce que ça veut dire?

1 propriétaire
2 meublé
3 vide
4 loyer
5 3e ét.
6 2p + c
7 s.-de-b.
8 1 cuis.
9 à louer
10 charges comprises (*or* c.c.)

B

Look at the accommodation to let and find something suitable for these people. Write down how they can find out more details (telephone number or address).

1 M. et Mme Henri want to rent a flat with a garage, preferably in a modern building with a lift.

2 Sophie Dupont is a student at Lyon and is looking for a room for about 700-800 francs a month. She wouldn't mind if it was in a private house.

3 The Bonafous family (2 adults + 2 children) want to rent a house or flat with at least 2 bedrooms. They need to be able to move in straight away.

4 Claude Bernard is an office-worker and wants a room with cooking facilities.

On cherche une chambre

– Allô, Anne-Marie Bayard.
– Bonjour Mademoiselle. C'est à propos de la petite annonce que vous avez mise dans le journal. Vous cherchez un studio, n'est-ce pas?
– Ah oui. C'est ça. Vous avez quelque chose?
– Oui, peut-être. J'ai un grand studio à louer avec coin cuisine et salle de bains à côté.
– C'est meublé?
– Oui, c'est meublé. Et le loyer charges comprises est de 1 000F.
– Ah bon. Et c'est où exactement?
– Dans le vieux Lyon, rue Saint-Paul.
– C'est dans une vieille maison alors?
– Oui.
– C'est à quel étage?
– Au premier.
– C'est bien chauffé?
– Oui, il y a le chauffage individuel à gaz. Ça vous intéresse?
– Ah oui. Quand est-ce qu'on peut le voir?
– Ce soir après 19 heures.
– D'accord. Quelle est l'adresse exacte, s'il vous plaît?
– C'est 6 rue Saint-Paul.
– Et votre nom?
– Martin.
– Merci, Madame Martin. A ce soir.
– Au revoir, Mademoiselle.

A
Après le coup de téléphone, Anne-Marie en parle à sa copine Monique. Monique pose beaucoup de questions. Pouvez-vous lui répondre?

1 Alors ce studio, ça se trouve où exactement?
2 Ce n'est pas dans un immeuble moderne alors?
3 C'est à quel étage?
4 Qu'est-ce qu'il y a à part la chambre principale?
5 Et comme chauffage qu'est-ce qu'il y a?
6 Le loyer, c'est combien?
7 Quoi! Je trouve ça assez cher pour un studio dans une vieille maison. C'est bien meublé?
8 Tu as pris rendez-vous pour le voir? À quelle heure?

B
Travaillez avec un partenaire. Un(e) de vous cherche un studio à louer. L'autre personne veut louer ce studio.
Imaginez votre conversation par téléphone puis donnez-vous rendez-vous pour voir le studio.

STUDIO À LOUER
Lyon, centre ville (75 rue de la République), 4e ét. chauffage individuel à gaz, coin cuisine, douche, meublé. Loyer mensuel 900F avec charges comprises. Tél. Delarue 888.73.25

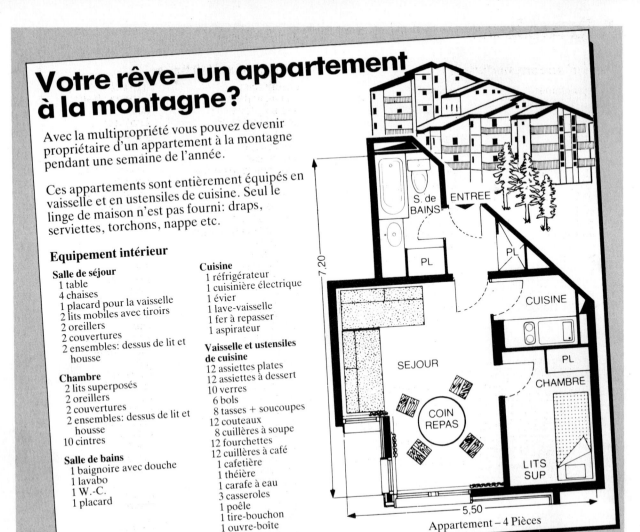

Votre rêve—un appartement à la montagne?

Avec la multipropriété vous pouvez devenir propriétaire d'un appartement à la montagne pendant une semaine de l'année.

Ces appartements sont entièrement équipés en vaisselle et en ustensiles de cuisine. Seul le linge de maison n'est pas fourni: draps, serviettes, torchons, nappe etc.

Equipement intérieur

Salle de séjour
1 table
4 chaises
1 placard pour la vaisselle
2 lits mobiles avec tiroirs
2 oreillers
2 couvertures
2 ensembles: dessus de lit et housse

Chambre
2 lits superposés
2 oreillers
2 couvertures
2 ensembles: dessus de lit et housse
10 cintres

Salle de bains
1 baignoire avec douche
1 lavabo
1 W.-C.
1 placard

Cuisine
1 réfrigérateur
1 cuisinière électrique
1 évier
1 lave-vaisselle
1 fer à repasser
1 aspirateur

Vaisselle et ustensiles de cuisine
12 assiettes plates
12 assiettes à dessert
10 verres
6 bols
8 tasses + soucoupes
12 couteaux
8 cuillères à soupe
12 fourchettes
12 cuillères à café
1 cafetière
1 théière
1 carafe à eau
3 casseroles
1 poêle
1 tire-bouchon
1 ouvre-boîte
1 plateau

Appartement – 4 Pièces

Look at this leaflet for a 'time-share' flat in the Alps. Imagine that you work for the company which is developing these flats.

A Answer these questions raised by some English-speaking customers.

1 How many beds are there in this particular flat?
2 Where are the bunk beds?
3 Are sheets, pillows and blankets provided?
4 What furniture is provided in the dining-area?
5 Is there a bath or just a shower in the bathroom?
6 Is there a washing-machine or a fridge?

B One customer has been checking the kitchen equipment in his flat and finds that he is short of a number of items. Check the information below and make a note of the extra things he needs.

Equipment actually in flat

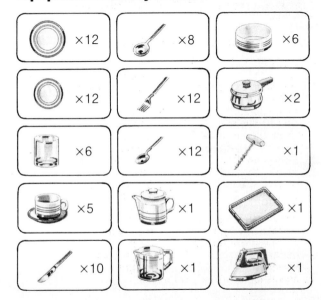

A la maison vocabulaire et phrases utiles

Type of accommodation

un appartement (de grand standing)	(luxury) flat
un bâtiment	building
une chambre	room
une cité	housing estate residence
une ferme	farmhouse
un gîte	self-catering accommodation (usually in the country)
un HLM	Council flat
un immeuble	block of flats
une maison	house
un pavillon	detached house
un studio	bed-sitter
meublé	furnished
vide	unfurnished
(tout) aménagé	(fully) furnished equipped

→ au cinquième étage
→ au quatrième étage
→ au troisième étage
→ au deuxième étage
→ au premier étage
→ au rez de chaussée
→ au sous-sol

Location

dans la banlieue	in the suburbs
dans la ville même	in the town
au centre-ville	in the centre of town
un quartier	district
à ... kilomètres de ...	... kilometres from

Details of accommodation

un ascenseur	lift
un balcon	balcony
un cabinet de toilette	washing facilities
une cave	cellar
une chambre	room
un coin cuisine	cooking area
une cuisine	kitchen
une douche	shower
l'escalier (m)	staircase
un garage	garage
un grenier	loft, attic
un palier	landing
une pièce	room
une salle à manger	dining-room
une salle de bains	bathroom
la salle d'eau (les W.-C.)	toilet
une salle de séjour	living-room
un salon	lounge
un vestibule	hall

Furniture and fittings

une armoire	wardrobe
un aspirateur	vacuum cleaner
une baignoire	bath
une bibliothèque	bookcase
un buffet	sideboard
un canapé	sofa
une chaise	chair
le chauffage central	central heating
une cheminée	chimney
une commode	chest of drawers
un congélateur	deep freeze
une cuisinière (électrique/à gaz)	cooker
un évier	sink
un fauteuil	armchair
un fer à repasser	iron
un four	stove, oven
une lampe	lamp
un lavabo	wash-basin
un lave-vaisselle	dishwasher
un lit	bed
une machine à laver	washing-machine
la moquette	fitted carpet
le mur	wall
un placard	cupboard
le plafond	ceiling
le plancher	floor
une porte	door
une prise de courant	electric point
un radiateur	radiator
un rayon	shelf
un réfrigérateur	refrigerator
un rideau	curtain
un robinet	tap
un tapis	carpet
un tiroir	drawer
le toit	roof
un volet	shutter

Kitchen utensils

une assiette	plate
un bol	bowl
une carafe à eau	water jug
une casserole	saucepan
des ciseaux (m.pl.)	scissors
une clé (clef)	key
un couteau	knife
une cuillère	spoon
une fourchette	fork
un ouvre-boîte	tin-opener
un plateau	tray
une poêle	frying pan
une poubelle	dustbin
une tasse	cup
une soucoupe	saucer
un verre	glass

Bedding and linen

une couverture	blanket
un dessus de lit	bedspread
des draps (m.pl.)	sheets
une housse	duvet cover
le linge	bed-linen
une nappe	table-cloth
un oreiller	pillow
une serviette	towel
un torchon	tea-towel

Un mot de trop

Trouvez le mot qui ne va pas avec les autres.

1 une cuisine, une chambre, un sac à main, une salle à manger
2 un appartement, un appareil, une maison, un studio
3 une machine à laver, une machine à écrire, un réfrigérateur, un lave-vaisselle
4 un couteau, une fourchette, une cuillère, une clef
5 une tasse, une assiette, une soucoupe, une cravate
6 un bureau, un coin, un carrefour, un rond-point
7 une banque, une rue, un bureau de poste, un magasin
8 le trottoir, la gare, le passage souterrain, la rue
9 une couverture, une armoire, une commode, un placard
10 les draps, les serviettes, les douches, les torchons

Le cambriolage

Voici l'appartement de M. et Mme Lebrun quand ils l'ont quitté vendredi matin.

Hélas, pendant leur absence ils ont été cambriolés. Voilà l'état de leur appartement quand ils sont rentrés le soir.

Faites une liste de toutes les choses qui ont disparu.

Jeu des définitions

Identifiez ces objets – on les trouve tous à la maison.

1 Elles sont rondes. On les utilise tous les jours pour servir des repas. Elles peuvent être petites, moyennes ou grandes.
2 On le cherche quand on doit ouvrir des boîtes de conserve. C'est un ustensile petit mais très utile.
3 On la trouve dans la cuisine. Il y en a plusieurs même. On s'en sert pour chauffer l'eau, le lait ou une sauce ou pour faire cuire des légumes.
4 On en a besoin pour servir des boissons chaudes. Attention, ce ne sont pas des bols qu'on utilise pour le petit déjeuner en France.
5 C'est une machine qu'on emploie pour faire le ménage. C'est très pratique et on la trouve dans presque toutes les maisons et tous les appartements.
6 On le voit dans la salle de bains et quelquefois dans des chambres. Ça peut être rose, beige, vert ou n'importe quelle couleur, mais c'est souvent blanc. Ça vous permet de vous laver les mains et le visage.

Chez moi

1 C'est comment votre maison/votre appartement?
2 Avez-vous votre propre chambre?
3 Comment est votre chambre? Grande, petite, moyenne?
4 De quelle couleur sont les murs, les rideaux, le tapis etc?
5 Avez-vous des affiches ou des photos au mur?
6 Qu'est-ce qu'il y a comme meubles dans votre chambre?

Où est-ce qu'on met la table?

Vos amis vous aident à emménager. Répondez à leurs questions en consultant le plan de votre appartement.

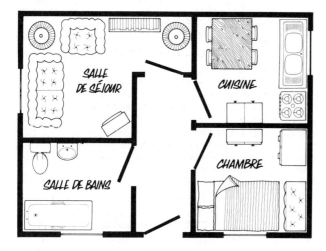

Exemple: **1**   Mettez-la dans la cuisine.

1 «Où est-ce qu'on met la table?»
2 «Où est-ce qu'on met le téléviseur?»
3 «Où est-ce qu'on met la bibliothèque?»
4 «Où est-ce qu'on met le fauteuil?»
5 «Où est-ce qu'on met le placard?»
6 «Où est-ce qu'on met le lit?»
7 «Où est-ce qu'on met les chaises?»
8 «Où est-ce qu'on met les lampes?»
9 «Où est-ce qu'on met l'armoire et la commode?»

Quelles vacances!

Vous travaillez au pair. Hélas, ce ne sont pas des vacances – vous devez tout faire! Répondez aux questions de votre ami(e).

Exemple: **1**   Oui, je la fais tous les jours.

1 «Est-ce que tu fais la vaisselle?»   *(tous les jours)*
2 «Est-ce que tu fais la lessive?»   *(tous les lundis)*
3 «Est-ce que tu fais la cuisine?»   *(tous les samedis)*
4 «Est-ce que tu fais le repassage?»   *(tous les mardis)*
5 «Est-ce que tu fais le ménage?»   *(tous les jours)*
6 «Est-ce que tu fais les courses?»   *(tous les mercredis)*

«Et tu restes longtemps?» «Jusqu'à demain!»

Grammaire

Le, la, les (direct object pronouns)

These pronouns replace a noun, or a phrase containing a noun, which is not the subject of the verb. They are used a lot in conversation and save you having to repeat a noun or phrase. They can refer to people or things.

Le is used instead of a masculine singular noun:
- Tu connais Pierre Duval? — *Do you know Pierre Duval?*
- Oui, je **le** connais très bien. — *Yes, I know him very well*

La is used instead of a feminine singular noun:
- Tu fais la cuisine? — *Do you do the cooking?*
- Oui, je **la** fais tous les samedis. — *Yes, I do it every Saturday.*

L' is used when the next word in the sentence begins with a vowel:
- Tu as lu le journal, ce matin? — *Did you read the newspaper this morning?*
- Oui, je **l'**ai lu dans le train. — *Yes, I read it on the train.*

Les is used instead of a plural noun or two nouns:
- Tu as acheté des billets pour le train? — *Have you bought the rail tickets?*
- Non, pas encore. Je **les** achèterai ce soir. — *No, not yet. I'll buy them this evening.*

Notice that the pronoun usually goes *before* the verb, even when the verb is a question or in the negative:
- Tu **le** vois? — *Can you see it?*
- Non, je ne **le** vois pas. — *No, I can't see it.*

This also happens when the pronoun is used with an infinitive:
- Quand est-ce que vous allez **les** voir? — *When are you going to see them?*

In the Perfect Tense, the object pronoun goes before the auxiliary verb (*see also page 203*):
- C'est un bon film. Tu **l'**as vu? — *It's a good film. Have you seen it?*

However, with commands, the pronoun goes after the verb and is linked to it by a hyphen:
- Où est-ce qu'on met la table et les chaises? — *Where shall we put the table and chairs?*
- Mettez-**les** dans la salle à manger. — *Put them in the dining-room.*

This does not apply when the command is in the negative:
Ne **le** faites pas!   *Don't do it!*

These pronouns can also be used with **voici** and **voilà**:
- Vous avez votre billet? — *Have you got your ticket?*
- **Le voilà.** — *There it is.*
- Tu as ta carte? — *Have you got your map?*
- **La voilà**. — *Here it is.*
- Où sont Phillippe et Monique? — *Where are Philippe and Monique?*
- **Les voilà**. — *Here they are.*

Echangez votre maison pendant les vacances!

Afin de faire des économies, de plus en plus de familles décident d'échanger leur maison ou leur appartement pour quelques semaines de vacances. C'est une solution très pratique surtout pour les familles avec deux ou trois enfants, quand les notes d'hôtel peuvent être élevées, et quand le camping ne plaît pas.

C'est une solution qui a très bien marché pour Monsieur et Madame Fox et leurs deux enfants qui habitent à Greenwich dans la banlieue de Londres.

L'année dernière, ils ont échangé leur maison à Londres contre celle d'une famille française, qui habite dans les Alpes. Ils ont passé trois semaines dans un chalet à la montagne avec uniquement les frais de transport et la nourriture à trouver. Voilà ce qu'en pense Madame Fox:

«C'était vraiment formidable. Autrefois, nous allions à l'hôtel mais ça devenait de plus en plus difficile avec les enfants, qui voulaient courir et faire du bruit tout le temps. Dans le chalet des Latour, nous nous sentions plus libres, nous avions beaucoup plus de place et nous pouvions nous servir de leurs bicyclettes».

Est-ce que les Latour ont été aussi contents de leur séjour à Londres? Apparemment oui. Monsieur et Madame Latour, qui connaissaient déjà un peu l'Angleterre, ont toujours voulu visiter Londres avec leurs trois enfants. Mais pour cinq personnes, aller à l'hôtel était hors de question. Pendant leur séjour ils ont visité tous les monuments principaux, la Tour de Londres, l'abbaye de Westminster, Oxford Street etc. Et ils ont été enchantés de découvrir Greenwich, quartier qu'ils ne connaissaient pas du tout avant.

Alors que faire si on a envie d'échanger sa maison? On peut s'adresser à un organisme qui vous enverra des détails des familles qui désirent échanger leur maison dans le pays que vous voulez visiter. Ou on peut répondre aux petites annonces qui se trouvent de temps en temps dans les journaux ou les magazines.

Le Touquet, 100m de la plage, 500m des commerces, villa indépendante, jardin clos autour, terrasse avec vue de mer. Cuisine, séjour/salon avec télévision, trois chambres (3 lits de 1 personne, 1 lit de 2 personnes), salle de bains, chauffage électrique dans toutes les pièces. Possibilité téléphone et voiture. Juillet ou août. Demandons appartement ou maison (5 personnes) à Londres ou environs.

A

1 What is the main reason for doing a house exchange?
2 Where did the Fox family spend their holiday last year?
3 Give *two* advantages of this type of holiday mentioned by Mrs. Fox
4 Had M. and Mme Latour already visited England by themselves?
5 Did they know Greenwich?
6 How would you set about exchanging your house during the holidays?
7 How many people could be comfortably accommodated in the villa at Le Touquet?
8 How far is it from the beach and the shops?

B

Imaginez que vous allez échanger votre maison cet été. Avant de partir, laissez les détails suivants pour la famille française qui va venir:

1 le numéro de l'autobus qui va au centre-ville
2 les monuments à visiter
3 les magasins qui se trouvent tout près ou dans le quartier (Dans ... Road, il y a une épicerie, une boulangerie, un bureau de poste et une papeterie *etc.*)

Échangez votre maison! (1)

Vous travaillez avec un partenaire. L'un de vous regarde cette page, l'autre regarde la page 201. Imaginez que vous habitez dans cette maison en France, et que vous voulez échanger votre maison contre celle d'une autre famille française. Voilà les détails de votre maison.
A vous de poser des questions à votre partenaire pour découvrir les détails de sa maison.

Saint-Martin, (sur la côte du nord) 100m de la plage, 800m du centre et des commerçants, villa indépendante, cuisine, salon (télévision), 2 chambres (2 lits 2 personnes) chauffage central. A proximité: tennis, golf. Août ou septembre.

Quelques questions à poser:

Où se trouve votre maison?
C'est à quelle distance de la plage/du centre-ville/des magasins?
Combien de chambres y a-t-il?
Est-ce qu'il y a un jardin/du chauffage central/une machine à laver?
Qu'est-ce qu'il y a dans le quartier?
Quand est-ce que la maison est disponible?

Now you can:
discuss accommodation (type of housing, rooms, furnishings, location).

Checklist ... Checklist ... Checklist ...

Now you can:

1 ask someone questions about where they live and understand descriptions of towns and cities (location, size, places of interest).
2 talk about the countryside, discuss the advantages and disadvantages of living in the country and understand details of holiday accommodation.
3 describe your local area.
4 understand and use different forms of the negative.
5 find your way around when visiting a French town by asking for and understanding directions and help French visitors by giving simple directions.
6 describe events in the past, using the Perfect Tense.
7 discuss accommodation (type of housing, rooms, furnishings, location).

For your reference:

Grammar	Negatives	pages 52-3
	The Perfect Tense	pages 62-4
	Direct object pronouns (*le, la, les*)	page 71
Vocabulary and useful phrases	In the country	page 46
	Describing towns and local region	page 50
	Finding the way	page 57
	Describing accommodation	page 69

3 Bon voyage!

Comment traverser la Manche?

Pour traverser la Manche en bateau ou en aéroglisseur on a vraiment l'embarras du choix. On peut choisir entre un court voyage de Douvres à Calais, qui dure moins d'une heure et demie (trente-cinq minutes en aéroglisseur), ou un voyage plus long, comme par exemple de Portsmouth à Saint-Malo, qui dure neuf heures.

En 1982, le plus grand nombre de voyageurs ont choisi la traversée Douvres – Calais, et la traversée la moins fréquentée était Plymouth – Roscoff (en Bretagne).

Comment ont-ils voyagé?

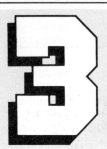

1
Jean-Pierre Léon habite près du Havre en Normandie. Il a passé ses vacances chez son correspondant qui habite à Winchester, près de Southampton. Donc, son voyage était assez simple et il n'est pas passé par Londres.

a) De quel port en France est-il parti?
b) Où est-il arrivé en Angleterre?
c) Environ combien de temps la traversée a-t-elle duré?

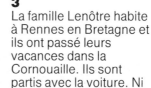

3
La famille Lenôtre habite à Rennes en Bretagne et ils ont passé leurs vacances dans la Cornouaille. Ils sont partis avec la voiture. Ni Monsieur ni Madame Lenôtre n'ont déjà conduit en Angleterre. Donc, ils ont choisi la traversée qui les a amenés le plus près de leur destination.

a) D'où ont-ils pris le car-ferry et jusqu'où?
b) Combien de temps la traversée a-t-elle duré?

2
Martine Leblanc est partie de Paris en car et elle a pris l'aéroglisseur. Malheureusement, il faisait mauvais le jour de son départ et l'aéroglisseur n'a pas pu partir de Calais, comme prévu. Cependant, elle a traversé la Manche par l'aéroglisseur (d'un autre port) mais le voyage a duré deux fois plus longtemps que d'habitude. Elle n'est arrivée en Angleterre qu'à 14h20.

a) De quel port est-elle partie?
b) Combien de temps l'aéroglisseur a-t-il mis pour traverser la Manche?
c) A quelle heure est-ce que Martine a quitté la France?

4
Monsieur et Madame Dubosc, qui passaient leurs vacances en Bretagne, ont toujours voulu visiter les îles Anglo-Normandes. Alors, ils étaient ravis de découvrir qu'ils pouvaient facilement passer une journée à Jersey, en partant de la Bretagne. Comme ils ne voulaient pas prendre leur voiture, ils n'ont pas pris le bateau.

a) Comment ont-ils voyagé?
b) D'où sont-ils partis?
c) Le voyage a duré combien de temps?

3·1 Pour traverser la Manche

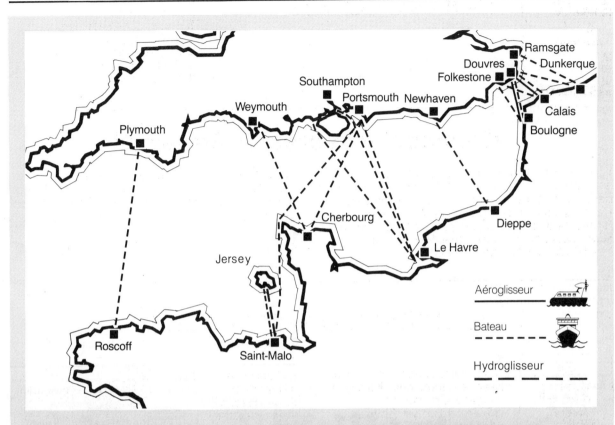

Port (Grande-Bretagne)	Port (France)	Moyen de transport	Durée moyenne de la traversée
Ramsgate	Dunkerque	bateau	2h30
Douvres	Dunkerque	bateau	2h20
Douvres	Calais	bateau	1h30/1h15
Douvres	Calais	aéroglisseur	0h35
Douvres	Boulogne	bateau	1h40
Douvres	Boulogne	aéroglisseur	0h40
Folkestone	Calais	bateau	1h50
Folkestone	Boulogne	bateau	1h50
Newhaven	Dieppe	bateau	4h
Portsmouth	Le Havre	bateau	5h30
Portsmouth	Cherbourg	bateau	4h30
Portsmouth	Saint-Malo	bateau	9h00
Southampton	Le Havre	bateau	7h00
Weymouth	Cherbourg	bateau	3h55 (le jour) 6h15 (la nuit)
Plymouth	Roscoff	bateau	6h00
Jersey	Saint-Malo	bateau	2h30
Jersey	Saint-Malo	hydroglisseur	1h30

Consultez le tableau des traversées pour répondre aux questions suivantes:

1 De quels ports britanniques peut-on prendre l'aéroglisseur?

2 Et de quels ports français peut-on prendre l'aéroglisseur?

3 Combien de temps dure la traversée Ramsgate-Dunkerque?

4 Est-ce que c'est plus long que la traversée Douvres-Dunkerque?

5 Pour aller de Weymouth à Cherbourg le plus vite, est-ce qu'il faut voyager de jour ou de nuit?

6 Quelle traversée couvre la plus grande distance? (consulter la carte)

Les moyens de transport
vocabulaire et phrases utiles

un aéroglisseur (par l'...)	(by) hovercraft
une auto (en ...)	(by) car
un autobus (en ...)	(by) bus
un avion (en ...)	(by) plane
un bateau (en .../par le ...)	(by) boat
une bicyclette (à ...)	(by) bicycle
un camion (en ...)	(by) lorry
une camionnette (en ...)	(by) van
un car (en ...)	(by) coach
un car-ferry (par le ...)	(by) car ferry
un cyclomoteur (à ...)	(by) moped
un hélicoptère (en ...)	(by) helicopter

un hovercraft (par le ...)	(by) hovercraft
un hydroglisseur (par l'...)	(by) hydrofoil
le métro (en .../par le ...)	(by) underground
une motocyclette (à ...)	(by) motorbike
un taxi (en ...)	(by) taxi
un train (en .../par le ...)	(by) train
un vélo (à ...)	(by) bicycle
un vélomoteur (à ...)	(by) motorbike (under 50cc)
une voiture (en ...)	(by) car
aller à pied	to go on foot
faire de l'auto-stop	
faire du stop	to hitch-hike

C'est quel port?

Choisissez un port de la Manche et écrivez son nom dans votre cahier de brouillon. Votre partenaire doit vous poser quatre questions afin de découvrir le nom du port que vous avez choisi. Vous devez répondre seulement par «Oui» ou par «Non». Pour vous aider:

1 Est-ce que la ville se trouve en Normandie/en Bretagne/en Picardie/dans le Nord – Pas-de-Calais?
2 Est-ce qu'il y a un château/une cathédrale dans la ville?
3 Est-ce que la ville se trouve à plus de 300 kilomètres de Paris?
4 Est-ce qu'il y a plus de dix hôtels dans la ville?
5 Est-ce qu'il y a plus de 50 000 habitants?

Nom	région	distance de Paris (km)	habitants (environ)	nombre d'hôtels	terrain de camping	musée	château	cathédrale
Boulogne	Picardie	242	49 000	7	●	●		
Calais	Nord–Pas-de-Calais	294	80 000	8		●		
Cherbourg	Normandie	360	35 000	7	●	●	●	
Dunkerque	Nord–Pas-de-Calais	292	84 000	9	●	●		
Dieppe	Normandie	200	26 000	7	●	●	●	
Le Havre	Normandie	204	215 000	16	●	●		●
Roscoff	Bretagne	561	4 000	10	●			
Saint-Malo	Bretagne	372	46 000	17	●	●	●	●

Identifiez ce port

Read this extract from a tourist leaflet and find out the following:

1 Is this a major port?
2 How else could you travel there other than by sea?
3 To which British port are there regular ferry crossings?
4 How long does it take to travel to Paris by rail?
5 Is this mainly a modern or an old city?
6 What could you visit in the town?
7 What is the name of a famous bridge nearby, which crosses the mouth of the Seine?
8 Can you identify the port? (It is one of the Channel ports listed on the left.)

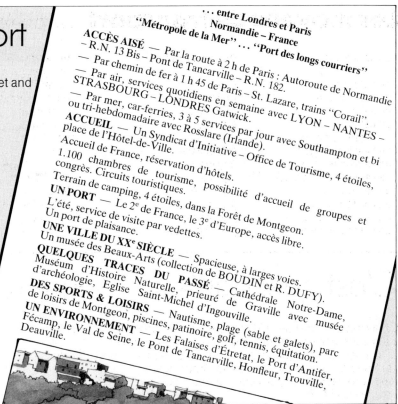

... entre Londres et Paris
Normandie – France
"Métropole de la Mer" ... "Port des longs courriers"

ACCÈS AISÉ — Par la route à 2 h de Paris : Autoroute de Normandie — R.N. 13 Bis – Pont de Tancarville – R.N. 182.
— Par chemin de fer à 1 h 45 de Paris – St. Lazare, trains "Corail".
— Par air, services quotidiens en semaine avec LYON – NANTES – STRASBOURG – LONDRES Gatwick.
— Par mer, car-ferries, 3 à 5 services par jour avec Southampton et bi ou tri-hebdomadaire avec Rosslare (Irlande).

ACCUEIL — Un Syndicat d'Initiative – Office de Tourisme, place de l'Hôtel-de-Ville.
Accueil de France, réservation d'hôtels.
1.100 chambres de tourisme, possibilité d'accueil de groupes et congrès. Circuits touristiques.
Terrain de camping, 4 étoiles, dans la Forêt de Montgeon.

UN PORT — Le 2e de France, le 3e d'Europe, accès libre.
L'été, service de visite par vedettes.
Un port de plaisance.

UNE VILLE DU XXe SIÈCLE — Spacieuse, à larges voies.
Un musée des Beaux-Arts (collection de BOUDIN et R. DUFY).

QUELQUES TRACES DU PASSÉ — Cathédrale Notre-Dame, Muséum d'Histoire Naturelle, prieuré de Graville avec musée d'archéologie, Eglise Saint-Michel d'Ingouville.

DES SPORTS & LOISIRS — Nautisme, plage (sable et galets), parc de loisirs de Montgeon, piscines, patinoire, golf, tennis, équitation.

UN ENVIRONNEMENT — Les Falaises d'Étretat, le Port d'Antifer, Fécamp, le Val de Seine, le Pont de Tancarville, Honfleur, Trouville, Deauville.

C'était un bon voyage? (1)

Travaillez avec un partenaire. L'un de vous regarde cette page, l'autre regarde la page 201.

Pour vous aider:

> (Nom), où est-il(elle) allé(e)?
> Comment a-t-il/elle voyagé?
> Quand est-il(elle) arrivé(e) à sa destination?
> Est-ce qu'il/elle a fait un bon voyage?

A

Posez des questions à votre partenaire pour trouver les détails qui manquent. (Il/Elle va vous poser des questions aussi.)

Nom	Destination	Moyen de transport	Heure d'arrivée	Réflexions sur le voyage
Marc	?	?	21h30	?
Nicole	Rome	?	?	C'était rapide. Il n'y avait aucun problème.
Jean-Pierre	Strasbourg	moto	?	?
Suzanne	?	voiture	19h20	C'était affreux. Il y avait beaucoup d'embouteillages.

B

Maintenant, imaginez que vous êtes parti(e) en voyage. Écrivez les détails de votre destination, votre moyen de transport, votre heure d'arrivée et vos réflexions sur le voyage. Votre partenaire va faire pareil. Puis vous devez découvrir tous les détails du voyage de votre partenaire en lui posant des questions, comme, par exemple:

Où es-tu allé(e)?
Comment as-tu voyagé?
Quand es-tu arrivé(e) à ta destination?
Est-ce que tu as fait un bon voyage?

Quel voyage!

Le chauffeur du taxi conduisait comme un fou.

Il y avait beaucoup de monde dans le train.

Il faisait mauvais et la mer n'était pas calme.

Il pleuvait toute la journée.

Grammaire The Imperfect Tense (1)

The Imperfect Tense is another past tense. In the following examples, you will notice that it is used for description in the past or to set the scene for something:

Malheureusement, il **faisait** mauvais, le jour de son départ.	*Unfortunately, the weather was bad on the day he left.*
Au début, ça **allait** bien, mais aux environs de Paris, il y **avait** un long délai à cause d'un accident.	*At the beginning everything went well, but on the outskirts of Paris there was a long delay because of an accident.*
En plus, il **pleuvait.**	*It was raining as well.*
La mer **était** calme et il **faisait** beau.	*The sea was calm and the weather was fine.*
On ne **pouvait** pas réparer la moto tout de suite.	*They could not repair the motorbike straight away.*

C'était + adjective is used to express an opinion on something that took place in the past:

– C'**était** bien, le voyage?	*– Was the journey all right?*
– Oui, c'**était** bien.	*– Yes, it was fine.*
– Non, c'**était** affreux.	*– No, it was dreadful.*

You will find out more uses of the Imperfect Tense as you work through this unit.

How to form the Imperfect Tense

The Imperfect Tense is easy to form. Start with the *nous* form of the Present Tense:

nous allons

Take away the *nous* and the *-ons* ending:

all

This leaves the Imperfect stem to which the endings below are added:

endings for all verbs	verb in the Imperfect	être	manger
je **-ais**	j' **allais**	j' **étais**	je **mangeais**
tu **-ais**	tu **allais**	tu **étais**	tu **mangeais**
il elle on **-ait**	il elle on **allait**	il elle on **était**	il elle on **mangeait**
nous **-ions**	nous **allions**	nous **étions**	nous **mangions**
vous **-iez**	vous **alliez**	vous **étiez**	vous **mangiez**
ils elles **-aient**	ils elles **allaient**	ils elles **étaient**	ils elles **mangeaient**

Nearly all verbs form the Imperfect stem as described above. An important exception is **être**. The Imperfect stem is **ét**.

Verbs like **manger, ranger, changer, nager** etc. take an extra **e** in the *nous* form of the Present Tense. This is to make the *g* sound soft (like a 'j' sound). The extra **e** isn't needed before *i* and *e*.

Similarly, with verbs like **commencer, lancer** etc., the final *c* becomes **ç** before *o* or *a* to make it sound soft. This gives **je commençais** but **nous commencions, vous commenciez.**

Vous pensez aux vacances?

Écrivez cette conversation correctement, en mettant les verbes entre parenthèses à l'imparfait.

— Nous pensons aller au pays de Galles cette année.

— Ah bon! Nous (**être**) à Bangor l'année dernière. Le paysage (**être**) beau, mais c' (**être**) un peu trop tranquille pour moi. Et puis, il y (**avoir**) le voyage qui (**être**) épouvantable. Nous avons pris le bateau de Saint-Malo à Portsmouth, mais la traversée (**être**) longue. Et puis, il y (**avoir**) du monde sur le bateau, au début on ne (**trouver**) même pas de place pour s'asseoir. Et à Portsmouth, oh là là! On ne (**connaître**) pas la route, bien sûr. Mon mari (**conduire**) et moi, je (**regarder**) la carte. Mais c' (**être**) vraiment compliqué. Je n'y (**comprendre**) rien. On a fini par se disputer.

— Et quand vous êtes arrivée à Bangor, ça (**aller**) mieux?

— Hum! … franchement, non! Il ne (**faire**) pas beau. Les gens (**être**) très accueillants, mais nous n' (**aimer**) pas beaucoup notre hôtel. Nous (**sortir**) tous les jours. Mon mari (**vouloir**) faire de longues promenades à pied, tandis que moi, je (**vouloir**) visiter la région en voiture. C'est une région très pittoresque, tu sais.

— C'est ce qu'on nous a dit. Espérons qu'il fera beau pendant nos vacances!

Personne à la maison … sauf Jacques!

Pauvre Jacques Malchance! Vendredi soir, il voulait sortir. Il a téléphoné à tous ses copains, mais personne n'était à la maison. Où étaient-ils? Que faisaient-ils?

1 Pierre

(regarder le dernier film de Monty Python)

2 Marc

(jouer au football)

3 Philippe

(jouer aux boules)

4 Jean-Luc

(assister à une réunion)

5 André

(réparer sa voiture)

6 Christophe

(faire les courses)

7 François

(danser)

8 Claude

(travailler)

9 Georges

(vendre des billets)

10 Bruno

(choisir des livres)

La traversée de la Manche d'une façon originale

En nageant

Depuis 1875, il y a eu environ 3 500 tentatives de traverser la Manche en nageant. Mais seulement 300 ont réussi la traversée de 32 km entre le Cap Gris-Nez en France et Douvres en Angleterre. Le sens France–Grande-Bretagne est, paraît-il, le plus facile, mais le sens Grande-Bretagne–France est le plus populaire. Les nageurs se couvrent de lanoline, de vaseline ou d'huile d'olive avant de partir pour se protéger de l'eau froide.

En 1815, un Italien, Jean-Marie Saleffi, soldat de Napoléon et prisonnier des Anglais, s'est échappé de l'Angleterre en traversant la Manche à la nage. C'est la première traversée connue.

Et en 1961, l'Argentin, Antonio Abertondo, a fait le premier voyage aller-retour non-stop en 43 heures 10 minutes.

En ski nautique

En 1955, Alain Crompton a fait l'aller-retour Douvres–Calais en trois heures.

En matelas pneumatique

Pour Clarence Mason, en matelas pneumatique, il a fallu six heures pour faire l'aller simple.

En bateau à avirons

Un Anglais, George Adam (70 ans) a aussi mis six heures pour traverser la Manche. Il a fait la traversée Folkestone–Boulogne dans un petit bateau à avirons.

En vélo-avion

Un Américain, Bryan Allen, a gagné un prix de 100 000 livres sterling après avoir traversé la Manche dans une petite machine qui marchait uniquement à l'énergie humaine. C'était une sorte de vélo-avion. La machine, qui avait des ailes énormes, était très légère. Allen pesait trois fois plus qu'elle. Pendant le voyage, Allen, qui portait un short, un casque, des chaussures de cycliste et un gilet de sauvetage, a dû pédaler fort pour maintenir sa machine en l'air. Il a volé lentement à trois mètres au-dessus de la mer et il est arrivé à sa destination (Cap Gris-Nez) en moins de trois heures.

Now you can:
discuss different ways of crossing the Channel by sea and describe a journey.

3·2 Bonne route!

Vous êtes allé à Douvres en voiture. Vous avez pris le bateau de Douvres à Calais et maintenant vous débarquez en France. Savez-vous ce qu'il faut faire et ce qu'il ne faut pas faire? Êtes-vous au courant du code de la route? Faites ce jeu-test pour le savoir.

1 En France on conduit
  a) à droite.
  b) à gauche.

2 Pour conduire une voiture en France il faut avoir
  a) 17 ans.
  b) 18 ans.
  c) 21 ans.

3 Si vous avez votre permis de conduire depuis moins d'un an seulement, vous ne devez pas dépasser
  a) 90 km/h.
  b) 60 km/h.
  c) 130 km/h.

4 Quand vous voyez le panneau d'une ville ou d'un village, vous ne devez pas dépasser
  a) 60 km/h.
  b) 90 km/h.
  c) 130 km/h.

5 En France il est obligatoire de porter la ceinture de sécurité
  a) seulement quand on roule sur l'autoroute.
  b) seulement en ville.
  c) toujours.

6 Si vous voyez un de ces trois panneaux:

vous savez que
  a) vous avez la priorité.
  b) vous n'avez plus la priorité.
  c) la priorité est à droite.

7 Si un gendarme vous arrête et demande, «Vos papiers, s'il vous plaît», il veut voir
  a) votre carte routière.
  b) votre permis de conduire et votre assurance.
  c) votre billet pour le bateau.

8 Si vous cherchez à vous stationner en ville, et vous voyez que vous êtes dans une zone bleue, pouvez-vous stationner?
  a) Non, il est défendu de stationner dans une zone bleue.

  b) Oui, si on a un disque, mais il faut consulter le panneau.
  c) Oui, on peut toujours stationner dans une zone bleue.

9 Prenez l'autoroute – c'est plus sûr, c'est plus facile et c'est plus rapide. Mais quel en est l'inconvénient?
  a) Il faut payer pour prendre la plupart des autoroutes.
  b) Il y a toujours des embouteillages et des bouchons sur les autoroutes.
  c) Il n'y a pas d'aires de service sur les autoroutes françaises.

10 Si vous faites un long voyage, prenez le temps de vous reposer et n'essayez pas de faire un long voyage en peu de temps. Le plus grand nombre d'accidents routiers qui arrivent aux automobilistes britanniques ont lieu:
  a) sur l'autoroute de soleil (qui va de Paris à Nice).
  b) à Paris.
  c) aux environs des ports de Calais et de Boulogne.

Au garage Meunier

Le garage Meunier se trouve sur la Nationale 43, pas loin de Calais. En été, il y a beaucoup d'automobilistes qui s'arrêtent au garage, alors Monsieur Meunier emploie un étudiant pour l'aider pendant cette période. Cette année, il a employé la fille de son voisin. Elle s'appelle Nicole Leclerc et elle travaille comme pompiste.

— Monsieur?
— Bonjour, Mademoiselle. 150 francs de super, s'il vous plaît.
— Voilà, Monsieur. C'est tout?
— Oui. Vous acceptez les cartes de crédit?
— Oui, Monsieur. Allez à la caisse, s'il vous plaît.
— Et où est-ce que je peux vérifier la pression des pneus?
— L'air est là-bas, Monsieur.

— Faites le plein, s'il vous plaît.
— Oui, Madame. Super ou ordinaire?
— Super. Et voulez-vous vérifier l'huile aussi?
— Oui, Madame. Vous n'avez pas besoin d'huile. Pour l'essence, ça fait 224 francs.
— Voilà. Est-ce qu'on peut acheter des cartes de la région au garage?
— Oui, Madame. Il y en a près de la caisse.

— C'est libre-service?
— Non, je vais vous servir.
— Mettez 25 litres de super, s'il vous plaît.
— Voilà, Monsieur. C'est tout?
— Non, est-ce que vous pouvez laver le pare-brise, s'il vous plaît?
— Bien sûr. Pour l'essence, ça fait 165 francs.
— Vous vendez des boissons au garage, Mademoiselle?
— Oui, Monsieur. C'est à droite de la caisse.

* * *

— Madame?
— 25 litres de super, s'il vous plaît. Et pouvez-vous vérifier l'eau et la batterie?
— Très bien, Madame. Il vous manquait un peu d'eau, mais tout est en ordre maintenant.
— Ah merci, Mademoiselle. Pouvez-vous vérifier la pression des pneus aussi?
— Oui ... pouvez-vous reculer un peu. L'appareil pour l'air est là-bas, à côté de la caisse ... Bon. Les pneus, ça va. Alors pour l'essence, ça fait 165 francs.
— Voilà, Mademoiselle. Gardez la monnaie.
— Merci, Madame. Au revoir et bonne route!

Au garage   vocabulaire utile

l'air (m)	air	la marque	make
s'arrêter	to stop	le mécanicien	mechanic
un(e) automobiliste	motorist	le moteur	engine
avancer	to drive forward	le numéro	registration number
la batterie	car battery	d'immatriculation	
un bidon d'huile	can of oil	ordinaire	ordinary
un bruit	noise		(2-star petrol)
une ceinture de sécurité	seat-belt	en panne	broken-down
changer	to change	le pare-brise	windscreen
un(e) conducteur	driver	les phares (m.pl)	headlights
(conductrice)		un pneu (crevé)	(burst) tyre
conduire	to drive	un poids lourd	heavy-goods lorry
couper le moteur	to switch the engine off	une portière	car door
l'eau (f)	water	la pression	pressure
l'essence (f)	petrol	le radiateur	radiator
essuyer	to wipe	reculer	to reverse
les essuie-glaces (m.pl.)	windscreen wipers	le rétroviseur	rear-view mirror
éteindre	to extinguish	les réparations (f.pl.)	repairs
faire le plein	to fill up with petrol	une roue de secours	spare wheel
freiner	to brake	rouler	to drive
les freins (m.pl.)	brakes	la route	road
le garage	garage	la route nationale	main road, A-road
garer	to park	une station-service	petrol station
l'huile (f)	oil	stationner	to park
un instrument	instrument	super	4-star petrol
le klaxon	horn	vérifier	to check
klaxonner	to sound the horn	la vitesse	speed
un litre	litre	une voiture	car
marcher	to work	le volant	steering-wheel

le volant

le rétroviseur

les essuie-glaces

la plaque d'immatriculation

le phare

1985 RN 92

la roue

le pneu

A vous, maintenant

A la station-service

1

Vous êtes à une station-service. Vous parlez au pompiste.

Buy thirty litres of petrol.
– Voilà, trente litres. C'est ça!
Ask the attendant to check the battery and the water.
– Tout est en ordre.
Ask for a map of the region.
– Voilà Monsieur/Mademoiselle.

SREB 1983

2

Vous êtes à une station-service en France. Vous voyagez en auto avec votre famille (et c'est vous qui savez parler français).

– Bonjour Monsieur/Mademoiselle. Qu'est-ce que vous voulez?
Say that you want fifty francs worth of super-grade petrol.
– Bien, Monsieur/Mademoiselle. C'est tout?
Ask the attendant also to clean the windscreen.
– Oui. Voilà, Monsieur/Mademoiselle. Il y a autre chose?
Ask if they sell drinks at the petrol station.
– Oui, Monsieur/Mademoiselle, à droite de la caisse, vous voyez?

EAEB 1983

3

– Monsieur/Mademoiselle.
Ask for 40 litres.
– Oui, quarante litres.
Ask how much it is.
– Ça fait quatre-vingts francs.
Say you have only a 500-franc note.
– Ça ne fait rien. C'est tout?
Ask the attendant to check the tyres.
– Voilà. Ça va très bien.
Say thank you and goodbye.
– Au revoir, Monsieur/Mademoiselle.

EAEB 1983

4

Vous êtes au garage.

– Oui, Monsieur.
Tell him that your car has broken down.
– Où est la voiture?
Tell him that it is two kilometres away on the Route Nationale 10.
– J'arrive tout de suite.
Ask if you can make a telephone call.
– Il y a un téléphone au bureau.

En panne?
Pas de panique!

Restez calme.

Garez-vous de façon à ne pas provoquer d'accident.

Coupez le moteur.

Actionnez vos feux de détresse ou installez votre triangle rouge.

En panne!

1

– Allô, garage Meunier.
– Bonjour, Monsieur. Est-ce que vous faites des réparations?
– Oui, Madame. Qu'est-ce qu'il y a?
– Je roulais normalement, quand le moteur a commencé à tousser et puis il s'est arrêté net.
– Est-ce que les phares fonctionnent?
– Ah ça, je ne sais pas.
– Bon. On va envoyer un mécanicien.
– Où êtes-vous exactement?
– Sur la Nationale 40 à huit kilomètres environ de Calais.
– Et c'est quelle marque de voiture?
– C'est une Peugeot 104.
– Très bien, Madame. On va s'en occuper. Au revoir.
– Au revoir.

2

– Bonjour, Monsieur. Ma voiture est tombée en panne. Pouvez-vous m'aider?
– Oui, Monsieur. Où est votre voiture?
– A trois kilomètres d'ici, sur la Nationale 43.
– Et c'est quelle marque?
– C'est une Ford Sierra.
– Bon. Pouvez-vous attendre dix minutes?
– Oui, est-ce que je peux téléphoner d'ici?
– Oui, il y a un téléphone public à côté des toilettes.
– Merci.

3

Relisez la conversation numéro 2 avec un(e) partenaire, en changeant les mots soulignés. Voilà des idées:

a) A cinq kilomètres, sur la Nationale 40 / une Renault 5 / dans le magasin.

b) A deux kilomètres, sur la route de Calais / une Vauxhall Cavalier / dans le bureau.

c) A 500 mètres, près d'une église / une Fiat Uno / en face du garage.

d) A un kilomètre, sur la Nationale 43 / une Citroën DS / là-bas.

Informations routières

Listen to the radio report and find out the following:

1 Why is this weekend particularly busy in the Alps?
2 What is reported at Bourg d'Oisans (Isère) on the Nationale 91?
3 What difficulties are mentioned by Radio France Lyon
   a) on the Nationale 84?
   b) at the payment kiosk of the A6 motorway?
4 In Savoie, is the traffic worse going to or from the ski resorts?
5 What advice is given to drivers who haven't yet started their journey?
6 What are drivers asked not to do on the A6?
7 What are conditions like in the rest of France?

Bison Futé – à votre service

Bison Futé, représentant du ministère des transports, renseigne les automobilistes sur les jours où la circulation risque d'être plus dense que d'habitude ou même exceptionnellement difficile. Les week-ends les plus chargés sur les routes de France sont ceux du 14 juillet, des départs en vacances et des retours au mois d'août.

Pendant ces périodes difficiles, Bison Futé donne des conseils de circulation à la télévision, à la radio et dans les journaux.

En plus, on peut téléphoner aux centres d'information routière pour tout connaître sur l'état et l'encombrement des routes.

Départs d'août : les bouchons du lundi

Mauvaise surprise pour Bison Futé: alors que dimanche soir les responsables de la sécurité routière annonçaient que le grand chassé-croisé d'août s'était plutôt bien passé, des difficultés apparemment imprévues se sont produites hier sur les routes.

Pour des raisons difficiles à expliquer, cette journée de lundi aura finalement été la plus chargée sur les routes. Selon les spécialistes, Bison Futé a sans doute été victime de ses propres conseils : les départs ont en fait été trop étalés au cours des trois jours considérés comme «*néfastes*», de sorte que lundi, qui avait été annoncé comme devant être la journée la plus propice pour prendre la route a en définitive été marquée, au moins le matin, par des problèmes les plus sérieux rencontrés depuis vendredi : pas d'accident grave, mais partout une circulation extrêmement dense.

Principal point noir, l'autoroute du Sud où dès 4 heures du matin, un bouchon de près de 15 km de long s'est formé dans le sens Paris–Lyon à hauteur de Chalon-sur-Saône. Dans Lyon même, le traditionnel embouteillage du tunnel de Fourvière a imposé aux automobilistes de rouler au pas sur près de 10 km pendant toute la matinée.

Dans l'Ouest, des embouteillages sérieux ont été enregistrés en plusieurs endroits, dont Alençon, sur la RN 138. De nouveau, le délai d'attente pour prendre le bac à destination de l'île de Ré, en Charente-Maritime, a dépassé deux heures.

Autre élément imprévu, les derniers retours de juillet se sont confondus avec ceux du week-end, ce qui s'est traduit par de gros problèmes en région parisienne : toutes les autoroutes menant à la capitale ont été bouchées dans la matinée. On a compté plus de 10 km de retenue sur l'A 13 en provenance de Normandie, tandis qu'entre 8 heures et 11 heures, on ne pouvait rouler qu'au pas sur plus d'une vingtaine de kilomètres en provenance de la Bourgogne, sur la section terminale de l'autoroute A 6.

Dans la capitale même, enfin, les boulevards périphériques ont été complètement engorgés pendant plusieurs heures.

Pour les prochains jours, il ne devrait plus y avoir de problèmes sérieux en province.

Avez-vous bien compris?

1 What sort of information does *Bison Futé* give?
2 According to the newspaper article, were there more problems on the road on Sunday or on Monday?
3 Was this expected?
4 Were there any serious road accidents?
5 Which was the worst area?
6 Are there likely to be further problems in the next few days?

Now you can:

obtain the services you need at a garage in France and ask for help in the event of a breakdown. You can also understand information about driving conditions and recommended routes.

Le permis de conduire

Avoir son permis, c'est le rêve de beaucoup de jeunes qui ont 18 ans. Mais pour l'avoir il faut faire des économies (ça peut coûter plus de 5 000 francs) et il faut bien se préparer.

En France, l'examen comprend deux épreuves qu'on passe séparément. D'abord, il y a une épreuve audio-visuelle sur le code de la route (on l'appelle «le code»). Sur 40 réponses, il faut en avoir 35 justes.

Quand on a réussi au code, on passe à l'épreuve de conduite. C'est celle-ci qui est la plus difficile et qui fait le plus peur. Accompagné d'un inspecteur, on doit conduire une voiture en ville et faire un certain nombre de manœuvres. L'épreuve dure environ une demi-heure (on a l'impression que ça dure beaucoup plus longtemps!) et pendant cette période, l'inspecteur note le candidat sur la manipulation du véhicule, l'adaptation de sa vitesse etc. Il doit tout noter sur une feuille de notation. Si le candidat a au moins 120 points sur 200, il est reçu et l'inspecteur lui donnera une feuille rose. Mais si le candidat a fait beaucoup d'erreurs ou une erreur grave, l'inspecteur lui donnera simplement le double de la feuille où seront marqués les défauts qu'il lui faut corriger avant sa prochaine tentative.

Quelles sont les différences?

1
En France, il faut avoir 18 ans avant d'apprendre à conduire. Et en Grande-Bretagne?

2
En France, l'examen de conduite comporte deux épreuves, le code et la pratique, qu'on passe séparément. Et en Grande-Bretagne?

3
En France, presque tout le monde apprend à conduire à l'auto-école. Et en Grande-Bretagne?

Témoignages

Voici les témoignages de deux jeunes personnes qui viennent d'avoir leur permis aujourd'hui.

— Félicitations, Martine. Ça fait longtemps que vous apprenez à conduire?

— Non, depuis six mois seulement. C'est après les grandes vacances que je me suis décidée à apprendre à conduire. J'avais travaillé comme vendeuse dans une grande surface et j'ai pu faire des économies pour payer les leçons de conduite.

— Vous avez pris des cours à l'auto-école?

— Oui, un ami de mon frère m'a recommandé une auto-école et je m'y suis inscrite. Je prenais une ou deux heures de leçons par semaine. J'ai passé mon permis au bout de trois mois, mais je ne l'ai pas eu la première fois. Enfin, j'ai réussi au code, mais pas à l'épreuve pratique.

— Mais, aujourd'hui, ça a marché. Aviez-vous peur?

— Oui, j'avais un trac horrible. J'essayais de me dire que ce n'était pas si important que ça. Mais quand je me suis assise dans la voiture, mon pied tremblait sur la pédale. Il commençait à pleuvoir et, momentanément, j'ai oublié où se trouvait la commande des essuie-glaces. Heureusement, l'inspecteur était assez sympathique et j'ai pu me calmer.

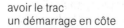

— Philippe, félicitations à vous aussi. C'était votre première tentative?

— Non, la deuxième aussi. Je pense que les candidats qui réussissent la première fois sont peu nombreux. Normalement, il faut deux ou trois tentatives.

— Vous avez pris des leçons à l'auto-école aussi?

— Oui, cette fois, j'ai pris quelques leçons à l'auto-école, mais la première fois, je me suis présenté en candidat libre. C'est mon père qui m'a appris à conduire.

— Ah! Je ne savais pas qu'on pouvait apprendre à conduire sans passer par l'auto-école.

— On peut, mais il y a beaucoup de conditions à remplir. On cherche vraiment à vous décourager. D'abord il faut trouver quelqu'un avec une voiture avec un frein à main entre les deux sièges avant. Heureusement, mon père a une Sierra. Ensuite, il faut une assurance spéciale. Après, il faut demander à la mairie quelles sont les rues autorisées aux apprentis-conducteurs. Si vous habitez à Paris, ce n'est pas la peine d'essayer, c'est complètement interdit. Puis il faut s'occuper de son dossier, faire sa demande très à l'avance etc.

— Et qu'est-ce qui n'a pas marché, la première fois?

— Oh – ça a été un désastre. On m'a demandé de faire un démarrage en côte et j'ai commencé à reculer. J'ai failli toucher le pare-chocs de la voiture qui me suivait. Alors après ça, je savais que je l'avais raté.

— Mais aujourd'hui, vous l'avez eu. Vous allez acheter une voiture maintenant?

— Ah non ... je n'ai pas assez d'argent. Mais j'espère emprunter la voiture de mon père.

avoir le trac	*to be very nervous, have stage-fright*
un démarrage en côte	*hill start*

Une leçon de conduite

1 Il a tourné à droite.

2 Il a cédé la priorité.

3 Il s'est arrêté.

4 Il a stationné la voiture ici.

M. Myope apprend à conduire. Pendant sa leçon il a fait beaucoup d'erreurs. Regardez ce qu'il a fait et dites s'il a eu raison ou s'il a eu tort.

Exemple: **1** Il a eu tort.

5 Il a roulé à plus de 60 km/h.

6 Il a tourné à gauche.

7 Il est entré dans cette rue.

8 Il a doublé.

Les voyages d'autrefois

– Madame Delarue, vous avez eu votre permis de conduire en 1920, n'est-ce pas?

– Ah oui, je me le rappelle bien, le jour où j'ai passé mon test.

– Est-ce que c'était plus facile à cette époque?

– Hum … peut-être. Disons qu'il y avait beaucoup moins de circulation et on ne roulait pas si vite, mais on devait savoir bien conduire. C'était comme un sport. Les voitures à l'époque n'étaient pas aussi faciles à conduire que celles d'aujourd'hui.

– Et les routes aussi étaient moins bonnes?

– Ah oui, c'était tout à fait différent. On devait traverser les carrefours avec prudence. Il n'y avait pas de feux. Les rond-points, non plus, ça n'existait pas. Et bien sûr, il n'y avait pas d'autoroutes.

– Est-ce que vous faisiez de longs voyages en voiture?

– Non, on ne couvrait pas les distances qu'on fait aujourd'hui. A l'époque, nous habitions à la campagne et moi, je conduisais au village, le jour du marché, une fois par semaine, quoi.

– Est-ce qu'il y avait des accidents de la route?

– Ah oui, ça pouvait arriver, mais pas autant qu'aujourd'hui, bien sûr. Mais les voitures tombaient en panne plus souvent.

– Quels étaient les principaux avantages, à votre avis?

– Voyons … on pouvait se garer, sans problème. Il n'y avait pas d'embouteillages. Et puis, c'était plus amusant de sortir en voiture. Comme on ne sortait pas la voiture tous les jours, c'était bien, une fois par semaine. Et puis, on avait le temps. On n'était pas toujours pressé d'aller quelque part, comme aujourd'hui.

– Vous conduisez toujours?

– Oui, mais ça me plaît moins aujourd'hui. Il y a trop de circulation et puis les gens s'impatientent et s'énervent trop facilement. Moi, je n'aime pas rouler vite et j'ai toujours peur qu'on me rentre dedans. Mais que voulez-vous? C'est ça, le progrès.

Faites une liste des principales différences décrites par Madame Delarue entre la façon de conduire en 1920 et aujourd'hui.

 The Imperfect Tense (2)

When to use it

The Imperfect Tense is used to describe something that *used to happen* frequently or regularly in the past. It often translates 'used to' or 'would' in English, when the meaning implies that something occurred repeatedly:

A l'époque, nous **habitions** à la campagne, et moi, je **conduisais** au village le jour du marché.	*At that time, we used to live in the country, and I would drive to the village on market day.*
Les voitures **tombaient** en panne plus souvent.	*Cars used to break down more often.*
Avant d'avoir ma propre voiture, je **prenais** l'autobus pour aller en ville.	*Before having my own car, I used to take the bus into town.*

It is used for description in the past, to describe a *state of affairs* or a *scene*:

En 1920, il y **avait** beaucoup moins de circulation.	*In 1920, there was a lot less traffic.*
Les routes **étaient** moins bonnes et bien sûr, il n'y **avait** pas d'autoroutes.	*The roads weren't as good and, of course, there weren't any motorways.*
Aviez-vous peur?	*Were you afraid?*
L'inspecteur **était** assez sympathique.	*The examiner was quite nice.*

C'était is used to express an opinion:

Le voyage ... **c'était** affreux. Il y avait énormément de monde dans le train.	*The journey was dreadful. The train was very crowded.*

In describing a *state of affairs* in the past, we are not told when it began or when it finished:

Il **faisait** beau.	*The weather was fine.*
Je ne **savais** pas ça.	*I didn't know that.*
En ce temps-là, je ne **travaillais** pas.	*At that time, I wasn't working.*

It is used to *set the scene*, to say what was happening when something else (a specific action) took place. It often translates 'was doing' and 'were doing':

Que **faisiez**-vous quand j'ai téléphoné?	*What were you doing when I phoned?*

La nuit **tombait**. Tout **était** calme. La rue **était** presque déserte. On **entendait** seulement le bruit d'une voiture lointaine. Laurence se **cachait** dans la porte d'un magasin, quand soudain ...

Je faisais ça quand j'étais plus jeune

Votre petit frère/petite sœur aime faire ce que vous, vous faisiez quand vous aviez son âge. Que dites-vous?

Exemple:　**1** – Je vais à la piscine tous les samedis.
　　　　　　　– Moi aussi, j'allais à la piscine tous les samedis.

1 Je vais à la piscine tous les samedis.
2 Je sors souvent avec papa et maman.
3 Je joue au football dans le parc.
4 Je fais du ballet.
5 Je regarde les émissions pour enfants à la télé.
6 Je dessine beaucoup.
7 Je joue du piano.
8 J'aime beaucoup aller au cirque.
9 J'ai un hamster et un poisson rouge.
10 Je fais une collection de timbres-poste.
11 Je lis beaucoup, surtout des histoires d'aventures.
12 J'écris beaucoup de lettres.

— Mais je croyais que tu allais l'attraper!

Interview avec un groupe de musique pop

Lisez cet interview avec le groupe *Cosmo* et mettez les verbes entre parenthèses à l'imparfait.

Le groupe *Cosmo* est bien connu maintenant, mais ce n'(**être**) pas toujours comme ça. Leur premier disque, enregistré en 1980, ne se (**vendre**) pas bien. Ils (**être**) obligés de le vendre, cinq francs, à la sortie de leurs concerts. A cette époque, ils (**devoir**) s'occuper de tout eux-mêmes. Ils (**organiser**) leur propre publicité; ils (**coller**) des affiches sur les placards publicitaires. Maintenant, bien sûr, ils ont un manager et tout va beaucoup mieux.

— Bonjour, Stéphane. Tu joues de la guitare basse, n'est-ce pas? Que (**faire**)-tu avant de jouer avec le groupe?
— D'abord, après avoir quitté le lycée je (**vendre**) des disques dans un grand magasin. Puis, pendant deux ans, je (**travailler**) dans un bureau.
— Et toi, Louis. Tu es guitariste aussi, n'est-ce pas? As-tu toujours voulu être musicien professionnel?
— Oui, même quand j'(**avoir**) dix ans, je (**vouloir**) être guitariste.
— Jean-Pierre, tu es le nouvel arrivé dans le groupe, n'est-ce pas?
— Oui. Ça fait seulement six mois que je joue avec le groupe. Je suis batteur. Avant je (**jouer**) de la batterie avec un autre groupe, mais ça n'a pas très bien marché.
— Et toi, Corinne. Est-ce difficile d'être la seule fille dans le groupe?
— Non, ça va. D'ailleurs il n'est pas rare de trouver une fille comme chanteuse. Avant je (**faire**) un peu de tout. Pendant six mois je (**donner**) des cours de guitare et j'(**apprendre**) l'anglais. Puis j'ai passé deux ans à Londres où je (**travailler**) dans des clubs et des boîtes. Je ne (**gagner**) pas beaucoup à cette époque. Après avoir payé le loyer du petit studio où j'(**habiter**), il ne me (**rester**) pas beaucoup d'argent pour sortir.

Écrivez un petit article
Vous venez d'interviewer ce groupe pour un journal de musique. Maintenant écrivez un petit article sur chaque membre du groupe.

Ça y est!

Jean-Louis a son permis de conduire depuis six mois et il y a trois mois il a gagné une Renault 5 dans un grand concours. Est-ce que sa vie a beaucoup changé depuis qu'il a sa propre voiture?

Exemple: **1** Avant il prenait l'autobus pour aller en ville.
Maintenant il y va en voiture.

1
prendre l'autobus pour aller en ville

2
aller au bureau à pied

3
prendre un taxi pour aller au cinéma, le soir

4
prendre le train pour aller à Paris

5
rentrer du supermarché à pied

6
aller au stade à vélo

7
dépenser de l'argent sur les disques etc. dépenser tout son argent en essence!

Now you can:

discuss learning to drive a car and use the Imperfect Tense to describe what *used to happen*.

3·4 Les transports urbains

Se déplacer à Paris

Voyager à Paris en voiture, c'est plutôt compliqué. Il y a beaucoup de circulation, il est difficile de stationner et si on ne connaît pas la route, ça devient impossible. Alors, quand vous êtes à Paris, laissez la voiture à l'hôtel ou au parking et prenez le métro ou l'autobus.

Savez-vous prendre le métro à Paris?

(à reporter à la rubrique Festi-tonne).

BIBLIOTHEQUE NATIONALE, 58 rue de Richelieu (M° Palais-Royal, Bourse). 266.62.62. Tlj de 10h à 18h. Entrée : 6 F. Demi-tarif pour Etud et enseignants. Expo ... sa vie, son œuvre. (Jusqu'...

CENTRE NATIONAL D'ART ET DE CULTURE GEORGES POMPIDOU, rue Rambuteau, angle rue Saint-Merri. (M° Rambuteau). 277.12.33. Tlj sf Mar de 12h à 22h, Sam et Dim 10h à 22h. Bar et self-service en terrasse (abonnement 50 F par a Informations téléphonées : 277.11.12.
... Contemporaines et Cabinet d'art graphique. Entrée 5 F et 8 F (ou jumelage 10 F), Dim gratuit.
Paris Berlin. Un parallèle de la création artistique en

1 Vous voulez aller au Centre Pompidou, alors vous devez prendre le métro à Rambuteau. Mais où se trouve la station de métro la plus proche? Voilà un passant – demandez-lui.

2 Vous avez trouvé une station de métro, mais vous n'avez pas de tickets. Vous pouvez acheter un ticket simple ou un carnet de dix tickets. Lequel revient moins cher?

3 Dans le métro à Paris on vend des tickets de première et de deuxième classe. Saviez-vous qu'à partir de 17 heures jusqu'à 8 heures du matin, on a le droit de voyager en première classe, même avec un ticket de deuxième classe? Vous voulez un carnet de tickets, deuxième classe. Que dites-vous à la caisse?

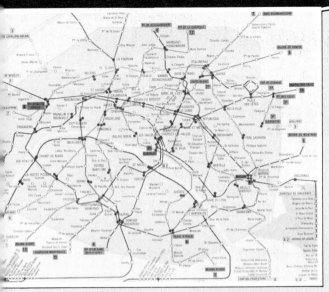

4 Maintenant il faut consulter le plan du métro pour savoir quelle direction il vous faut prendre. Vous n'avez pas de plan? Alors, demandez-en un à la station ou à l'office de tourisme. C'est gratuit. Que dites-vous?

5 Voyons, vous êtes à Concorde et vous voulez aller à Rambuteau. Est-ce que c'est direct?

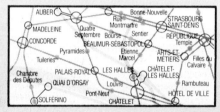

6 Quelle direction voulez-vous?

a)

b)

7 Maintenant, vous devez passer au contrôle. Au fait, est-ce qu'il faut payer un tarif différent selon la distance parcourue ou est-ce qu'il y a un seul tarif?

8 Vous êtes descendu(e) à Hôtel de Ville. Pourquoi?

a) Parce que vous êtes arrivé(e) à votre destination.

b) Parce que c'est une station de correspondance.

Que faites-vous ensuite?

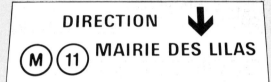

9 Vous montez dans le train. Vous ne fumez pas, alors vous cherchez un compartiment non-fumeurs, mais les compartiments ne sont pas marqués «fumeurs» et «non-fumeurs». Savez-vous pourquoi?

10 Ça y est?
Vous êtes arrivé à Rambuteau. Quel panneau allez- vous suivre?

a)
← DIRECTION HÔTEL DE VILLE

b)
SORTIE →

c)
ARRIÈRE DU TRAIN

Si vous avez bien répondu à toutes ces questions, vous n'aurez aucun problème quand vous prendrez le métro à Paris. Mais n'oubliez pas que beaucoup de gens prennent le métro aux heures de pointe. Alors, si possible, évitez de voyager le matin de 7h à 9h et le soir de 17h à 19h.

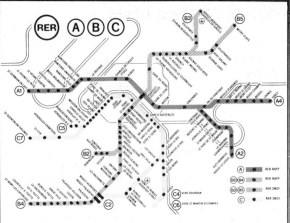

Le RER, qu'est-ce que c'est?

Le RER (le Réseau Express Régional) est comme le métro, mais c'est plus moderne et ça va plus loin dans la banlieue de Paris.

Est-ce que ça fonctionne comme le métro?

Dans la zone urbaine le RER fonctionne comme le métro; on peut utiliser les billets de métro et il y a un seul tarif quelle que soit la distance parcourue. Mais en dehors de cette zone, le prix du ticket varie suivant la distance du voyage. En plus, les billets spéciaux du RER ne sont pas valables dans les autobus.

Est-ce qu'il y a d'autres différences?

Oui. Le contrôle des billets est différent. Avant d'aller aux quais, on doit passer au contrôle, comme dans le métro. Mais on doit aussi passer par un contrôle pour sortir du RER. Ce contrôle vérifie si les voyageurs ont payé le tarif correct. Si vous êtes allé trop loin, vous ne pouvez pas sortir sans payer de supplément.
Autre différence: le RER est plus rapide. Tous les trains ne s'arrêtent pas à toutes les stations, alors avant de prendre le train, il faut consulter l'indicateur.

Où est-ce qu'on peut prendre le RER?

Il y a trois lignes principales. La ligne A qui relie l'est à l'ouest. La ligne B, qui relie le nord au sud de Paris, relie aussi l'aéroport Roissy-Charles de Gaulle, qui se trouve au nord de Paris, à Paris même. Puis il y a la ligne C qui va du sud-est au sud-ouest de Paris. Cette ligne relie l'aéroport d'Orly à Paris.

Le RER, c'est le transport de demain

Les trains et les gares du RER sont très modernes et le RER n'est pas encore fini. On est en train de construire de nouvelles stations, de prolonger certaines lignes et de faire des inter-connexions.

Quelles sont les différences entre le RER et le métro?

Le transport urbain vocabulaire et phrases utiles

s'arrêter	to stop	valable	valid
un arrêt d'autobus	bus-stop	la voie	platform
l'arrière (f)	rear, back	le voyage	journey
arriver	to arrive	un voyageur	traveller
un autobus	bus		
la barrière	barrier		
un billet	ticket		
le bureau de renseignements	information-office	On peut y aller en métro/ en autobus?	Can you go there by 'métro'/by bus?
un carnet	book of 'métro' tickets	Est-ce qu'il y a une station de métro/un arrêt	Is there a 'métro' station/ bus stop near here?
changer	to change	d'autobus près d'ici?	
le chauffeur	driver	La station la plus proche,	The nearest station is …
la correspondance	connection	c'est …	
défense de	forbidden to	Pour aller à …, c'est quel	To go to …, which bus is it?
le départ	departure	autobus?	
dernier	last	…, c'est combien de	How many tickets for …?
descendre	to get off	tickets?	
(en) deuxième classe	(by) second-class	C'est quelle direction?	Which direction is it?
direct	direct	C'est quelle station pour	Which station is it for …?
la direction	direction	…?	
le guichet	booking-office	C'est direct?	Is it direct?
les heures de pointe (f.pl)	rush-hour	Est-ce qu'il faut changer?	Do you have to change?
l'horaire (m)	timetable	Le dernier métro/le	What time is the last
la ligne	line	dernier autobus, c'est à	'métro'/bus?
le machiniste	bus-driver	quelle heure?	
manquer	to miss	On descend ici, pour …?	Do I get off here for …?
le métro	métro	Pardon, je descends ici.	Excuse me, I'm getting off
monter	to get on		here.
le numéro	number	Est-ce que vous avez un	Have you got a 'métro'
obligatoire	compulsory	plan du métro?	map?
une place	place, seat	Un carnet/un billet, s'il	A book of tickets/a ticket
premier	first	vous plaît.	please.
prochain	next	J'ai manqué le dernier	I've missed the last 'métro',
le quai	platform	métro, alors je vais	so I'm taking a taxi.
le receveur	conductor	prendre un taxi.	
la sortie	exit	Où est-ce que je peux	Where can I get a taxi?
une station de métro	'métro' station	prendre un taxi?	
tarif unique	flat-rate fare	C'est à quelle heure le	When does the next train/
un taxi	taxi	prochain train/le	bus leave?
terminer	to end	prochain autobus?	
le train	train	Il y a un train/un autobus	There's a train/bus every
le trajet	journey	tous les dix minutes.	ten minutes.
traverser	to cross		

— Messieurs, si vous ne pouvez pas décider qui va me conduire à l'hôtel Excelsior, je vais prendre l'autobus!

On voyage à Paris

A

C'est votre premier jour à Paris. Le matin vous voulez visiter Notre-Dame.

1 *Ask how to get to Notre-Dame.*
   – Vous voulez y aller en métro ou en autobus?

2 *You want to go by 'métro'.*
   – Alors, vous prenez le métro et vous descendez à Cité.

3 *Ask where the nearest 'métro' station is.*
   – Alors, la station la plus proche c'est République. Continuez tout droit jusqu'à la grande place et vous verrez la station de métro.

4 *You've arrived at the 'métro' station, so buy a book of tickets and ask how much it is.*

5 *Ask which line you need for Cité.*
   – Prenez d'abord la direction Pont de Sèvres, puis changez à Strasbourg Saint-Denis et prenez la direction Porte d'Orléans.

6 *The train is crowded, so when you arrive at your station, explain that you want to get out.*

B

L'après-midi vous voulez aller au Forum. Vous savez que ce n'est pas très loin, vous pouvez y aller à pied même, mais vous préférez y aller en autobus.

1 *Ask the way to the Forum.*
   – Vous voulez y aller à pied?

2 *You'd prefer to go by bus, so ask if there's a bus that goes there.*
   – Oui, prenez le 47.

3 *Ask where the bus-stop is.*
   – C'est juste là-bas. Là où les gens attendent.

4 *When the bus arrives, ask how many tickets you need.*
   – Un ticket.

5 *You think you're at the right stop, but ask someone to make sure.*
   – Oui, c'est ici pour le Forum.

C

Après avoir passé tout l'après-midi au Forum, vous êtes allé manger dans un petit restaurant du quartier. Puis à neuf heures, vous êtes très fatigué(e), et vous décidez de rentrer chez vous en taxi.

1 *Ask someone where you can get a taxi.*
   – Désolée, je ne sais pas. Je ne suis pas française.

2 *Then you see a taxi. Hail it.*

3 *Say that you're going to the Hôtel de France, rue Monge.*
   – Bon, montez.

4 *You're in the rue Monge – explain that your hotel is further down on the right.*
   – Ah oui, je le vois.

5 *Ask how much you owe.*
   – 36 francs.

6 *You give him 40 francs and tell him to keep the change.*

D

Vous vous êtes reposé un peu à l'hôtel. Maintenant écrivez une carte postale à un(e) ami(e) et décrivez ce que vous avez fait aujourd'hui.

Grammaire   y

y, meaning 'there', is used instead of repeating the name of a place:

   – Pour aller à **la Tour Eiffel**?
   – Vous voulez **y** aller à pied ou en métro?
   – Je préfère **y** aller à pied, si ce n'est pas trop loin.

It is also used in many everyday expressions, where it has no particular meaning:

Il **y** a …	*There is, there are …*
Il **y** a deux ans …	*Two years ago …*
On **y** va?	*Let's go.*
J'**y** suis.	*I've got it; I'm with you.*
Ça **y** est!	*It's done; That's it.*
Vas-**y**! Allez-**y**!	*Go on! Come on! (shouted at football matches etc.)*
Je m'**y** connais.	*I'm well up on that.*
Je n'**y** peux rien.	*I can't do anything about it.*

Une semaine à Paris

Un ami vous propose de visiter tous les monuments à Paris, mais vous avez déjà tout prévu.

Exemple: **1** Oui, j'y vais samedi.

1 «Tu vas visiter Versailles?»
2 «Il faut aller à Notre-Dame, un jour. On peut monter sur le toit, tu sais.»
3 «Ça vaut la peine de monter à la tour Eiffel.»
4 «Tu as envie de voir Montmartre?»
5 «Et le Centre Pompidou – il faut voir ça!»
6 «Le Forum aussi, c'est intéressant.»
7 «Et il y a l'Arc de Triomphe.»
8 «Et le Louvre, si tu aimes les musées.»

janvier	
6 dimanche:	*Louvre*
7 lundi:	*Tour Eiffel*
8 mardi:	*l'Arc de Triomphe*
9 mercredi:	*Montmartre*
10 jeudi:	*Centre Pompidou et le Forum*
11 vendredi:	*Notre-Dame*
12 samedi:	*Versailles*

A vous, maintenant
Vous êtes en ville

1
Vous êtes dans la rue en France.

– Pour aller à la gare, s'il vous plaît?
  Tell him/her that it is two kilometres away.
– Je peux prendre l'autobus?
  Say that there aren't any.
– C'est à combien de minutes à pied?
  Tell him/her twenty minutes and that he must take the first street on the right.
– Merci beaucoup, Monsieur et au revoir.

YREB 1982

2
You are in the street outside a railway station in a French town, with all your baggage. You speak to a policeman/policewoman.

– Oui, Monsieur/Mademoiselle?
  Ask the way to the Hôtel Splendide.
– Continuez tout droit.
  Ask if it is far.
– Non, c'est à dix minutes à pied.
  Say that your case is very heavy.
– Eh bien, prenez un taxi.
  Ask where the taxis are.
– Là-bas. Vous voyez le panneau «Tête de Station»?
  Thank the policeman/policewoman.
– De rien, Monsieur/Mademoiselle.

EAEB 1983

3
You are in a French city and you need to get to the railway station. You intend to stop a passer-by and ask the following questions. Work out what you would say.

(i) Ask if the station is far away.
(ii) Ask if it is possible to walk there in half an hour.
(iii) Find out if there is a bus to the station.
(iv) Ask what the number of the bus is.
(v) Ask at what time the bus leaves for the station.

ALSEB 1982

Taxi, s'il vous plaît!

Listen to the interview with the taxi-driver and find out:

1 approximately how many trips he makes each day
2 whether the cost of a taxi varies depending on whether it's day or night
3 the cost of an average taxi-ride in Paris during the day
4 whether you have to pay extra for luggage
5 whether taxi-drivers risk being attacked
6 what happened after he dropped a client at the air terminal at *Les Invalides*

Now you can:

use public transport (bus, *métro*, taxi etc.) in cities, ask how to get to a place by public transport and obtain route maps and tickets.

Découvrir la France par la SNCF

Vous voulez découvrir la France? Vous n'aimez pas faire de longues distances en voiture? Alors, prenez le train: la France bénéficie du plus grand réseau de chemins de fer en Europe de l'ouest.

France Vacances

Profitez du billet «France Vacances» pour vraiment connaître la France à un prix forfaitaire. Uniquement réservé aux touristes étrangers, résidant hors de la France, le billet «France Vacances» existe en trois options: 7 jours, 15 jours ou un mois.

Le billet «France Vacances» vous permet d'effectuer autant de voyages que vous le désirez sur tout le réseau de la SNCF. Vous pouvez prendre le TGV (le train de grande vitesse), le train le plus rapide du monde, ou de petits trains régionaux qui font des trajets plus courts et qui s'arrêtent plus souvent.

Vous bénéficierez aussi d'autres avantages. Renseignez-vous à votre agence de voyages ou, si vous êtes en France, à l'aéroport Roissy-Charles de Gaulle, à l'aéroport d'Orly ou aux gares de Paris-Saint-Lazare, de Nice et de Strasbourg.

Inter-rail

Pour les moins de 26 ans, la carte «Inter-Rail» vous permet de voyager, pendant un mois, sans acheter de billet, dans vingt pays étrangers. Vous pouvez aussi voyager à demi-tarif dans le pays où vous résidez habituellement.

Profitez de la carte «Inter-Rail» pour découvrir non seulement la France, mais aussi les autres pays de l'Europe.

Le Loisirail

Pendant les vacances scolaires, (de la mi-juin à septembre), commencez vos vacances dans le train, en prenant le service «Loisirail». Dans ces trains spéciaux qui font Paris–Marseille, Paris–Béziers ou Lyon–Bordeaux, un animateur à bord vous proposera tout un programme d'activités diverses: des jeux (pour adultes et enfants), des films (comédies, aventures, drames psychologiques ou dessins animés), des concerts, des spectacles (de théâtre, de chant ou de poésie) des conférences et des commentaires sur les régions traversées. A bord, vous rencontrerez des artisans locaux, des groupes folkloriques, des poètes. Vous pourrez aussi déguster des produits de la région ou apprendre comment sont fabriqués la dentelle, les couteaux etc.

Pas besoin d'acheter un billet spécial. Tous les billets SNCF sont valables sur les trains de «Loisirail», y compris les billets de «France Vacances».

Avez-vous bien compris?

1 Who can buy a *France Vacances* ticket?
2 Does this ticket entitle you to travel on all the SNCF trains, including the TGV?
3 Where could you get details of this in France apart from at three main-line stations?
4 Who is entitled to buy an *Inter-rail* card?
5 What benefits does it offer?
6 What is different about the *Loisirail* service?
7 Do you need a special ticket for this?

On prend le train vocabulaire et phrases utiles

un aller et retour	return ticket	Un aller simple pour Bordeaux, s'il vous plaît.	A single ticket for Bordeaux, please.
un aller simple	single ticket	Un aller et retour, deuxième classe, pour Paris.	A second-class return ticket to Paris.
s'arrêter	to stop	Un aller et retour, deuxième classe pour Lille, c'est combien?	How much is a second-class return ticket to Lille?
l'arrière (m)	rear, back		
arriver	to arrive	Est-ce qu'il y a un train vers midi?	Is there a train around midday?
les bagages (m.pl.)	luggage	Le train de 12h20 est déjà parti?	Has the 12.20 train already left?
la barrière	barrier		
un billet	ticket	Le prochain train part à quelle heure?	When does the next train leave?
le buffet	buffet	Et il arrive à Paris à quelle heure?	And at what time does it arrive in Paris?
le bureau de renseignements	information-office		
changer	to change	Est-ce qu'il y a un wagon-restaurant dans le train?	Is there a dining-car in the train?
le chemin de fer	railway	Le train pour Paris part de quel quai?	Which platform does the Paris train leave from?
un compartiment	compartment		
composter	to date-stamp a ticket	Je voudrais réserver une place.	I'd like to reserve a place.
la consigne	left luggage		
la correspondance	connection	Est-ce qu'il faut changer?	Do you have to change?
une couchette	sleeping berth	Il faut changer à Poitiers.	You have to change at Poitiers.
le départ	departure		
dernier	last		
descendre	to get off		
(en) deuxième classe	(by) second-class		
direct	direct		
enregistrer	to register		
une excursion	excursion		
un express	regional train		
la fenêtre	window		
fermer	to close		
la gare SNCF	French railway station		
le guichet	booking-office		
les heures d'affluence (f.pl.)	rush-hour		
l'horaire (m)	timetable		
interdit	forbidden		
un kilomètre	kilometre		
libre	free		
manquer	to miss		
monter	to get on		
non-fumeurs	non-smoking		
une place	place		
un porteur	porter		
premier	first		
prochain	next		
le quai	platform		
un rapide	express inter-city train		
réserver	to reserve		
en retard	late		
le retour	return journey		
une salle d'attente	waiting room		
la SNCF	French Railways		
la sortie	exit		
un supplément	supplement		
les toilettes	toilets		
le train	train		
le trajet	journey		
valable	valid		
la voie	platform		
le voyage	journey		
un voyageur	traveller		
le wagon-restaurant	dining-car		

Le tour de France en SNCF

Christophe et Sylvie Gilbert sont étudiants à Bâle en Suisse. Cet été, ils ont envie de passer leurs vacances en France. Ils ont décidé d'acheter un billet «France Vacances» et de faire un tour de France par le train. L'office de tourisme de la SNCF leur a envoyé des horaires et des dépliants pour les aider à préparer leur voyage. Pouvez-vous les aider en consultant les documents?

---

1 Ils veulent aller d'abord à Paris.
   a) A quelle heure part le premier train?
   b) Et il arrive à Paris à quelle heure?
   c) Le voyage dure combien de temps, alors?
   d) S'ils prennent le train, à quelle gare à Paris, arriveront-ils?

BÂLE	0 10	8 13	11 25	12 44	16 32	18 30
MULHOUSE	0 53	8 35	11 51	13 23	16 56	19 06
BELFORT	1 44	9 09	12 26	13 58	17 30	19 39
VESOUL	2 34	9 44	13 02	14 41	18 05	20 19
CHAUMONT	4 03			15 47		21 24
TROYES	5 05	11 35		16 39		22 16
PARIS-Est	6 48	12 59	16 13	18 09	21 16	23 39

---

2 Après deux ou trois jours à Paris, ils veulent aller à Quimper, en Bretagne.
   a) Ils doivent partir de quelle gare?
   b) Est-ce qu'il y a un train qui part vers treize heures?
   c) Si le train est à l'heure, est-ce qu'ils arriveront à Quimper avant sept heures et demie du soir?
   d) Est-ce que le train passera par Rennes?

PARIS-							
Montparnasse	7 07	8 34	10 05	12 57	17 03	19 06	22 00
LE MANS	8 51	10 17	11 47	14 44			0 08
RENNES	10 12	11 44	13 15	16 09	20 03	22 07	
VANNES	11 31	13 07	14 51	17 37	21 27	23 30	4 24
LORIENT	12 07	13 43	15 35	18 18	22 06	0 07	5 24
QUIMPER	12 55	14 31	16 28	19 11	22 51	0 56	6 28

---

3 Ensuite, ils veulent passer quelques jours à La Rochelle.
   a) Est-ce qu'ils doivent passer par Paris?
   b) Ils veulent quitter Quimper le matin vers dix heures. Quel train peuvent-ils prendre?
   c) A quelle heure arrive-t-il à La Rochelle?
   d) S'ils décident de ne pas descendre à La Rochelle et de rester dans le train jusqu'au terminus, où arriveront-ils?

QUIMPER		7 10	10 36	15 14	15 14	18 43
RENNES		8 26	11 53	16 19	16 19	20 16
NANTES	6 45	10 32	13 51	18 08	18 08	23 05
LA ROCHELLE	7 22	8 41	12 18	15 41	19 53	20 39	1 26
BORDEAUX	9 27	11 04	14 25	18 06	22 02	23 08	5 01
TOULOUSE	13 17	13 55	17 04	21 02	1 00		9 01
MARSEILLE	14 43	21 05		5 40	5 35	13 03
NICE	22 08	0 23		5 46	5 34	15 48

---

4 Après La Rochelle, ils vont à Toulouse. Puis ils veulent aller à Nice.
   a) Ils ne veulent pas se lever trop tôt, alors quel est le premier train de l'après-midi partant de Toulouse à destination de Nice?
   b) Il s'arrête à combien de gares en route?
   c) Et à quelle heure arrive-t-il à Nice?
   d) Ça c'est trop tard, alors ils décident de descendre à Montpellier. A quelle heure y arriveront-ils?

TOULOUSE	6 22	9 01	13 55	17 04	18 39	0 09	1 00
NARBONNE	7 40	10 22	15 28	18 27	20 08	1 34	2 37
BEZIERS	7 57	10 39	15 54	18 46	20 37	2 08	3 01
MONTPELLIER	8 40	11 22	16 53	19 27	21 23	2 53	3 49
NIMES	9 10	11 52	17 23	19 56	21 52	3 26	4 23
MARSEILLE	10 30	13 03	18 43	21 05	23 15	4 55	5 40
TOULON	11 31	14 00	20 05	22 45	1 22	6 09	6 43
NICE	13 21	15 48	22 08	0 23		8 04	8 46
MILANO-							
Centrale	20 45	23 25	6 58			15 55	15 55
ROMA-							
Termini	23 55					19 55	22 15

---

5 Ils continuent jusqu'à Nice, un autre jour. Puis ils veulent prendre le train de Nice à Lyon.
   a) Combien de trains directs y a-t-il entre Nice et Lyon?
   b) Est-ce qu'il y a un train qui part vers neuf heures?
   c) A quelle heure arrive-t-il à Lyon?
   d) Par quelles gares passe-t-il?

NICE		6 49	8 47	12 01		14 45	16 30
MARSEILLE	5 52	9 22	11 43	14 29	16 12	17 11	19 21
AVIGNON	7 12	10 44	12 52	15 44	17 20	18 32	20 36
VALENCE	8 21	11 47	13 54	16 46	18 34	19 43	21 51
LYON-Part-Dieu	9 18	12 49	14 56	17 48	19 30	20 40	22 52
DIJON	11 07	14 33	16 40	19 27		22 52	

A vous, maintenant A la gare

1

Vous devez prendre le train pour aller de Lyon à Paris, et vous voilà au guichet à Lyon, où vous voulez acheter votre billet.

— Oui, Monsieur/Mademoiselle?
Ask for a second-class single ticket to Paris.
— Voilà, Monsieur/Mademoiselle, c'est cent vingt francs.
Ask if the eleven o'clock express has left yet.
— Non, Monsieur/Mademoiselle, vous avez encore deux minutes, mais vous devez vous dépêcher.
Ask if the train has a dining-car.
— Oui, mais seulement le jeudi et le samedi.

EAEB 1983

2

— Bonjour, Monsieur (Mlle). Vous désirez?
Ask for a second-class return ticket to Paris.
— Voilà, Monsieur (Mlle.) Ça fait trente-six francs.
Ask at what time the next train for Paris leaves.
— Il part dans vingt minutes.
Ask from which platform the train goes.
— Quai numéro cinq.
Ask at what time the train arrives in Paris.
— Quinze heures trente, Monsieur (Mlle).

LREB 1983

3

— Monsieur/Mademoiselle?
Say you want to go to Lille.
— Lille, oui, mais il n'y a pas beaucoup de trains.
Ask if there is a train about midday.
— Il y a un train qui part à douze heures vingt.
Ask what time the train arrives at Lille.
— A treize heures cinquante.
Ask what platform the train goes from.
— Quai numéro cinq.
Thank the official politely.

EAEB 1983

4 At the tourist office

You're staying in Flaine, a ski resort in the Alps, and you have just received a phone message to return to England as quickly as possible. As there is no railway station in the resort, go to the tourist office to find out how you can travel to Paris.

Ask where the nearest railway station is.
— C'est à Cluses.
Ask how far that is.
— C'est à vingt-cinq kilomètres d'ici environ.
Ask if there is a bus there.

— Oui, il y a un service d'autobus, mais le dernier autobus vient de partir.
Say you need to get to Paris as soon as possible.
— Alors vous pouvez prendre un taxi.
Ask how much that will be.
— Environ 200 francs.
Ask if there's a train from Cluses to Paris late that afternoon.
— Oui, il y a un train à 16h30. Vous devez changer à Annecy et vous arriverez à Paris à 21h50.

5

Whilst staying in France you go to a railway station and make the following enquiries:

(i) Ask the price of a second class return ticket to Lyon.
(ii) Find out how long the journey will take.
(iii) Ask at what time the train leaves for Lyon.
(iv) Find out if it is possible to buy a meal on the train.
(v) Ask if it is necessary to change trains.

ALSEB 1982

Les voyages d'autrefois

Locomotive «Saint-Pierre» (1844)

Une «Micheline» (autorail) (1931)

La dernière des locomotives à vapeur (1949)

Locomotive électrique (1972)

Le Train à Grande Vitesse (1981)

Le premier train a circulé en 1825. Depuis ce temps on a fait beaucoup de progrès. Les trains d'aujourd'hui sont plus nombreux, plus rapides et transportent plus de voyageurs.

Complétez le résumé des principales différences. Vous avez un exemple pour vous aider.

Exemple: **1** Autrefois, avant 1837, les trains transportaient uniquement des marchandises.

Autrefois | **Aujourd'hui**

1
Avant 1837, les trains (**transporter**) uniquement des marchandises.

Les trains transportent des marchandises et des voyageurs.

2
On (**employer**) des locomotives à vapeur.

On emploie des locomotives électriques ou diesel.

3
En 1850, il (**falloir**) 31 heures de train pour faire Paris–Toulouse.

Il faut moins de six heures.

4
En 1914 on (**mettre**) 6 heures 56 minutes pour faire Paris–Lyon.

Avec le TGV, on met seulement deux heures.

5
Avant 1937, il y (**avoir**) cinq compagnies indépendantes de chemin de fer.

Aujourd'hui il y a la SNCF, qui est une compagnie nationale.

6
Avant 1956 on (**pouvoir**) voyager en troisième classe.

La troisième classe n'existe plus.

7
Il y a dix ans, les trains (**transporter**) moins de 600 millions de voyageurs.

Les trains transportent plus de 700 millions de voyageurs.

8
En 1976, on (**payer**) 101F pour voyager de Paris à Bordeaux en deuxième classe.

On paie environ 210F.

9
On (**ne pas avoir besoin**) de composter son billet avant de monter dans le train.

Il est très important de composter son billet, sinon il faut payer une amende au contrôleur.

10
Les trains rapides entre Paris et Lyon (**faire**) environ 200km à l'heure.

Les TGV font 270km à l'heure.

Read the following passage carefully, then answer, *in English,* in complete sentences, the questions which follow it.

Voyage à Rouen

J'allais à Rouen en chemin de fer. A Paris, quelques moments avant le départ, trois messieurs sont montés dans mon compartiment: deux d'entre eux fumaient. Je déteste la fumée des cigares. Donc j'ai pris mes bagages et mon pardessus et suis allé chercher une place dans un compartiment voisin.

Une dame y était déjà, penchée vers son mari qui se tenait sur le quai. Ils s'embrassaient. Un coup de sifflet s'est fait entendre et le train s'est mis en marche.

A ce moment-là, et malgré les protestations des employés, la portière s'est ouverte et un homme a sauté dans notre compartiment. La dame, qui rangeait ses affaires le long du filet, s'est retournée pour voir ce qui se passait. Elle a poussé un petit cri de terreur et est tombée sur la banquette. Le nouveau venu, qui était d'ailleurs très bien vêtu, ne nous a prêté la moindre attention, mais s'est installé dans un coin et a baissé son chapeau sur son nez comme pour se préparer à dormir.

Du coin de l'œil j'ai regardé la dame. Ses yeux, pleins de terreur, ne quittaient pas l'homme. J'ai dû m'endormir, car, quelque temps plus tard, une main m'a touché le genou et j'ai entendu ouvrir la portière. Ouvrant les yeux j'ai vu la dame qui sortait dans le couloir: en même temps elle me faisait signe de la suivre.

Dans le couloir, je me suis approché de la dame. Parlant à voix basse elle a dit:
«Ce monsieur – je l'ai reconnu tout de suite: sa photo est dans tous les journaux. Avec des amis, hier, à Lille, il a attaqué une banque; la police le recherche. Qu'allons-nous faire?»

Je suis resté silencieux. Comment pourrais-je lui dire que le monsieur qui lui faisait peur, était mon camarade et que, dans nos valises, nous portions chacun deux cent mille francs.

1 Why did the writer change compartments?
2 What was the passenger in the next compartment doing?
3 What happened as the train began to move?
4 What was the lady doing at that moment?
5 What effect did the new arrival have on the lady?
6 What did he do on entering the compartment?
7 What woke the writer up?
8 What did he see?
9 What explanation did the lady give for her concern?
10 Why did the writer find it difficult to reassure the lady?

WJEC CSE 1983

Un voyage par le train

Racontez les événements suivants qui se sont passés en France l'année dernière:

Vous rentrez chez vous par le train – conversation avec un étranger – repas au wagon-restaurant – vous descendez ensemble – ce qui se passe ensuite

(Pour vous aider, voir la page 235.)

AEB 1983

Now you can:
travel by rail, obtain information from timetables, make enquiries about times, price of tickets and special services.

Location dans 250 gares

Pour élargir le champ de vos randonnées tout en évitant un long parcours d'approche à bicyclette, la SNCF – grâce à son service Train + Vélo – vous propose de prendre le train et de louer un vélo à la gare d'arrivée.

Comment louer?

La SNCF met à votre disposition, dans 250 gares, un service de location de vélos. Il vous suffit de présenter une carte d'identité et de verser une caution de 150F.

Si vous présentez:
– une Carte Bleue, une Carte Bleue VISA, Eurocard, Master Card, Access,
– une carte d'abonnement à libre circulation, carte demi-tarif, carte "Vermeil," carte "France Vacances," carte "Jeune",

vous ne payez pas cette caution.

Vous restituez le vélo à votre gare de départ ou dans une autre gare de la région (renseignez-vous auprès de notre personnel).

Vous payez la location en restituant le vélo.

Deux types de bicyclettes vous sont proposés:
– de nouveaux vélos, de type randonneur, à 10 vitesses, avec cadre homme ou mixte et, pour les vélos homme, guidon course et freins double poignée …;
– des bicyclettes de type traditionnel : cadre mixte, guidon et selle à réglage instantané, avec ou sans dérailleur.

Les prix(*)

	1/2 journée	journée
Vélo type traditionnel	16F	22F
Vélo type randonneur	25F	30F

	3e au 10e jour		à partir du 11e jour	
	1/2 journée	journée	1/2 journée	journée
Vélo type traditionnel	12F	17F	8F	11F
Vélo type randonneur	19F	23F	13F	15F

(*) Prix au 1er avril 1984

Avez-vous bien compris?

You are explaining the details of this scheme to a friend. Answer his questions.

1 How much does it cost to hire a touring bike for a day?
2 Is this more expensive than hiring an ordinary bike?
3 Do I have to leave a deposit? If so, how much?
4 Can I leave an Access card instead, as a deposit?
5 Do I have to pay the hire charge straight away?
6 How many stations offer this service?

On loue un vélo

Pendant leurs vacances en France, Christophe et Sylvie Gilbert décident de louer des vélos à la gare.

Christophe: Pardon, Madame, pour le service «Train plus Vélo», s'il vous plaît.

L'employée: C'est aux «Bagages», Monsieur.

Christophe: Bon, merci.

(Christophe va au guichet des bagages.)

Christophe: Bonjour, Monsieur. On voudrait louer deux vélos, s'il vous plaît – un pour homme et un pour femme.

L'employé: Voyons, je ne sais pas ce qu'il me reste. Vous n'avez pas réservé?

Christophe: Ah, non.

L'employé: Attendez un moment, s'il vous plaît. Je vais voir ce qu'il y a.

(L'employé disparaît, puis revient au bout de quelques minutes.)

L'employé: Ça va. J'ai deux vélos de type randonneur. Attendez, je dois d'abord remplir des fiches. Ah … il manque une pompe à un des vélos. Ça va?

Christophe: Oui, ça va.

L'employé: Bon, alors, vous avez une carte d'identité?

Christophe: Oui. Voilà mon passeport.

(L'employé note tous les détails sur un formulaire.)

L'employé: Bon, merci. Il faut payer 180 francs de caution pour chaque vélo.

Christophe: On peut vous laisser nos cartes «France Vacances»?

L'employé: Oui, si vous le préférez. Bon, signez là, s'il vous plaît. Merci. Voilà les papiers, vous me rendrez tout ça, quand vous rendrez les vélos. Vous les rendrez ce soir?

Christophe: Non, peut-être demain ou après-demain.

L'employé: Bon. Alors voilà les vélos et bonne promenade.

Vocabulaire

la selle

le guidon

les freins

la roue

le dérailleur

le cadre

une trousse de réparations

un anti-vol

une pompe

Vacances à vélo

Nottingham, le 23 septembre

Cher Pierre,

Nous avons passé de très bonnes vacances en France, cet été. D'abord, nous avons fait du camping à Concarneau en Bretagne pendant quinze jours. Puis, mon frère Robert et moi, nous avons fait un circuit à vélo dans le Val de Loire. C'était un voyage organisé par l'office de tourisme à Angers. Mes parents nous ont emmenés jusqu'à Angers en voiture. Là, on nous a donné des bicyclettes, (avec un antivol et une trousse de réparation), une carte de l'itinéraire et des dépliants touristiques.

Et voilà..... nous sommes partis. Le premier jour, c'était un peu fatigant, mais après, ça allait mieux. Il faisait beau. Heureusement, le terrain était assez plat et, comme on prenait de petites routes départementales, il n'y avait pas trop de circulation. Nous avons fait entre 25 et 40 kilomètres par jour. Nous avons visité le château de Saumur et l'abbaye de Fontevrand. Le dernier jour, Robert a eu un pneu crevé, mais on a pu le réparer.

La nuit, nous avons logé à la ferme ou dans une petite auberge. Le prix, avec demi-pension pour une semaine, était de 600F par personne, vélo compris. Pas mal, n'est-ce pas?

J'espère que toi aussi, tu as passé de bonnes vacances.

Amitiés,

John.

1 Où est-ce que John et Robert ont fait du camping?
2 Qu'est-ce qu'ils ont fait ensuite?
3 Qui les a emmenés à Angers?
4 Quel temps faisait-il?
5 Qu'est-ce qu'ils ont visité?
6 Combien de kilomètres ont-ils fait par jour?
7 Où ont-ils logé?
8 Combien le circuit à vélo a-t-il coûté?

«Mon frère et moi, nous ...»

Notice that when you mention someone as well as yourself, you must use the **nous** form of the verb:

Mon frère et moi, **nous avons** fait un circuit à vélo.

It is not necessary to repeat the **nous**. It would be equally correct to say:

Mon frère et moi **avons** fait un circuit à vélo.

Practice what you would say in the following sentences (use the Present Tense):

1 Ma sœur et moi (**apprendre**) à conduire.
2 Ma famille et moi (**partir**) en vacances aujourd'hui.
3 Mes parents et moi (**aimer**) faire du vélo.
4 Mon frère et moi (**jouer**) au tennis tous les samedis.
5 Mon ami et moi (**sortir**) tous les vendredis.
6 Ma copine et moi (**aller**) au cinéma ce soir.
7 Mes copains et moi (**faire**) du camping ce week-end.
8 Ma fiancée et moi (**aller**) nous marier au mois de juin.

Une lettre à écrire

Write a letter to a friend, telling how you and your brother (or sister) spent the week's cycling holiday proposed in the advertisement below, having been taken to Compreignac in your parents' car and collected by them the following Saturday.

You must write 140–150 words (*and no more*) in French, not counting names of people and places. Credit will be given for using a variety of vocabulary, tense and expressions, but irrelevant material will earn no marks. (*Pour vous aider voir la page 230*)

Séjour Bicyclette

Compreignac – une semaine dans le Haut-Limousin à vélo.
Circuit du lac Saint-Pardoux par les monts de Blond, paysage pittoresque, collines, vallées, itinéraire assez facile. Bicyclettes et documentation fournies au départ.
Logement: chambres à la ferme ou au village et repas du soir.
Prix – par personne en demi-pension:
1 semaine, du samedi 18h au samedi 10h, vélo compris, 560 F.

London 1983

Les deux-roues à moteur

Avoir un vélo, c'est bien, mais pour beaucoup de jeunes, avoir un deux-roues à moteur, c'est encore mieux! En effet, plus de 40 pour cent des jeunes Français entre 15 et 20 ans ont un cyclomoteur, un vélomoteur ou une moto.

A Les cyclomoteurs
1 Quel âge faut-il avoir pour conduire un cyclomoteur?
2 Est-ce qu'il faut avoir un permis de conduire?
3 Sur quelles routes est-il interdit de circuler?

B Les vélomoteurs
1 Quel âge faut-il avoir pour conduire un vélomoteur?
2 Est-ce qu'il faut avoir un permis de conduire?
3 Est-ce qu'on peut transporter des passagers?

C Les motocyclettes
1 Il faut avoir quel âge pour conduire une moto?
2 Est-ce qu'il faut avoir un permis de conduire?
3 Est-ce que la moto doit avoir une plaque d'immatriculation?
4 Où est-ce qu'il est interdit de circuler à moto?

Type	Cyclomoteur	Vélomoteur	Motocyclette
Cylindrée …	Moins de 50 cc	Jusqu'à 125 cc	Au-delà de 125 cc
Vitesse maximale …	45 km/h	80 cc : 75 km/h — Au-delà de 80 cc : non limitée	
Permis de conduire	Non	A 1	A 2 jusqu'à 400 cc — A 3
Age minim. du conducteur …	14 ans	16 ans	18 ans
Transport de passager …	Pas de passager de plus de 14ans	Pas de limite d'âge	
Pédales …	Obligatoires	Non	
Immatriculation …	Non	Oui	
Voies de circulation …	Autoroute interdite Piste cyclable obligatoire	Piste cyclable interdite	

Cyclomoteur : bicyclette à moteur sans embrayage ni boîte de vitesses. La seule qui ait des pédales.
Vélomoteur : petite moto de 50 cc à 125 cc. Appelée aujourd'hui «moto de catégorie 1».
Motocyclette : plus de 125 cc. Aujourd'hui «moto de catégorie 2 (125 à 400 cc) ou 3 (plus de 400 cc)».

 The Perfect and Imperfect tenses

A

The Perfect Tense is used to describe an action that happened and *is finished*:

Pour mon quatrième anniversaire, mes parents m'**ont offert** une bicyclette.

For my fourth birthday my parents gave me a bicycle.

The Imperfect Tense is used for something that *used to happen* regularly, a habit in the past:

Quand j'étais jeune, j'**allais** à l'école à vélo.

When I was young I used to go to school on my bicycle.

It is also used to describe *what* happened (or didn't) in the past:

Quand nous **habitions** à Paris, le RER n'**existait** pas.

When we lived in Paris, the RER didn't exist.

Decide whether you need the Perfect or Imperfect in each sentence and write it out correctly.

1 Quand elle (**habiter**) à Paris, ma grand-mère ne (**conduire**) pas.
2 Elle (**acheter**) sa première voiture, l'année dernière.
3 Autrefois, quand mon grand-père (**partir**) en Angleterre, il (**prendre**) toujours le train et le bateau.
4 L'année dernière, il (**prendre**) l'avion pour la première fois.
5 Avant d'avoir une voiture j'(**aller**) partout en transport public.
6 J'(**acheter**) une voiture, la semaine dernière.
7 Quand mon frère (**avoir**) seize ans, il (**avoir**) une moto.
8 Je (**sortir**) avec lui sur sa moto une fois et une fois seulement.
9 Il y a trois ans, ma sœur (**démenager**) à Paris.
10 Avant, quand elle (**habiter**) à Grenoble, elle (**faire**) du ski tous les week-ends.

B

Notice that the Imperfect Tense is used to describe what *was happening* (a continuous action) when something else happened (in the Perfect Tense):

Pendant que je **regardais** le film à la télévision, mon père a téléphoné.

While I was watching the film on television my father phoned.

Practise with the following sentences:

1 Pendant que mon frère (**travailler**) à la station-service, quelqu'un (**voler**) son vélomoteur.
2 Pendant que mon amie (**faire**) des courses en ville, elle (**perdre**) son porte-monnaie.
3 Pendant que mon frère (**faire**) la vaisselle, il (**casser**) trois tasses.
4 Pendant que les deux amis (**rentrer**) à la maison, il y (**avoir**) un accident.
5 Pendant que nous (**aller**) au restaurant, nous (**voir**) notre prof d'anglais.
6 Pendant qu'il (**lire**) le journal, quelqu'un (**frapper**) à la porte.
7 Pendant que j'(**être**) en ville, j'(**trouver**) un billet de 100 francs.
8 C'était pendant qu'elle (**habiter**) à New York, qu'elle (**faire**) la connaissance de John Burgen, vedette de cinéma.

C

If you are telling a story in French, you need to use the Imperfect Tense for description or to set the scene and the Perfect Tense to describe what happened:

Il **était** presque quatre heures. Il n'y **avait** pas de clients dans la banque. Les employés **commençaient** à ranger leurs affaires, quand soudain la porte, **s'est ouverte** et un homme masqué **est entré**.

Practise writing the beginning of this story:

C'(**être**) vers la fin de l'après-midi. Il (**pleuvoir**). Claire (**regarder**) par la fenêtre. Elle (**être**) malheureuse. Elle ne (**vouloir**) pas rester à la maison, mais elle ne (**savoir**) pas quoi faire. Soudain une voiture (**s'arrêter**) devant la maison et un jeune homme en (**descendre**) …

D

Write a description of this accident, using past tenses. Use the Imperfect Tense to describe the circumstances of the accident (sentences **1–6**), and the Perfect Tense to describe what actually happened (sentences **7–12**).

1 Nous sommes en route pour Rouen.
2 Ma sœur, Claire, conduit.
3 Elle ne fait que 40 à l'heure.
4 Il fait très mauvais.
5 Il pleut et la route est glissante.
6 Moi, j'ai peur.
7 Tout à coup, une autre voiture coupe le virage.
8 Elle essaie de l'éviter.
9 Elle tourne brusquement le volant.
10 Mais elle perd le contrôle de la voiture.
11 Nous heurtons un arbre.
12 Mais heureusement, personne n'est blessé.

Accident de route

Vous étiez témoin de cet accident de route et un agent de police est venu vous interroger. Répondez à ses questions.

Auto contre vélo

Il était 17h30, mercredi, quand un accident s'est produit au carrefour de la rue Bonaparte et la rue du château. Une voiture sortant de la rue du château est entrée en collision avec un cyclomoteur, piloté par M. Dominique Gaignoux, 20 ans, demeurant place Mirabeau à Tours. M. Gaignoux a été blessé et transporté à la clinique Saint-Cœur. L'automobiliste ne s'est pas arrêté. On demande des témoins.

1 Où étiez-vous quand l'accident est arrivé?

5 Qu'est-ce qui s'est passé?

2 Quelle heure était-il quand l'accident s'est produit?

6 Avez-vous pris le numéro d'immatriculation de la voiture?

3 Et quel temps faisait-il?

7 Pouvez-vous décrire la voiture?

4 Est-ce qu'il y avait beaucoup de circulation?

8 Et l'automobiliste?

Using this series of pictures, write a composition of between 130 and 150 words, in French. If you wish, you may imagine that you are one of the characters in the story. You may use the Present Tense, but higher marks will be obtain _ d for the correct use of other tenses. *(Pour vous aider, voir la page 235.)*

NEA Joint GCE O-level and CSE examination 1982

Now you can:

hire a bicycle, find out about special requirements and arrangements for cyclists and motorcyclists, and describe something that happened in the past using the Imperfect and Perfect tenses.

Corinne, Nathalie et Raphaëlle vont en avion

Corinne compte les jours. Dans un mois, elle mènera la dolce vita à Rome (1 560 F A-R), Pise et Florence (1 765 F A-R). Plus sage, Laurence rejoint, sa correspondante allemande à Stuttgart (1 055 F A-R). Ce n'est pas le Pérou, mais la Bavière est proche pour les balades. Avec son salaire de «baby sitter», Nathalie se paie des vacances nature dans les petites îles danoises (Paris-Copenhague : 1 180 F A-R). Raphaëlle est fauchée. Elle ira une fois de plus dans le chalet de sa tante près de Genève (715 F A-R). Quant à Pascal, il hésite entre l'Angleterre à vélo (Londres : 720 F A-R jusqu'au 30 juin ; 755 du 1er juillet au 30 septembre) et l'Irlande sauvage (Dublin : 1 580 F A-R à partir du 15 juin), toujours en petite reine. Sur chacune de ces destinations et sur d'autres encore, Air France inaugure un nouvel avion : le Boeing 737. Il est flambant neuf avec des sièges confortables, un service cabine parfait et seulement 108 passagers à bord. C'est dire que l'on y apprécie l'intimité et le confort des vols d'autrefois à des prix tout à fait actuels : ceux des Vols Vacances !

Cet été, partez donc sur les nouveaux vols Air France, sécurisants et sans surprise puisque vous volerez sur lignes régulières. Bonnes vacances !

prix de 1983

la Bavière	*Bavaria*
les balades	*walks*
fauché(e)	*broke, penniless (slang)*
la petite reine	*bicycle (slang)*
flambant neuf	*brand new*

Air France-Vacances

1 Who do you think this advert is aimed at: business travellers, young people or families?
2 What is new about the service offered?
3 How many passengers can be accommodated on the plane?
4 The prices given refer to fares from Paris in 1983. How much was the fare from Paris to London return on 6 August?

Suzanne Bellec est hôtesse de l'air avec la compagnie Air France. Elle nous parle de son métier.

– En quoi consiste votre métier, Suzanne?
– Bon, d'abord il y a l'accueil des passagers. On leur sert des boissons et des repas et on essaie de rendre leur voyage aussi confortable que possible. Puis, il y a le côté sécurité. Chaque année, nous avons des séances d'entraînement pour savoir ce qu'il faut faire en cas d'incendie, d'atterrissage forcé etc.
– Pouvez-vous décrire un vol typique?
– Oui – eh bien, avant le départ, il y a la réunion de tout l'équipage à bord. Le commandant nous renseigne sur les conditions climatiques ou la présence d'une personnalité importante parmi les passagers. On décide qui

fera les annonces au micro, qui s'assiéra où etc. Puis, quand les passagers montent en avion, on les aide à trouver leur place, on leur distribue les journaux. On leur demande de mettre leur ceinture de sécurité. Ensuite, quand l'avion a décollé, on fait la démonstration des consignes de sécurité. Plus tard, on se rend au «galet» pour préparer les plateaux-repas ou le chariot de boissons et on remonte le couloir pour servir les gens.
– Le contact humain est important évidemment. Est-ce que les passagers sont difficiles, de temps en temps?
– Non, pas souvent. La plupart des passagers sont agréables. Ils sont de bonne humeur parce qu'ils partent en vacances. Mais beaucoup ont peur de prendre l'avion, plus que l'on imagine.
– Est-ce qu'il y a des aspects

du métier que vous n'aimez pas?
– … Il est fatigant de passer de longues heures dans un avion. Parfois on a des difficultés à respirer et les lumières fatiguent les yeux. Puis il y a les horaires qui sont un peu exceptionnels. Il faut souvent se lever très tôt, vers quatre ou cinq heures du matin. Et parfois on est de service à Noël ou le jour de l'An.
– Et, la dernière question: pourquoi avez-vous choisi ce métier?
– D'abord parce que j'adore voyager et quand je fais les lignes comme Paris–Tokyo ou Paris–Rio de Janeiro, je peux faire du tourisme en même temps. En plus, tous les employés ont droit à une importante réduction sur les billets d'avion pour les voyages personnels. On ne paie que dix pour cent du prix. Alors, ça c'est intéressant.

Avez-vous bien compris?

1 What are the two main aspects of the work of an air hostess?
2 What sort of things does the flight commander explain to the crew at the meeting before the flight departure?
3 What are the passengers asked to do when they get on the plane, before take-off?
4 When are the passengers told about the safety regulations?
5 According to Suzanne Bellec, are many passengers difficult or awkward?
6 What other comment does she make about the passengers?
7 Give *two* disadvantages of the job, which she mentions.
8 What *two* advantages of the job does she mention?

Les aéroports de Paris

A Paris, plus de mille avions décollent et atterrissent chaque jour. Il y a trois aéroports, dont les plus importants sont ceux d'Orly et de Roissy-Charles de Gaulle.

Le Bourget, qui se trouve à 15 kilomètres du centre de Paris, est le plus ancien aéroport commercial de France. Il est maintenant en cours de transformation et un musée de l'air et un parc d'expositions vont y être installés.

L'aéroport d'Orly se trouve à 14 kilomètres au sud de Paris. Il comprend deux aérogares: Orly Sud et Orly Ouest. Les vols internationaux partent d'Orly Sud et les vols nationaux partent d'Orly Ouest.

Mais la plupart des vols pour Paris passent par Roissy-Charles de Gaulle. C'est le plus grand et le plus moderne des aéroports de Paris. Il se trouve à 25 kilomètres au nord de Paris et peut recevoir plus de 50 millions de passagers par an. Il comprend deux aérogares. L'aérogare 1, la plus grande, est utilisée par plus de 30 compagnies aériennes internationales, tandis que l'aérogare 2 est réservée aux compagnies françaises, Air France et Air Inter.

Les aéroports d'Orly et de Roissy sont presque des mini-villes. On y trouve de tout: hôtels, restaurants, bars, banques, salons de coiffure, bureaux de poste, service médical, bureaux d'objets trouvés, boutiques hors taxe, location de voitures, assurances, consignes et service d'information.

On voyage en avion vocabulaire et phrases utiles

une aérogare	air terminal	Un billet, classe touriste, s'il vous plaît.	A tourist-class ticket, please.
un aéroport	airport	Le prochain avion pour Toulouse part à quelle heure?	When does the next plane for Toulouse leave?
à l'arrière	at the rear		
attacher les ceintures	to fasten seat-belts	Il faut attendre combien de temps?	How long must I wait?
atterrir	to land		
l'atterrissage	landing	Je voudrais une place dans la section non-fumeurs.	I'd like a seat in the non-smoking section
à l'avant	at the front		
un avion	plane	Je préfère être à l'arrière.	I prefer to be at the rear.
un billet d'avion	plane ticket	Où sont les chariots?	Where are the luggage trolleys?
le commandant de bord	captain		
une compagnie aérienne	airline		
décoller	to take off	Est-ce qu'il y a un vol pour Londres, aujourd'hui?	Is there a flight to London today?
l'équipage (m)	plane crew		
une hôtesse de l'air	air hostess	Est-ce qu'il y a un car qui va à l'aéroport?	Is there a coach to the airport?
une ligne aérienne	air route		
le mal de l'air	travel sickness	Est-ce que l'avion partira à l'heure?	Will the plane be leaving on time?
un pilote	pilot		
un pirate de l'air	hijacker	Pouvez-vous me confirmer l'heure du départ du vol AF503 à destination de Londres?	Can you confirm the departure time of flight AF503 to London?
une porte	gate		
le retard	delay		
la salle d'embarquement	boarding lounge		
survoler	to fly over, around	Pouvez-vous me confirmer l'heure d'arrivée du vol BA618 provenance d'Édimbourg?	Can you confirm the arrival time of flight BA618 from Edinburgh?
un vol	flight		
voler	to fly		

A vous, maintenant On voyage en avion

1 At the travel agent's

– Bonjour Monsieur/Mademoiselle. Qu'y a-t-il pour votre service?

Say that you are returning to England today.

– Comment voulez-vous voyager?

Say that you prefer to travel by plane.

– Pas de problème. Il y a toujours des places dans les avions.

Ask what time the next plane leaves.

– A onze heures vingt; aéroport Charles de Gaulle.

Thank the travel agent and say you would like a ticket to London.

– A votre service, Monsieur/Mademoiselle. Voilà votre billet.

SEREB 1983

2 At the airport

Vous venez d'arriver à l'aéroport Charles de Gaulle. Vous parlez à un employé.

Ask where you can buy a coffee and a sandwich.

– Là-bas, au fond.

Ask if the plane will leave on time.

– Ah, il faut consulter l'indicateur.

Ask if it is foggy at London Airport.

– Non, il fait beau maintenant en Angleterre.

SREB 1983

3 At the airport

Work out what you need to say each time.

(i)   Ask at what time the next plane to Strasbourg leaves.

(ii) The plane is delayed. Ask how long you must wait.

(iii) Ask where the restaurant is.

(iv) Ask if you may leave your luggage.

(v)   Say that you have just this one suitcase.

WMEB 1983

– C'est très gentil de la compagnie aérienne de mettre un deuxième avion en service.

Les fuseaux horaires

Si vous prenez l'avion de Paris à Moscou vous aurez à avancer votre montre de trois heures à votre arrivée à Moscou. C'est parce que vous aurez traversé (*will have crossed*) trois fuseaux horaires en route.

Si vous partez dans l'autre direction, par exemple, vous allez de Paris à New York, vous perdrez cinq heures. Et vous aurez à retarder votre montre de cinq heures, à votre arrivée à New York.

Quand vous consultez un horaire, n'oubliez pas qu'on donne, normalement, l'heure d'arrivée en heure locale. Regardez cet exemple:

| Départ | Paris Vol: AF 001 | 11.00 |
| Arrivée | New York | 8.45 |

C'est extraordinaire, n'est-ce pas? Vous arriverez plus tôt que vous partez. En effet le vol durera 2h45 (en Concorde, bien sûr!)

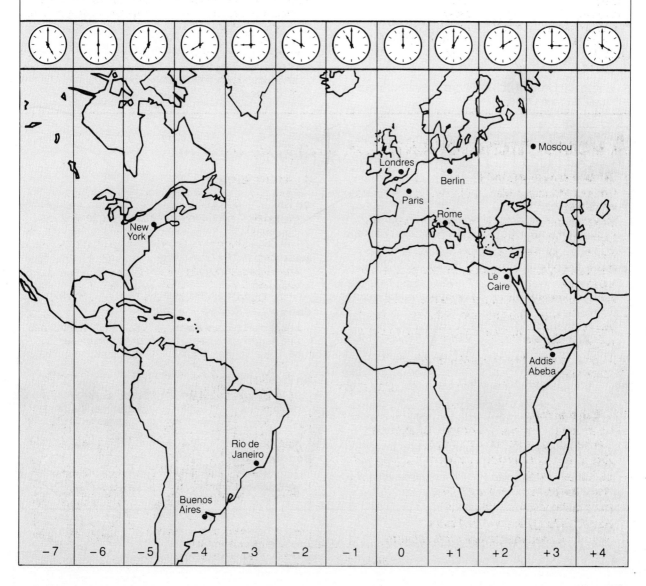

Où vont-ils?

A Il est midi.

1 Mlle Carter vient de partir.

2 M. et Mme Deladier ont une heure vingt minutes à attendre.

3 La famille Khan attend à l'aéroport depuis dix heures. Mais elle va embarquer maintenant. Leur vol partira dans une demi-heure.

4 Pierre Dublanc est arrivé à l'aéroport il y a vingt minutes et il doit encore attendre une heure cinq minutes avant de partir.

5 Colette Reiss est arrivée à l'aéroport il y a dix minutes. Son vol partira dans deux heures.

B Il est trois heures.

1 «Oh! Zut alors! Je suis arrivé trop tard.» L'avion de M. Schaudi est parti il y a vingt minutes.

2 Lisa Brennan attend à l'aéroport depuis une heure. Elle va embarquer immédiatement parce que son vol partira dans vingt-cinq minutes.

3 John et Amanda James viennent d'arriver à l'aéroport. Ils ne partent que dans deux heures et demie.

4 Les O'Neill partent dans une heure quarante minutes.

5 La famille Corbett doit attendre plus longtemps que la famille O'Neill.

Départs

Destination	Vol	Départ	Porte
Los Angeles	PA 117	12h00	9
Delhi	AFUT 174	12h30	24
Bordeaux	IT 5265	13h05	29
Bruxelles	AFSN 644	13h20	18
Zurich	SR 705	14h00	10
Francfort	LH 115	14h40	14
Copenhague	SK 566	15h25	31
Belfast	BD 254	16h40	17
Manchester	BA 903	17h15	12
Hong Kong	AFUT 172	17h30	26

 **Grammaire** Expressions of time

il y a *ago*

Pierre Dublanc est arrivé à l'aéroport **il y a** vingt minutes.

Pierre Dublanc arrived at the airport 20 minutes ago.

depuis *since, for*

La famille Khan attend à l'aéroport **depuis** dix heures.

The Khan family have been waiting at the airport since ten o'clock.

Lisa Brennan attend à l'aéroport **depuis** une heure.

Lisa Brennan has been waiting at the airport for one hour.

Remember that when the action is *still going on*, as in the above examples, the Present Tense is used.

Notice in the example below that the Imperfect Tense is used to say what *had happened* for a certain period of time:

Nicole Frazer attendait **depuis** deux heures l'avion de Toulouse, puis elle est partie.

Nicole Frazer had waited for two hours for the Toulouse plane, then she left.

ça fait + length of time *for*

Ça fait deux heures que j'attends.

I've been waiting for two hours.

pour *for (used for future time)*

Elle va à Paris **pour** le week-end.

She's going to Paris for the weekend.

dans *in (at a fixed point in time)*

Les O'Neill partent **dans** une heure quarante minutes.

The O'Neill's leave in one hour forty mintues.

en *in (length of time)*

Je ferai cet exercice **en** dix minutes.

I'll do this exercise in tèn minutes. (i.e. It'll take me ten minutes to do this exercise.)

pendant *during, for (used with the past tense)*

J'ai travaillé à l'aéroport **pendant** trois ans.

I worked at the airport for three years.

Now you can:

travel by air, find out details of flights and confirm departure and arrival times.

Avez-vous peur en avion?

De plus en plus de personnes se déplacent en avion. L'avion c'est rapide, ça devient moins cher et c'est un des moyens de transport le plus sûr. Pourtant, beaucoup de passagers souffrent d'une peur violente en entrant dans l'avion. Ils ont peur et souvent ils ont honte d'avoir peur.

Voilà ce que dit une célèbre actrice:

«J'ai peur chaque fois que je prends l'avion, mais je le prends quand même. Le moment où j'ai le plus peur, c'est quand on descend, brusquement, on ne sait pas pourquoi. Mon mari a eu un accident grave comme ça. Il dormait et l'avion est descendu au moins de cent mètres. Il a été projeté contre le plafond et il s'est fait très mal. Il a fallu 140 points pour recoudre son visage et son oreille. Il était la seule personne dans l'avion à être blessé. C'était parce qu'il dormait. Alors, je n'aime pas dormir en avion.»

Pour d'autres, ce sont aux moments du décollage et d'atterrissage qu'ils ont le plus peur. Justement, c'est dans ces phases de vol que se produisent la plupart des accidents.

D'autres passagers n'aiment pas la sensation de dépendre totalement du pilote:

«J'ai lu qu'un avion s'était écrasé parce que le capitaine avait eu une crise cardiaque et le pilote s'était affolé, une autre fois le contrôleur au sol s'était trompé …»

Puis, la peur est communicative. Si un passager s'affole, à cause d'un petit incident – une turbulence par exemple – les passagers qui sont près de lui ont tendance à avoir la même réaction.

Et l'équipage de l'avion – les stewards et les hôtesses de l'air – ont-ils jamais peur?

«Ce qui nous fait le plus peur, c'est le feu dans l'avion. J'ai vu un jour un passager sortir des toilettes, en feu. Il s'était couvert d'eau de cologne et puis en sortant il avait allumé une cigarette. Il a dû y avoir un courant d'air, je ne sais pas, mais il s'est littéralement enflammé. Heureusement, j'ai pu étouffer le feu avec une couverture. Mais, j'ai eu une de ces peurs! Depuis, je me promène toujours pour vérifier que personne ne s'est endormi, une cigarette à la main. Si le feu prend, tout le monde serait très vite asphyxié – c'est ça ma plus grande terreur.»

un point   stitch

De quoi avez-vous peur?

Tout le monde a peur de quelque chose. Pour certains, ce sont les bêtes: les araignées, les souris, les serpents, même les chiens et les chats. Pour d'autres, c'est le surnaturel – on n'aime pas être seul à la maison, la nuit – on a peur des bruits, des fantômes. Puis d'autres personnes ont peur des sommets – on n'aime pas être au sommet d'une montagne ou d'un grand bâtiment. Demandez à vos amis de quoi ils ont peur. Est-ce qu'ils ont peur des mêmes choses que vous?

Expressions with *avoir*

Remember that you need to use the verb **avoir** in the following expressions where, in English, we use the verb to be:

avoir … ans	*to be … years old*
avoir chaud	*to be hot*
avoir de la chance	*to be lucky*
avoir faim	*to be hungry*
avoir froid	*to be cold*
avoir honte	*to be ashamed*
avoir peur	*to be frightened*
avoir raison	*to be right*
avoir soif	*to be thirsty*
avoir sommeil	*to be sleepy*
avoir tort	*to be wrong*

Complétez les phrases

1 Les filles … toujours … mais les garçons n' … jamais … . (avoir raison, avoir tort)
2 Nicole … . Tu peux lui prêter un pullover?
3 Que j'…! Quand mange-t-on?
4 Tu as gagné à la Loterie Nationale? Mais tu …!
5 Elles … alors elles vont commander un grand verre de limonade.
6 Il ne dit rien parce qu'il … de dire la vérité.
7 Brr! j'… . Vous, aussi? Il paraît que le chauffage ne marche pas.
8 – On va attendre l'autobus, n'est-ce pas? C'est trop loin d'y aller à pied.
   – Oui, tu … . Attendons l'autobus.
9 Je trouve qu'on ne mange pas suffisamment en Angleterre, du moins, moi, j'… toujours … quand j'y suis.
10 Tu …? Ce n'est pas étonnant – tu n'as pas beaucoup dormi hier soir.
11 Beaucoup de gens … en avion mais ils le cachent; ils en … .
12 N'… pas … . Vous ne risquez rien.

An aircraft collides with a television transmitter

1 Was the aircraft involved in the accident civil or military? What was its nationality?
2 How many viewers will be affected by this accident? In what way will they be affected? For how long?
3 What did witnesses say about the aircraft immediately before the accident? What was the first sign of trouble?
4 What are we told about the area immediately surrounding the television transmitter?
5 Why was it at first thought that there had been two people in the aircraft?
6 How tall was the television mast? How much did it weigh?
7 Where did the upper part of the mast fall?
8 What are we told about the people other than the pilot who were killed in the accident?
9 What was Paul Schneider doing at the time of the accident? What happened to him?
10 How many children from a *colonie de vacances* were in the area? What were they doing at the time of the accident?
11 Who arrived at the end of the afternoon? Why?
12 What are we told about the location of this television transmitter? In what year had it been built?

WJEC GCE 1983

Comment faire?

1
Some French visitors are coming to visit you. Write a brief note for them to explain how they can get to your home from the station, either on foot or by using public transport.

Exemple: Pour venir chez moi de la gare, prenez l'autobus numéro 1 qui va à Lawnswood. Descendez à Headingley Arndale Centre. Vous serez dans Otley Road. Continuez tout droit vers les feux, puis prenez la première rue à gauche. C'est North Lane et nous habitons au numéro 124.

2
The next day they'll be going to your school. Explain how they can get there – again either on foot or by using public transport. If it's too complicated, just give the address of the school and describe it briefly.

Pour aller à l'école	prenez l'autobus … allez au centre-ville, puis … rendez-vous à Roundhay, …
L'école se trouve dans la rue … C'est un (assez) grand bâtiment (moderne).	

3
They would like to visit one or two places of interest in the town or in the area. What would you recommend?

Si vous aimez la photographie, allez voir le musée de la photographie à Bradford. C'est très intéressant. Il y a aussi Harewood House, à environ dix kilomètres au nord de Leeds. C'est une très belle résidence dans un grand parc.

4
Finally, they want to get to the centre of the town (or the nearest town, if you live in a village). Can you give them directions? If going by public transport, explain how regularly the service runs, how long the journey will take and roughly how much it will cost:

Pour aller au centre-ville, il faut prendre		l'autobus (numéro …) le métro	qui va	à … au …
Il y a	un autobus un train	toutes les … minutes		
Descendez	à … au …			
Le voyage durera environ … et ça vous coûtera …				

Quel est votre moyen de transport préféré?

«Moi, je prends toujours la voiture, quand c'est possible. C'est plus pratique. Je peux transporter tous mes bagages, sans problème, et je peux aller directement à ma destination. En plus, je peux partir quand je veux – je n'ai pas besoin de consulter des horaires.»

«Moi, je suis pour une amélioration des transports publics. A Paris, je me déplace surtout en métro. C'est rapide et ça ne coûte pas cher. Prendre sa voiture à Paris, c'est idiot, à mon avis. Il est impossible de stationner et on risque d'être dans des embouteillages ou d'avoir un accident – il y a beaucoup trop de circulation.»

«Quand c'est possible, j'aime me déplacer à pied. Marcher, c'est bon pour la santé et on voit beaucoup plus.»

«Pour de longs voyages, j'aime prendre le train. C'est reposant. On peut regarder le paysage, on peut prendre un repas ou on peut lire pendant le voyage.»

«Moi, j'adore voyager en avion. Dès que l'avion décolle de l'aéroport, je sens un moment de joie intense – une sorte de magie.»

«Quand il ne s'agit pas d'une grande distance, j'aime beaucoup circuler à vélo, surtout quand il fait beau.»

Les moyens de transport et vous

1 Quel est votre moyen de transport préféré
   a) pour aller en ville?
   b) pour aller à l'étranger?
2 Imaginez que vous avez gagné un concours. Vous avez le choix entre un voyage à New York en Concorde ou une croisière en Grèce. Quel prix choisirez-vous?
3 Quand il fait beau, comment allez-vous à l'école? Et quand il pleut?

Now you can:
discuss different means of transport, talk about fears and anxieties and give advice about public transport in your own country.

Checklist . . . Checklist . . . Checklist . . .

Now you can:

1 discuss different ways of crossing the Channel by sea and describe a journey.
2 obtain the services you need at a garage in France and ask for help in the event of a breakdown. You can also understand information about driving conditions and recommended routes.
3 discuss learning to drive a car and use the Imperfect Tense to describe what *used to happen*.
4 use public transport (bus, *métro*, taxi etc.) in cities, ask how to get to a place by public transport and obtain route maps and tickets.
5 travel by rail, obtain information from timetables, make enquiries about times, price of tickets and special services.
6 hire a bicycle, find out about special requirements and arrangements for cyclists and motorcyclists, and describe something that happened in the past using the Imperfect and Perfect tenses.
7 travel by air, find out details of flights and confirm departure and arrival times.
8 discuss different means of transport, talk about fears and anxieties and give advice about public transport in your own country.

For your reference:

En famille et à l'école

Projets de vacances

Les vacances scolaires approchent. Qu'est-ce qu'on va faire?

Moi, je travaillerai dans le garage de mon père. J'espère gagner assez d'argent pour me payer un vélomoteur.

Olivier

Moi, je resterai à Paris. Je n'ai pas de grands projets. Je ferai un peu de travail chez moi. Je ferai les magasins. J'irai au cinéma, peut-être. Je ne sais pas.

Françoise

Je vais en Écosse. Je vais passer quinze jours chez mon correspondant à Édimbourg. Je prendrai l'avion de Paris à Édimbourg et mon correspondant viendra me chercher à l'aéroport.

Pierre

Et moi, je recevrai ma correspondante allemande. Elle passera dix jours chez moi. Nous irons à Paris, bien sûr, et nous passerons quelques jours à la campagne.

Hélène

Je vais partir à vélo, avec mon copain Marc. On fera un tour en Normandie. On ira d'abord à Rouen, puis vers la côte. Nous ferons du camping, alors espérons qu'il fera beau!

Alain

Moi, je ne pars pas. Je vais travailler comme vendeuse dans un grand magasin. Avec l'argent que je gagnerai, je m'achèterai des vêtements à la dernière mode.

Charlotte

4·1 On fait des projets

Et les autres, que feront-ils?

Londres

une semaine

Jean-Pierre

à Flaine
avec
famille
car

appartement

Michèle

travailler

avec l'argent

Nicole

aller chez mon cousin
à La Rochelle

bien s'amuser

planche à voile

Philippe

aller chez ma correspondante
à Madrid

Madrid

15 jours

Sylvie

travailler

avec l'argent

Claude

Tout le monde part en vacances?

Alain vient de rencontrer Suzanne. Elle veut savoir ce que tout le monde va faire pendant les vacances. Pouvez-vous répondre pour lui?

1 Tu pars en vacances, Alain?
2 Est-ce que Françoise va faire du ski, comme d'habitude?
3 Et Hélène, est-ce qu'elle va chez sa correspondante en Allemagne?

4 Et Pierre, que fait-il?
5 Olivier va travailler chez son père, je suppose?
6 Et Charlotte, qu'est-ce qu'elle va faire?
7 Jean-Pierre va faire du vélo, sans doute.
8 Et Nicole, est-ce qu'elle part en vacances?
9 Philippe, va-t-il rester à Paris?
10 Et Michèle? Quels sont ses projets?
11 Et Claude, que fait-il?
12 Est-ce que Sylvie va travailler aussi?

Grammaire

Future plans

There are three ways in which you can refer to what *will* (or *will not*) *happen* at some time in the future.

In conversation, the Present Tense might be used:

Tu **pars** en vacances, Alain?	*Are you going on holiday, Alain?*
Et Pierre, que **fait**-il?	*And what's Pierre doing?*
Je ne **pars** pas.	*I'm not going away.*

Aller + an infinitive can be used to describe what *is going to happen*:

Je **vais passer** quinze jours chez mon correspondant.	*I'm going to my pen-friend's for a fortnight.*
Charlotte **va travailler** dans un grand magasin.	*Charlotte's going to work in a department store.*
Françoise ne **va** pas **faire** du ski.	*Françoise isn't going to go skiing.*

The Future Tense can be used (see also facing page):

Je **recevrai** ma correspondante allemande.	*I'm having my German pen-friend to stay.*
On **fera** un tour de la Normandie.	*We'll go on a tour of Normandy.*
Nous **passerons** quelques jours à la campagne.	*We'll spend a few days in the country.*

Notice also that the following expressions can give you a clue that someone is talking about the future.

après-demain	*the day after tomorrow*
bientôt	*soon*
dans dix minutes	*in ten minutes time*
dans trois jours (ans)	*in three days (years)*
demain	*tomorrow*
la semaine (l'année) prochaine	*next week (year)*
tout de suite	*straight away*
vendredi prochain	*next Friday*

Et vous?

Que ferez-vous pendant les vacances scolaires? Écrivez dix phrases pour décrire ce que vous, vos amis et votre famille feront pendant les prochaines vacances. Voici quelques idées:

J'irai	à	la piscine. Londres. *etc.*
Je	resterai à la maison. travaillerai.	
	ferai	du camping. de la couture. du bricolage. du sport. *etc.*
	jouerai	au tennis. de la guitare. avec le micro-ordinateur.

Mon meilleur ami Mon frère Ma sœur	ira ... restera ... travaillera ... passera ... fera ... jouera ...
Mes parents Mes amis	iront ... resteront ... passeront ... feront ... joueront ...

— Elle espère devenir cascadeuse, Monsieur Delmas!

 **Grammaire** The Future Tense

The Future Tense is used to describe what *will* (or *will not*) *take place* at some future time:

– Qu'est-ce que tu **feras** pendant les vacances?   –*What will you do during the holidays?*

– J'**irai** peut-etre à Paris.   –*Perhaps I'll go to Paris.*

Mes amis **feront** du camping.   *My friends will be going camping.*

Nous ne **partirons** pas en vacances.   *We'll not be going on holiday.*

Si je gagne 100 000 francs, j'**achèterai** une nouvelle voiture.   *If I win 100,000 francs I'll buy a new car.*

Quand **partirez**-vous en Écosse?   *When are you leaving for Scotland? (lit. 'will you be ...')*

Most verbs form the Future Tense from the infinitive and endings which are similar to those of the Present Tense of *avoir*:

-er verbs travailler	*-ir* verbs partir	*-re* verbs attendre
je travailler**ai** tu travailler**as** il ⎤ elle ⎬ travailler**a** on ⎦ nous travailler**ons** vous travailler**ez** ils ⎤ elles ⎬ travailler**ont**	je partir**ai** tu partir**as** il ⎤ elle ⎬ partir**a** on ⎦ nous partir**ons** vous partir**ez** ils ⎤ elles ⎬ partir**ont**	j' attendr**ai** tu attendr**as** il ⎤ elle ⎬ attendr**a** on ⎦ nous attendr**ons** vous attendr**ez** ils ⎤ elles ⎬ attendr**ont** note that the final *-e* is dropped

Some verbs are irregular in the way they form the Future stem (the part before the endings). However, the endings are always the same. Here is a list of the most common irregular verbs:

acheter	→ j'**achèterai**	*I'll buy*	faire	→ je **ferai**	*I'll do*
aller	→ j'**irai**	*I'll go*	pouvoir	→ je **pourrai**	*I'll be able*
avoir	→ j'**aurai**	*I'll have*	recevoir	→ je **recevrai**	*I'll receive*
courir	→ je **courrai**	*I'll run*	savoir	→ je **saurai**	*I'll know*
devoir	→ je **devrai**	*I'll have to*	venir	→ je **viendrai**	*I'll come*
envoyer	→ j'**enverrai**	*I'll send*	voir	→ je **verrai**	*I'll see*
être	→ je **serai**	*I'll be*	vouloir	→ je **voudrai**	*I'll want*

Vous avez gagné 100 000 francs – que ferez-vous?

Écrivez 15 phrases pour décrire comment vous dépenserez votre argent. Voici quelques idées:

J'achèterai une belle voiture/des vêtements à la mode/un micro-ordinateur/une magnétoscope.

Je m'offrirai un voyage aux États-Unis/au Canada/en Afrique/en Chine.

J'offrirai des cadeaux à la famille.

Je mettrai de l'argent à la banque.

J'organiserai une super-boum/ une fête/une excursion à Londres pour mes copains.

J'inviterai mes copains à un grand concert/à un match important.

Je ne travaillerai pas.

Je donnerai de l'argent à une bonne cause. (*La Faim dans le monde, La Croix Rouge, Amnesty International* etc.).

Découvrez la Guadeloupe

**8 jours à partir de 5 000F.
Bruxelles – Pointe-à-Pitre; aller/
retour en avion.**

La Guadeloupe, appelée «l'île
papillon» à cause de sa forme, est
la plus grande île des Antilles.
C'est en vérité deux îles très
rapprochées et totalement
différentes.

A l'est, il y a la Grande-Terre, qui
est relativement plate avec de
magnifiques plages. La plupart de
la population se trouve là, ainsi
que les hôtels et la ville principale,
Pointe-à-Pitre.

A l'ouest, se trouve la Basse-Terre
(en fait la partie la plus élevée de
l'île). La Basse-Terre est couverte
de champs de canne à sucre et par
la forêt tropicale.

Autour de la Guadeloupe, vous
pouvez visiter en bateau de
nombreuses petites îles ou
découvrir en bateau à fond de
verre les richesses sous-marines
(corails, poissons tropicaux etc).

Votre hôtel: Situé en bord de
mer, dans un parc tropical à 6 km
du centre de Pointe-à-Pitre.
Chambres spacieuses, douches,
climatisation individuelle, radio,
télévision, téléphone, balcon et
vue sur mer.

Loisirs: Piscine d'eau douce,
magnifique plage. Planche à voile,
plongée sous-marine, ski
nautique, tennis, volley-ball,
pétanque et ping-pong.

Safari en Afrique
10 jours à partir de 6 500F.

Paris-Nairobi; aller-retour en avion.

Itinéraire	
1er jour	Départ en soirée pour Nairobi.
2e jour	Arrivée à l'aéroport Jomo Kenyatta. Traversée des plaines d'Atni, où vous verrez en route vos premiers animaux (girafes, zèbres).
3e jour	Randonnée safari toute la journée dans la réserve (lions, rhinocéros, éléphants, buffles et léopards).
5e au 7e jour	Départ pour Mombasa. Votre hôtel est situé sur les plages de sable fin de Mombasa nord. Situé à 4 degrés, de l'Equateur, température moyenne: 27 degrés (température de l'eau de mer: 22 degrés). Nombreuses possibilités d'excursions.
8e jour	Transfert en fin d'après-midi pour la gare de Mombasa. Vous ferez le trajet Mombasa/Nairobi par train de nuit.
9e jour	Arrivée tôt le matin à Nairobi. Journée libre pour le shopping. Transfert en fin de soirée pour l'aéroport de Jomo Kenyatta et envol pour Paris.

Choisissez un voyage!

Vous avez décidé de vous offrir un voyage de luxe.
Vous hésitez entre un séjour en Guadeloupe et un safari en Afrique.
Lisez les détails et faites votre choix.

1 Quel voyage avez-vous choisi?
2 Pour combien de temps partirez-vous?
3 De quelle ville européenne le voyage partira-t-il?
4 Combien le voyage vous coûtera-t-il?
(Il me coûtera ...)

Répondez aux questions suivantes selon votre choix:

A Vous avez choisi le séjour en Guadeloupe.

5 Où logerez-vous?
6 Quels sports nautiques pourrez-vous pratiquer?
7 Est-ce que vous aurez une chambre avec vue sur mer?

8 Qu'est-ce que vous verrez si vous faites une excursion à la Basse-Terre?
9 Quels nouveaux sports essayerez-vous?
10 Combien de temps passerez-vous à la plage?

B Vous avez choisi le safari en Afrique.

5 Où arriverez-vous le deuxième jour?
6 Qu'est-ce que vous verrez comme animaux pendant le safari?
7 Où passerez-vous la deuxième partie (5e au 7e jour) de votre séjour?
8 Si vous ne voulez pas passer tout le temps à la plage, que ferez-vous?
9 Comment irez-vous de Mombasa à Nairobi pour le voyage de retour?
10 Qu'est-ce que vous ferez à Nairobi avant d'aller à l'aéroport?

Si on faisait un échange?

Imagine that you are Linda and you've just received this letter from Suzanne. You are discussing it with your parents. Can you answer their questions?

1 Why hasn't Suzanne written lately?
2 What is she going to do at the end of this school year? (Explain the possibilities.)
3 What does she suggest doing in the holidays?
4 Has she discussed the idea with her parents?
5 When does she suggest that you stay with her?
6 What sort of things might you do?

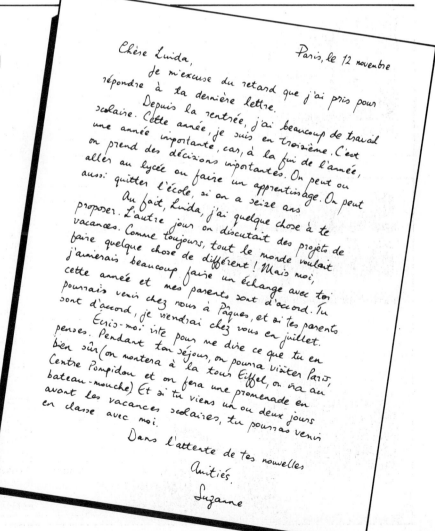

Chère Linda,   Paris, le 12 novembre
    Je m'excuse du retard que j'ai pris pour répondre à ta dernière lettre.
    Depuis la rentrée, j'ai beaucoup de travail scolaire. Cette année, je suis en troisième. C'est une année importante, car, à la fin de l'année, on prend des décisions importantes. On peut aller au lycée ou faire un apprentissage. On peut aussi quitter l'école, si on a seize ans.
    Au fait, Linda, j'ai quelque chose à te proposer. L'autre jour on discutait des projets de vacances. Comme toujours, tout le monde voulait faire quelque chose de différent! Mais moi, j'aimerais beaucoup faire un échange avec toi cette année et mes parents sont d'accord. Tu pourrais venir chez nous à Pâques, et si tes parents sont d'accord, je viendrai chez vous en juillet.
    Écris-moi vite pour me dire ce que tu en penses. Pendant ton séjour, on pourra visiter Paris, bien sûr (on montera à la tour Eiffel, on ira au Centre Pompidou et on fera une promenade en bateau-mouche) Et si tu viens un ou deux jours avant les vacances scolaires, tu pourras venir en classe avec moi.
    Dans l'attente de tes nouvelles
    Amitiés,
    Suzanne

Complétez la lettre

Complétez la lettre que Linda écrit à Suzanne en mettant les verbes entre parenthèses au futur.

Londres, le 21 novembre.

Chère Suzanne,

Je te remercie de ta lettre.

Je voudrais bien faire un échange. A Pâques, ça (aller) bien. Nous (être) en vacances à partir du 5 avril jusqu'au 19 avril. Donc, je (pouvoir) venir le 5 ou même le 4 avril. Je voudrais bien aller en classe avec toi.

Pour aller en France, je (prendre) le train et le bateau - c'est moins cher. Est-ce que quelqu'un (venir) me chercher à la gare?

Si tu veux, tu (pouvoir) venir chez nous à partir du 19 juillet. Les grandes vacances (commencer) le 22 juillet. Comme ça, tu (pouvoir) m'accompagner à l'école pendant deux jours. Ensuite, nous (passer) quelques jours à visiter Londres, il y a beaucoup à voir.

A bientôt,

Linda

'It will happen if ...'

Si tu **viens** un peu avant les vacances scolaires, tu **pourras** venir en classe avec moi.

If you come just before the school holidays, you'll be able to attend lessons with me.

Si je **gagne** 100 000 francs, je m'**offrirai** un voyage en Guadeloupe.

If I win 100,000 francs I'll have a holiday in Guadeloupe.

Si tu te **dépêches**, tu ne seras pas en retard.

If you hurry you won't be late.

Notice how to say that something *will* (or *will not*) *happen* if a certain condition is met. The verbs in each sentence follow this pattern:

Si (or **s'**) + Present Tense + Future Tense.

Projets de week-end

Ces personnes parlent de leurs projets de week-end. Pouvez-vous écrire les phrases correctement?

Exemple:
Si je prends l'avion de neuf heures et demie, j'arriverai à Londres à dix heures.

1 Si je (**prendre**) le train de dix heures, j'arriverai à Lyon à quatorze heures quinze.

2 Si tu (**vouloir**), on ira à Paris demain.

3 S'il (**faire**) beau demain, on jouera au tennis.

4 Si elle ne (**être**) pas à l'heure, on partira sans elle.

5 Si on (**partir**) à sept heures du matin, on sera à la montagne à dix heures.

6 Si nous (**avoir**) le temps, nous passerons vous voir.

Exemple:
Si vous n'êtes pas libre dimanche, on viendra lundi.

7 Si vous (**travailler**) samedi, je leur (**dire**) de venir dimanche.

8 S'ils ne (**venir**) pas me chercher à la gare, je (**prendre**) un taxi.

9 Si elles (**sortir**) du cinéma à neuf heures, elles (**être**) à la maison à 9 heures et demie.

10 Si les cours (**finir**) à trois heures et demie comme d'habitude, nous (**avoir**) le temps d'aller en ville.

11 Si ton frère (**jouer**) dans le match de rugby, on (**aller**) le voir.

12 Si on (**passer**) un bon film à la télévision, on (**rester**) à la maison samedi soir.

– Alphonse, si tu m'interromps une fois de plus, je t'enverrai tout de suite au Directeur!

Ça dépend du temps!

Voilà ce que six jeunes personnes feront demain – s'il fait beau ou s'il fait mauvais.

Nom	S'il fait beau	S'il fait mauvais
Jean-Claude	jouer au football	faire ses devoirs
Nicole	aller à la piscine	aller au cinéma
André	faire un tour à vélo	ranger sa chambre
Marie-Claire	se promener au parc	faire de la couture
Marc	aller au match de rugby	écouter des disques
Suzanne	faire des achats en ville	écrire des lettres

A Vrai ou faux?

1 S'il fait beau demain, Jean-Claude jouera au football.
2 S'il fait beau demain, Nicole rangera sa chambre.
3 S'il fait beau demain, Marc écrira des lettres.
4 S'il fait beau demain, André fera un tour à vélo.
5 S'il fait beau demain, Marie-Claire ira au cinéma.
6 S'il fait beau demain, Suzanne écoutera des disques.

B S'il fait mauvais demain, que fera tout le monde?

Exemple: 1 Jean-Claude fera ses devoirs.

1 Jean-Claude
2 Nicole
3 André
4 Marie-Claire
5 Marc
6 Suzanne

C Et vous? Que ferez-vous samedi – s'il fait beau ou s'il fait mauvais?

D

Météo

Situation générale: le temps sera brumeux et très chaud sur l'ensemble du pays au cours de ce week-end.

1 Quel temps fera-t-il demain?
2 Alors que fera tout le monde?

Now you can:
describe future plans and suggest doing an exchange with a pen-friend.

4·2 En famille

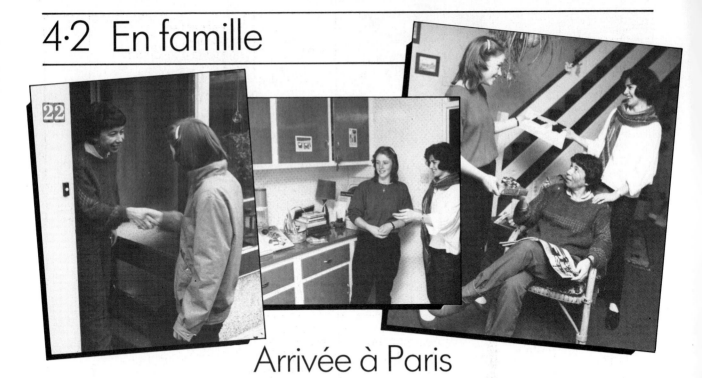

Arrivée à Paris

C'est le 5 avril. Suzanne et son père sont allés chercher Linda à la gare du Nord. Maintenant ils rentrent à l'appartement.

Mme Bresson: Ah, vous voilà. Entrez! Entrez! Bonjour Linda. Vous avez fait un bon voyage?

Linda: Bonjour, Madame. Oui ça va. C'était un peu long, mais ...

Mme Bresson: Vous êtes sans doute fatiguée. Vous êtes partie à quelle heure?

Linda: Vers sept heures et demie.

Mme Bresson: Oh là! là! Oui ça fait long, quand même. Venez vous asseoir. Voulez-vous quelque chose à boire? Un café, un thé peut-être?

Linda: Oui, je veux bien. Du thé, s'il vous plaît.

Après avoir pris quelque chose à boire, Suzanne fait visiter l'appartement à Linda.

Suzanne: Viens, on va te faire visiter l'appartement. Là il y a la salle de séjour et la cuisine. Ça c'est la chambre de papa et maman. Là, c'est ma chambre. Celle-ci est la chambre de Jean-Luc.

Linda: Il n'est pas là en ce moment?

Suzanne: Non, il est parti à la montagne en voyage scolaire. Et voilà ta chambre. La salle de bains et les toilettes sont juste en face.

Linda: Elle est chouette, la chambre. Alors je vais ranger mes affaires. Où est-ce que je peux mettre mes vêtements?

Suzanne: Il y a de la place dans l'armoire. Mais tu auras besoin de cintres. Je vais t'en chercher.

Linda: Merci.

Suzanne: Et je pense que ces tiroirs sont vides. Oui, tu pourras mettre tes affaires là aussi.

Linda: Ah, bon.

Suzanne: Je te laisse t'installer. Dis-moi si tu as besoin de quelque chose.

Linda: D'accord.

Une demi-heure plus tard, Linda entre dans la salle de séjour.

Mme Bresson: Ça va Linda? Vous avez tout ce qu'il vous faut?

Linda: Er ... est-ce que je peux avoir une serviette, s'il vous plaît?

Mme Bresson: Ah oui, bien sûr. Je vais vous en chercher une.

Linda: Merci, Madame.

Mme Bresson: Est-ce que vous voulez prendre un bain ou une douche?

Linda: Oui, je veux bien.

Au bout de quelque temps Linda rentre dans la salle de séjour, des cadeaux à la main.

Linda: J'ai de petits cadeaux pour vous.

Mme Bresson: Mais Linda, il ne fallait pas.

Linda: Voilà Madame ... Suzanne.

Mme Bresson: Oh, des chocolats anglais – hum. Merci beaucoup. C'est très gentil.

Suzanne: Un disque anglais – formidable! Merci Linda.

Find the French

Find the French for the following phrases. They'll come in useful if you stay with a French family or have a French guest staying with you.

1 Have you had a good journey?
2 Come and sit down.
3 We'll show you round the flat.
4 The bathroom and toilet are opposite.
5 Where can I put my clothes?
6 I'll leave you to settle in.
7 Have you got everything you need?
8 Can I have a towel please?

Est-ce que je peux	avoir	une serviette des cintres une autre couverture un verre d'eau	s'il vous plaît?
	prendre	une douche un bain	
	me laver les mains		
	lire	le journal cette revue	
	regarder une émission à la télé téléphoner à mes parents		
	écouter quelque chose à la radio mettre un disque		
	emprunter	un séchoir un réveil-matin	
Pourriez-vous me prêter	un séchoir du dentifrice un réveil-matin du shampooing		

En français, s'il vous plaît!

Exemple:
Est-ce que je peux avoir une serviette, s'il vous plaît?

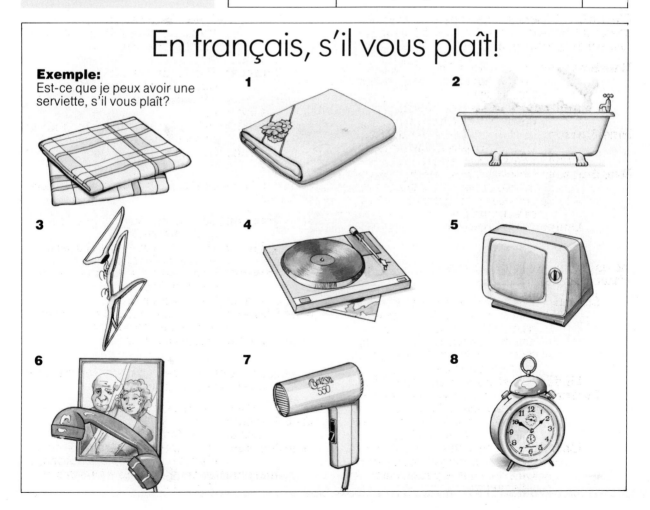

1

2

3

4

5

6

7

8

A table

Chez les Bresson on dîne vers huit heures.

Mme Bresson: A table, tout le monde! Linda, je peux te tutoyer n'est-ce pas? Tu veux te mettre ici?

Linda: Oui, Madame.

Suzanne: Qu'est-ce qu'on mange ce soir, maman?

Mme Bresson: Il y a du potage suivi par du rôti de bœuf et des haricots.

Mme Bresson: Un peu de vin rouge, Linda?

Linda: Oui, un petit peu. Merci. Bon appétit.

* * *

Mme Bresson: Ça va, Linda?

Linda: Hum ... c'est délicieux, Madame!

Mme Bresson: Il faut me le dire, s'il y a quelque chose que tu n'aimes pas.

Linda: D'accord, mais je ne suis pas difficile.

Mme Bresson: Tant mieux. Encore des haricots?

Linda: Oui, je veux bien.

M. Bresson: C'est la première fois que tu viens en France, Linda?

Linda: Non, l'année dernière je suis allée dans les Alpes, avec mes parents. Ah oui, au fait, il y a la langue de bœuf que je n'aime pas tellement.

Mme Bresson: On ne mangera pas ça alors.

Suzanne:: Tu peux me passer le pain, s'il te plaît, papa.

Mme Bresson: Sers-toi de fromage, Linda.

Linda: Merci Madame. J'aime beaucoup le fromage. Je peux en goûter plusieurs?

Mme Bresson: Mais bien sûr. Il y a du Camembert, du chèvre et de la tomme de Savoie ... du Boursin aussi.

* * *

Mme Bresson: Tu as assez mangé?

Linda: Ah oui, Madame. C'était très bon.

M. Bresson: On fait du café? Tu veux du café Linda ... ou est-ce que tu préfères le thé?

Linda: Du café, s'il vous plaît.

C'est à vous!

Vous dînez chez une famille française – imaginez votre conversation.

Madame Leclerc: Mettez-vous là, à côté de moi. Qu'est-ce que vous voulez boire? Du vin, de l'eau minérale, de la bière?

Vous: ....

Madame Leclerc: Encore du potage?

Vous: ....

Madame Leclerc: Vous aimez le poulet?

Vous: ....

Madame Leclerc: Voilà des légumes. Servez-vous. Est-ce qu'il y a quelque chose que vous n'aimez pas?

Vous: ....

Madame Leclerc: Vous aimez le fromage? Il y a du Brie et du Roquefort.

Vous: (*Vous voulez du pain*).

Madame Leclerc: Du pain, oui, bien sûr.

Vous: ....

Madame Leclerc: Vous prenez du café?

Vous: ....

En famille
vocabulaire et phrases utiles

Au repas

Tu peux Vous pouvez	me passer	le pain le sucre le sel le poivre l'eau le vin les assiettes un verre le lait	s'il vous plaît?

Est-ce que je peux	avoir de l'eau		?
	goûter un peu de	ce fromage Roquefort ce vin ce pâté	

Encore	du potage de la viande de l'eau des légumes	?

Oui,	je veux bien. avec plaisir. s'il vous plaît.
Un (tout) petit peu, s'il vous plaît.	
Non, merci.	
Merci,	ça me suffit. j'en ai assez mangé.

Ça va?
Est-ce qu'il y a quelque chose
que vous n'aimez pas?

C'est C'était	délicieux. excellent. très bon.

J'aime (beaucoup) ...
Je regrette mais je n'aime pas beaucoup ...
Je n'aime pas tellement ...

A la maison

Où se trouve la salle de bains	s'il vous plaît?
Où sont les toilettes	

A quelle heure vous couchez-vous, d'habitude?
Je me couche vers ...
A quelle heure vous levez-vous, d'habitude?
Je me lève vers ...
Qu'est-ce que vous prenez d'habitude au petit déjeuner?
— Vous avez bien dormi?
— J'ai très bien dormi, merci.
Est-ce que je peux téléphoner à mes parents?
Est-ce qu'il y a du courrier/une lettre pour moi, aujourd'hui?
Qu'est-ce que je peux faire pour vous aider?
Est-ce que je peux vous aider?
(*Voir aussi la page 132*)

Vous avez besoin de quelque chose?

Est-ce que je peux avoir une serviette, s'il vous plaît?
Est-ce que je peux prendre ce livre dans ma chambre?
Est-ce que vous avez un séchoir?
Est-ce que je peux repasser quelque chose?
(*Voir aussi la page 129*)

J'ai oublié du Je n'ai plus de	dentifrice ... shampooing ... savon ...	... est-ce que je peux en prendre? ... est-ce que je peux en emprunter?

J'ai perdu Je ne trouve plus	ma brosse à dents. mon stylo.

Dites-nous si vous avez besoin de quelque chose.
J'ai besoin de cintres.
J'ai besoin de timbres – on peut en acheter demain?

Vous voulez sortir?

Est-ce que je peux sortir ce soir/samedi soir avec ...?
Il faut que je rentre à quelle heure?
A quelle heure devrais-je rentrer?

A la fin de votre séjour

J'ai passé	une (excellente) soirée une (excellente) journée	merveilleuse.
	des vacances merveilleuses.	
Je garderai un très bon souvenir de mon séjour en France.		
Merci	beaucoup. pour tout. pour votre hospitalité.	

On peut vous aider?

Vous voulez donner un coup de main – que dites-vous?

Qu'est-ce que je peux faire pour vous aider?		
Est-ce que je peux	mettre la table débarrasser la table faire le café faire la vaisselle essuyer la vaisselle ranger la vaisselle	?

Débrouillez-vous!

Si vous passez des vacances chez une famille française, saurez-vous quoi dire?
Essayez de donner des réponses correctes dans les situations suivantes.

1 Le voyage

Vous prenez le vol BA305 de Londres (Heathrow) à Paris (Charles de Gaulle), arrivée à Paris, 13h25. Vous mettrez les vêtements que vous portez aujourd'hui. Mme Leclerc, la mère de votre correspondant, vous téléphone:

– Vous arriverez à l'aéroport Charles de Gaulle, n'est-ce pas?

....

– Quelle est l'heure d'arrivée de votre vol?

....

– Et le numéro du vol?

....

– Qu'est-ce que vous mettrez pour le voyage?

....

– Bon. Moi, j'ai les cheveux foncés et je porte des lunettes. Ce jour-là, je mettrai un pantalon gris et un pull vert. Je pense qu'on se reconnaîtra sans problème. A bientôt.

2 L'arrivée

Vous arrivez à l'appartement des Leclerc à Paris.

Mme Leclerc: Entrez, entrez. Voilà mon mari.
M. Leclerc: Bonjour. Vous avez fait bon voyage?
Vous: ....
Mme Leclerc: Et voilà mon fils, Julien.
Vous: ....
Mme Leclerc: Venez vous asseoir. Vous voulez quelque chose à boire? Un jus de fruit, un thé par exemple?
Vous: ....

M. Leclerc: C'est la première fois que vous venez en France?
Vous: _Vous_...............................

On vous fait visiter l'appartement.

Mme Leclerc: Bon, je vous laisse vous installer. Vous avez tout ce qu'il faut?
Vous: ....

3 Plus tard

– Vous vous levez à quelle heure, le matin?
Vous vous levez le matin !! Je me leve l'après-midi !!

– Et vous vous couchez à quelle heure, d'habitude?
Je me leve à minuit.

– Qu'est-ce que vous prenez d'habitude au petit déjeuner?
des chiens et des éléphants s'il vous plaît.

– Est-ce qu'il y a quelque chose que vous n'aimez pas manger?
....

4 Pendant votre séjour

As dinner is nearly ready, you first offer to set the table and then ask if you can go to the cinema on Saturday evening (one of Julien's friends, Jean-Pierre, has invited you). Ask also what time you should be back by.

...............................?

– Oui, merci. Tu trouveras tout dans l'armoire.

...............................?

– Bien sûr.

...............................?

5 A la fin de votre séjour

– Nous espérons que tu t'es bien amusé(e) ici chez nous.

....

Now you can:
ask and answer questions about the journey, food, drink, daily routine, etc., when staying with a family and offer to help.

Une journée dans la vie de Kyo, couturier japonais

Kyo, le couturier japonais, a trente-sept ans. Depuis 1970, il habite dans un appartement, rue de Londres à Paris.

«J'ai besoin de huit heures de sommeil, alors si je me suis couché tard la veille, je ne me réveille qu'à dix heures.

Je ne me lève pas tout de suite. J'écoute la radio et je feuillette une revue de mode.

Puis, je me lève, je me douche et je me rase.

Je choisis mes vêtements avec soin. D'habitude, je m'habille en pantalon, chemise et pull de cachemire. Je n'aime pas les cravates.

Le beige et le noir sont mes couleurs favorites. J'achète presque toutes mes chaussures en Angleterre, mes chemises aussi, à Bond Street.

Je descends à la cuisine et je prends mon petit déjeuner, un grand café au lait et des croissants. Au Japon, je prends du thé et du poisson, mais ici, je préfère faire comme les Français.

Puis, à onze heures, onze heures et demie, je m'en vais. Si j'ai rendez-vous avec un client important, je prends la Ferrari. Si non, je prends la Renault 5.

Je m'arrête au magasin pour voir si tout va bien, puis je monte à mon bureau.

En arrivant, je regarde le courrier, je fais quelques coups de téléphone et je dicte des lettres.

Puis je me mets au travail. Je dois déjà avoir l'idée d'un dessin dans ma tête avant d'essayer de la dessiner sur papier.

Quelquefois une cliente importante passe me voir. J'ai des clientes célèbres, Isabelle Adjani et la princesse Caroline de Monaco, par exemple.

Normalement, je travaille jusqu'à six heures ou sept heures du soir. A la fin de la journée, je suis fatigué, alors je dîne souvent au petit restaurant du coin. J'aime bien la cuisine française.

Quelquefois le soir, j'ai rendez-vous avec Marie, une amie qui est photographe de mode. On se voit de temps en temps. On s'entend bien et on s'amuse bien ensemble, mais je ne crois pas qu'on va se marier. J'aime trop mon indépendance.»

Reflexive verbs are verbs like **se laver**, **s'habiller**, **se réveiller** which take an 'extra' (reflexive) pronoun. Often, the action 'reflects back' on to the subject. Many reflexive verbs are regular -er verbs:

Je **me lave**.	*I get washed.*
Tu **te lèves**?	*Are you getting up?*
Il **se rase**.	*He gets shaved.*
Elle **s'habille**.	*She gets dressed.*
On **s'entend** (bien).	*We get on (well).*
Nous **nous débrouillons**.	*We manage/We get by.*
Vous **vous dépêchez**?	*Are you in a hurry?*
Ils **s'entendent** (bien).	*They get on (well).*
Elles **se disputent** (toujours).	*They're (always) arguing.*

Some common reflexive verbs:

s'amuser	*to enjoy oneself*
s'appeler	*to be called*
s'approcher (de)	*to approach*
s'arrêter	*to stop*
se baigner	*to bathe*
se brosser (les dents)	*to clean (your teeth)*
se coucher	*to go to bed*
se débrouiller	*to sort things out (manage)*
se dépêcher	*to be in a hurry*
se demander	*to ask oneself, to wonder*
se déshabiller	*to get undressed*
se disputer (avec)	*to have an argument (with)*
s'échapper	*to escape*
s'entendre (avec)	*to get on (with)*
se fâcher	*to get angry*
se faire mal	*to hurt oneself*
s'habiller	*to get dressed*
s'intéresser (à)	*to be interested in*
se marier	*to get married*
se mettre à	*to start, to get down to*
se laver	*to get washed*
se lever	*to get up*

s'occuper (de)	*to be concerned (with)*
se promener	*to go for a walk*
se raser	*to shave*
se reposer	*to rest*
se réveiller	*to wake up*
se sauver	*to run away*
se sentir	*to feel*
se trouver	*to be (situated)*

The infinitive

Notice that when the infinitive is used in a sentence, the reflexive pronoun agrees with the subject of the verb:

Claude n'aime pas **se** lever le matin.	*Claude doesn't like getting up in the morning.*
Tu ne peux pas **te** dépêcher? Nous sommes en retard.	*Can't you hurry up? We're late.*
Je dois **me** laver la tête, ce soir.	*I must wash my hair this evening.*

Commands

Notice how to tell someone to do something (or not to) using the imperative form of reflexive verbs:

Lève-toi!	*Get up!*
Amusez-vous bien!	*Have a good time!*
Dépêchons-nous!	*Let's hurry!*
Ne **te fâche** pas!	*Don't be angry!*
Ne **vous approchez** pas!	*Don't come near!*
Ne **nous disputons** pas!	*Don't let's argue!*

Reflexive verbs and parts of the body

Reflexive verbs are often used when referring to a part of the body:

Je **me suis coupé** le pied.	*I've cut my foot.*
Il **se brosse** les dents.	*He's cleaning his teeth.*
Elle **se lave** la tête.	*She's washing her hair.*

Vous recevez un(e) Français(e) à la maison

1 A quelle heure est-ce que tu ... ... d'habitude? (**se coucher**)

2 Est-ce que tu ... ... de bonne heure? (**se réveiller**)

3 Nous ... ... à sept heures et demie. Et toi? (**se lever**)

4 Le matin, tu peux ... ... dans ta chambre, si tu veux. (**se laver**)

5 On est en retard, est-ce que tu peux ... ... ? (**se dépêcher**)

6 Il fait froid dehors, alors ... ... bien! (**s'habiller**)

7 Faire du vélo c'est fatigant, n'est-ce pas? Tu veux ... ... un peu? (**se reposer**)

8 On peut ... ... au prochain café, si tu veux. (**s'arrêter**)

9 On va à la plage aujourd'hui. Tu vas ... ... ? (**se baigner**)

10 Il est déjà dix heures, on va ... ... en route. (**se mettre**)

11 Est-ce que tu veux ... ... avant d'aller au cinéma? (**se changer**)

12 On va prendre l'autobus. Il ... ... devant le cinéma. (**s'arrêter**)

Une journée scolaire

Écoutez l'enregistrement de Jean-Luc, un jeune Français, qui raconte une journée scolaire typique. Écrivez des notes dans votre cahier, puis complétez ce qu'il dit.

Je me réveille à ...
Pour le petit déjeuner, je prends...
Je quitte la maison à ...
Je vais au collège à/en ...
(pied, vélo, autobus, car, voiture, etc.)
J'y arrive vers ...
La récréation est à ...
La pause-déjeuner dure ...
Normalement, les cours finissent à ...
En arrivant à la maison, je ...
On mange vers ...
Le soir, je ...
Je me couche à ...

La journée d'un écolier français

Décrivez la journée de Jean-Luc:
Jean-Luc se réveille à ...

La routine chez vous

Le matin
1 Qui se lève le premier, chez vous?
2 Et vous, à quelle heure vous levez-vous?
3 Qu'est-ce que vous prenez comme petit déjeuner?
4 A quelle heure est-ce que vous quittez la maison?
5 Et comment allez-vous à l'école? (J'y vais ...)
6 Est-ce que vos parents travaillent?
7 A quelle heure est-ce qu'ils quittent la maison?

L'après-midi et le soir
8 L'école se termine à quelle heure?
9 Est-ce que vous rentrez directement à la maison, d'habitude?
10 Que faites-vous en arrivant à la maison?
11 A quelle heure est-ce que vos parents rentrent à la maison?
12 A quelle heure est-ce que vous mangez, le soir?
13 A quelle heure vous couchez-vous les jours d'école?
14 A quelle heure vous couchez-vous le week-end?

La routine journalière vocabulaire et phrases utiles

aller à l'école (au travail)	to go to school (to work)	prendre son petit déjeuner	to have breakfast
se coucher	to go to bed	rentrer	to return home
déjeuner	to have lunch	se réveiller	to wake up
se déshabiller	to get undressed		
dormir	to sleep	**Les repas**	
goûter	to have afternoon tea		
s'habiller	to get dressed	le déjeuner	lunch
se laver	to get washed	le dîner	dinner
se lever	to get up	le goûter	tea
prendre un bain (une douche)	to take a bath (a shower)	la pause-café	coffee-break
		le petit déjeuner	breakfast

Grammaire Reflexive verbs in the Perfect Tense

Reflexive verbs form the Perfect Tense with **être**:

se réveiller		
je	me **suis**	réveillé(e)
tu	t'**es**	réveillé(e)
il	s'**est**	réveillé
elle	s'**est**	réveillée
on	s'**est**	réveillé(e)(s)
nous	nous **sommes**	réveillé(e)s
vous	vous **êtes**	réveillé(e)(s)
ils	se **sont**	réveillé(e)s
elles	se **sont**	réveillées

Note: When a reflexive verb is used with a part of the body in the Perfect Tense, the past participle doesn't agree with the subject. (This is because the reflexive pronoun acts as the indirect object in this instance and not the direct object.):

Elle **s'est lavé** les mains avant de manger.

She washed her hands before eating.

—Qu'est-ce qui ne va pas, Paulette?

—What's wrong, Paulette?

—Je **me suis coupé** le doigt.

—I've cut my finger.

— Il s'est levé, s'est habillé et m'a dit qu'il allait acheter des aspirines à la pharmacie.

La journée de Kyo

Relisez l'article à la page 133 et décrivez ce que Kyo a fait hier:

1 La veille, il s'est couché à deux heures du matin, alors à quelle heure s'est-il réveillé?
2 Est-ce qu'il s'est levé immédiatement?
3 Qu'est-ce qu'il a fait avant de s'habiller?
4 Qu'est-ce qu'il a pris pour le petit déjeuner?
5 A quelle heure environ a-t-il quitté l'appartement?
6 Qu'est-ce qu'il a fait avant de monter à son bureau?
7 Il a regardé son courrier, il a téléphoné et il a dicté des lettres. Qu'est-ce qu'il a fait ensuite?
8 Il a travaillé jusqu'à quelle heure?
9 Où a-t-il dîné?
10 Après avoir dîné, il a décidé de sortir. Avec qui est-il allé dans une boîte de nuit?
11 Il n'est rentré qu'à deux heures et demie du matin et il s'est couché une demi-heure après. Alors, à quelle heure s'est-il couché?
12 Et à quelle heure s'est-il réveillé, ce matin? (Il a besoin de huit heures de sommeil!)

La soirée de Marie Bellini

Marie Bellini habite à Paris. Elle est en terminale. Voilà ce qu'elle a fait, hier soir. Racontez sa soirée.

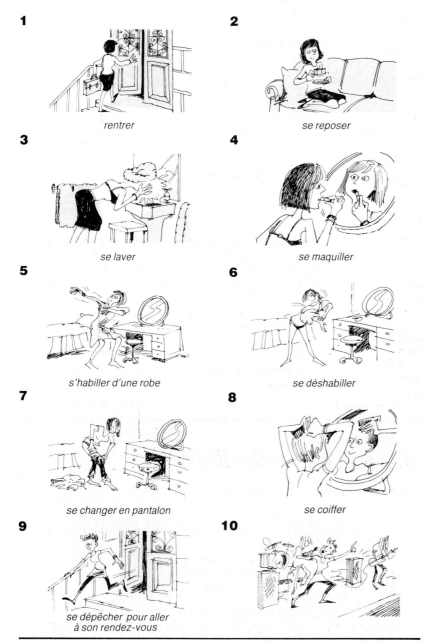

1 rentrer

2 se reposer

3 se laver

4 se maquiller

5 s'habiller d'une robe

6 se déshabiller

7 se changer en pantalon

8 se coiffer

9 se dépêcher pour aller à son rendez-vous

10

Jacques Prévert est un des plus grands poètes français du 20ème siècle. Voici un de ses poèmes les plus célèbres. Il raconte une matinée, pas comme les autres. Un homme et une femme prennent ensemble le petit déjeuner, mais la femme sent que ce sera pour la dernière fois – c'est la fin de leur amour.

Déjeuner du matin

Il a mis le café
Dans la tasse
Il a mis le lait
Dans la tasse de café
Il a mis le sucre
Dans le café au lait
Avec la petite cuiller
Il a tourné
Il a bu le café au lait
Et il a reposé la tasse
Sans me parler
Il a allumé
Une cigarette
Il a fait des ronds
Avec la fumée
Il a mis les cendres
Dans le cendrier
Sans me parler
Sans me regarder
Il s'est levé
Il a mis
Son chapeau sur sa tête
Il a mis
Son manteau de pluie
Parce qu'il pleuvait
Et il est parti
Sous la pluie
Sans une parole
Sans me regarder
Et moi j'ai pris
Ma tête dans ma main
Et j'ai pleuré

Extrait de *Paroles* © Éditions Gallimard

Qu'est-ce que vous avez fait hier?

Racontez ce que vous avez fait hier.

1 A quelle heure vous êtes-vous réveillé(e)?
2 Est-ce que vous vous êtes levé(e) tout de suite?
3 Qu'est-ce que vous avez fait pendant la journée?
4 Est-ce que vous vous êtes bien amusé(e)?
5 Est-ce que vous êtes sorti(e) le soir?
6 A quelle heure vous êtes-vous couché(e)?

Now you can:

talk about your daily routine and describe a typical day.

La femme travaille deux fois plus que l'homme!

Une revue française a fait une enquête récemment sur la répartition des tâches ménagères à la maison. Beaucoup plus de femmes travaillent à l'extérieur maintenant. Alors est-ce que les hommes partagent le travail à la maison ou est-ce que les femmes doivent faire une double journée de travail?

Il paraît qu'un homme sur deux participe de temps en temps aux tâches ménagères et un sur trois y participe souvent. Il y en a 20 pour cent qui ne participe pas du tout aux tâches ménagères. Et les hommes choisissent bien ce qu'ils vont faire. Ils feront volontiers les tâches suivantes: sortir les poubelles, mettre le couvert, débarrasser la table, faire les courses. Ils feront cinq autres tâches de temps en temps: faire la vaisselle, faire la cuisine, faire le lit, passer l'aspirateur, faire le ménage. Mais ils ont horreur de faire des tâches comme laver les vitres, faire la lessive (à la main) et faire le repassage.

Quelles raisons donnent-ils pour ne pas aider plus? Ils disent «Je n'en ai pas envie» ou «Je ne sais pas le faire» ou même «Ma femme le fait mieux que moi».

Espérons que ça va changer. Aujourd'hui les mères de famille demandent à leurs enfants (garçons et filles) de les aider à la maison. Voilà les tâches qu'ils font:

	FILLES	GARÇONS	LES DEUX
Faire la vaisselle......	41%	10%	49%
Faire la lessive	76%	3%	21%
Repasser	78%	4%	18%
Faire le ménage	48%	10%	42%
Passer l'aspirateur	41%	11%	48%
Faire les vitres	35%	31%	34%
Faire la cuisine..........	54%	6%	40%
Faire le lit	31%	10%	59%
Mettre le couvert	26%	13%	61%
Débarrasser la table	26%	14%	60%
Faire les courses.....	25%	18%	57%
Sortir les poubelles ..	14%	36%	50%

Qui travaille le plus chez vous?

1 Qui fait les courses?
2 Qui prépare les repas?
3 Qui met la table?
4 Qui débarrasse la table?
5 Qui fait la vaisselle?
6 Qui fait le ménage? (passer l'aspirateur, enlever la poussière etc.)
7 Qui fait la lessive?
8 Qui fait le repassage?
9 Qui lave la voiture?
10 Qui travaille dans le jardin?
11 Et que faites-vous pour aider vos parents à la maison?
12 Qu'est-ce que vous aimez faire comme travail à la maison, et qu'est-ce que vous avez horreur de faire?

Le travail à la maison
vocabulaire et phrases utiles

aider à la maison	to help at home
essuyer	to wipe up
débarrasser la table	to clear the table
faire les courses	to go shopping
faire la cuisine	to cook
faire les lits	to make the beds
faire le ménage	to do the housework
faire le repassage	to do the ironing
faire la vaisselle	to do the washing up
laver la voiture	to wash the car
mettre la table	to lay the table
nettoyer	to clean
passer l'aspirateur	to vacuum
préparer les repas	to prepare the meals
ranger ses affaires	to tidy up
repasser	to iron
travailler dans le jardin	to work in the garden

An older friend of yours is thinking of working in France as an au pair. Can you give her some advice? Read this article from a French magazine and see if you can answer her questions.

1 What sort of work would I have to do?
2 Would I have to work at weekends?
3 Would I have my own room?
4 I've studied French at school for five years, but I wasn't all that good at it. Would I be able to cope with the language?
5 How could I find a post?
6 How long would I have to go for?
7 If I didn't go through an agency, what would I need to sort out with the family beforehand?

Au pair en France

CHERCHONS jeune fille au pair, pour Genève, pour garder enfant de 5 ans, et aider au ménage. Téléphoner le matin 19.41.22/41.17.42

Partir en France au pair ça peut être un très bon moyen de vivre en famille et de se perfectionner en français. Qu'est-ce qu'il faut faire exactement? Comment trouve-t-on un poste? Voici des réponses à toutes vos questions.

Le travail au pair en quoi consiste-t-il?

Il s'agit principalement de garder les enfants et d'aider la maîtresse de maison. On vous demandera, par exemple, d'aller chercher les enfants à l'école, leur donner leur goûter, veiller sur leur travail scolaire, enlever la poussière, faire un peu de repassage et de vaisselle, donner un coup d'aspirateur sur la moquette. On ne devrait pas vous demander de faire de gros travaux: le nettoyage du printemps, la grande lessive ou les courses du mois dans l'hypermarché. Votre rôle, c'est d'aider la mère de famille, pas de la remplacer!

Quelles sont les conditions de travail?

Contre 30 heures de travail par semaine, la personne au pair est logée (dans une chambre individuelle), nourrie (les repas sont pris en famille) et reçoit de l'argent de poche (environ 700 – 900 F par mois). Un jour de congé par semaine est obligatoire, dont un dimanche par mois.

Est-ce qu'il faut bien parler français?

Il vaut mieux avoir une connaissance de base (environ deux ou trois ans d'études). Beaucoup de jeunes filles au pair suivent des cours linguistiques en même temps, par exemple à l'Alliance française.

Comment trouve-t-on un poste?

On peut, bien sûr, répondre à des petites annonces, mais s'il vous arrive des problèmes, vous devrez vous débrouiller toute seule. Voilà pourquoi il est conseillé de passer par un organisme. Leurs tarifs ne sont pas en général exorbitants et ils vous offrent l'avantage d'un responsable sur place à qui vous pouvez téléphoner en cas de problème. En plus, les organismes sérieux demandent aux familles de remplir un dossier, détaillant le nombre d'enfants, leurs prénoms et âges, s'il y a un chien ou un chat, la description de la maison ou de l'appartement (nombre de pièces etc.) les loisirs, sports ou activités à pratiquer, l'endroit où la jeune fille au pair sera logée, travaux demandés, le temps libre, etc.

Qui peut demander un poste au pair?

En général, il faut avoir entre 18 et 30 ans, mais, exceptionellement, on peut partir à 17 ans.

Il faut s'engager pour combien de temps?

La plupart des postes sont pour une durée d'entre trois mois et un an. Cependant, pendant les vacances scolaires on trouve parfois des postes pour une durée plus courte.

Qu'est-ce qu'il faut faire avant de partir?

Surtout, si vous partez sans l'intermédiaire d'un organisme, écrivez à votre future hôtesse pour faire préciser votre emploi du temps (demandez-lui de vous décrire une journée typique et de préciser les tâches que vous devrez faire). Il faut également demander combien vous recevrez en argent de poche et si votre voyage sera pris en charge. De votre côté parlez aussi de vous, de vos études et de vos passe-temps favoris et envoyez une photo récente.

Témoignages

Voilà des témoignages de trois jeunes personnes qui travaillent au pair en France.

Susan
18 ans, Anglaise

«Je suis très bien tombée. La famille chez qui je suis est un peu comme la mienne, très décontractée. Il y a deux enfants: une fille de huit ans, un garçon de douze ans. Il y a aussi pas mal d'animaux: un chien, deux chats, trois oiseaux et un hamster. Je me sens vraiment chez moi et je m'entends bien avec tout le monde. Ce qui m'a frappée en France, c'est qu'on parle beaucoup de la politique, par exemple, à table. On me pose beaucoup de questions sur la vie en Angleterre et sur le gouvernement, etc. Il faut dire que je ne suis pas très au courant de tout ça. J'ai l'impression qu'on discute beaucoup plus qu'en Angleterre.»

Danièle
17 ans, Belge

«Quand je suis arrivée de Bruxelles, je me sentais très perdue. Je n'avais jamais quitté mes parents et je ne connaissais personne à Paris. Je crois que j'ai eu de la chance; beaucoup de jeunes gens ne tombent pas aussi bien que moi, loin de là. Je dois garder les enfants, Valérie et Antoine, quatre soirs par semaine et les occuper le mercredi. Les autres jours, je suis des cours à l'Alliance française.»

Stefan
19 ans, Allemand

«C'est peut-être curieux de trouver un garçon au pair, mais je voulais vivre à Paris depuis longtemps et ça me semblait la meilleure façon de connaître la langue et la culture avant de faire des études à l'université Je suis chez une famille assez riche. Les deux parents travaillent et moi, je m'occupe des deux enfants. Je les promène dans le parc. (Ils n'ont que deux et quatre ans.) Heureusement, j'aime bien les enfants. La mère fait la cuisine et prépare tous les repas. Moi, je fais aussi un peu de ménage, et surtout du repassage. Je n'ai aucun regret d'être venu. Voir comment vivent les autres, dans un pays différent, c'est toujours intéressant.»

AU PAIR Rech. personne sérieuse pour garder 2 enfants 3 et 6 ans juillet et août. Nourrie et logée. Ecr. à Mme S. Gaubert, 104 rue du Théâtre, Paris 15e.

Vous avez vu cette petite annonce dans le journal et vous voulez vous présenter pour le poste. Écrivez une lettre à Mme Gaubert.

– Start by saying where you saw the advert and that you're interested in the post, e.g.
J'ai vu votre petite annonce dans le journal du ... et ça m'intéresse beaucoup.

– Give your name, age, mention whether you have any brothers or sisters, and if so, give their ages.

– Mention any hobbies or interests which might be relevant, e.g.
le sport, la natation, les promenades, la musique.

– Say for how long you've been learning French, e.g.
J'apprends le français depuis trois/quatre/cinq ans.

– Then say why you'd like to work as an au pair and when you could go to France, e.g.
Je voudrais travailler comme au pair parce que ... j'aime beaucoup les enfants/je voudrais me perfectionner en français/j'aime bien la vie française/je voudrais vivre chez une famille française.

Je pourrais venir en France le ... et rester jusqu'au ...

– Finish the letter in a formal way, e.g.
Je vous prie d'agréer, Madame, l'expression de mes sentiments les meilleurs.

Être au pair? Non, merci!

Souvent tout se passe bien, mais quelquefois c'est la catastrophe!
Imaginez que vous êtes Claire et racontez votre première (et votre dernière) journée.

1 se réveiller

Exemple: Je me suis réveillée à six heures et demie.

2 se lever
se laver
s'habiller

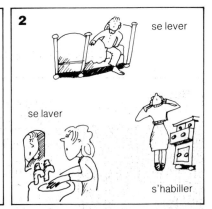

3

mettre la table   pour   petit déjeuner

4

les parents   partir   moi
faire la vaisselle

5

passer l'aspirateur   les enfants
se disputer

6

s'occuper des enfants
les emmener au parc

7

l'après-midi   faire les courses

8

préparer le repas du soir

9

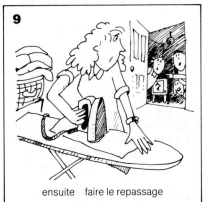

ensuite   faire le repassage

10

se sentir complètement épuisée
se reposer   dormir

11 se réveiller   tout d'un coup

décider de faire mes valises et de
partir le lendemain

Now you can: say what you do to help at home and find out about work as an au pair.

141

4·5 La vie scolaire

Projets de demain

Chez les Bresson, Suzanne et Linda parlent des projets pour le lendemain.

Suzanne: Tu viens au collège avec moi, n'est-ce pas, Linda?

Linda: Oui, je veux bien. Tes cours commencent à quelle heure?

Suzanne: A huit heures.

Linda:: C'est vrai? C'est plus tôt que chez nous! Chez nous les cours commencent à neuf heures. Il faut se lever à quelle heure alors?

Suzanne: Vers sept heures. Nous devons partir à huit heures moins vingt au plus tard.

Linda: D'accord. Qu'est-ce que tu as comme cours, demain?

Suzanne: Demain, c'est vendredi. Tiens, on commence avec l'anglais, ensuite il y a allemand, puis sciences physiques et en fin de matinée E.P.S..

Linda: Qu'est-ce que c'est?

Suzanne: C'est éducation physique et sportive. On fera de la gymnastique, je pense.

Linda: A midi, on mange au collège?

Suzanne: Oui, on mangera à la cantine.

Linda: Et l'après-midi, qu'est-ce que tu as?

Suzanne: J'ai français, éducation musicale et sciences nat.

Linda: Et on finit à quelle heure?

Suzanne: A dix-sept heures.

Linda: Ça fait long comme journée. Chez nous, on finit à quatre heures.

Suzanne: Oui, nous aussi, de temps en temps. Mais regarde, vendredi c'est la journée la plus chargée. T'as bien choisi, au fait!

EMPLOI DU TEMPS

LUNDI	MARDI	MERCREDI	JEUDI	VENDREDI	SAMEDI
Français	Maths		Sc. Nat.	Anglais	Anglais
	Allemand		Français	Allemand	Maths
Anglais	Hist-Géo		Anglais	Sc. Physiques	Hist-Géo
Maths				E.P.S.	Allemand
E.P.S	Dessin		Maths	Français	
G.M.E	Sc. Physiques		Hist-Géo	Ed. Musicale	
				Sc. Nat.	

Voilà l'emploi du temps de Suzanne. Elle est en troisième.

1 Combien de matières différentes fait-elle?
2 Qu'est-ce qu'elle étudie comme langues vivantes?
3 Elle a combien d'heures d'anglais par semaine?
4 Quel est son premier cours, le lundi?
5 Quel est son dernier cours, le samedi?
6 Elle finit à quelle heure, le mardi?
7 A votre avis, quelle est sa meilleure journée? (A part le mercredi, bien sûr!)
8 Quelle est sa plus mauvaise journée?

Que savez-vous de la vie scolaire en France?

Un jeu-test pour nos lecteurs à l'étranger

1

L'éducation est obligatoire en France à partir de six ans, mais beaucoup d'enfants vont à l'école plus tôt, à l'âge de trois ou quatre ans. Comment s'appelle l'école qui s'occupe des enfants qui ont moins de six ans?

a) une école maternelle ✓
b) une école normale
c) une école spéciale

2

A l'école primaire, les élèves apprennent à lire, à écrire et à faire du calcul. Comment s'appelle la personne qui s'occupe de l'éducation des enfants dans une école primaire?

a) un professeur
b) un instituteur ou une institutrice ✓
c) un surveillant ou une surveillante

3

A l'âge de onze ou douze ans, les élèves quittent l'école primaire pour aller dans un collège. Comment s'appelle la première classe dans un collège?

a) la classe de sixième ✓
b) la première classe
c) la classe secondaire

4

En général, chaque cours dure combien de temps?

a) une heure
b) une demi-heure ✗
c) trois heures

5

A l'heure du déjeuner, les élèves peuvent ou rentrer chez eux ou manger à la cantine. Ils ont le temps; d'habitude la pause-déjeuner dure presque deux heures. Comment s'appellent les élèves qui déjeunent à l'école, mais qui rentrent chez eux le soir?

a) des internes
b) des pensionnaires ✓
c) des demi-pensionnaires

6

Les professeurs en France s'occupent surtout de l'enseignement des matières et non pas de la discipline. Alors qui surveille les élèves dans la cour et qui s'occupe de la discipline?

a) des instituteurs
b) des secrétaires ✓
c) des surveillants

7

En ce qui concerne le matériel scolaire, les cahiers, les crayons, les livres scolaires etc., qu'est-ce qui se passe?

a) Les élèves doivent tout acheter. ✓
b) Les élèves doivent acheter des cahiers, du papier, des crayons, des stylos etc., mais les livres scolaires sont généralement fournis par l'école, surtout dans les écoles primaires et les collèges.
c) Tout est fourni par l'école.

8

Comment s'appelle la personne qui est le responsable du collège?

a) le maître ou la maîtresse ✓
b) le ministre de l'éducation
c) le directeur ou la directrice

9

A la fin du trimestre ou à la fin de l'année scolaire, les professeurs écrivent des notes et des appréciations sur chaque élève dans un document. Ce document est adressé aux parents. Comment s'appelle-t-il?

a) le bulletin scolaire ✓
b) l'emploi du temps
c) le règlement intérieur

10

Le programme scolaire est le même dans toutes les régions de France. A la fin de l'année scolaire, les élèves doivent passer un examen. Si un élève ne réussit pas et si on juge qu'il n'a pas fait assez de progrès, qu'est-ce qu'il doit faire?

a) L'élève doit «redoubler», c'est-à-dire répéter l'année dans la même classe. ✓
b) L'élève doit quitter l'école.
c) L'élève doit passer dans une classe inférieure.

11

Comment s'appelle la dernière classe au collège?

a) la troisième ✗
b) la terminale
c) la quatrième

12

A quel âge peut-on quitter l'école en France?

a) à l'âge de quinze ans ✗
b) à l'âge de seize ans
c) à l'âge de dix-huit ans

Solution page 148.

143

Un bulletin scolaire

Voilà le bulletin scolaire d'une élève française. C'est une élève sérieuse qui travaille bien et qui a de bonnes notes. Comme vous pouvez voir, on donne des notes pour chaque matière. Le maximum est 20, mais si on a au moins 12 dans chaque matière, alors ça va bien. Si un élève a beaucoup de notes au dessous de 12, il risque de redoubler.

Regardez le bulletin, puis répondez à ces questions:

1 Est-ce que cet élève est forte en maths?
2 Est-ce qu'elle est plus forte en anglais ou en histoire?
3 Quelle est sa meilleure note? C'est pour quelle matière?

Que veulent dire les notes?

A ou I:	excellent ou très satisfaisant.	L'élève est très fort(e).
B ou II:	bien ou satisfaisant.	L'élève est assez fort(e).
C ou III:	moyen ou suffisant.	L'élève n'est pas très fort(e).
D ou IV:	médiocre ou insuffisant.	L'élève est faible.
E ou V:	faible ou très insuffisant.	L'élève est nul(le).

Les appréciations du professeur

Comme vous voyez cette élève a de bonnes appréciations de ses professeurs. Ce n'est pas toujours comme ça! Imaginez que vous êtes professeur et que vous complétez le bulletin scolaire d'un élève, qui n'est pas très sérieux (un élève de votre classe, peut-être). Écrivez une liste de six matières et donnez une appréciation chaque fois. Voilà quelques idées:

Insuffisant
Résultats vraiment décevants
Manque de concentration
Pas assez méthodique
Médiocre
Peu discipliné
Peut mieux faire
Manque d'application

DISCIPLINES		MOY.	APPRÉCIATIONS TRAVAUX ÉCRITS PARTICIPATION ORALE
FRANÇAIS	EXPRESSION ÉCRITE	13	Travail sérieux. Résultats très satisfaisants
	ORTHOGRAPHE	18	
	GRAMMAIRE	20	
	LECTURE EXPLIQUÉE		
	RÉCITATION	16	
HISTOIRE		12	Du travail soigné. Résultats d'ensemble assez satisfaisants.
GÉOGRAPHIE			
L.V.I ANGLAIS ALLEMAND	ORAL ÉCRIT	17	Bons résultats d'ensemble
L.V.II ALLEMAND ANGLAIS ESPAGNOL	ORAL ÉCRIT		
LATIN			
GREC			
MATHÉMATIQUES	GÉOMÉTRIE ALGÈBRE	16,5	Élève sérieuse et appliquée. Encore trop discrète à l'oral bien qu'il y ait amélioration.
SCIENCES NATURELLES		15,5	Bon travail. Toujours trop réservée à l'oral
SCIENCES PHYSIQUES		18	Excellents résultats écrits mais toujours peu de participation orale.
E.M.T.		13,4	Satisfaisant
ÉDUCATION ESTHÉTIQUE	DESSIN MUSIQUE	14,5 14	Bon travail Sérieuse.
E.P.S.		12	Bon 2e trimestre

NIVEAU GÉNÉRAL	DE L'ÉLÈVE (A B C D E F)	
	DE LA CLASSE (A B C D E F)	

APPRÉCIATION DU CHEF D'ÉTABLISSEMENT:

Très bon trimestre.

LE PETIT NICOLAS

Le petit Nicolas, un des livres les plus appréciés des jeunes et des adultes en France, raconte l'histoire d'un petit garçon, de ses amis, de ses aventures à l'école et en famille. En voilà un extrait:

On a eu l'inspecteur

La maîtresse est entrée en classe toute nerveuse. «M. l'Inspecteur est dans l'école, elle nous a dit, je compte sur vous pour être sages et faire une bonne impression.» Nous on a promis qu'on se tiendrait bien, d'ailleurs, la maîtresse a tort de s'inquiéter, nous sommes presque toujours sages. «Je vous signale, a dit la maîtresse, que c'est un nouvel inspecteur, l'ancien était déjà habitué à vous, mais il a pris sa retraite...» Et puis, la maîtresse nous a fait des tas et des tas de recommandations, elle nous a défendu de parler sans être interrogés, de rire sans sa permission, elle nous a demandé de ne pas laisser tomber des billes comme la dernière fois que l'inspecteur est venu et qu'il s'est retrouvé par terre, elle a demandé à Alceste de cesser de manger quand l'inspecteur serait là et elle a dit à Clotaire, qui est le dernier de la classe, de ne pas se faire remarquer. Quelquefois je me demande si la maîtresse ne nous prend pas pour des guignols. Mais, comme on l'aime bien, la maîtresse, on lui a promis tout ce qu'elle a voulu. La maîtresse a regardé pour voir si la classe et nous nous étions bien propres et elle a dit que la classe était plus propre que certains d'entre nous. Et puis, elle a demandé à Agnan, qui est le premier de la classe et le chouchou, de mettre de l'encre dans les encriers, au cas où l'inspecteur voudrait nous faire une dictée. Agnan a pris la grande bouteille d'encre et il allait commencer à verser dans les encriers du premier banc, là où sont assis Cyrille et Joachim, quand quelqu'un a crié: «Voilà l'inspecteur!» Agnan a eu tellement peur qu'il a renversé de l'encre partout sur le banc. C'était une blague, l'inspecteur n'était pas là et la maîtresse était très fâchée. «Je vous ai vu, Clotaire, elle a dit. C'est vous l'auteur de cette plaisanterie stupide. Allez au piquet!» Clotaire s'est mis à pleurer, il a dit que s'il allait au piquet, il allait se faire remarquer et l'inspecteur allait lui poser des tas de questions et lui il ne savait rien et il allait se mettre à pleurer et que ce n'était pas une blague, qu'il avait vu l'inspecteur passer

dans la cour avec le directeur et comme c'était vrai, la maîtresse a dit que bon, ça allait pour cette fois-ci. Ce qui était embêtant, c'est que le premier banc était tout plein d'encre, la maîtresse a dit alors qu'il fallait passer ce banc au dernier rang. On s'est mis au travail et ça a été une drôle d'affaire, parce qu'il fallait remuer tous les bancs et on s'amusait bien et l'inspecteur est entré avec le directeur.

On n'a pas eu à se lever, parce qu'on était tous debout, et, tout le monde avait l'air bien étonné. «Ce sont les petits, ils... ils sont un peu dissipés» a dit le directeur. «Je vois, a dit l'inspecteur, asseyez-vous, mes enfants.» On s'est tous assis, et, comme nous avions retourné leur banc pour le changer de place, Cyrille et Joachim tournaient le dos au tableau. L'inspecteur a regardé la maîtresse et il lui a demandé si ces deux élèves étaient toujours placés comme ça. La maîtresse a murmuré «Un petit incident....» L'inspecteur n'avait pas l'air très content, il avait de gros sourcils, tout près des yeux. «Il faut avoir un peu d'autorité, il a dit. Allons, mes enfants, mettez ce banc à sa place.» On s'est tous levés et l'inspecteur s'est mis à crier: «Pas tous à la fois: vous deux seulement!» Cyrille et Joachim ont retourné le banc et se sont assis. L'inspecteur a fait un sourire et il a appuyé ses mains sur le banc. «Bien, il a dit, que faisiez-vous ce matin, avant mon arrivée?» «On changeait le banc de place» a répondu Cyrille. «Ne parlons plus de ce banc! a crié l'inspecteur, qui avait l'air d'être nerveux. Et d'abord, pourquoi changiez-vous ce banc de place?» «A cause de l'encre» a dit Joachim. «L'encre?» a demandé l'inspecteur et il a regardé ses mains qui étaient toutes bleues. L'inspecteur a fait un gros soupir et il a essuyé ses doigts avec un mouchoir.

Nous, on a vu que l'inspecteur, la maîtresse et le directeur n'avaient pas l'air de rigoler. On a décidé d'être drôlement sages.

«Vous avez, je vois, quelques ennuis avec la discipline» a dit l'inspecteur à la maîtresse, et puis, il s'est tourné vers nous, avec un grand sourire et il a éloigné ses sourcils de ses yeux. «Mes enfants, je veux être votre ami. Il ne faut pas avoir peur de moi, je sais que vous aimez vous amuser, et, moi aussi, j'aime bien rire. D'ailleurs, tenez, vous connaissez l'histoire des deux sourds: un sourd dit à l'autre: tu vas à la pêche? et l'autre dit: non, je vais à la pêche. Alors le premier dit: ah bon, je croyais que tu allais à la pêche.» C'est dommage que la maîtresse nous ait défendu de rire sans sa permission, parce qu'on a eu un mal fou à se retenir. Moi, je vais raconter l'histoire ce soir à papa, ça va le faire rigoler, je suis sûr qu'il ne la connaît pas. L'inspecteur, qui n'avait besoin de la permission de personne, a beaucoup ri, mais comme il a vu que personne ne disait rien dans la classe, il a remis ses sourcils en place, il a toussé et il a dit: «Bon, assez ri, au travail.» «Nous étions en train d'étudier les fables, a dit la maîtresse, *Le Corbeau et le Renard.*» «Parfait, parfait, a dit l'inspecteur, eh bien, continuez.» La maîtresse a fait semblant de chercher au hasard dans la classe, et puis, elle a montré Agnan du doigt: «Vous, Agnan, récitez-nous la fable.» Mais l'inspecteur a levé la main. «Vous permettez?» il a dit à la maîtresse, et puis, il a montré Clotaire. «Vous, là-bas, dans le fond, récitez-moi cette fable.» Clotaire a ouvert la bouche et

il s'est mis à pleurer. «Mais, qu'est-ce qu'il a?» a demandé l'inspecteur. La maîtresse a dit qu'il fallait excuser Clotaire, qu'il était très timide, alors, c'est Rufus qui a été interrogé. Rufus c'est un copain, et son papa, il est agent de police. Rufus a dit qu'il ne connaissait pas la fable par cœur, mais qu'il savait à peu près de quoi il s'agissait et il a commencé à expliquer que c'était l'histoire d'un corbeau qui tenait dans son bec un roquefort. «Un roquefort?» a demandé l'inspecteur, qui avait l'air de plus en plus étonné. «Mais non, a dit Alceste, c'était un camembert.» «Pas du tout, a dit Rufus, le camembert, le corbeau il n'aurait pas pu le tenir dans son bec, ça coule et puis ça sent pas bon! » «Ça sent pas bon, mais c'est chouette à manger, a répondu Alceste. Et puis, ça ne veut rien dire, le savon ça sent bon, mais c'est très mauvais à manger, j'ai essayé, une fois.» «Bah! a dit Rufus, tu es bête.» Et ils se sont battus.

Tout le monde était levé et criait, sauf Clotaire qui pleurait toujours dans son coin et Agnan qui était allé au tableau et qui récitait *Le Corbeau et le Renard.* La maîtresse, l'inspecteur et le directeur criaient «Assez!» On a tous bien rigolé.

Quand ça s'est arrêté et que tout le monde s'est assis, l'inspecteur a sorti son mouchoir et il s'est essuyé la figure, il s'est mis de l'encre partout.

L'inspecteur s'est approché de la maîtresse et il lui a serré la main. «Vous avez toute ma sympathie, Mademoiselle. Continuez! Courage! Bravo!» Et il est parti, très vite, avec le directeur.

la retraite	*retirement*	étonné	*astonished*
une bille	*marble*	dissipé	*inattentive*
se faire remarquer	*to make oneself noticed*	un sourcil	*eyebrow*
le chouchou	*teacher's pet*	un sourire	*smile*
l'encre (f)	*ink*	un soupir	*sigh*
verser	*to pour*	rigoler	*to laugh*
un encrier	*ink well*	un ennui	*problem*
une blague	*joke*	sourd	*deaf*
une plaisanterie	*joke*	le corbeau	*crow*
aller au piquet	*to go to the corner*	le renard	*fox*
embêtant	*annoying*	par cœur	*by heart*
une drôle d'affaire	*a funny business*	s'agir de	*to be about, a matter of*
remuer	*to move*	un bec	*beak*

Extrait de «Le Petit Nicolas» de Sempé & Goscinny, © Editions Denoël

La vie scolaire vocabulaire et phrases utiles

Les matières scolaires

l'anglais (m)	English
les arts ménagers (m.pl.)	domestic science
la biologie	biology
la chimie	chemistry
la couture	sewing
la dactylo	typing
le dessin (industriel)	(industrial) drawing
l'éducation physique et sportive (E.P.S.) (f)	P.E.
l'espagnol (m)	Spanish
le français	French
la géographie	geography
le grec	Greek
l'histoire (f)	history
l'informatique (f)	computer studies
l'instruction civique (f)	current affairs
l'instruction religieuse (f)	religious education
une langue vivante	a modern language
une langue ancienne	a classical language
le latin	Latin
les mathématiques (maths) (f.pl.)	maths
la musique	music
la physique	physics
les sciences économiques et sociales (S.E.S) (f.pl.)	social studies
les sciences naturelles (sciences nat.) (f.pl.)	natural science
les sciences physiques (f.pl.)	general science
le travail manuel éducatif (T.M.E.)	craft and technology
le travail sur bois (métal)	woodwork (metalwork)

Les sports

l'athlétisme (m)	athletics
le football	football
la gymnastique	gymnastics
le hockey	hockey
la natation	swimming
le netball	netball
le rugby	rugby
le tennis	tennis

Les salles de classe

un atelier	workshop
la bibliothèque	library
le bureau (du directeur/de la directrice)	(headmaster's/ headmistress') study
la cantine	dining-hall
le couloir	corridor
la cour	school yard, grounds
les courts de tennis/de netball	tennis/netball courts
le gymnase	gymnasium
le hall	hall
un laboratoire (de langue)	(language) laboratory
une salle de classe	classroom
la salle des profs	staffroom
le terrain de sports/de football/de rugby	sports/football/rugby ground
les toilettes	toilets (f.pl.)
le vestiaire	cloakroom

Le personnel

le concierge	caretaker
le/la directeur/directrice	headmaster/headmistress
le/la documentaliste	information officer/librarian
l'instituteur/institutrice	primary teacher
le professeur	teacher
la secrétaire	secretary
un(e) surveillant(e)	student who supervises pupils during school hours

Le matériel scolaire

un bic	Biro
un cahier	exercise book
un cahier de brouillon	jotter, rough book
une calculatrice	calculator
un carnet	notebook, pupil's record book
la craie	chalk
une feuille	sheet of paper
une gomme	rubber
un livre	book
un magnétophone	tape-recorder
un manuel	textbook
un micro-ordinateur	microcomputer
le papier	paper
un stylo	pen
le tableau	board

L'organisation

apprendre	to learn
le baccalauréat (le bac)	equivalent to A-level examination
un collège	school for 11–16 year olds
un cours	lesson
un(e) demi-pensionnaire	pupil who has lunch at school
les devoirs (m.pl.)	homework
échouer à un examen	to fail an exam
une école maternelle/ primaire	nursery/primary school
un(e) élève	pupil
un emploi du temps	timetable
l'étude (f)	study period
être reçu à un examen	to pass an exam
facultatif (-ve)	optional
les heures de permanence (les permes) (f.pl.)	free period
un(e) interne	boarder
un lycée	school for 16–19 year olds
une note	mark
le niveau	level
obligatoire	compulsory
passer un examen	to take an exam
la récréation	break
la rentrée scolaire	return to school
une retenue	detention
la sonnerie	bell
un trimestre	term
les vacances scolaires (f.pl.)	school holidays

Avez-vous une bonne mémoire?

Voilà le contenu d'un cartable d'élève. Regardez bien tout ce qu'il y a, puis fermez votre livre et essayez d'écrire une liste de tout ce qui est illustré.

Votre vie scolaire

A Les matières

1 Vous faites combien de matières différentes?
2 Qu'est-ce que vous étudiez comme langues?
3 Vous avez combien d'heures de français par semaine?
4 Quel est votre premier cours, le mardi?
5 Quel est votre dernier cours, le vendredi?

B La journée scolaire

1 A quelle heure est-ce que vos cours commencent, le matin?
2 Et à quelle heure finissent-ils?
3 Vous avez combien de cours par jour?
4 Et combien de temps durent-ils?
5 Combien d'heures de devoir par jour avez-vous?

C Votre école

1 Allez-vous à une école mixte?
2 Combien d'élèves y a-t-il environ?
3 C'est comment, votre école? (bâtiment vieux/ moderne etc.)

4 Est-ce qu'il y a un terrain de sports et une piscine?
5 C'est à quelle distance de votre maison?

D Vos préférences

1 Quelle est votre journée préférée?
2 Quelles sont vos matières préférées?
3 Quelles matières sont les plus utiles, à votre avis?
4 Quelles matières n'aimez-vous pas?
5 Êtes-vous fort en français?

E Votre avenir

1 Que ferez-vous l'année prochaine? (Je continuerai mes études/Je quitterai l'école etc.)
2 A quel âge pensez-vous quitter l'école?
3 Que voulez-vous faire quand vous quitterez l'école?

Solution
(page 143)

1a) 2b) 3a) 4a) 5c) 6c)
7b) 8c) 9a) 10a) 11a) 12b)

Une lettre à écrire

Voilà la lettre d'un jeune Anglais à son correspondant français. Pouvez-vous écrire une lettre comme celle-ci où vous décrivez votre vie scolaire? N'oubliez pas de poser quelques questions.

Norwich, le 6 avril

Cher Jean-Luc,

Merci beaucoup pour ta dernière lettre. Tu me poses beaucoup de questions sur la vie scolaire en Angleterre et sur mon école. Je vais essayer de te répondre.

Je vais à une école mixte pour des élèves de 11 à 18 ans. Il y a environ 2000 élèves en tout. Je suis en 'fourth year.' Ça correspond à la 'troisième' en France, n'est-ce pas?

Cette année, je ne fais plus toutes les matières. Je me suis orienté vers les sciences et j'ai laissé tomber la géographie et l'espagnol.

Mes matières préférées sont la physique, la chimie et l'informatique. Au fait, nous avons un club d'informatique à l'école. On prépare des programmes pour un micro-ordinateur. C'est très intéressant. Est-ce qu'il y a des clubs et des sociétés à ton école?

Chez nous les cours commencent à neuf heures dix le matin, mais il faut être à l'école à neuf heures moins cinq. Nous avons huit cours par jour et ils durent environ quarante minutes. L'école finit à quatre heures moins dix.

A midi, on peut manger à la cantine ou rentrer chez soi ou manger des sandwiches. Moi, j'apporte des sandwiches.

Comme sports, on joue au football et au rugby en hiver et au cricket et au tennis en été. Il y a un gymnase, mais il n'y a pas de piscine.

Comme tu t'intéresses au sport, je t'envoie un magazine anglais sur le rugby. Si tu peux m'envoyer un magazine sur l'informatique ou sur les sciences, je serai très content.

A bientôt,

Peter

Write a reply to the following letter in French. Answer all the questions as fully as possible, and in your reply include the following points:

(i)   Ask your penfriend who his/her favourite pop star is.
(ii) Say that your family will not be going on holiday this summer.
(iii) Ask if your pen-friend would like to come and stay with you.
(*Pour vous aider voir la page 230.*)

Cher/Chère ...

Merci de ta dernière lettre. Je suis content(e) de savoir que ta mère va mieux et qu'elle est rentrée de l'hôpital. Combien de jours y est-elle restée? Qu'est-ce que tu as fait pour aider ton père et ta famille pendant son absence?

Je viens de rentrer à la maison après les vacances de Pâques que j'ai passées chez mes grands-parents. Qu'est-ce qu'on fait en Angleterre à Pâques? En France on décore des œufs.

Maintenant, j'ai beaucoup de devoirs à faire pour les examens scolaires. Et toi, quelle matière trouves-tu la plus difficile?

A propos de l'école, on nous dit qu'en Angleterre les cours finissent à trois heures et demie. Décris-moi une journée typique à l'école.

Tu m'as dit dans ta dernière lettre que tu allais à un grand concert "Pop" à Londres avec tes copains. Dis-moi tout ce qui s'est passé.

Je dois te quitter maintenant. J'ai des mathématiques à faire. Si je n'ai pas de bonnes notes cet été, mes parents seront furieux.

Mes amitiés à ta famille,

A bientôt,

Pascal(e)

SREB 1983

 Saying what has to be done

There are several ways of saying that something is *compulsory* or *must be done*:

devoir + infinitive

Si un élève français ne fait pas assez de progrès, il **doit** redoubler.	*If a French pupil doesn't make sufficient progress, he has to repeat the year.*
Tous les élèves **doivent** apprendre une langue vivante.	*All pupils have to learn a modern language.*
On **doit** passer un examen à la fin de l'année.	*You have to take an exam at the end of the year.*
Nous **devons** partir à huit heures moins vingt au plus tard.	*We have to leave at twenty to eight at the latest.*

Il faut + infinitive

Il faut partir tout de suite.	*You must leave straight away.*
Il faut attendre la sonnerie avant d'entrer.	*You must wait for the bell before going in.*

If you want to say *who* is required to do something, you can use **il faut** + indirect object pronoun + infinitive:

Il me faut partir.	*I have to go/leave.*
Il vous faut téléphoner demain.	*You must telephone tomorrow.*

être obligé/c'est obligatoire

Les élèves **sont obligés** d'attendre dans le couloir.	*Pupils must wait in the corridor.*
L'éducation physique **est obligatoire** pour tout le monde.	*P.E. is compulsory for everyone.*
Douche **obligatoire**.	*Shower obligatory.*

A l'école en France
vrai ou faux?

Le travail au pair
vos droits, vos devoirs

1 On doit porter un uniforme scolaire à l'école.
2 Tous les élèves dans un collège doivent apprendre une langue vivante.
3 L'instruction religieuse est obligatoire pour tout le monde.
4 On est obligé d'aller à l'école jusqu'à l'âge de 18 ans.
5 Si on a l'autorisation de ses parents, on n'est pas obligé de rester à l'école quand on n'a pas cours.
6 Les élèves sont souvent obligés d'aller à l'école le samedi matin.
7 Les devoirs, ce n'est pas facultatif, c'est obligatoire!
8 Pour faire des progrès, il faut faire un effort!

C'est la règle

Écrivez six phrases pour décrire ce qui est obligatoire dans votre école.

Exemples:
Dans notre école, il faut arriver à ... le matin.
Tous les élèves doivent apprendre ...

A vous d'inventer des règles scolaires

Maintenant, c'est à vous d'inventer six règles pour votre école.

La famille	doit ne doit pas	vous nourrir et vous loger.
		vous donner de l'argent de poche.
		vous demander de faire de gros travaux.
		vous permettre de suivre des cours.

Vous	devez ne devez pas	téléphoner tous les soirs à vos amis.
		sortir quand vous devez travailler.
		garder les enfants.
		aider à la maison (passer l'aspirateur, faire la vaisselle etc.).

Écrivez six phrases pour dire ce que vous et la famille doivent faire pour un séjour réussi.

Now you can:
talk about school life, discuss different subjects, your strengths, weaknesses, likes and dislikes, and say what the school rules are and what you have to do.

Un sondage sur les matières

Pour un sondage récent sur la vie des lycéens, on a interrogé plus de 3 000 élèves dans 200 lycées. Entre autres questions, on leur a demandé quelle était la matière qu'ils appréciaient le plus. Voilà comment ils ont répondu:

	%
Les maths	14,7
Les langues	14,2
L'éducation physique	13,9
Le français	13,8
Les disciplines techniques	10,1
Les sciences naturelles	7,2
Les sciences physiques	7,0
L'histoire	6,7
Les sciences sociales et économiques	5,4
La philo	3,7
La géographie	2,4
Sans opinion	0,9

L'éducation au lycée

Après le collège, les élèves français peuvent, soit quitter l'école, soit continuer leurs études dans un lycée ou dans un L.E.P. (lycée d'enseignement professionnel).

Dans un L.E.P. les élèves peuvent se spécialiser dans des métiers comme mécanicien, électricien, employé de bureau, vendeur, opticien etc. Dans un lycée classique, les élèves suivent des études qui durent trois ans de la seconde à la terminale.

Vous ne savez pas grand-chose peut-être au sujet de l'éducation au lycée. N'importe. Essayez de répondre à ces questions, puis regardez la solution. Vous apprendrez des choses!

1 Savez-vous si les lycéens français se spécialisent? Environ combien de matières font-ils?
a) trois
b) cinq ou six
c) huit ou neuf

2 Certaines matières sont toujours obligatoires jusqu'à la fin de la vie scolaire. À votre avis, laquelle de ces trois matières est obligatoire pour tous les lycéens?
a) les maths
b) la biologie
c) le latin

3 Et quelle matière est toujours facultative?
a) E.P.S. (éducation physique et sportif)
b) l'instruction religieuse
c) l'anglais

4 En terminale, tous les lycéens doivent étudier une autre matière à la place du français. Qu'est-ce que c'est?
a) l'informatique
b) l'histoire
c) la philosophie

5 Et à la fin de la terminale, ils doivent passer un examen important qui comporte des épreuves écrites et orales en plusieurs matières. Comment s'appelle cet examen?
a) le baccalauréat
b) le concours
c) la licence

Solution 1c) 2a) 3b) 4c) 5a)

L'éducation en France et chez vous

Maintenant vous devriez savoir beaucoup de choses sur l'éducation en France. Est-ce qu'il y a beaucoup de différences entre la vie scolaire en France et votre vie scolaire? Faites une liste des principales différences:

En France ... mais en Angleterre/Écosse/Irlande (du nord)/au pays de Galles ...

Quel est votre avis?

1 Préférez-vous le système scolaire français ou votre système scolaire?
2 Pensez-vous qu'on travaille plus en France que chez vous?
3 Préférez-vous les horaires français? (la durée des cours, le commencement vers huit heures, *etc.*)
4 Il arrive à beaucoup d'élèves français de redoubler une année scolaire. Pensez-vous que c'est une bonne idée?
5 En France, on se spécialise beaucoup moins en première et en terminale. Pensez-vous que c'est mieux?
6 En ce qui concerne les vacances scolaires (de petites vacances au cours de l'année et de grandes vacances en juillet et en août), préférez-vous le système français ou votre système?
7 Pour aller à l'école en France, on peut mettre (comme vêtements) plus ou moins ce qu'on veut. Pensez-vous qu'il y a des avantages à avoir un uniforme scolaire?
8 En France, le programme scolaire est centralisé – c'est-à-dire que tous les élèves dans toutes les régions de France apprennent plus ou moins les mêmes choses. Pensez-vous que c'est une bonne idée?

Les élèves ont la parole

Les élèves français, que pensent-ils de l'enseignement qu'ils reçoivent, de leurs professeurs etc.? Voilà ce qu'en disent quelques-uns.

«Notre prof de physique est super cool, mais trop gentille: on se marre avec elle, mais elle n'est pas assez sévère. Le prof de maths est juste ce qu'il faut: il fait bien ses cours, on s'amuse avec lui, mais on connaît ses limites.»

Marc, élève de quatrième.

«Moi, je pense que le lycée nous prépare à l'avenir. Bien sûr, souvent on s'ennuie, mais il y a aussi des cours qui m'intéressent. Il y a des profs que je trouve sympas et qui savent nous passionner. En fait, les profs devraient nous motiver à apprendre, nous donner une méthode pour travailler. On ne nous apprend pas assez à développer notre curiosité et à savoir travailler par nous-mêmes.»

Erika, élève de troisième.

Et à la rentrée est-ce que les élèves sont contents de retrouver l'école et les copains ou est-ce que c'est la «grande-déprime»?

«Je pense que nous, on n'est pas mécontent de rentrer en classe. On a envie de revoir les copains et ... aussi les profs.»

élèves de cinquième.

«Pour moi, la rentrée c'est toujours 'la grande-déprime'. A voir les cahiers et les cartables dans les magasins, ça me fiche le moral à zéro! Enfin, c'est la vie, il faut en passer par là.»

Marie-Christine, élève de seconde.

153

La langue parlée et la langue écrite

Quand ils parlent entre eux, les jeunes Français emploient souvent des mots d'argot ou du français familier.

En parlant de l'école, par exemple, ils parlent du «bahut». «Le boulot» c'est le travail; «bosser» ça veut dire travailler; «un pion» c'est un surveillant; «la bouffe» c'est la nourriture. Si quelque chose ou quelqu'un est «casse-pieds» ça veut dire ennuyeux. «Un flic» c'est un agent de police; «une bagnole» est une voiture; «des godasses» ça veut dire des chaussures; «un bouquin» est un livre. «Se marrer» ça veut dire s'amuser, et si quelque chose est «marrant», c'est amusant.

Souvent ils raccourcissent des mots aussi. Au lieu de dire au restaurant ils disent «au restau»; ils disent «la récré» à la place de la récréation; «l'uni» au lieu de l'université; «sensass» au lieu de sensationnel; «le boul' Mich'» au lieu de boulevard Saint-Michel.

Normalement, vous ne verrez pas ces expressions dans le français écrit. Car ce n'est pas ce qu'on appelle «du bon français», mais c'est un français courant qu'on entend parler surtout par les jeunes entre eux.

LE LYCÉE, C'EST LÉ BAHUT

Boulot Métro Dodo

LA VIE EST CASSE-PIEDS

JEAN-PAUL EST SENSASS!

Tu te marres?

ON VA AU RESTAU?

Que se disent-ils?

1. Il va partir. Il a passé un week-end formidable chez eux.
   Ils lui répondent qu'ils étaient heureux de le revoir.

2. Elle lui téléphone pour lui dire qu'elle s'est très bien amusée à sa boum, hier soir.
   Il lui demande ce qu'elle fait, samedi prochain.

3. Elle leur dit au revoir et qu'elle a passé une très bonne soirée chez eux.
   Ils lui disent qu'ils étaient très contents de la recevoir.

4. Il les remercie de leur hospitalité et il dit qu'il gardera un très bon souvenir de ses vacances en France.
   Ils lui répondent qu'ils espèrent le revoir un de ces jours.

5. Il lui téléphone pour lui dire que sa boum était sensass.
   Puis, il l'invite à aller au cinéma ce soir.
   Elle lui dit qu'elle est contente qu'il s'est bien amusé à la boum, mais qu'elle n'est pas libre ce soir.

Une lettre pour dire merci

Chers Monsieur et Madame Bresson,   Londres, le 24 avril

Je voulais vous écrire tout de suite pour vous remercier encore pour toute votre gentillesse pendant mon séjour chez vous. Je garde un très bon souvenir de mes vacances en France.

Le voyage de Paris à Boulogne s'est vite passé. Dans le train, j'ai fait la connaissance d'un garçon français qui allait travailler dans un hôtel dans le nord de l'Angleterre. A Boulogne, il n'y a pas eu de retard et, heureusement, la mer était calme. Après avoir débarqué à Douvres, j'ai pris le train pour Londres où mes parents sont venus me chercher. Ils ont été contents de me revoir. Nous sommes rentrés à la maison vers sept heures.

Dites "bonjour" de ma part à Suzanne et aussi à Nicole et à Jean-Luc quand vous les verrez.

Je vous remercie encore.

Linda

159

Dites-leur merci

Si vous vous êtes bien amusé(e) chez quelqu'un, c'est gentil de leur écrire une petite carte ou un petit mot pour le leur dire. Pouvez-vous écrire un petit mot à ces personnes pour les remercier?

1 *M. et Mme Deladier*: Vous avez passé une excellente journée chez eux, dimanche dernier.

2 *Suzanne Lenoir*: Vous vous êtes bien amusé à sa fête d'anniversaire.

3 *Jean-Claude et Sophie Martin*: Vous avez passé le week-end chez eux à Paris. Ils vous ont fait tout visiter.

> Chers Jean et Michèle,
> Merci mille fois pour un très bon week-end. J'en garderai un excellent souvenir.
>
> Nicole

Après vous avoir quitté, je suis monté dans le train.

Après être arrivé à Calais, je suis monté sur le bateau.

Après avoir débarqué à Douvres, j'ai pris le train pour Londres.

Après être arrivé à Londres, j'ai pris le métro.

Et finalement, je suis rentré chez moi.

Grammaire — 'After doing ...'

Notice how you can say that *after doing* something, you went on to do something else:

Après être arrivé à Calais, je suis monté sur le bateau.
After arriving Calais, I boarded the ship.

Après avoir débarqué à Douvres, j'ai pris le train pour Londres.
After disembarking at Dover, I took the train to London.

You can use this construction to say what a person did after they did something else, but the verb must refer to the same person each time. Here are some more examples:

Après être rentré(e) à la maison, j'ai pris un café, puis j'ai commencé mes devoirs.
After returning home, I had a coffee then started my homework.

Après s'être couché, il a lu son livre pendant une demi-heure.
After going to bed, he read his book for half an hour.

Après m'être reposé un peu, je me suis remis au travail.
After having a short rest, I got down to work again.

This is the pattern:

Après + **avoir / être** + past participle

The same rules about whether a verb takes *être* and about the agreement of the past participle apply as in the Perfect Tense.

Qu'est-ce qui s'est passé?

Des deux phrases vous devez en faire une.

Exemple: 1 Après être arrivé à Paris, il a pris le train pour Boulogne.

A Voyage en Angleterre

1 Il est arrivé à Paris. Il a pris le train pour Boulogne.
2 Il est monté sur le bateau. Il est allé au bar.
3 Il a débarqué à Douvres. Il a pris le train pour Londres.
4 Il est arrivé à Londres. Il a pris un taxi pour aller à son hôtel.
5 Il s'est installé à l'hôtel. Il a téléphoné en France.
6 Il a regardé le menu du restaurant. Il a décidé de ne pas y manger.

B Vacances en Provence

1 Nous avons quitté Paris. Nous avons pris l'autoroute du sud.
2 Nous sommes arrivés à Nîmes. Nous avons cherché un terrain de camping.
3 J'ai écrit des cartes postales. J'ai acheté des timbres.
4 Ma sœur a fait des courses au marché. Ma sœur a préparé le repas.
5 Ils ont mangé. Ils ont fait la vaisselle.
6 Nous avons passé quinze jours en Provence. Nous sommes rentrés à Paris.

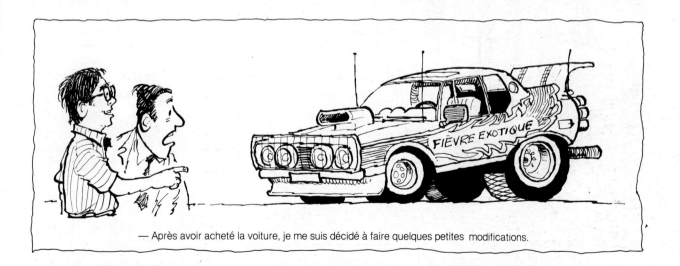

— Après avoir acheté la voiture, je me suis décidé à faire quelques petites modifications.

Now you can:
thank people for their hospitality and say the French for 'After doing ...'

4·9 On vient chez vous

Bienvenue aux Français

A Vous recevez un Français à la maison

A la gare

Jean-Pierre, un jeune Français vient d'arriver à la gare. Vous l'attendez.

1 Présentez-vous.
2 Demandez-lui s'il a fait un bon voyage.
3 Dites-lui que votre père vous attend dans la voiture.
4 Présentez Jean-Pierre à votre père.

A la maison

5 Présentez Jean-Pierre à votre mère.
6 Demandez-lui s'il veut quelque chose à boire.
7 Expliquez-lui où se trouvent les W.-C. et la salle de bains.
8 Montrez-lui sa chambre.
9 Expliquez-lui où il peut mettre ses vêtements.
10 Dites-lui à quelle heure vous mangez, le soir.
11 Dites-lui ce que vous allez manger.
12 Demandez-lui s'il y a quelque chose qu'il n'aime pas.

A table

13 Dites-lui de se servir.
14 Demandez-lui s'il veut encore du dessert.

Projets pour le lendemain

15 Demain vous emmènerez Jean-Pierre à l'école. Dites-lui ce que vous allez faire.
16 Dites-lui à quelle heure il faut se lever.
17 Dites-lui ce que vous mangez d'habitude au petit déjeuner.
18 Dites-lui à quelle heure il faut partir.
19 Dites-lui comment vous allez à l'école.
20 Expliquez-lui ce que vous avez comme cours, le lendemain.

B Vous faites visiter votre école

Imaginez que vous accompagnez Jean-Pierre en visite à l'école. Expliquez-lui où vous êtes chaque fois.

Exemple: Voilà le gymnase.

A l'intérieur se trouvent:

la réception
le bureau du directeur/de la directrice
la bibliothèque
la cantine
le gymnase
le hall
les laboratoires
les salles de classe
la salle des profs
les toilettes
les vestiaires

A l'extérieur se trouvent:

la cour
les courts de tennis/de netball
le terrain de sports/de football/ de rugby
le parking

Premières impressions

Pouvez-vous compléter la lettre que Jean-Pierre écrit à son copain Marc?

Manchester, le 16
avril

Cher Marc,

Après trois jours en Angleterre, je (commencer) à m'y connaître. Le premier jour, je ne (comprendre) pas grand'chose. Heureusement Simon (parler) bien le français et il (pouvoir) tout m'expliquer. Hier, je (aller) à l'école. C'(être) assez marrant.

Je (se lever) à 7 heures et demie et nous y (aller) en autobus. Le premier cours (commencer) à 9 heures et quart. C'(être) un cours d'histoire. Puis il y avait un cours de maths et ensuite la récréation. On (se promener) dans la cour.

Après, une double leçon de français. Simon m'(présenter) à son prof de français - un grand type de quarante ans environ. Il m'(poser) des questions sur la vie scolaire en France, mes impressions d'Angleterre etc. Finalement c'(être) l'heure du déjeuner. On (manger) à la cantine. D'abord, un genre de pot-au-feu avec des frites - ce n'(être) pas très bon; ensuite un pudding avec de la crème anglaise - c'(être) pas mal. L'après-midi, j'(assister) à un cours d'allemand et à une double leçon de chimie.

Demain, je (aller) jouer au tennis et le week-end, on (aller) à la campagne.

À bientôt,

Jean-Pierre

Read the letter printed below. You should then answer all *ten* questions. You are advised to attempt them in the order in which they appear on the paper.

Chère Lisette,

Me voici de nouveau en Angleterre. Et toi? Ça va? J'attends de tes nouvelles. Excuse-moi, si je ne t'ai pas encore écrit. Tu diras que c'est parce que j'ai été trop paresseuse, comme d'habitude, et que je blâmerai le travail. Mais tu sais que je me trouve toujours enrhumée les premiers jours en Angleterre, donc je n'ai pas pu faire un tas de choses qu'il fallait faire.

Je suis arrivée ici un peu avant la fin de l'année scolaire et je dois donc accompagner ma correspondante Jane à l'école, chaque jour. Les élèves anglais sont curieux d'apprendre des choses sur la France. Ils semblent penser que les Français ne mangent que du cheval et des escargots!

Tu sais que Jane est en première. Hier, son professeur de français a fait faire une dictée à la classe. Moi, j'ai dû la faire aussi. Je n'ai fait que deux erreurs, mais tout de même j'ai été un peu embarrassée, surtout parce que certains élèves anglais n'ont pas fait de fautes.

Je ne m'entends pas très bien avec le professeur de français. D'ailleurs, son français est presque incompréhensible. On dirait qu'il l'a appris en Allemagne. Il a vraiment un accent bien affreux.

Je ne m'habituerai jamais aux repas anglais! Ils mangent tant au petit déjeuner – cornflakes, jambon aux œufs, toast, confiture – que je me demande comment ils arrivent à ne pas s'endormir au travail.

L'autre soir, les parents de Jane m'ont invitée à un concert. J'ai accepté pour leur faire plaisir, mais la musique ne m'a pas plu du tout.

Hier soir, Jane et moi sommes sorties voir un film français. C'était un film divertissant, mais je dois dire que j'ai eu un peu le mal du pays en le regardant.

Avec qui sors-tu à présent? Il y a un garçon anglais qui ne cesse de me demander de sortir avec lui. Il faut admettre qu'il me plaît. Tu croiras peut-être que c'est parce qu'il est beau, mais c'est plutôt qu'il m'amuse. Je te tiendrai au courant.

Écris-moi bientôt,
Bien des baisers,
Ton amie,

Francine.

EMREB 1983

1
Why has Francine not written to Lisette?

a) She has been busy.
b) She has been too lazy.
c) She has not been well.
d) She has been waiting for a letter from Lisette.

2
When did Francine arrive in England?

a) In the spring.
b) In the summer.
c) In the autumn.
d) In the winter.

3
What does Francine say about the English pupils?

a) They are rather strange.
b) They are interested in hearing about France.
c) They think the French eat nothing but frogs and snails.
d) They ask odd questions about France.

4
What was Francine's reaction to the dictation she did?

a) She was surprised.
b) She was pleased.
c) She was proud.
d) She was embarrassed.

5
What comment does Francine make about Jane's French teacher?

a) She does not get on with him very well.
b) She cannot hear him very well.
c) She does not listen to him very well.
d) She does not understand him at all.

6
What comment does Francine make about the French teacher's French?

a) It is quite impossible to understand.
b) He speaks good French.
c) He learned his French in Germany.
d) He has a terrible accent.

7

What is Francine's reaction to the English breakfast?

a) She wonders why they eat such a mixture.
b) She wonders why they eat so much.
c) She wonders how they manage to stay awake during the morning.
d) She wonders how they manage to get to work on time.

8

What was Francine's reaction to the music at the concert she went to?

a) It was not to her liking.
b) She did not properly understand it.
c) It was in a style she was not used to.
d) She did not really appreciate it.

9

What does Francine say about her visit to the cinema?

a) She felt a bit ill.
b) She felt homesick.
c) She could not really afford to go.
d) She found the film boring.

10

What comment does Francine make about the English boy?

a) She finds him amusing.
b) He is quite good looking.
c) He often takes her out.
d) He does things which displease her.

— J'aime votre ''fish and chips'', mais cette boisson-ci ne me plaît pas beaucoup.

Now you can:
look after a French guest in your home and at your school.

Checklist . . . Checklist . . . Checklist . . .

Now you can:

1 describe future plans and suggest doing an exchange with a pen-friend.
2 ask and answer questions about the journey, food, drink, daily routine etc., when staying with a French family and offer to help.
3 talk about your daily routine and describe a typical day.
4 say what you do to help at home and find out about work as an au pair.
5 talk about school life, discuss different subjects: your strengths, weaknesses, likes and dislikes, and say what the school rules are and what you have to do.
6 talk about your own school system and compare it with French education.
7 talk about problems of language and foreign-language learning and ask for help or an explanation of something you don't understand.
8 thank people for their hospitality and say the French for 'After doing ...'
9 look after a French guest in your home and at your school.

For your reference

Bon appétit!

D'APRÈS un sondage récent, 77 pour cent des Français pensent que la France est le pays du monde où l'on mange le mieux. 30 pour cent des Français pensent que la gastronomie est un des grands plaisirs de la vie et seulement 18 pour cent ne s'intéressent pas à la nourriture. Qu'est-ce qu'une famille française typique mange alors? Marie-Claire Laval, maîtresse de maison et mère de famille, nous parle des repas de tous les jours.

«Alors à la maison, pour le petit déjeuner, les adultes mangent des tartines de beurre avec du café au lait ou du café noir. Les enfants mangent des tartines de beurre, avec de la confiture et ils prennent un bol de chocolat, ou quelquefois un bol de lait chaud. On aime aussi manger des croissants de temps en temps.

Puis, pour le déjeuner, on mange par exemple un plat de viande ou du poisson et des légumes, des pommes de terre, des haricots verts, des choux de Bruxelles, et, pour finir le repas en général, on mange des fruits, ou bien du fromage.

En France, on mange bien!

Le goûter, c'est plutôt pour les enfants, quand ils rentrent de l'école. Ils prennent quelque chose à boire, du sirop avec de l'eau ou du thé peut-être, et ils mangent du pain avec du chocolat ou du fromage.

Le soir, pour le dîner, nous mangeons quelquefois de la soupe de légumes, ou en été, peut-être une salade et du jambon. Et puis du fromage et des fruits, ou quelquefois du yaourt ou un flan ou un dessert.»

Les repas chez vous

1 Combien de repas prenez-vous par jour?
2 Qu'est-ce que vous mangez d'habitude au petit déjeuner et qu'est-ce que vous prenez comme boisson?

3 Où mangez-vous à midi, normalement?
4 Qu'est-ce que vous aimez manger pour le déjeuner?
5 Quand est-ce que vous mangez, le soir, à la maison?
6 Qu'est-ce que vous mangez et buvez d'habitude?

LAIT ET PRODUITS LAITIERS

Est-ce que vous mangez bien?

Les statistiques françaises ci-dessous indiquent les quantités idéales de nourriture pour les adolescents.

Petit déjeuner

- un verre de jus de fruit
- un bol de céréales avec du lait, *ou* du pain grillé (*ou* des biscottes) avec du beurre, et du miel ou de la confiture
- en plus, si possible, 30g de fromage ou du jambon *ou* un œuf à la coque

Déjeuner

- 80g de crudités *ou* de la salade avec deux cuillerées à café d'huile (ou de la sauce vinaigrette)
- de la viande ou du poisson (100g) *ou* deux œufs
- des légumes (pommes de terre, salade verte etc.) *ou* 65g de riz ou de pâtes
- du fromage (30g), *ou* du yaourt, *ou* 100g de fromage blanc avec une cuillerée à soupe de sucre
- un fruit *ou* un jus de fruit (obligatoire seulement si l'on n'a pas mangé de crudités pour commencer)

Goûter

- un ou deux verres de lait (chaud ou froid)
- du pain (grillé si vous voulez) avec du miel, de la confiture ou du chocolat

Dîner

- des crudités ou des pâtes
- 70 à 100g de viande froide *ou* deux tranches de jambon *ou* deux œufs
- au moins un légume (pomme de terre ou légume frais)
- de la salade verte (surtout, si l'on n'en a pas mangé au déjeuner)
- du fromage et un fruit, *ou* des céréales, *ou* un dessert fait avec du lait

VIANDES POISSONS ŒUFS

LÉGUMES ET FRUITS

PAIN, CÉRÉALES, POMMES DE TERRE, LÉGUMES SECS

MATIÈRES GRASSES

LES BOISSONS

La nourriture et vous

Est-ce que vous mangez bien pour votre santé?
Utilisez ces expressions pour répondre aux
questions.

Oui,	j'en mange j'en bois j'en prends j'en fais	quelquefois. tous les jours. régulièrement. beaucoup. souvent. assez. trop. une fois par semaine.

Non,	je n'en mange pas. je n'en bois pas. je n'en prends pas.

1 Buvez-vous assez de lait? (au moins deux verres par jour)
2 Buvez-vous trop de café? (plus de six tasses)
3 Mangez-vous assez de légumes?
4 Mangez-vous assez de fruits?
5 Mangez-vous trop de produits sucrés?
6 Faites-vous du sport régulièrement?
7 Mangez-vous souvent du «fast food»?
8 Mangez-vous souvent des frites?
9 Buvez-vous régulièrement des boissons sucrées?
10 Maintenant décrivez exactement ce que vous avez mangé et bu hier à chaque repas.

 The pronoun *en*

En is a very useful word, especially when talking about food. It means 'of it', 'of them', 'some' or 'any':

J'**en** mange beaucoup. — *I eat a lot of it.*

– ... et il y a du poulet – tu **en** veux? — *– and there's chicken – do you want some?*

– Non, je n'**en** mange jamais. — *– No, I never eat any.*

– Ça ne fait rien. Il n'**en** reste presque plus. — *– It doesn't matter. There's hardly any left.*

General points

1. **En** usually goes *before* the verb.

2. If there are two verbs and the second is an infinitive, **en** usually comes *before* the second verb:

Je vais **en** reprendre. — *I'm going to have some more.*

Ce poulet est délicieux. Tu dois **en** manger. — *This chicken's delicious. You must have some.*

3. French people often include **en** in sentences where in English we would leave out the pronoun altogether:

– As-tu des frères ou des sœurs? — *– Do you have any brothers or sisters?*

– Non, je n'**en** ai pas. — *– No, I haven't (any).*

– Du pâté... vous **en** voulez combien? — *– Pâté... how much do you want (of it)?*

– J'**en** voudrais 100 grammes. — *– I'd like 100 grammes (of it).*

– Est-ce qu'il y a un bon restaurant près d'ici? — *– Is there a good restaurant near here?*

– Oui, il y **en** a un près de l'église. — *– Yes there is one (of them) near the church.*

4. **En** is often used to replace an expression beginning with *du, de la, de l'* or *des*:

– Vous voulez du pâté, Madame? — *– Do you want any pâté, Madam?*

– Oui, oui, j'**en** prendrai une tranche. — *– Yes, I'll have a slice.*

– Quand êtes-vous revenu de Paris? — *– When did you get back from Paris?*

– J'**en** suis revenu samedi dernier. — *– I got back (from there) last Saturday.*

– Est-ce qu'il faut sortir le gâteau du four maintenant? — *– Should I take the cake out of the oven now?*

– Oui, il faut l'**en** sortir. — *– Yes, you should take it out.*

– Tu n'as pas peur des chiens, toi? — *– You're not afraid of dogs, are you?*

– Non, non! C'est ma petite sœur qui **en** a peur. — *– No, I'm not, but my little sister is (afraid of them).*

Useful expressions with *en*

Vous **en** voulez combien? — *How much do you want?*
J'**en** voudrais un kilo. — *I'd like a kilo (of it).*
J'**en** ai assez. — *I have enough.*
J'**en** ai marre. — *I'm fed up with it.*
Il n'**en** reste plus. — *There's none left (of it).*
Il n'y **en** a pas. — *There isn't (aren't) any.*
On s'**en** va? — *Shall we go?*
Je n'**en** sais rien. — *I don't know anything about it.*
Je n'**en** peux plus. — *I can't take any more.*

Note:

En is also used as a preposition to mean 'in' or 'by'.

Nous y allons **en** autobus. — *We're going there by bus.*

C'est un record!

Manger une grosse quantité de nourriture en peu de temps n'est pas très bon pour la santé! Cependant, il y a des gens qui le font pour se faire de la publicité ou pour battre un record. Répondez à ces questions comme dans l'exemple.

Exemple:
Qui a mangé le plus grand nombre de bananes?
C'était un Américain. Il en a mangé 17 en 2 minutes.

1 Qui a mangé le plus grand nombre de Camemberts?
2 Qui a mangé le plus grand nombre d'huîtres?
3 Qui a mangé le plus grand nombre de crêpes?
4 Qui a mangé le plus grand nombre de chips?
5 Qui a mangé le plus grand nombre d'escargots?
6 Qui a mangé le plus grand nombre d'hamburgers?
7 Qui a mangé la plus grosse quantité de fromage?
8 Qui a mangé la plus grosse quantité de fraises?
9 Qui a mangé la plus grande quantité de glace?
10 Qui a bu la plus grande quantité de lait?

nourriture et quantité	nationalité	en quel temps?
x17	Américain	en 2 minutes
x8	Français	en moins de 15 minutes
x250	Néo-Zélandais	en moins de 3 minutes
x62	Anglais	en moins de 7 minutes
x30	Australien	en moins de 25 minutes
x350	Anglais	en moins de 9 minutes
x20	Américain	en 30 minutes
453g	Anglais	en une minute 13 secondes
1kg	Anglais	en une minute
½ kg	Américain	en 90 secondes
1 LITRE	Anglais	en 3 secondes

Pouvez-vous aider ces touristes?

Consultez le plan et répondez aux questions des touristes.

Exemple:
– Est-ce qu'il y a un restaurant près d'ici?
– Oui, il y en a un, rue de Paris.

1 Est-ce qu'il y a une épicerie près d'ici?
2 Je cherche une crémerie. Est-ce qu'il y en a une près d'ici?
3 Y a-t-il une boulangerie quelque part?
4 Est-ce qu'il y a un supermarché en ville?
5 Est-ce qu'il y a un café près d'ici?
6 Vous savez où il y a une boucherie?
7 Est-ce qu'il y a un bureau de tabac près d'ici?
8 Où est-ce qu'il y a une poissonnerie, s'il vous plaît?
9 Y a-t-il une pâtisserie près d'ici?
10 Où est-ce qu'il y a une charcuterie, s'il vous plaît?

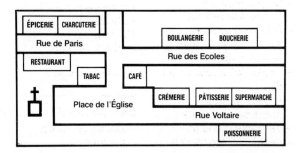

169

Ce matin... et hier

Exemple:

– Avez-vous bu du café ce matin?
– Oui, j'en ai bu.
  (Non, je n'en ai pas bu).

Ce matin

1 Avez-vous bu du lait?
2 Avez-vous bu du jus de fruit?
3 Avez-vous bu du thé?
4 Avez-vous mangé des céréales?
5 Avez-vous mangé des œufs?
6 Avez-vous mangé du pain?

Hier

1 Avez-vous mangé des frites?
2 Avez-vous mangé du poisson?
3 Avez-vous acheté du chocolat?
4 Avez-vous acheté des bonbons?
5 Avez-vous bu du vin?
6 Avez-vous fait de la gymnastique?

Faites la comparaison

Récemment on a fait la comparaison entre la quantité de certains aliments consommée par les Français aujourd'hui et en 1900. En voici les statistiques:

	1900	Aujourd'hui
	500g par jour	180g par jour
	16kg par an	36kg par an
	40kg par an	89kg par an
	15% de la ration journalière de calories	40% de la ration journalière de calories
	200kg par an	90kg par an

1 Est-ce que les Français mangent plus de pain aujourd'hui qu'en 1900?
2 Est-ce que les Français mangent plus de sucre aujourd'hui?
3 Est-ce qu'ils mangent plus de viande?
4 Est-ce qu'ils mangent plus de matières grasses?
5 Est-ce qu'ils mangent plus de pommes de terre?

La recette de la semaine

Numéro 1

Voici la première dans notre série de recettes de la semaine. Si vous en faites la collection vous pourrez faire un bon dîner à la française. Toutes les recettes sont pour 4 personnes.

4 grosses tomates pelées (pour peler facilement les tomates vous pouvez les plonger dans de l'eau bouillante pour une minute)

120 grammes de crevettes roses

une pincée de persil bien hâché avec un peu d'ail

30 cl de mayonnaise

quelques feuilles de laitue et 8 crevettes entières pour décorer.

Coupez un chapeau sur les tomates et en évidez le contenu. (Faites attention de ne pas couper la partie extérieure de la tomate.)

Mélangez ensemble les crevettes, le persil, l'ail et la mayonnaise et, avec une petite cuillère, remplissez en l'intérieur des tomates.

Pour servir, posez les tomates sur les feuilles de laitue et décorez-les avec les crevettes entières.

Un hors-d'œuvre
TOMATES FARCIES AUX CREVETTES

Now you can:

talk about food and describe what you eat at different meals.

5·2 Mon plat préféré

Une interview avec un vrai gourmet

M. Moulinet est un des inspecteurs officiels du Guide Michelin. Il dîne, incognito, dans des restaurants pour décider s'ils méritent une place, ou même une, deux ou (dans des cas exceptionnels) trois étoiles, dans le célèbre Guide Michelin. Écoutez l'interview avec M. Moulinet et essayez de noter ses réponses. (Vous n'aurez pas besoin de tous les mots dans la liste ci-dessous.)

1 Son repas préféré est ....
2 Son plat favori est....
3 Il n'aime manger ni... ni....
4 Il aime boire....
5 Une boisson qu'il n'aime pas est...,
6 Un plat qu'il aime manger en Angleterre est....
7 Il préfère manger dans les restaurants qui servent....

les champignons	les artichauts
la bière	le vin blanc
les échalotes	le vin rouge
les fruits de mer	le Yorkshire pudding
le déjeuner	le dîner
les moules	l'ail
marinières	

M. Jean-Jacques Moulinet – il mange pour gagner sa vie!

LES BONNES TABLES... À ÉTOILES

Les étoiles

A Paris, de nombreux hôtels et restaurants offrent de bons repas et de bons vins.

Certains établissements méritent toutefois d'être signalés à votre attention pour la qualité de leur cuisine. C'est le but des étoiles de bonne table.

Nous indiquons pour ces établissements trois spécialités culinaires. Essayez-les, à la fois pour votre satisfaction et pour encourager le chef dans son effort. ❀ ❀ ❀

3 ÉTOILES

Une des meilleures tables, vaut le voyage

Table merveilleuse, grands vins, service impeccable, cadre élégant... Prix en conséquence ❀ ❀

2 ÉTOILES

Table excellente, mérite un détour

Spécialités et vins de choix... Attendez-vous à une dépense en rapport. ❀

1 ÉTOILE

Une très bonne table dans sa catégorie.

L'étoile marque une bonne adresse dans le quartier que vous visitez.
Mais ne comparez pas l'étoile d'un établissement de luxe à prix élevés avec celle d'une petite maison où à prix raisonnables, on sert également une cuisine de qualité.

D'après Guide Michelin 1984 (Paris et environs)

XXXX ❀❀❀ **Archestrate** (Senderens), 84 r. Varenne ☎ 551.47.33 – AE ⓸ VISA   J 10
fermé 28 juil. au 21 août, 22 déc. au 2 janv., sam. et dim. – **R** carte 290 à 400
Spéc. Raviolis de pétoncles, Escalope de saumon fumé chaude, Émincé d'agneau.

XXXX ❀❀ **Le Divellec**, 107 r. Université ☎ 551.91.96 – AE ⓸ E VISA ❀   H 10
fermé 29 juil. au 3 sept., vacances de Noël, dim. et lundi – **R** 140/240
Spéc. Terrine de langoustines au foie gras de canard, Filets de St-Pierre braisés à la lie de vin. Effeuillé de morue à la crème de capucines.

XXX ❀ **Chez les Anges**, 54 bd Latour-Maubourg ☎ 705.89.86 – 📺. AE ⓸ E VISA   J 9
fermé dim. soir et lundi – **R** carte 140 à 215
Spéc. Oeufs en meurette, Millefeuille de saumon et de bar, Foie de veau.

XXX ❀ **Le Dauphin** (Sofitel Bourbon), 32 r. St-Dominique ☎ 555.91.80 – 📺. AE ⓸ E VISA   H 10
SC : **R** carte 200 à 285
Spéc. Suprême de barbue demi-deuil, Panaché de tête de veau en ragoût, Feuilleté tiède de poires.

XX ❀ **La Boule d'Or**, 13 bd Latour-Maubourg ☎ 705.50.18 – 📺. AE ⓸ VISA   H 10
fermé août, sam. midi et lundi – **R** carte 125 à 180
Spéc. Foie gras de canard, Montgolfière de turbot aux petits légumes, Soufflé au citron.

XX **La Calèche**, 8 r. Lille ☎ 260.24.76 – AE ⓸ VISA   J 12
fermé 7 au 31 août, sam. et dim. – SC : **R** carte 120 à 170.

XX **La Fontaine aux Carmes**, 124 r. Grenelle ☎ 551.77.23 – AE VISA   J 11
fermé août, sam. et sam. – **R** carte 130 à 180.

XX **Chez Ribe**, 15 av. Suffren ☎ 566.53.79 – AE ⓸ E VISA   J 7
fermé août, sam. et dim. – **R** carte 135 à 200.

XX **Le Champ de Mars**, 17 av. Motte-Picquet ☎ 705.57.99 – ⓸ VISA   J 9
fermé 14 juil. au 15 août et lundi – **R** carte 90 à 150.

XX ❀ **Gildo** (Bellini), 153 r. Grenelle ☎ 551.54.12 – 📺   J 9
fermé Pâques, Pentecôte, 14 juil. au 1er sept., vacances de Noël, dim. et lundi – **R** carte 110 à 145
Spéc. Spaghetti alle vongole, Tagliorini aux champignons sauvages (saison), Rognone trifolato.

XX **Quai d'Orsay**, 49 quai d'Orsay ☎ 551.58.58 – 📺. AE ⓸ E VISA   H 9
fermé dim. – **R** carte 165 à 220.

X ❀ **Pantagruel** (Israël), 20 r. Exposition ☎ 551.79.96 – AE ⓸ VISA   J 9
fermé août, sam. midi et dim. – SC : **R** carte 130 à 200
Spéc. Soufflé aux oursins (nov. à mars), Foie chaud de canard, Râble de lièvre sauce smitane (oct. à déc.).

A propos de la nourriture vocabulaire et phrases utiles

Les provisions

le beurre	butter
les biscuits (m.pl.)	plain biscuits
le café	coffee
le chocolat	chocolate, drinking chocolate
la confiture	jam
la crème fraîche	fresh cream
l'eau minérale (f)	mineral water
le fromage	cheese
le gâteau	cake
l'huile (d'olive) (f)	(olive) oil
le jambon	ham
le lait (pasteurisé)	milk (pasteurised)
la moutarde	mustard
les œufs (m.pl.)	eggs
le pain	bread
le pâté	meat paste
les pâtes (f.pl.)	pasta
les nouilles	noodles
la pâtisserie	pastry
les petits gâteaux (m.pl.)	sweet biscuits
le poisson	fish
le poivre	pepper
le riz	rice
le sucre	sugar
le sel	salt
le thé	tea
le vin	wine
le vinaigre	vinegar

Les légumes

l'ail (m)	garlic
l'artichaut (m)	artichoke
l'aubergine	aubergine
la carotte	carrot
le champignon	mushroom
le chou	cabbage
le chou-fleur	cauliflower
le concombre	cucumber
les haricots verts (m.pl.)	green beans
la laitue	lettuce
un oignon	onion
les petits pois (m.pl.)	peas
le(s) poireau(x)	leek(s)
la pomme de terre	potato
le radis	radish
la salade	(green) salad

Les fruits

l'abricot (m)	apricot
l'ananas (m)	pineapple
la banane	banana
la cerise	cherry
le citron	lemon
la clémentine	clementine
la datte	date
la fraise	strawberry
la framboise	raspberry
la figue	fig
le melon	melon
l'orange (f)	orange
le pamplemousse	grapefruit
la pêche	peach
la poire	pear
la pomme	apple
la prune	plum
le raisin	grape
la tomate	tomato

La viande

l'agneau (m)	lamb
le bœuf	beef
le bifteck / le steack	steak
le mouton	mutton
le porc	pork
le poulet	chicken
le veau	veal
la volaille	poultry
la saucisse	sausage (for cooking)
le saucisson(sec)	salami, continental sausage
une rondelle de ~	a slice of salami

Pour décrire quelque chose

C'est fait avec …	It's made with …
C'est une sorte de …	It's a kind of …
C'est une spécialité de la région …	It's a local speciality …
C'est un peu comme …	It's a bit like …
C'est vraiment délicieux.	It's really delicious.
C'est assez piquant.	It's quite spicy.
C'est très léger.	It's very light.

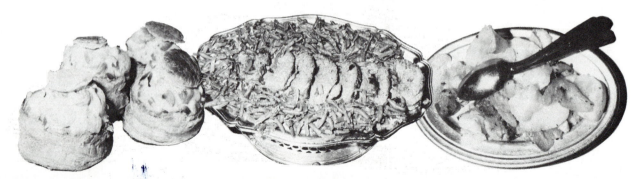

Faites un sondage

A Écrivez vos réponses aux questions suivantes:

1 Quel est votre repas préféré?
2 Quel est votre plat préféré?
3 Quelle est votre boisson préférée?
4 Qu'est-ce que vous n'aimez pas manger? (*Deux choses au maximum!*)
5 Quelle boisson n'aimez-vous pas beaucoup?
6 Quelle cuisine étrangère aimez-vous le mieux?

B Posez des questions à votre partenaire pour savoir comment il/elle a répondu à ces questions et notez ses réponses.

    Exemple: Quel est ton repas préféré?

C Présentez votre partenaire à la classe.

    Exemple: Je vous présente Mark Brown. Son repas préféré est …

D Si vous avez le temps, vous pouvez faire un résumé des goûts de toute la classe.

Parmi les … élèves de notre classe, … ont mis … comme étant leur repas préféré. Pour … élèves le plat préféré est … . Et … élèves ont choisi … comme boisson préférée. Pour … élèves, la cuisine étrangère préférée est la cuisine … .

On mange bien en Grande-Bretagne?

Les Français s'intéressent beaucoup à la nourriture, alors si vous recevez des amis français à la maison, ils sont sûrs de vous poser des questions à propos de la nourriture et des plats typiques. Êtes-vous capable de leur expliquer des plats typiques?

A Lisez bien ces descriptions et identifiez les plats décrits.

1 C'est un petit gâteau rond qui est frit. A l'intérieur il y a de la confiture de framboise et à l'extérieur il y a du sucre.
2 C'est une sorte de pudding qu'on mange comme dessert. A l'intérieur il y a des raisins de Corinthe. On le mange avec la crème anglaise chaude.
3 C'est de la chair à saucisse cuite dans de la pâte. Je crois que c'est comme un friand en France.
4 C'est du steak avec des rognons, cuits dans une cocotte avec de la croûte dessus. On le mange comme plat principal avec des pommes de terre et quelquefois de la sauce.
5 C'est un plat traditionnel de la Cornouaille, fait avec de la viande, des pommes de terre et de la croûte.
6 C'est un dessert fait avec du gâteau, une gelée de fruits et, sur le dessus, de la crème anglaise et de la crème fraîche.

B Maintenant, essayez de décrire trois ou quatre plats qu'on mange souvent chez vous. Voilà quelques idées:

Pour vous aider:

C'est	un dessert. un gâteau. un plat. un pudding.	une sorte de … un plat traditionnel. un peu comme … une spécialité.

A	l'intérieur l'extérieur	
Sur le dessus		il y a …

On	le la les	mange fait	avec sur comme	des légumes. de la crème anglaise. de la sauce. dessert. hors-d'œuvre. plat principal. la viande.

173

Une lettre à écrire

Écrivez une lettre à votre correspondant(e) français(e).

1 Mettez votre adresse et la date.

2 Écrivez deux ou trois phrases pour commencer, par exemple:

> Cher/Chère …
>
> Merci beaucoup de ta lettre. Tu m'as demandé de te parler un peu de ce qu'on mange en Grande-Bretagne et de décrire un plat typique. Eh bien, voilà …

3 Maintenant, écrivez quelques phrases au sujet des repas et de ce qu'on mange souvent chez vous, par exemple:

> Chez nous, on ne prend pas de petit déjeuner traditionnel avec des œufs et du bacon. Moi, je prends …
>
> A midi, ⎡ je déjeune à la cantine. C'est bon/Ce n'est pas bon.
> on mange d'habitude …
> je rentre à la maison. Je mange souvent …
> je mange des sandwichs. ⎦

Puis ⎡ vers six heures, nous mangeons …
quand je rentre à la maison, je mange … ⎦

Je bois surtout du thé, du lait, de la limonade, du café, de l'eau.

Je n'aime pas …

4 Maintenant, décrivez un plat typiquement britannique. Vous pouvez même en envoyer la recette à votre ami(e).

5 Posez quelques questions à propos de la cuisine française, par exemple:

> J'ai entendu dire, qu'en France, on mange des escargots/ de la viande de cheval – est-ce vrai?
>
> C'est vrai que vous mangez la viande toute seule, et que vous mangez les légumes après?
>
> Pouvez-vous me décrire un repas typiquement français?

6 Finissez la lettre et signez-la.

La recette de la semaine

Numéro 2

un livre de foie de porc
250 g de lard assez gras (*streaky bacon*)
une pomme de grandeur moyenne (épluchée)
un oignon (assez grand)
15 cl de vin rouge
¼ cuillère à café de thym
du sel et du poivre noir

Coupez le foie et le lard, la pomme et l'oignon en morceaux, pas trop grands.
Mettez le tout dans une grande casserole avec le thym, du sel, du poivre et le vin.
Faites bouillir, puis laissez cuire doucement pendant une demi-heure.
Laissez refroidir un peu, puis réduisez le tout en purée.
Versez dans une terrine ou dans de petits pots en terre et décorez avec un brin de persil (*sprig of parsley*).

PÂTÉ DE BOURGOGNE

un pâté très facile à faire si vous avez un «robot-chef».

Now you can:
talk about food you like and dislike and describe British food to a French person.

174

5·3 On achète des provisions

Les Legrand vont faire les courses

Écoutez la conversation entre Monsieur et Madame Legrand. Ils vont acheter des provisions pour le week-end. Ils vont acheter des légumes, des fruits, des œufs et du fromage au marché. Ensuite ils vont faire des achats à la boucherie, à l'épicerie, à la charcuterie et à la pâtisserie. Pouvez-vous compléter leur liste?

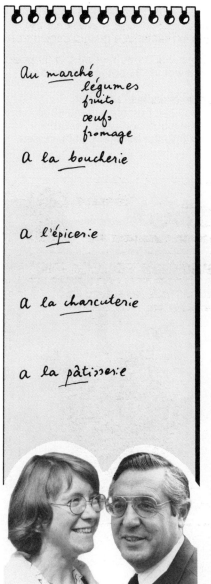

Au marché
legumes
fruits
œufs
fromage

A la boucherie

a l'épicerie

a la charcuterie

a la pâtisserie

Au marché

Le marchand:	Goûtez nos melons, ils sont superbes, goûtez … Ah, bonjour Madame, vous voulez des melons?
Mme Legrand:	Non, merci. Je prendrai un demi-kilo de clémentines et puis des bananes.
Le marchand:	Un demi-kilo de clémentines … voilà. Et des bananes – vous en voulez combien?
Mme Legrand:	Un kilo, s'il vous plaît. Elles ne sont pas trop dures, non?
Le marchand:	Ah non, elles sont bien mûres … voilà, Madame. Et avec ça?
Mme Legrand:	Ils sont bons aujourd'hui, vos haricots verts?
Le marchand:	Bien sûr …
Mme Legrand:	Alors mettez-moi un kilo de haricots et … avez-vous des poireaux, s'il vous plaît?
Le marchand:	Désolé, Madame, mais je n'en ai pas aujourd'hui.
Mme Legrand:	Pas de poireaux … ah, c'est dommage! Je vais peut-être en trouver chez l'épicier. Bon, un demi-kilo de petits pois, une grosse laitue et … c'est tout.
Le marchand:	Voilà les petits pois, Madame.
Mme Legrand:	Merci. Ça fait combien?
Le marchand:	Eh bien, dix francs les clémentines, huit francs trente les bananes, six francs quarante les haricots et cinq francs vingt les petits pois. Puis il y a la salade, quatre francs cinquante. Ça vous fait trente-quatre francs quarante en tout.
Mme Legrand:	Trente-quatre francs quarante. Avez-vous la monnaie de cent francs?
Le marchand:	Oui, Madame. Voilà. Merci beaucoup, Madame. Au revoir, Madame.
Mme Legrand:	Au revoir, Monsieur.

A la boucherie

Monsieur Legrand vient d'arriver à la boucherie. Répondez pour lui.

Le boucher:	Bonjour Monsieur. Vous désirez?
M. Legrand:	*(Il achète deux escalopes pour le déjeuner)*
Le boucher:	Voilà, Monsieur. Et avec ça?
M. Legrand:	*(Il commande un rôti de bœuf pour demain – deux kilos environ – et il demande si on peut le livrer à la maison demain matin, avant dix heures)*
Le boucher:	D'accord Monsieur. Pas de problème!
M. Legrand:	*(Il demande le prix)*
Le boucher:	Alors dix-huit francs pour les escalopes, et soixante francs pour le rôti de bœuf. Ça fait soixante-dix-huit francs en tout, Monsieur.
M. Legrand:	*(Il remercie le boucher et dit au revoir)*

Maintenant les Legrand doivent aller à l'épicerie, à la charcuterie et à la pâtisserie. A vous d'inventer les conversations dans ces trois magasins.

A vous, maintenant Vous achetez des provisions

1 Vous êtes au marché, en train d'acheter des fruits pour un pique-nique.

Ask for half a kilo of apples.
– Voilà, Monsieur/Mademoiselle et avec ça?
Find out the price of the oranges.
– Un franc la pièce.
Say that they are too expensive, and ask what the peaches are like.
– Elles sont très bonnes.

NICSE 1983

2 Vous êtes à la boucherie. Vous parlez au boucher.

Ask the price of a kilo of beef.
– Dix-neuf francs quarante.
Buy half a kilo of sausages and six slices of ham.
– Bien, voilà Monsieur/Mademoiselle.
Ask the butcher if there is a baker's nearby.
– Oui, à côté de la pharmacie.

SREB 1983

3 Vous êtes à l'épicerie.

– Bonjour, Monsieur. Vous désirez?
Say you would like two kilos of sugar.
– Voilà deux kilos, Monsieur. Et avec ça?
Tell him that you would like 500 grammes of butter.
– Voilà, Monsieur. Vous voulez autre chose?
You then ask for six slices of ham.
– Voilà, Monsieur. C'est tout ce qu'il vous faut?
You can say that is all and ask how much you owe.
– Vingt francs, Monsieur.

YREB 1982

4 You are at a greengrocer's.

– Vous désirez?
Ask how much the peaches are in the window.
– Trois francs chaque.
Say it is too expensive.
– Alors, vous voulez autre chose?
Ask for half a kilo of tomatoes.
– Elles sont un peu mûres, ça va?
Say that does not matter.
– Voilà vos tomates. Et encore?
Say you also want four bananas.
– Voilà, Monsieur/Mademoiselle.

EAEB 1983

5 Whilst camping in France you go into a shop to buy some food.

  (i) Say that you would like some peas and a cauliflower.
 (ii) Ask the price of a kilo of potatoes.
(iii) Find out if you can buy eggs in the shop.
(iv) Ask if there is a butcher's shop nearby.
 (v) Ask at what time the butcher's shop closes.

ALSEB 1982

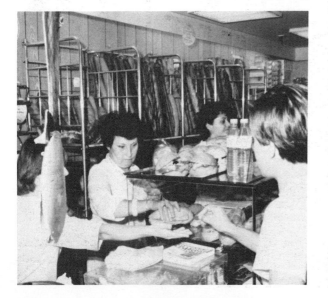

Pour acheter des provisions vocabulaire et phrases utiles

Les magasins

une alimentation	grocer's, general food shop
une boucherie	butcher's
une boulangerie	baker's
une boutique	small shop
une charcuterie	pork butcher's, delicatessen
une confiserie	confectioner's, sweet shop
une crémerie	dairy (and grocer's)
une épicerie	grocer's
un hypermarché	hypermarket
un grand magasin	department store
un magasin	shop
le marchand de légumes le marchand de fruits	greengrocer
un marché	market
une pâtisserie	cake shop
une poissonnerie	fish shop
un supermarché	supermarket
un traiteur	caterer, delicatessen

Les quantités

un kilo de	a kilo of
un demi-kilo de 500 grammes de une livre de	a pound of
un morceau de	a piece of
une portion de	a portion of
une rondelle de	a round slice (of continental sausage)
une tranche de	a slice of (ham, pâté etc.)

Les mots descriptifs

assaisonné	seasoned
beau	beautiful
bon	good
dur	hard
fade	tasteless
fort	strong
frais, fraîche	fresh
léger, légère	light
mauvais	bad
mûr	ripe
piquant	spicy
salé	salt(y)
sucré	sweet, sweetened
tendre	tender

Expressions utiles

Vous

Je voudrais …	I should like …
Avez-vous …?	Have you …?
… s'il vous plaît.	… please.
Est-ce que vous vendez …?	Do you sell …?
Quel est le prix de …?	How much is …?
Avez-vous quelque chose de moins cher?	Have you anything cheaper?
Mettez-moi (aussi) …?	Give me … (as well).
Qu'est-ce que vous avez comme jambon?	What kind of ham have you?
Donnez-moi un morceau comme ça.	Give me a piece like that.
C'est combien?	How much is it?
Je prends/vais prendre ça.	I'll take that.
Ça fait combien?	How much does it come to?
C'est tout.	That's all.
Merci bien/beaucoup.	Thank you very much.
Avez-vous la monnaie de 100 francs?	Have you got the change for 100 francs?

Le marchand

Vous désirez?	What would you like?
Et avec ça?	Something else?
Vous voulez autre chose?	Would you like anything else?
Vous en voulez combien?	How much do you want?
Nous avons un grand choix de vins.	We have a big choice of wines.
C'est tout?	Is that all?
C'est tout ce qu'il vous faut?	Is that all you need?
Payez à la caisse, s'il vous plaît.	Pay at the cash desk, please.

Des provisions pour un pique-nique

Imaginez que vous êtes en France avec des amis qui ne parlent pas français. Un jour, vous décidez de faire un pique-nique. Vous allez à la charcuterie avec vos amis pour acheter des provisions. Vous êtes la seule personne qui parle français, alors qu'est-ce que vous dites?

A

– Bonjour M'sieurs/dames, vous désirez?
Greet the assistant and say you want some pâté. Ask what kind they have.
– Alors nous avons trois sortes de pâté, aujourd'hui, il y a du pâté maison, du pâté de campagne ou bien celui-ci qui est un peu plus assaisonné que les autres.
Buy 250 grammes of 'pâté maison'.

B

One friend suggests buying some continental sausage. Ask the assistant about this.
– Oui, celui-ci, ça va?
Agree to have that one.
– Vous en voulez combien?
Say you want about ten slices.
– Voilà. Et avec ça?

C

Another friend wants to know how much the pizza is, so ask about that.
– Eh bien, la pizza coûte six francs la tranche.
Your friend thinks this is a lot so ask if they have something cheaper.
– Oui, il y a de la quiche lorraine, qui coûte quatre francs cinquante par portion. Elle est très bonne. Vous en voulez?
Your friend prefers this, so ask for two portions.
– Voilà, Monsieur/Mademoiselle. Vous désirez autre chose?

D

You ask for four slices of ham and then say that that's all.
– Voilà, Monsieur/Mademoiselle. Alors ça fait vingt-sept francs en tout.
Say you've only got a 100 franc note. Ask if that's all right.
– Bien sûr. Alors vingt-sept francs, vingt-huit, vingt-neuf, trente et vingt, ça fait cinquante et cinquante ça fait cent francs. Au revoir Messieurs-dames.

La recette de la semaine Numéro 3

4 escalopes de dinde

500 g de raisins blancs (ou noirs, si vous préférez, mais choisissez plutôt le raisin sans pépins)

6 cuillerées à soupe de crème fraîche

sel, poivre

un peu de beurre

Épluchez le raisin.

Salez et poivrez les escalopes et puis faites revenir doucement dans une poêle avec un tout petit peu de beurre, en les retournant une fois.

A la fin de la cuisson ajoutez la crème fraîche et le raisin et chauffez pendant quelques minutes seulement.

Servez tout chaud avec de la purée de pommes de terre ou du riz.

Le plat principal
LES ESCALOPES DE DINDE 'VÉRONIQUE'

Now you can:
buy food in different types of shops and at the market and ask for the quantities you require.

UN MÉTIER POUR VOUS: *DIÉTÉTICIENNE*

Aline Duhamel a 18 ans. Elle vient d'avoir son bac scientifique et elle veut travailler comme diététicienne dans un hôpital. Elle parle à Christophe Leclerc.

Pour commencer, Aline, est-ce que vous pouvez nous expliquer pourquoi vous avez choisi ce métier?
Oui … eh bien … les sciences m'intéressent, mais la nourriture aussi. Je voulais d'abord travailler dans un grand restaurant ou dans un hôtel, puis finalement j'ai décidé de travailler comme diététicienne dans un hôpital. C'est un métier plus scientifique, et il paraît que je vais y trouver plus de variété.

Vous venez de quitter votre lycée. Qu'est-ce que vous allez suivre comme formation pour être diététicienne?

Eh bien, j'ai eu de la chance, parce que je viens d'avoir une place au Lycée technique Saint-Louis, ici à

Bordeaux. On vient de m'accepter pour préparer le B.T.S. en diététique. Je vais y faire deux ans d'études.
Allez-vous faire du travail pratique durant cette période ou est-ce que vous allez simplement faire des études théoriques?
Oh, plutôt pratiques, je crois. On va faire des stages avec des gens bien portants, et, plus tard, dans un hôpital avec les malades.
En quoi consiste le travail d'une diététicienne à l'hôpital? Qu'est-ce que vous allez faire?
Eh bien, je vais surtout m'occuper des régimes des malades. Ça va être un travail important, car, le plus souvent, le régime fait partie du traitement. Au moins un quart des malades dans un hôpital doit suivre un régime spécial.
Mais vous n'allez pas préparer les repas vous-même?
Ah non, mais je vais travailler en consultation avec le chef de cuisine, et, en plus, comme les autres diététiciennes je vais surveiller l'hygiène dans la cuisine et vérifier les plateaux présentés aux malades.

Alors c'est tout … ou vous allez faire autre chose?

Je ne vais pas m'occuper seulement du traitement, mais aussi de la prévention. Je dois donner des conseils diététiques, par exemple, aux malades et aux infirmières. En plus, les diététiciennes doivent préparer des régimes personnalisés pour les malades qui viennent de finir leur traitement et qui vont quitter l'hôpital. Il paraît qu'on leur donne aussi des suggestions de recettes, j'espère que je vais faire ça parce que je m'intéresse beaucoup aux recettes.

Alors, Aline, il me semble que vous allez aimer votre profession … mais, est-ce que vous y voyez des désavantages ou des inconvénients?

Euh, bien oui, il y a une chose … c'est que, dans la vie sociale, les gens semblent avoir un peu peur des diététiciennes … surtout les gens qui essayent de suivre un régime pour maigrir. Alors le soir, quand je dîne avec des amis, j'essaie de ne pas parler de mon futur métier!

Grammaire

venir de/aller + infinitive
(1) Present Tense

venir de + infinitive   *'to have just …'*

Elle **vient d'avoir** son bac.	*She has just got her 'bac'.*
Vous **venez de quitter** le lycée.	*You have just left school.*
Je **viens d'avoir** une place.	*I have just got a place.*
Les malades **viennent de finir** leur traitement.	*The patients have just finished their treatment.*

aller + infinitive   *'to be going to …'*
This is an easy way of expressing the future in French, and is often used in conversation!

Qu'est-ce que tu **vas faire**?	*What are you going to do?*
Je **vais faire** deux ans d'études.	*I shall do two years' study.*
Ça **va être** un travail important.	*That will be important work.*
Vous n'**allez** pas **préparer** les repas vous-même?	*You are not going to prepare the meals yourself?*

Les projets d'Aline
Imaginez que vous avez rencontré quelqu'un qui était dans la même classe qu'Aline, l'année dernière. Pouvez-vous répondre à ses questions?

1 Alors, Aline vient d'avoir son bac, n'est-ce pas?
2 Et qu'est-ce qu'elle va faire, comme métier?
3 Combien de temps va-t-elle étudier pour faire ça?
4 Où est-ce qu'elle vient de trouver une place?
5 Et où est-ce qu'elle va travailler plus tard?
6 Qu'est-ce qu'elle va faire surtout?
7 Est-ce qu'elle va préparer des repas elle-même?
8 Tu crois qu'elle va aimer ce travail?

Complétez les captions

1a)

Exemple:
Il va faire le plein.

b)

Exemple:
Il vient de faire le plein.

2a)

… donner un bain à son chien.

b)

… donner un bain à son chien.

3a)

… s'habiller pour aller au bal.

b)

… s'habiller pour aller au bal.

4a)

… repeindre la chambre.

b)

… repeindre la chambre.

5a)

… amener Georges au concours des animaux.

b)

… amener Georges au concours des animaux.

6a)

Le feu d'artifice … commencer.

b)

Le feu d'artifice … commencer.

En français, s'il vous plaît!

Your French pen-friend is visiting you. Can you use part of *venir de* + infinitive or part of *aller* + infinitive to tell him or her these things?

Exemple:

1 Tu vas venir à l'école avec moi, aujourd'hui.

1 That he is going to go to school with you today.
2 That a friend has just arrived.
3 That your parents are going to go out this evening.
4 That the football match on T.V. has just started.
5 That his parents have just phoned.
6 That you are both going to eat in the canteen today.
7 That the post office has just closed.
8 That your Dad will fetch him at midday. (*to fetch you* = te chercher)
9 That your sister has just gone out.
10 That your grandparents will be visiting you this afternoon. (*to visit us* = nous rendre visite)

Un peu d'histoire

Vous aimez la soupe? Depuis des siècles la soupe joue un rôle important dans le repas du soir des Français.

Au Moyen-Âge, les paysans avaient une grande casserole de soupe qu'ils laissaient cuire sans arrêt sur le feu. Le soir, lorsqu'ils avaient mangé à leur faim, ils ajoutaient encore des légumes, ou peut-être un poulet, et la soupe continuait de cuire.

À l'époque du roi Louis XIV on mangeait beaucoup de soupe à la cour mais avec des ingrédients assez inattendus. Par exemple, le roi aimait beaucoup une soupe composée de laitue, de beaucoup d'herbes, de jus de champignons bouillis et d'œufs durs!

Le roi Louis XIV était un mangeur extraordinaire et on raconte beaucoup d'histoires au sujet de son grand appétit. Un jour par exemple, il demanda trois ou quatre œufs durs. Rien d'extraordinaire, dites-vous? Mais si, c'était extraordinaire parce qu'il venait de manger un déjeuner composé de trois soupes, trois hors-d'œuvre, du poisson, de la viande rôtie et un dessert!

Le soir on devait laisser à la porte de la chambre de Louis XIV deux ou trois grands pains et quelques bouteilles de vin – même s'il venait de manger un gros dîner, il avait peur d'avoir faim pendant la nuit!

Quand le roi venait de finir un repas, les officiers de la cour apportaient tout ce qui restait du repas et le vendaient au peuple. Souvent le roi n'avait même pas goûté à tous les plats, alors les gens pouvaient acheter de la nourriture royale à des prix assez bas.

**Grammaire**
venir de/aller + infinitive
(2) Imperfect Tense

Look at these extracts from *Un peu d'histoire* and notice how **venir de** is used in the past tense:

... il **venait de manger** un déjeuner ...

... *he had just eaten a lunch* ...

... même s'il **venait de manger** un gros dîner ...

... *even if he had just eaten a big dinner* ...

Quand le roi **venait de finir** un repas ...

When the king had just finished a meal ...

The construction **venir de** + infinitive is only used in one of two tenses:

Present Tense

Il **vient d'arriver**.

He has just arrived.

Imperfect Tense

Il **venait d'arriver**.

He had just arrived.

The construction **aller** + infinitive is used in a similar way:

Present Tense

Il **va arriver** demain.

He will arrive tomorrow.

Imperfect Tense

Il **allait partir** quand le téléphone a sonné.

He was about to leave, when the telephone rang.

Il a quitté l'école à 16 ans, parce qu'il **allait vivre** aux États-Unis.

He left school at 16, because he was going to live in the U.S.A.

Elle a dit qu'elle **allait sortir** avec ses amis.

She said that she was going to go out with her friends.

Un kidnapping au restaurant Stromboli

Yesterday evening you were having a meal with some friends at an Italian restaurant in Paris. The waiter had just given you the menu and you were going to order the meal when an amazing thing happened.

Two men had just come into the restaurant and were, you thought, going to sit down near you. (The people at the next table to you had just finished their meal and were about to leave.) On the terrace, the waiter had just served a boy his ice cream and the boy was about to eat it. Suddenly, the two men seized the boy and left with him in a taxi. It was a kidnapping! Naturally, you would be asked what you saw. Complete part of your evidence here:

cue venir describe people   *kidnapper ravisseur*   *= to kidnap — kidnapper*

1

venait de ~~entre~~ de
«Le garçon ... nous donner le menu et nous ... ~~~~ commander le repas.»
venions de

2

sont entrés
«Deux hommes ... dans le restaurant, et à mon avis, ils ... à la table tout près de nous.»

3

«Les gens assis à cette table ... leur repas et ils ... . »

4

«Sur la terrasse, le garçon ... une glace à un petit garçon et il ... la ..., quand, tout à coup les deux hommes ont kidnappé l'enfant.»

Je viens de tomber en panne à deux kilomètres de la ville. Je vais téléphoner au garage.

Try reporting these messages in a similar way:

Grammaire

'Voilà le message …'

If you were reporting this phone message to someone later, you might say:

Il a dit qu'**il venait** de tomber en panne à deux kilomètres de la ville et qu'**il allait** téléphoner au garage.

Notice the following:

– you have to change the verb from the 1st person (*je* or *nous*) to the 3rd person (*il/elle* or *ils/elles*)
– you have to change the tense of the verb from the Present to the Imperfect

1 Elle a dit qu'elle … .

Je viens de manquer le train, et je vais prendre l'autobus à dix heures.

2 Il a dit que Jacques … .

Jacques vient de tomber de son vélo, alors je vais l'accompagner jusqu'à chez lui.

3 Elle a dit qu'elles … .

Nous venons d'arriver en ville, Claire et moi. Nous allons rencontrer Marie au café à midi.

4 Il a dit que Jean … .

Jean vient de partir et il va arriver avec un peu de retard.

5 Elle a dit qu'elle … .

Je viens de recevoir la lettre et je vais venir aussi vite que possible.

La recette de la semaine

Numéro 4

Voici un plat français très célèbre. Vous pouvez le servir comme plat principal, ou avec ou après la viande. Gardez ce qui reste–c'est un plat qu'on peut facilement réchauffer.

2 aubergines
2 courgettes
1 gros poivron rouge (ou vert, si vous préférez)
2 tomates
2 oignons
15 cl d'huile d'olive
sel, poivre, 2 gousses d'ail (*cloves of garlic*) écrasées
1 cuillerée à café de basilic en poudre
un peu de coriandre écrasé

Enlevez les graines des aubergines, du poivron et des courgettes et coupez les légumes en morceaux

Épluchez les oignons et coupez-les en rondelles fines.

Choisissez une grande casserole ou une bonne cocotte et faites cuire l'oignon dans l'huile d'olive.

Puis ajoutez peu à peu, les aubergines, les courgettes et le poivron.

Ensuite ajoutez les tomates, coupées en quatre et l'assaisonnement.

Couvrez la casserole et laissez cuire doucement pendant une heure.

Les légumes
LA RATATOUILLE

Now you can:

talk about what has *just happened* and what is shortly *going to happen*, using *venir de* and *aller* + the infinitive.

5.5 Au café

TARIF DES CONSOMMATIONS

STEACK
FRITES
30f
COTE de
PORC
FRITES
27

CAFÉ DE LA PLAGE

Vrai ou faux?

1 En France, les cafés sont ouverts à l'heure des repas seulement et ils sont fermés après 11h du soir.

2 Au café, on peut acheter toutes sortes de boissons, y compris du café, de la limonade et des jus de fruits, et des boissons alcoolisées.

3 Les moins de 18 ans n'ont pas le droit d'entrer dans les cafés.

4 Dans la plupart des cafés, on ne sert pas beaucoup de plats chauds, mais quelquefois on en sert deux ou trois à l'heure du déjeuner.

5 Les consommations coûtent moins cher si on les prend debout au comptoir, que si l'on s'assied à la terrasse.

6 Si vous voyez «prix net» sur votre addition il n'est pas nécessaire de laisser de pourboire.

7 Si vous voyez un enseigne qui ressemble à un gros cigare rouge devant le café, on peut y acheter des timbres, du tabac et des allumettes.

8 Si on demande «un café» tout simplement, on vous servira un café au lait.

183

Au café vocabulaire et phrases utiles

Des boissons

une boisson alcoolisée	*alcoholic drink*
une boisson non-alcoolisée	*non-alcoholic drink*
une boisson gazeuse	*fizzy drink*
une bière	*beer*
un demi	*half a pint (draught beer)*
un café	*(black) coffee*
un (café) crème	*coffee with cream*
un café au lait	*coffee with milk*
un décaféiné	*decaffeinated coffee*
un express	*expresso coffee*
un grand café	*large cup of coffee*
un petit café	*small cup of coffee*
un chocolat chaud	*hot chocolate*
un cidre	*cider*
un citron pressé	*fresh lemon juice*
un Coca Cola	*Coke*
de l'eau minérale (f)	*mineral water*
un jus de fruit	*fruit juice*
un jus d'ananas	*pineapple juice*
un jus d'orange	*orange juice*
un jus de pamplemousse	*grapefruit juice*
un jus de tomate	*tomato juice*
du lait (m)	*milk*
une limonade	*lemonade*
une menthe à l'eau	*mint-flavoured drink (with water)*
un diabolo menthe	*mint-flavoured drink (with lemonade)*
un Orangina	*fizzy orange drink*
un Perrier	*Perrier water*
un thé	*tea*
un thé au lait	*tea with milk*
du vin blanc/rosé/rouge (m)	*wine (white, rosé, red)*

Les quantités

une bouteille	*bottle*
une carafe	*carafe*
une demi-bouteille	*half a bottle*
un quart (de vin rouge)	*quarter of a litre (of red wine)*
un verre	*glass*

Les casse-croûtes

une crêpe	*pancake*
un croissant	*croissant*
un croque-monsieur	*toasted cheese and ham sandwich*
des frites	*chips*
une gaufre	*waffle*
une glace	*ice cream*
~ au chocolat	*chocolate-flavoured*
~ aux noisettes	*hazelnut*
~ à la pistache	*pistachio*
~ à la vanille	*vanilla*
un hot-dog	*hot dog*
un œuf sur le plat	*fried egg*
une omelette	*omelette*
une pizza	*pizza*

un sandwich	*sandwich*
~ au fromage	*with cheese*
~ au jambon	*with ham*
~ au pâté	*with pâté*
~ au saucisson	*with continental sausage*

Expressions utiles

Est-ce que vous servez des plats chauds?	*Are you serving hot meals?*
Qu'est-ce que vous avez comme sandwichs?	*What sort of sandwiches do you have?*
Est-ce que je peux avoir de la monnaie pour …?	*Can I have some change for …?*
le téléphone	*the telephone*
le flipper	*the pin-ball machine*
le juke-box	*the juke box*
les jeux vidéo	*the video games*
Où sont les toilettes/W.-C., s'il vous plaît?	*Where are the toilets please?*
Je vous dois combien?	*How much do I owe you?*
C'est combien?	*How much is it?*
Le service est compris?	*Is the service charge included?*
C'est service compris?	

Pour inviter quelqu'un à boire quelque chose

Je vous payerai un verre.	
Je vous paie un verre.	*I'll buy you a drink.*
Je vais te payer un verre.	
Viens, on va prendre/boire un pot!	*Let's go for a drink!*
A votre santé!	*Good health! Cheers!*
A la vôtre!	
A la tienne!	*And to yours!*
Qu'est-ce que tu prends/ vous prenez?	*What will you have?*
Je t'invite.	
Je vous invite.	*I'm paying.*

— Je voudrais une demie tasse de café, un croque-
monsieur froid et un gâteau dur.
— Mais Monsieur, on ne sert pas de choses comme ça.
— Tiens, c'est drôle! C'est pourtant ce qu'on m'a offert
hier!

Qu'est-ce que c'est?

Écrivez d'abord le nom de ces objets. En chaque groupe de trois objets il y a une lettre commune – et une seule! Avec les 7 lettres communes faites un mot pour indiquer où ces objets se trouvent.

Jeu des définitions

Voici des définitions de ces casse-croûtes, mais il n'y a que huit définitions – à vous de les identifier.

1 Ce sont des pommes de terre coupées en rondelles très fines et cuites à four très chaud. On les mange salées.
2 On peut l'acheter à la charcuterie, mais il a l'air d'une pâtisserie. Il y a de la saucisse à l'intérieur.
3 Elle est très froide et on l'achète à plusieurs parfums.
4 Il se fait d'habitude avec une tartine de pain rectangulaire. On y met une tranche de jambon et du fromage et on le fait cuire. Hum, c'est délicieux!
5 Elle est ronde et cuite dans une poêle très chaude avec un peu de graisse ou de beurre. On peut la manger nature, ou avec du sucre ou de la confiture.
6 Il ressemble à un friand, mais cette fois on l'achète à la pâtisserie et il y a du chocolat dedans.
7 Elle est rectangulaire ou carrée avec des trous dedans. On la mange avec de la crème Chantilly ou de la confiture on avec du sucre, tout simplement.
8 On la mange chaude avec les doigts ou avec une petite fourchette en plastique – elle est longue et plutôt marron et souvent très piquante.

Maintenant faites vous-mêmes des définitions pour les quatre casse-croûtes qui restent.

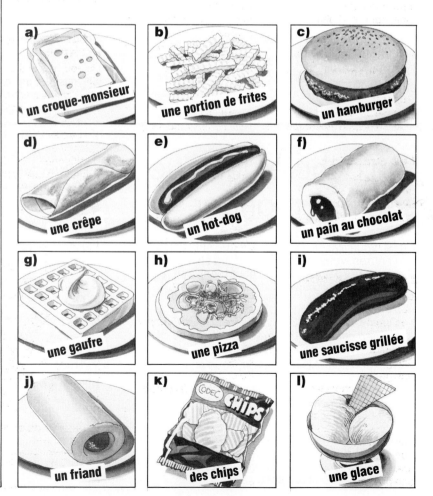

a) un croque-monsieur
b) une portion de frites
c) un hamburger
d) une crêpe
e) un hot-dog
f) un pain au chocolat
g) une gaufre
h) une pizza
i) une saucisse grillée
j) un friand
k) des chips
l) une glace

A vous, maintenant

Au café

1

Vous êtes dans un café en France.

Ask for two large white coffees and a beer.
- Voilà Monsieur/Mademoiselle.
  Ask for two ham sandwiches and one cheese sandwich.
- Deux jambon, un fromage.
  Find out the price including service.
- Ça fait dix-neuf francs quarante.

SREB 1983

2

- Bonjour Monsieur/Mademoiselle, que désirez-vous?
  Order a cheese sandwich and a large white coffee.
- Désolé. Nous n'avons plus de fromage.
  When told they have no more cheese, say it does not matter and ask for a ham one instead.
- Voilà.
  Ask if you can have change for the pinball machine (le flipper).
- Certainement Monsieur/Mademoiselle.

NICSE 1983

3

Vous êtes avec un(e) ami(e) et vous entrez dans un petit café où vous commandez des boissons

- Monsieur/Mademoiselle?
  Ask for a fizzy orange and a pineapple juice.
- Oui, tout de suite, Monsieur/Mademoiselle. Voilà – un Orangina et un jus d'ananas.
  Say thank you, and ask for some 50 centime coins for the juke box.
- Combien en voulez-vous, alors?
  Say here's 10 francs, and ask how much the drinks are.
- Six francs cinquante, Monsieur/Mademoiselle, service compris. Alors, vous voulez six pièces de cinquante centimes, n'est-ce pas?

EAEB 1983

On achète quelque chose à manger

A midi, vous avez fait un pique-nique sur la plage. A cinq heures, vous allez au café. Vous êtes la seule personne qui parle français – et vos amis ont faim. Essayez d'obtenir des casse-croûtes pour eux.

1 *One friend asks: "Can you get me one of those toasted cheese and ham sandwich things?" Ask the waiter if they have these.*
- Oui, Monsieur/Mademoiselle, vous en voulez combien?

2 *Two others want the same, so order three.*
- Très bien. Et avec ça?

3 *Another friend wants a pancake with jam on. You enquire about this.*
- Bien sûr. Nous en avons avec sucre ou à la crème Chantilly, si vous préférez.

4 *You order four pancakes, two with sugar for you, and two with jam for your friend.*
- Vous prenez quelque chose à boire?

5 *Order a glass of cold milk, an orange juice, a lemon tea and two coffees with milk.*

Plus tard, le garçon revient.
- Vous voulez autre chose?

6 *Ask if the hot sausages are very spicy.*
- Oui, Monsieur/Mademoiselle, je crois.

7 *As they are, you order a waffle instead and a sausage roll. You also order two more coffees and a Coca Cola.*
- Très bien.

8 *When he returns, ask the waiter to bring you the bill and when he does, ask if the service charge is included.*
- Oui, Monsieur/Mademoiselle, les prix sont nets.

Tout est bien qui finit bien

1 Qu'est-ce qu'ils venaient de faire?
Qu'est-ce qu'ils allaient faire?

2 Qu'est-ce qu'ils ont commandé?

3 Est-ce qu'ils avaient assez d'argent
pour payer l'addition? Qui avait de l'argent?

4 Qu'est-ce que les deux jeunes filles et
un des garçons ont dû faire?
Et l'autre garçon, qu'est-ce qu'il a fait?

5 Qu'est-ce qui est arrivé?
Qu'est-ce que le garçon allait faire
avec une partie de l'argent?

6 Est-ce que les autres ont fini la
vaisselle?
Est-ce qu'ils étaient tristes?

LE «BIG MAC» EST ARRIVÉ

Devant moi il y a un *McDonald's*, un peu plus loin *What-a-Burger* et au coin de la rue, un *Quick*. A travers la vitrine, on voit un décor vivement coloré, et des clients plutôt jeunes qui mangent des hamburgers et qui boivent du Coca ou un milk-shake. On se croit à New York ou peut-être à Londres. Où suis-je? Je suis à Lille. Mais … des restaurants de «fast food» en France – ce n'est pas possible!

Étonnant peut-être … mais vrai. Dans le pays des gourmets traditionnels où tout le monde a son petit café favori, où les repas sont sacrés, le «fast food» vient d'arriver – et ça va durer en plus, ça c'est bien évident.

Le premier *McDonald's* est arrivé à Paris en 1972. Maintenant, dans toutes les grandes villes françaises, il y a des restaurants de ces trois chaînes: *McDonald's*, *What-a-Burger* et *Quick*.

Dans certaines villes il y a aussi des équivalents français – à Lille c'est le *Pic-Pain* ou *La brioche dorée*; dans d'autres villes *Tout Chaud* ou *La Croissanterie*. Dans certains restaurants, on mange surtout debout. Autrement il y a des tabourets, des chaises et des tables, mais partout c'est accueillant et moderne, toujours on mange vite et pas cher.

Alors, ce matin je viens d'entrer dans plusieurs «fast food» où j'ai parlé à des habitués …
– Excusez-moi, Mademoiselle, vous mangez souvent ici?
– Oui, bien sûr. Je suis étudiante au collège technique en face et on déjeune souvent ici. Il y a de l'ambiance, on peut rester le temps qu'on veut, et ce n'est pas cher.
– Qu'est-ce que vous mangez généralement?
– Eh bien, un hamburger avec des cornichons, et de la mayonnaise, quelquefois un cornet de frites.
– Et vous prenez un dessert?
– Pas souvent … des fois une glace au chocolat ou un beignet aux pommes. Mais, je préfère boire un milk-shake.
– Et ça coûte combien, tout ça?
– Bien, en tout je paie entre quinze et vingt francs - pas mal pour un repas, en fait, et on mange bien!
– Merci bien … Et vous, Monsieur, pourquoi venez-vous ici?
– D'abord à cause des prix, puis on peut manger vite. Je travaille tout près et je n'ai que trois quarts d'heure pour déjeuner. En plus j'aime beaucoup la nourriture américaine.
– Alors vous ne mangez pas dans les «fast foods» français, au *Pic-Pain* par exemple?
– Si, si, quelquefois. Je ne suis pas contre. Chez *Pic-Pain* les hamburgers sont plus français, mais ils sont bons – c'est du bœuf mitonné aux petits oignons. Et pour les desserts il y a un peu plus de choix qu'ici … mais … finalement, c'est le «Big-Mac» que je préfère.

Dans un autre restaurant, j'ai rencontré un groupe de vrais habitués des «fast foods».
– Eh bien, Monsieur comment peut-on reconnaître un vrai habitué?
– C'est surtout par sa façon de manger son hamburger. Il faut l'avaler en trois ou au plus quatre bouchées – même un grand – et cela sans laisser tomber du Ketchup ou de la sauce.
– Oui, c'est ça, et puis c'est le style américain – l'habillement, la liberté quoi!
– Et, en plus c'est les petites choses qui comptent, par exemple quand on achète un deuxième hamburger-frites, on se sert du même emballage que le premier, c'est ce qu'on fait aux États-Unis, d'ailleurs.
– Est-ce que vous venez ici en groupes, toujours?
– Nous, assez souvent. Mais il y a beaucoup de gens qui viennent tout seuls. C'est un autre avantage. On peut facilement venir tout seul dans un «fast», les filles aussi, on ne se sent pas si isolé que dans un restaurant plein de familles.

Presque tous les clients à qui j'ai parlé étaient pour le «fast food», mais j'ai enfin trouvé une jeune fille qui était contre.
– Moi, je n'aime pas cette sorte de restaurant. Je préfère un décor plus traditionnel avec plus de confort. J'aime la cuisine française traditionnelle aussi. Ici il n'y a pas de variété – les hamburgers et les frites, j'en ai marre. Et, en plus c'est plein de calories et ça fait grossir.
– Et les autres restaurants «fast» comme *La Croissanterie,* où on vous sert des brioches et des croissants, vous aimez ça?
– Ça non plus. Ça fait grossir et d'habitude on mange debout.
– Enfin, pourquoi êtes-vous ici, dans ce cas?
– Je viens avec mon fiancé – et puisque c'est lui qui paie, je ne dis rien!

Et vous? Que pensez-vous de l'invasion du «fast food»? Quels sont les avantages selon vous et les désavantages? Vous croyez que ça va durer, la mode du «fast food»?

Est-ce que les établissements comme ça vont se multiplier dans l'avenir ou est-ce qu'il y aura autre chose? Êtes-vous déjà un habitué? Le «fast food», êtes-vous pour ou contre?

La recette de la semaine

Numéro 5

LA SALADE VERTE A LA VINAIGRETTE

En France, on mange souvent une salade verte après le plat principal et les légumes et avant le fromage.

Pour donner un goût d'ail, on peut frotter l'intérieur du bol à salade avec une gousse d'ail avant d'y mettre la salade.

Pour une salade verte, on peut utiliser un grand choix de salades: laitue, cresson, chicorée, endives, céléri, concombre ou poivron vert, par exemple. On peut s'en servir séparément ou les mélanger – selon votre goût préféré. Il faut tout simplement bien laver votre salade d'abord et la sécher un peu.

Pour préparer la sauce vinaigrette, il vous faut:

3 cuillerées à soupe d'huile

1 cuillerée à soupe de vinaigre de vin

½ cuillerée de moutarde mélangée du sel et du poivre

Mélangez bien le sel, le poivre et la moutarde.

Peu à peu ajoutez l'huile et le vinaigre en mélangeant bien pour obtenir une belle sauce. Si vous préférez, ajoutez aussi un peu d'oignon haché ou une pincée d'herbes.

Versez la sauce vinaigrette sur la salade *au dernier moment* avant de servir et tournez bien pour la mélanger. On mange la salade verte toute seule ou avec un morceau de pain français.

Now you can:

buy drinks and snacks in a French café and talk about 'fast food'.

5·6 Je vous l'offre

Les aventures de Jean-Paul

Cette semaine : Si on prenait un verre ?

Jean-Paul et son ami François font du camping en Bretagne.

> Dis-donc, François, les deux Anglaises là-bas, on va leur dire bonjour, non ?

> Tu penses ? Je ne parle pas anglais, moi. Et puis je ne sais pas quoi leur dire.

> Alors, on va leur parler français d'abord. Regarde la belle blonde. Je voudrais bien lui payer un verre. Et l'autre est mignonne aussi. Tu ne vas pas lui parler, toi ?

> Moi, non. Mais tu n'as qu'à leur parler et, si elles sont d'accord, je vous accompagnerai au café... si tu réussis, je te payerai un verre !

> Alors... j'y vais...

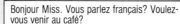

> Bonjour Miss. Vous parlez français ? Voulez-vous venir au café ?

> Nous-voudrions-vous-payer-un-verre...-un-verre.

Répondez aux questions

1 Est-ce que Jean-Paul veut parler aux deux Anglaises ? *(Oui il veut... dire bonjour.)*
2 Est-ce que François veut leur parler en anglais ? *(Non, il ne veut pas... parler en anglais.)*
3 Est-ce que François sait quoi leur dire ?
4 Est-ce que Jean-Paul va leur parler en anglais ou en français finalement ?
5 Qui est-ce qui veut payer un verre à la blonde ?
6 Qu'est-ce que François dit à Jean-Paul de faire ?
7 Si Jean-Paul réussit, qu'est-ce que François va faire ?
8 Qu'est-ce que François explique aux deux jeunes Anglaises ?

A ce moment précis François arrive.

> Bonjour Mesdemoiselles. Je vous invite au café de Paris, là-bas, pour boire un Coca-Cola ou un Orangina, peut-être.

> Oh oui, merci ! J'aime le Coca-Cola et l'Orangina.

> Oui, oui. Le café de Paris est très bien !

190

Indirect and direct object pronouns

lui *and* leur

The indirect object pronouns **lui** and **leur** are very useful in conversation to avoid having to repeat names or people previously mentioned:

lui 'to *or* for him/her/it'
replaces masculine or feminine singular nouns, often in a phrase beginning with *à* or *au*

leur 'to *or* for them'
replaces masculine or feminine plural nouns, often in a phrase beginning with *à* or *aux*

— Tu vas parler à la jeune fille blonde?	— *Are you going to speak to the blonde girl?*
— Oui, je vais **lui** parler.	— *Yes, I'm going to speak to her.*
— Est-ce que François va payer un verre à Jean-Paul?	— *Is François going to buy Jean-Paul a drink?*
— Non, il ne va pas **lui** payer un verre.	— *No, he's not going to buy him a drink.*
— Mais, il va payer un verre à Vicky et à Carol, non?	— *But he's going to buy Vicky and Carol a drink, isn't he?*
— Mais oui, bien sûr, il va **leur** payer un verre.	— *Of course, he's going to buy them a drink.*
— Est-ce qu'il va téléphoner aux deux Anglaises demain?	— *Is he going to phone the two English girls tomorrow?*
— Oui, bien sûr, il va **leur** téléphoner demain.	— *Yes, of course, he's going to phone them tomorrow.*

me, te, nous, vous

These pronouns are used both as direct or indirect object pronouns:

me	'me', 'to *or* for me'
te	'you', 'to *or* for you'
nous	'us', 'to *or* for us'
vous	'you', 'to *or* for you'

— Est-ce que tu peux **m**'acheter un sandwich?	— *Can you buy me a sandwich?*
— Oui, si tu **me** donnes de l'argent.	— *Yes, if you give me some money.*
— Si tu réussis, je **te** payerai un verre.	— *If you succeed I'll buy you a drink.*
— Les Français **nous** ont invités au café.	— *The French people have invited us to go to the café.*
— On **vous** attendra au café.	— *We'll wait for you at the café.*

Des cadeaux pour votre correspondant

Si vous allez en France chez votre correspondant(e), vous voulez probablement lui offrir un cadeau typiquement britannique – mais quoi? Voici quelques cadeaux qui ont eu du succès:

1

Qu'est-ce qu'Ann a offert à sa correspondante?

2

Qu'est-ce que Ben a offert à son correspondant?

3

Qu'est-ce qu'Emma a offert à la mère de son amie?

4

Qu'est-ce que Tracey a offert à sa correspondante?

5

Qu'est-ce que James a offert à ses hôtes français?

6

Qu'est-ce que Mandy a offert aux parents de son amie?

7

Qu'est-ce que Richard a offert à la mère de son ami?

8

Qu'est-ce que Sharon a offert au petit frère de son amie?

9

Qu'est-ce que Mark a offert à la famille française?

10

Qu'est-ce que Paul a offert aux deux frères de son correspondant français?

Qu'est-ce qu'on va lui offrir?

Vous êtes en France, en visite chez votre correspondant. C'est son anniversaire la semaine prochaine et vous voulez lui offrir un cadeau, mais quoi? Vous en parlez à sa mère.

1

Vous: *Say that you know it's Dominique's birthday but you don't know what to give him/her.*

La mère: Mais c'est très gentil de ta part. Tu as une idée de ce que tu veux lui offrir?

2

Vous: *Say you thought of giving him/her some chocolates. (J'avais l'idée de …)*

La mère: Oui, peut-être, mais il/elle essaie de maigrir, tu sais. Alors tu as d'autres idées?

3

Vous: *Say perhaps you could give him/her a book.*

La mère: Alors ça, je ne crois pas. Il ne lit pas beaucoup tu sais.

4

Vous: *Suggest a record.*

La mère: Non, non, un disque c'est vraiment trop cher!

5

Vous: *Suggest going to the café and buying him/her a drink and an ice. (Si on allait au café, je pourrais …)*

La mère: Bonne idée! Ça lui plaira beaucoup.

Des cadeaux pour tout le monde

Vous avez gagné un grand concours et vous allez offrir des cadeaux à beaucoup de personnes.

Écrivez sur une feuille les noms de six personnes (parmi votre famille, vos amis etc.) et décidez ce que vous allez offrir à chaque personne – mais ne l'écrivez pas sur la même feuille. Écrivez les noms des cadeaux dans votre cahier de brouillon.

Puis donnez la feuille avec la liste des personnes à un partenaire. Il doit découvrir ce que vous allez offrir à chaque personne en vous posant trois questions. Si au bout de trois questions il n'a pas trouvé, donnez-lui la réponse.

Exemple: 1

– Ton père, d'abord. Tu vas lui offrir une voiture?
– Non.
– Une cravate, alors?
– Non.
– Eh bien, un disque?
– Non. Je vais lui offrir une moto.

 **Two pronouns together**

Occasionally two pronouns are used together in a sentence. When this happens the rule is:

me		**le(l')**		**lui**	
te	come before	**la(l')**	come before	**leur**	come before **y** or **en**
nous		**les**			
vous					

- Est-ce que je t'ai déjà dit ça?
- Oui, tu **me l'**as souvent dit!
- Avez-vous montré ces photos à Jean?
- Oui, je **les lui** ai montrées, dimanche soir.
- Il est bon, ce chocolat. Tu en veux?
- Merci tu **m'en** as déjà donné.

- *Have I already told you that?*
- *Yes, you've often told me it.*
- *Have you shown these photos to John?*
- *Yes, I showed them to him on Sunday evening.*
- *It's nice, this chocolate. Do you want some?*
- *No thank you, you've already given me some.*

Répondez à ces questions:

1 – Est-ce que je t'ai déjà montré ça?
Say yes, you showed it to me last week.

2 – As-tu donné ton cadeau d'anniversaire à Marie?
Say yes, I gave it to her this morning.

3 – Voilà un gâteau délicieux. Vous voulez en goûter?
Say yes please, you gave me some last week. It was delicious.

4 – Tu veux montrer ces photos à tes parents?
Say yes, I should like to show them to them.

5 – Est-ce que vous avez envoyé le chèque à M. Duval?
Say yes, I sent it to him this morning.

6 – Qui t'a dit ça?
Say François told me it.

7 – Est-ce qu'on t'a parlé de la situation à la banque?
Say yes, my uncle has spoken to me about it.

8 – Qui t'a offert ce disque?
Say my friend gave it to me for my birthday.

La recette de la semaine Numéro **6**

Cette semaine, ce n'est pas vraiment une recette, plûtot des conseils pour servir le fromage.

Pour les Français, le fromage marque la fin du vrai repas principal. Souvent on offre un plateau avec un choix de fromages. On y met au moins un fromage à pâte dure (comme le gruyère, par exemple), un fromage crémeux (comme le fromage de chèvre), et un fromage fermenté (comme le Roquefort). Pour les repas de fête, on met une plus grande sélection, six ou huit sortes de fromages, si possible. Quelquefois on sert aussi des yaourts ou du fromage blanc ou

des petits suisses, qu'on mélange avec du sucre et qu'on mange avec une petite cuillère.

Le fromage se mange tout seul ou avec du pain (pas avec des biscuits comme en Grande-Bretagne). Avec le fromage, on boit d'habitude du vin rouge.

N'oubliez pas de sortir votre fromage du réfrigérateur au moins une demi-heure avant le repas (sauf pour les yaourts etc. qu'on sert bien frais).

De nos jours, on peut acheter beaucoup de fromages français au Royaume Uni – essayez d'en goûter plusieurs!

LE FROMAGE

Now you can: use the pronouns *me, te, lui, nous, vous, leur*.

5·7 Au restaurant

Trouver un restaurant en France, ce n'est pas difficile – il y en a beaucoup. Demandez une liste des restaurants à l'office de tourisme ou consultez un guide, comme le Guide Michelin. Là, vous trouverez des renseignements sur les heures et les jours de service – faites attention, plusieurs restaurants sont fermés le dimanche et le mois d'août, surtout à Paris – une indication des prix et les spécialités du restaurant.

Choisir un bon restaurant, ça c'est plus difficile. D'un restaurant à l'autre, la qualité de la nourriture et du service peut varier beaucoup. Avant d'entrer au restaurant, regardez bien le menu qui est affiché à la porte ou dans la vitrine. Dans beaucoup de restaurants, il y a un menu à prix fixe et un menu à la carte.

Le menu à prix fixe comprend trois ou quatre plats: un potage ou un hors-d'œuvre (salade de tomates, pâté, œufs mayonnaise etc.), un plat principal avec légumes, du fromage, un fruit ou un dessert. Ça revient moins cher que le menu à la carte, mais le choix des plats est limité. En regardant le menu, faites attention: certains plats sont plus chers et il faut payer un supplément. Les boissons et le service peuvent aussi être en supplément et tout cela fait monter le prix du repas. Quelquefois, vous aurez à payer séparément pour le couvert (couteau, fourchette, cuillère, serviette, pain etc). Ce n'est pas beaucoup, environ cinq francs en moyenne.

Si vous avez des amis en France, vous pouvez leur demander de vous recommander un bon restaurant ou vous pouvez consulter un guide ou un magazine spécialisé. Dans beaucoup de journaux et de revues, on trouve des articles sur les nouveaux restaurants ou sur les restaurants à recommander. Alors, avec un peu de soin, vous devriez trouver un restaurant qui vous conviendra. Bonne chance et bon appétit!

Choisissez un restaurant

A vous de choisir un restaurant pour toutes ces personnes:

1 Vous voulez manger avec des amis qui aiment écouter de la musique pendant les repas. Où allez-vous manger?
2 Vous êtes dans le 14e arrondissement à Paris. Où y a-t-il un restaurant?
3 Vous aimez surtout les fruits de mer. Où allez-vous dîner?
4 Vos amis veulent goûter aux spécialités chinoises. Où peuvent-ils aller dîner?
5 Vous sortez un soir avec une bande de copains. Vous voulez manger, mais aussi danser! Où allez-vous?

6 Vous sortez du théâtre très tard, il est presque une heure du matin, mais vous avez faim. Où pouvez-vous manger?
7 C'est dimanche, il est midi et demi. Beaucoup de restaurants sont fermés. Où pouvez-vous déjeuner alors?
8 Vos hôtes français sont d'origine alsacienne et ils adorent la cuisine au feu de bois. Vous les invitez à dîner – mais où?
9 Votre ami français veut goûter à la nourriture d'un autre pays européen. Vous l'amenez où?
10 Des amis anglais, en visite à Paris, veulent prendre le thé dans un restaurant français. Où est-ce qu'ils peuvent aller?

Au restaurant vocabulaire et phrases utiles

Lieux pour manger

un bistro	small café ⎤ serving
une brasserie	large café ⎦ drinks/food
un relais-routier	transport café (often good value for money)
un restaurant	restaurant with waiter service
un salon de thé	tea-room
un self-service	self-service restaurant

Le menu

la carte	menu
manger à la carte	to eat from the menu
le menu à prix fixe	set price menu (limited choice)
le plat du jour	today's special dish
la table d'hôte	set meal (no choice)

Les hors-d'œuvres

assiette anglaise (f)	selection of ham and cold meats
charcuterie (f)	selection of cold meats
consommé (m)	thin soup
crudités (f.pl.)	raw vegetables
escargots (m.p.)	snails
œuf mayonnaise (m)	hard-boiled egg in mayonnaise
pâté maison (m)	home-made pâté
potage (m)	soup

Les poissons

coquilles Saint-Jacques (f.pl.)	scallops, usually cooked in wine
crabe (m)	crab
crevettes (f.pl.)	prawns
fruits de mer (m.pl.)	seafood
hareng (m)	herring
homard (m)	lobster
huîtres (m)	oysters
morue (f)	cod
moules marinières (f.pl.)	mussels cooked with white wine
saumon (m)	salmon
truite (f)	trout

Les viandes

bifteck (m)	beef steak
canard (m)	duck
cervelle (f)	brain
coq au vin (m)	chicken in red wine
côte d'agneau/de porc (f)	lamb/pork chop
côtelette (f)	cutlet
escalope de veau (f)	fillet of veal
lapin (m)	rabbit
steak (m)	steak
~ bleu	nearly raw
~ saignant	rare
~ à point	medium
~ bien cuit	well-done
steak tartare	raw chopped steak mixed with egg yolk and capers

Les desserts

crème caramel (f)	caramel custard
fruits (m.pl.)	fruit
glaces (f.pl.)	ice cream
mousse au chocolat (f)	chocolate mousse
pâtisserie (f)	cake
tarte aux pommes (f)	apple tart
yaourt (m)	yoghurt

Vocabulaire général

le couvert	cover charge
la crème Chantilly	whipped cream with sugar
farci	stuffed
aux fines herbes	with herbs
garni	served with a vegetable or salad
au gratin	crispy browned topping (breadcrumbs or cheese)
hachis	minced
la moutarde	mustard
nature	plain
le poivre	pepper
pommes (de terre) vapeur	steamed potatoes
pommes (de terre) sautées	sauté potatoes
pommes (de terre) provençale	potatoes with tomatoes, garlic etc.
ragoût	stew
rôti	roast
de saison	in season
salade verte/composée	green/mixed salad
la sauce vinaigrette	French dressing (for salad)
le sel	salt
un vin doux	sweet wine
un vin sec	dry wine
volaille (f)	poultry

— Mais, Mademoiselle, c'est la spécialité de la maison: filet de sole à l'anglaise!

Expressions utiles

Je voudrais réserver une table pour ce soir/samedi soir. — *I'd like to reserve a table for this evening/Saturday evening.*

Pour deux/quatre personnes. — *For two/four people.*

Pour huit/neuf/dix heures. — *For eight/nine/ten o'clock.*

J'ai réservé une table au nom de ... — *I've reserved a table: the name is ...*

Avez-vous une table pour trois personnes? — *Do you have a table for three?*

Près de la fenêtre/sur la terrasse. — *Near the window/on the terrace.*

La carte, s'il vous plaît. — *Can I have the menu?*

Vous êtes prêts à commander? — *Are you ready to order?*

On va prendre le menu à 50 francs. — *We'll have the 50 franc menu.*

Qu'est-ce que vous recommandez? — *What do you recommend?*

Le plat du jour, qu'est-ce que c'est? — *What's the dish of the day?*

Le cassoulet, qu'est-ce que c'est exactement? — *What exactly is 'cassoulet'?*

Est-ce qu'il y a beaucoup d'ail dedans? — *Is there a lot of garlic in it?*

Le poulet/la dinde est bon/bonne? — *Is the chicken/turkey good?*

Qu'est-ce que vous avez, comme légumes/glaces? — *What vegetables/ice cream do you have?*

Comme boisson, une carafe de vin rouge. — *To drink, a carafe of red wine.*

L'addition, s'il vous plaît. — *The bill please.*

C'était très bon. — *It was very good.*

On peut avoir encore du pain? — *Can we have some more bread please?*

Est-ce que je peux revoir la carte? — *Can I see the menu again?*

Problèmes

Je n'ai pas de couteau/cuillère/fourchette. — *I haven't got a knife/spoon/fork.*

Ce n'est pas ce que j'ai commandé! — *This is not what I ordered.*

Le steak n'est pas assez cuit. — *The steak isn't cooked enough.*

Je crois qu'il y a une erreur dans l'addition. — *I think there's a mistake in the bill.*

Nous avons commandé une bouteille de vin, pas deux. — *We ordered one bottle of wine, not two.*

Sortir à Paris

Écoutez l'émission de la semaine et essayez de compléter ces réponses.

1 Ils ont dîné au restaurant qui s'appelle ...
2 Pour commencer, Claire a mangé ...
3 Comme dessert, elle a choisi ...
4 Pour commencer, Patrick a mangé ...
5 Comme dessert, il a choisi ...

Explain in English what they liked about the restaurant.

6 Ils ont dîné au restaurant qui s'appelle ...
7 Pour commencer, Nicolas a mangé ...
8 Pour commencer, Linda a mangé ...
9 Comme plat principal, Nicolas a choisi ...
10 Comme plat principal, Linda a choisi ...

Explain in English why they chose this restaurant, what occasion they were celebrating, whether they liked the restaurant and what drawbacks if any, they felt it had.

Vous avez choisi?

Chez Michel

les suggestions du jour

Vendredi 1er mars

Consommé de Volaille	15F		Saumon au vin blanc	35F
Soupe de poisson	12F		Truite aux amandes	27F
Hors-d'œuvre			Sole meunière garnie	25F
Assiette de Crudités	12F			
Noix de jambon au poivre	15F		**Fromages**	
Riz aux champignons	10F		Roquefort, Brie, Gruyère, Port Salut, Chèvre	5F
Oignons à la grecque	10F			
Pâté du chef	10F		**Desserts**	
Filet de hareng	10F		Crème au caramel	8F
Thon mayonnaise	12F		Baba au Rhum	8F 50
Pamplemousse au naturel	8F		Crêpes Bretonnes	7F 50
Escargots de Bourgogne (la douzaine)	30F		Glace Mystère	8F
Moules Marinières	25F		Carafe de vin rouge du pays	8F
Steak frites	22F		Carafe de vin blanc du pays	8F
Escalope de veau à la crème	25F		Beaujolais villages - La bouteille	40F
Omelettes au choix (fines herbes, champignons jambon, espagnole) avec frites	18F		Bière	8F
			Coca	8F
			Orangina	7F 50
Tripes à la Mode de Caen	30F		Eaux minérales	
Rognons au Madère	35F		– Vichy	8F
Canard à l'orange	39F		– Perrier	8F
Poulet au riz	20F		– Vittel	8F 20

A vous de commander leur repas

Pendant un stage international, vous dînez au restaurant «Chez Michel» avec des amis qui ne parlent pas français. A vous de commander leur repas.

1 Herr Illigens est allemand. Comme hors-d'œuvre, il aime le poisson, et comme plat principal il aime surtout la volaille. (Il est riche et il aime bien manger.) Il ne prend pas de dessert, mais il aime le fromage.

2 Anne Bridges, une amie anglaise, essaie de maigrir. Elle ne mange pas les choses qui font grossir. Comme hors-d'œuvre elle aime les salades, et comme plat principal, elle préfère le poisson. (Elle ne veut pas dépenser plus que 50F, boisson comprise.)

3 Signor Fillipachi adore la soupe et il aime un hors d'œuvre en plus – il adore goûter aux spécialités! Comme plat principal, il veut essayer les spécialités régionales et comme dessert, il adore les gâteaux.

4 John Howard est végétarien. Il adore la soupe et les champignons. Il prend toujours du fromage et un dessert. Il aime surtout boire un bon vin rouge avec son repas.

A vous, maintenant

Au restaurant

1

— Vous désirez, Monsieur/Mademoiselle?
Ask for a table for two.
— Voilà, dans le coin.
Say you prefer a table near the window.
— Alors, installez-vous près de la fenêtre.
Order two tomato salads.
— Et après?
Say you want chicken and chips.
— Oui, et comme vin?
Say you do not want wine.
— Alors, je vous apporte de l'eau.

EAEB 1983

2

Vous êtes au restaurant avec un ami. Répondez à ses questions.

— Voilà la carte. Qu'est-ce que tu prends comme apéritif?
You tell him you would like a tomato juice.
— Moi, je prends un verre de vin.
You ask him what he is having to eat.
— Le poulet avec pommes frites. Tu as choisi?
You tell him you are not very hungry. You will have a ham salad.
— Bon, je vais commander alors.

YHREB 1983

3

You go into a French restaurant on your own and ask the following questions

(i) Ask what kind of soup they have today.
(ii) Find out the cost of the chicken.
(iii) Order chicken with chips and mushrooms.
(iv) Tell the waiter that you would like a half bottle of white wine.
(v) Tell the waiter that you do not have a knife.

ALSEB 1982

4

You are finishing your main course – the waiter asks you if you would like anything else.

(i) You ask to see the menu again.
(ii) Ask what sort of ice cream there is.
(iii) Ask for one strawberry and one chocolate ice.
(iv) Ask for the bill straight away.
(v) Ask if the service charge is included.

WMEB 1983

On va au restaurant

Un soir, pendant vos vacances en France, vous allez manger au restaurant avec un de vos amis.

1 *You arrive at the restaurant. Ask for a table for two near the window.*
— Voilà la carte … Vous êtes prêt à commander?

2 *Your friend wants to know what 'Cervelle d'agneau' is. Ask the waiter.*
— Ça se trouve dans la tête de l'agneau. Je crois que c'est «brain» en anglais.

3 *You decide to have two tourist menus. Order 'crudités' for your friend and melon for yourself.*

4 — Et comme plat principal?
Your friend wants steak and a green salad.
— Vous le voulez comment, votre steak?

5 *Your friend likes well-cooked steak.*
— Et pour vous?

6 *Order chicken and chips for yourself.*
— Et comme boisson?

7 *Order a bottle of red wine.*
— Voilà: un steak avec salade verte et un poulet-frites.

8 *Your friend thinks the steak is too rare, so ask for it to be cooked a little more.*
— Bon, c'est comme vous voulez.

✳ ✳ ✳

9 — Vous prenez un dessert?
Ask what sort of ice creams they have.

10 — Comme parfums, il y a fraise, framboise, noisette, chocolat et café.
Order a raspberry ice cream for yourself and a coffee ice cream for your friend.

11 — Vous voulez du café?
Neither of you wants coffee. You then ask for the bill.

12 *When the bill arrives, you find you've been charged for two bottles of wine, not one. Explain the mistake to the waiter.*
— Ah oui. Excusez-moi, nous avons fait une erreur.

199

La recette de la semaine

Numéro 7

La tarte aux pommes est très populaire en France et c'est un peu différent de la version britannique. En voilà la recette:

180 g de pâte brisée
(*shortcrust pastry*)

1 kilo de pommes à cuire

15 cl de vin blanc (Vous pouvez faire la tarte sans vin si vous préférez!)

½ citron

60 g de beurre

120 g de sucre

4 pommes à croquer
(*eating apples*)

3 cuillerées à soupe de confiture d'abricot

de la crème fouettée (*whipped cream*) pour décorer

Enroulez la pâte sur une surface farinée (*floured surface*).

Déposez la pâte dans un plat à tarte (20cm de diamètre).

Épluchez les pommes à cuire, coupez-les en morceaux et faites-les cuire tout doucement dans une casserole avec le vin, le zeste de citron, le beurre et la moitié du sucre. (Mettez du jus de citron au lieu du vin si vous voulez).

Lorsque les pommes sont cuites, retirez le zeste de citron et réduisez les pommes en purée et mettez-les sur la pâte à tarte.

Épluchez et coupez en tranches les pommes à croquer et arrangez-les sur la purée. Saupoudrez (*sprinkle*) les pommes avec l'autre moitié du sucre.

Faites cuire 30 minutes à four chaud (190° Celcius).

Puis faites chauffer la confiture d'abricot avec du jus de citron. Mélangez bien puis versez sur la tarte.

Le dessert
LA TARTE AUX POMMES

Servez la tarte chaude ou froide avec la crème fouettée.

C'est délicieux – mais ça fait grossir!

Now you can:

choose a suitable French restaurant, understand most things on the menu, ask for any explanations required and order a meal. You can also explain any mistakes which might arise.

Checklist . . . Checklist . . . Checklist . . .

Now you can:

1 talk about food and describe what you eat at different meals.
2 talk about food you like and dislike and describe British food to a French person.
3 buy food in different types of shops and at the market and ask for the quantities you require.
4 talk about what has *just happened* and what is shortly *going to happen*, using *venir de* and *aller* + the infinitive.
5 buy drinks and snacks in a French café and talk about 'fast food'.
6 use the pronouns *me, te, lui, nous, vous, leur*.
7 choose a suitable French restaurant, understand most things on the menu, ask for any explanations required and order a meal. You can also explain any mistakes which might arise.

If you wish, you can also prepare a six or seven course French meal, using the recipes in this unit. *Bon appétit!*

For your reference:

200

ENCORE

Travaillez avec un partenaire

Échangez votre maison (2)

Vous travaillez avec un partenaire. L'un de vous regarde cette page, l'autre regarde la page 73. Imaginez que vous habitez dans cette maison en France, et que vous voulez échanger votre maison contre celle d'une autre famille française. Voilà les détails de votre maison:

> Saint-Jean, (sur la côte Atlantique), à 50m de la plage, à 200m des commerces, villa neuve avec jardin clos, cuisine avec machine à laver, salle à manger, séjour, 3 chambres (3 lits à 1 personne, 1 lit à 2 personnes). A proximité: école de voile. Juillet ou août.

A vous de poser des questions à votre partenaire pour découvrir les détails de sa maison.

Quelques questions à poser:

Où se trouve votre maison?
C'est à quelle distance de la plage/du centre-ville/des magasins?
Combien de chambres y a-t-il?
Est-ce qu'il y a un jardin/du chauffage central/une machine à laver?
Qu'est-ce qu'il y a dans le quartier?
Quand est la maison disponible?

C'était un bon voyage? (2)

Vous travaillez avec un partenaire. L'un de vous regarde cette page. L'autre regarde la page 77.

A

Posez des questions à votre partenaire pour trouver les détails qui manquent. (Il/Elle va aussi vous poser des questions.)

Pour vous aider:

> (Nom), où est-il(elle) allé(e)?
> Comment a-t-il/elle voyagé?
> Quand est-il(elle) arrivé(e) à sa destination?
> Est-ce qu'il/elle a fait un bon voyage?

Nom	Destination	Moyen de transport	Heure d'arrivée	Réflexions sur le voyage
Marc	Londres	train/bateau	?	C'était fatigant. Il y avait trop de monde dans le train. C'était pénible.
Nicole	?	avion	14h45	?
Jean-Pierre	?	?	15h15	On a eu un pneu crevé en route.
Suzanne	Marseille	?	?	?

B

Maintenant, imaginez que vous êtes parti(e) en voyage. Écrivez les détails de votre destination, votre moyen de transport, votre heure d'arrivée et de vos réflexions sur le voyage. Votre partenaire va faire pareil. Puis vous devez découvrir tous les détails du voyage de votre partenaire en lui posant des questions, comme, par exemple:

Où es-tu allé(e)?
Comment as-tu voyagé?
Quand es-tu arrivé(e) à ta destination?
Est-ce que tu as fait un bon voyage?

Verb practice

Les autres font pareil
(Present Tense)

Exemple: Il rit.
Les autres rient aussi.

1 Elle va en ville.
2 Il boit du lait.
3 Elle conduit vite.
4 Il court.
5 Elle écrit des cartes.
6 Il envoie des lettres en France.
7 Elle lit le journal.
8 Il met des vêtements décontractés.
9 Elle sort le soir.
10 Il veut aller au cinéma.
11 Elle apprend à skier.
12 Il sait faire la cuisine.

Les proverbes français
(Present Tense)

Complétez ces proverbes:

1 C'est en forgeant qu'on … forgeron. (**devenir**)
2 Tout ce qui … n'est pas or. (**briller**)
3 Une hirondelle ne … pas le printemps. (**faire**)
4 Qui ne … rien, n'a rien. (**risquer**)
5 N'éveillez pas le chat qui … . (**dormir**)
6 Qui … , s'assemble. (**se ressembler**)
7 A l'œuvre on … l'ouvrier. (**connaître**)
8 …-toi, le ciel t'aidera. (**aider**)
9 Un malheur ne … jamais seul. (**venir**)
10 Les bons comptes … les bons amis. (**faire**)
11 C'est l'exception, qui … la règle. (**confirmer**)
12 Tout est bien, qui … bien. (**finir**)

Maintenant, ça va mieux!
(Present Tense)

Exemple: Avant, j'avais froid, mais maintenant, je n'ai plus froid.

1 Avant, elle avait soif, …
2 Avant, nous avions faim, …
3 Avant, tu avais peur, …
4 Avant, j'avais mal à la tête, …
5 Avant, il avait trop chaud, …
6 Avant, vous aviez sommeil, …
7 Avant, Marc avait l'air fatigué, …
8 Avant, Suzanne avait l'air triste, …

Pierre Duhamel
(Reflexive verbs – Present Tense)

Pierre Duhamel habite à Paris. Il est gentil mais il n'est pas très bien organisé. En plus, il n'a pas beaucoup de chance. Voici une de ses journées typiques.

Pierre aime … … tard la nuit. Et, le matin il n'aime pas … … de bonne heure. Mais le matin il doit être à son travail à huit heures et demie. Alors, les jours de semaine, Pierre … … à huit heures. Il … … tout de suite. Il va dans la salle de bains. Il … … et il … … les dents. Puis, il … … à toute vitesse. Il ne prend pas de petit déjeuner, il n'a pas le temps. Il quitte la maison en courant et il … … vers son bureau mais il n'arrive jamais à l'heure.

Voilà les verbes qui manquent. Mettez-les dans la bonne place et dans la forme correcte.

se dépêcher; se laver; se lever (2); s'habiller; se coucher; se réveiller; se brosser

Le dimanche, ça va

1 A quelle heure est-ce que Pierre se réveille?
2 Est-ce qu'il se lève tout de suite? ✗
3 Vers quelle heure est-ce qu'il se lève?
4 Est-ce qu'il se lave? ✔
5 Comment est-ce qu'il s'habille?
(en jean et en T-shirt)
6 Est-ce qu'il prend du petit déjeuner?
(café et tartines)
7 Est-ce qu'il se dépêche? ✗
8 A quelle heure est-ce qu'il se couche le soir?

La semaine dernière

Exemples: laver la voiture ✔
J'ai lavé la voiture.
faire la cuisine ✗
Je n'ai pas fait la cuisine.

1 préparer tous les repas ✔
2 téléphoner à tous mes amis ✗
3 ranger la maison ✗
4 lire le journal tous les jours ✔
5 travailler dans le jardin ✗
6 nettoyer la cuisine ✗
7 décorer ma chambre ✔
8 réparer mon vélomoteur ✔
9 faire les courses ✔
10 écrire de nombreuses lettres ✗

Questions à poser
(Perfect Tense)

A

Écrivez cinq questions que vous pouvez poser à votre correspondant(e) français(e), à propos de ce qu'il/elle a fait la semaine dernière.

Exemples: As-tu vu quelque chose d'intérressant à la télévision?
Est-ce que tu es allé(e) au cinéma?

B

Écrivez cinq questions que vous pouvez poser à un groupe d'amis français à propos des vacances qu'ils ont passées en Grande-Bretagne.

Exemples: Avez-vous passé quelques jours à Londres?
Est-ce que vous êtes allées à Édimbourg?

C'est déjà fait
(Perfect Tense)

Exemple: – Quand est-ce que le train part?
– Il est déjà parti.

1 Quand est-ce que l'avion arrive?
2 Quand est-ce que le bateau part?
3 Quand est-ce que les Anglais arrivent?
4 Quand est-ce que Suzanne sort?
5 Quand est-ce que Philippe rentre?
6 Quand est-ce que les filles reviennent?
7 Quand est-ce que vos amis partent?
8 Quand est-ce que le facteur passe*?
9 Quand est-ce que vous allez à Paris?
10 Quand est-ce que vous allez en Écosse?

*When *passer* means 'to pass by', 'to call' (as here), it forms the Perfect Tense with *être*.

Une journée différente
(Perfect Tense)

Exemple: Nous partions presque tous les jours à sept heures et demie, mais ce jour-là, *nous sommes partis* plus tôt.

1 D'habitude nous prenions l'autobus pour aller à la gare, mais ce jour-là, ... un taxi.
2 Normalement, je voyais mon ami Jules à la gare, mais ce jour-là, ... ne l'... pas ... .
3 Généralement, nous attendions au moins dix minutes à la gare, mais ce jour-là, ... n'... pas ... .
4 D'habitude dans le train, je lisais un roman, mais ce jour-là, ... le journal.
5 D'habitude, nous arrivions vers 9 heures à Paris, mais ce jour-là, ... avant 8 heures.
6 D'habitude, j'allais directement au bureau, mais ce jour-là, ... au café.
7 Généralement le matin, je buvais un café crème, mais ce jour-là, ... un whisky.
8 D'habitude, je parlais un peu avec le patron du café, mais ce jour-là, ... n'...... à personne.
9 Et ce jour-là, un homme aux cheveux gris et qui portait des lunettes ...... (s'asseoir) à côté de moi et m'...... (passer) un paquet.

Direct object pronouns in the Perfect Tense

When *le*, *la*, *l'* or *les* are used in the Perfect Tense, with verbs which take *avoir*, the past participle agrees with the pronoun:
– Où as-tu acheté ton pull?
– Je l'ai acheté à Paris. (*masculine singular*)

– Tu as vu Chantal en ville?
– Oui, je l'ai vu**e** au supermarché. (*feminine singular*)

– Tu as déjà écouté tes nouveaux disques?
– Oui, je les ai écouté**s** dans le magasin. (*masculine plural*)

– As-tu acheté tes chaussures de ski?
– Non, je les ai lou**ées**. (*feminine plural*)

The same rule applies to *me*, *te*, *nous*, *vous* when they are used as direct object pronouns, i.e. when they mean 'me', 'you', 'us', 'you':

Vous nous avez vu**s** au concert? | *Did you see us at the concert?*

Note that in spoken French, the past participle would still sound the same, except in a few cases, e.g. faire (fait**e**), mettre (mis**e**).

Complétez les réponses

1 Où as-tu mis les tasses vertes?
Je les ...... dans le placard.
2 Où as-tu mis la nappe?
Je l'...... dans le tiroir.
3 Où as-tu mis la casserole?
Je l'...... sur l'étagère.
4 Où as-tu mis les verres?
Je les ...... dans le buffet.
5 Où as-tu mis le torchon?
Je l'...... sur le radiateur.
6 As-tu vu ma sœur à Paris?
Oui, je l'...... au Centre Pompidou.
7 As-tu vu mes parents en ville?
Non, je ne les ... pas ... .
8 As-tu déjà lu le journal?
Oui, je l'...... dans le train.
9 Où as-tu acheté tes chaussures?
Je les ...... dans la nouvelle boutique.
10 Où as-tu trouvé la clef?
Je l'...... par terre.
11 Avez-vous fait la vaisselle?
Non, nous ne l'... pas encore ... .
12 Est-ce que Marie a fait ses valises?
Oui, elle les ...... ce matin.

Une soirée ratée
(Perfect and Imperfect Tenses)

Complétez cette histoire en mettant les verbes au passé composé ou à l'imparfait

Jean et Nicole Talbot (**passer**) leurs vacances à Nice, l'été dernier. Un soir, ils (**décider**) d'aller au cinéma. Après le film, ils (**aller**) manger dans un petit restaurant que Jean (**connaître**). Pendant que Nicole (**stationner**) la voiture, Jean (**entrer**) dans le restaurant pour voir s'il y (**avoir**) de la place. Pas de problème. On leur (**montrer**) une table près de la fenêtre. Après avoir étudié la carte, Nicole (**choisir**) le bœuf bourguignon; Jean (**préférer**) le coq au vin. Ensuite, ils (**commander**) une bouteille de vin rouge.
Le repas (**être**) excellent et Jean et Nicole en (**être**) très contents. Comme il (**être**) presque minuit, ils (**quitter**) le restaurant et ils (**se diriger**) vers le parking pour reprendre, leur voiture. Mais … la voiture n'(**être**) plus là! Elle (**devoir**) être volée. Ils (**retourner**) au restaurant pour téléphoner à la police et pour commander un taxi pour les rendre à leur hôtel.

Ce sera peut-être pour aujourd'hui
(Future Tense)

Exemple: – Hier, Jean n'a pas téléphoné.
                 – Il téléphonera peut-être aujourd'hui.

1 Hier, la lettre n'est pas arrivée.
2 Hier, Hélène n'est pas venue au café.
3 Hier, mes amis n'ont pas téléphoné.
4 Hier, nous n'avons pas joué au badminton.
5 Hier, Chantal et Pierre ne sont pas allés voir Nicole.
6 Hier, Marc n'est pas passé à la maison.
7 Hier, il n'a pas neigé.
8 Hier, on n'a pas fait du ski.

Demain, ce sera fait
(Future Tense)

Exemple: Si vous ne le faites pas aujourd'hui, vous le ferez demain.

1 Si tu ne lui écris pas aujourd'hui, ….
2 S'il ne vient pas aujourd'hui, ….
3 S'ils ne jouent pas aujourd'hui, ….
4 Si on ne l'envoie pas aujourd'hui, ….
5 Si elle ne l'achète pas aujourd'hui, ….
6 Si je n'y vais pas aujourd'hui, ….
7 Si nous ne le finissons pas aujourd'hui, ….
8 S'il ne téléphone pas aujourd'hui, ….
9 Si elles ne partent pas aujourd'hui, ….
10 Si vous ne les voyez pas aujourd'hui, ….

Quand + the Future Tense

Quand tu **viendras** à Paris, on fera beaucoup de choses.

When you come to Paris, we'll do lots of things.

Quand vous **rentrerez** en Angleterre, écrivez une petite lettre de remerciement à votre famille française.

When you get back to England, write a short letter of thanks to your French family.

Notice that when **quand** refers to something that *will* happen, you must use the Future Tense in French.

Practise using the Future Tense in the following sentences:

1 Quand vous (**arriver**) en France, nous viendrons vous chercher à l'aéroport.
2 Quand je (**venir**) à Paris, je passerai vous voir.
3 Quand elle (**finir**) ses études, elle cherchera un emploi en Allemagne.
4 Quand tu (**rentrer**) en Angleterre, j'espère que tu m'écriras de temps en temps.
5 Quand ils (**finir**) la partie de boules, nous partirons.
6 Je serai ravi de vous voir quand vous (**venir**) en Angleterre.
7 J'espère que vous me téléphonerez quand vous (**être**) dans la région.
8 Nous verrons mes amis quand nous (**aller**) à Rouen.

Faites des phrases
(Several tenses)

Inventez la fin des phrases suivantes:

1 Pendant dix ans, ….
2 L'année dernière, ….
3 Quand j'étais petit(e), ….
4 La semaine prochaine, ….
5 Quand je quitterai l'école, ….
6 Pendant les vacances, ….
7 Depuis cinq ans, ….
8 Il y a deux semaines, ….
9 Si tu me téléphones ce soir, ….
10 Hier après-midi, ….
11 Demain matin, ….
12 Après-demain, ….

The Past Historic Tense
(le passé simple)

Un restaurant pas comme les autres

— Il est quelle heure? demanda Sabine en sortant du cinéma.

— Onze heures et demie, et j'ai faim, moi – pas toi? répondit Nicolas.

— Bien sûr que j'ai faim – on va au restau?

— Je voudrais bien. Mais il n'y aura rien d'ouvert à cette heure, pas dans ce quartier, et je ne veux pas entrer dans Paris.

— Si, si attends! Je suis sûr que j'ai lu dans le journal qu'il y a un nouveau McDonalds pas loin d'ici.

— Extra! j'ai bien envie de manger un «Big Mac». Tu sais où c'est?

— Pas exactement, mais c'est dans le vieux quartier, en allant vers le Bois de Boulogne. Ça doit être facile à trouver. Alors, on y va?

— D'accord. Eh bien, en voiture!

Après quelques minutes la voiture roulait lentement dans les petites rues du vieux quartier. C'était une partie de la banlieue une fois très à la mode maintenant un mélange de bâtiments délabrés à moitié démolis, et d'immeubles neufs, en béton blanc. De temps en temps on voyait une vieille maison bien préservée, témoin de l'ancien caractère du quartier.

— Mais où donc peut se trouver ce restaurant? dit Nicolas. Je suis certain que c'est par ici.

— Là-bas, dit Sabine, tourne à gauche, il y a des lumières, là au coin de la rue.

Nicolas tourna à gauche, en suivant la direction des lumières, puis s'arrêta devant le restaurant.

— Zut! ce n'est pas McDonalds. C'est un restaurant de grand luxe. On n'a pas assez de sous pour manger là! Et moi, j'ai une faim de loup!

— Ça sent bon! dit Sabine. Mais, il y a du monde, en plus! Regarde, à l'intérieur, il y a une foule de gens en train de manger! C'est curieux. Un restau comme ça dans un quartier pareil.

— Tiens, je vais juste regarder le menu, dit Nicolas.

Il descendit de voiture et s'approcha du menu affiché près de la porte. Après quelques instants, il se tourna vers Sabine. Son visage avait un air d'incrédulité complète. Sabine fut vite à côté de lui.

— Restaurant du Vieux Quartier: Coq au vin 3F50, Plat du jour 4F. Tournedos Rossini 4F50. Mais c'est complètement idiot!

— Alors on entre?

— Pourquoi pas?

A l'intérieur du restaurant un garçon de café, en habit noir traditionnel, les conduisit à une petite table près de la fenêtre. Sur la nappe blanche, il y avait une jolie lampe en style ancien, et à la fenêtre de superbes rideaux en velours cramoisi. Ils regardèrent autour d'eux! Tout était du meilleur goût. Aux murs, de beaux tableaux encadrés en bois doré; par terre un tapis épais, cramoisi, comme les rideaux.

– On est bien ici et il y a de l'ambiance non? dit Nicolas, qui mangeait un gros steak avec des pommes de terre sauteés, Mais c'est vraiment marrant!
– C'est une bonne idée, quand même! dit Sabine. Je trouve ça amusant de créer comme ça, un restau dans le style de l'ancien temps.
– D'accord, mais les prix sont ridicules! Ça je ne le comprends pas du tout.

Quand les deux amis quittèrent le restaurant, il était presque une heure du matin, mais il y avait toujours une vingtaine de clients qui mangeaient – même deux ou trois couples qui venaient d'entrer.

– Tu as remarqué, dit Sabine, les clients sont plutôt vieux, n'est-ce pas?
– Oui, mais ça ne m'étonne pas, répondit Nicolas. Ce sont des gens qui dînaient autrefois dans des restaurants comme ça. Ils ne doivent pas aimer les «fast foods».
– C'était vraiment bien enfin! Mon coq au vin était fantastique. Il faudra y retourner avec Jean-Paul et Pascale … Dimanche prochain, peut-être.

Sabine et Nicolas ne cessèrent pas de parler du restaurant, de la clientèle, et surtout des prix. Ce fut donc avec deux autres voitures pleines de copains qu'ils partirent le dimanche soir, dans la direction du Bois de Boulogne. Cette fois, ils croyaient trouver le restaurant sans difficulté. Cependant, quand ils pénétrèrent dans la petite rue, ils ne virent pas de lumière.

– Zut, zut, et zut, dit Nicolas. Ce n'est peut-être pas ouvert le dimanche!
– On s'est peut-être trompé de rue? dit Sabine.
– Mais, tu sais, on est tout près du nouveau McDonalds, dit Jean-Paul. C'est dans la prochaine rue à droite, j'y suis venu la semaine dernière avec mon frère. Mais je n'ai pas vu ton restaurant par ici.
– Mais non, mais non! dit Nicolas. Je ne me suis pas trompé. Je suis sûr que c'est dans cette rue. Il doit être fermé ce soir. Je vais conduire jusqu'au bout pour voir. Suivi des deux autres voitures il continua, puis s'arrêta au coin de la rue.
– Ça alors! Je ne comprends pas du tout. Je suis sûr que c'était ici. Je me rappelle cet arbre en face. Mais maintenant, il n'y a que ces vieux bâtiments et …

A ce moment, Sabine poussa un cri. Nicolas la regarda. Son visage était pâle, ses yeux pleins de terreur.

– Mais Nicolas, tu ne vois pas? Là, sur le mur … la plaque!

Sans mot dire, Nicolas descendit de la voiture, s'approcha du mur et regarda la vieille plaque en bronze. Puis, d'une voix tremblante, il lut, à haute voix, l'inscription: "SITE DU CÉLÈBRE RESTAURANT DU VIEUX QUARTIER, OUVERT EN 1859. FERMÉ EN 1939, À CAUSE DE LA GUERRE"

Vrai ou faux?

1 Sabine et Nicolas sortirent du cinéma avant minuit.
2 Ils décidèrent d'aller trouver un restaurant.
3 Ils mangèrent chez McDonalds.
4 Ils trouvèrent un restaurant de grand luxe.
5 Lorsque Nicolas vit les prix, il fut étonné.

6 Sabine ne voulut pas entrer dans le restaurant.
7 Nicolas mangea un gros steak.
8 Sabine but beaucoup de vin blanc.
9 Le dimanche suivant, ils essayèrent de trouver le même restaurant.
10 Ils ne purent pas retrouver le restaurant.

Look at some of the verbs from the story you have just read:

… **demanda** Sabine …

Il **descendit** de voiture …

Nicolas **tourna** …

… un garçon de café … les **conduisit** …

(il) **s'arrêta** …

… **répondit** Nicolas.

(il) **s'approcha** du menu …

… **dit** Sabine.

… il se **tourna** …

… ils **partirent** …

… il **continua** …

… ils ne **virent** pas …

… Sabine **poussa** un cri.

Nicolas la **regarda**.

… il **lut** … l'inscription …

… les deux amis **quittèrent** le restaurant …

Sabine **fut** vite à côté de lui.

(ils) ne **cessèrent** pas de parler …

… ils **pénétrèrent** dans la petite rue …

All these verbs tell what happened in the past. They are all used for *single completed actions* in the past – doing just the same things in fact that the Perfect Tense usually does. The only difference is that this is a printed story, not a conversation or a letter.

The Past Historic tense is used in exactly the same way as the Perfect Tense, but *only* in formal written French, like newspaper articles or stories.

You're not likely to need to use it much yourselves in real life, but you do need to recognise it and understand it. To help you do this, look at how it is formed:

The stem is formed from the infinitive. The endings follow one of three main patterns:

all **-er** verbs have these endings
aller

j'	all**ai**
tu	all**as**
il elle on	all**a**
nous	all**âmes**
vous	all**âtes**
ils elles	all**èrent**

most regular **-ir** and **-re** verbs have these endings
sortir

je	sort**is**
tu	sort**is**
il elle on	sort**it**
nous	sort**îmes**
vous	sort**îtes**
ils elles	sort**irent**

a few regular **-oir** verbs and many irregular verbs have these endings
vouloir

je	voul**us**
tu	voul**us**
il elle on	voul**ut**
nous	voul**ûmes**
vous	voul**ûtes**
ils elles	voul**urent**

The following verbs have the same endings as the second group of verbs, listed above. They are listed here because the first part of the verb differs from the infinitive. Notice, however, that in many cases there is a similarity with the past participle (*not* in the case of **faire**, **voir** and **naître**).

Infinitive	Past Historic	Perfect Tense
comprendre	il **comprit**	il a compris
conduire	il **conduisit**	il a conduit
construire	il **construisit**	il a construit
dire	il **dit**	il a dit
écrire	il **écrivit**	il a écrit
faire	il **fit**	il a fait
mettre	il **mit**	il a mis
naître	il **naquit**	il est né
prendre	il **prit**	il a pris
rire	il **rit**	il a ri
voir	il **vit**	il a vu

The following verbs have the same endings as the third group of verbs, listed above. Again, there is often a similarity with the past participle, but not in the case of *être* and *mourir*.

Infinitive	Past Historic	Perfect Tense
avoir	il **eut**	il a eu
boire	il **but**	il a bu
connaître	il **connut**	il a connu
croire	il **crut**	il a cru
devoir	il **dut**	il a dû
être	il **fut**	il a été
lire	il **lut**	il a lu
mourir	il **mourut**	il est mort
pouvoir	il **put**	il a pu
recevoir	il **reçut**	il a reçu
savoir	il **sut**	il a su
vivre	il **vécut**	il a vécu
vouloir	il **voulut**	il a voulu

Finally, the verbs **venir** (**revenir**, **devenir**) and **tenir** form the Past Historic in a completely different way.

venir	
je	**vins**
tu	**vins**
il elle on	**vint**
nous	**vînmes**
vous	**vîntes**
ils elles	**vinrent**

tenir	
je	**tins**
tu	**tins**
il elle on	**tint**
nous	**tînmes**
vous	**tîntes**
ils elles	**tinrent**

Le poulet Marengo

Complétez cette anecdote de la vie de Napoléon, en choisissant le verbe qui manque.

L'empereur Napoléon aimait beaucoup le poulet. Lorsqu'il voyageait avec son armée, son cuisinier personnel, M. Dunand, qui était Suisse, l'accompagnait toujours pour préparer ses repas. Un jour, M. Dunand ne savait pas à quelle heure Napoléon rentrerait dîner. Soudain, une bonne idée lui (**1**) . . . . Tous les quarts d'heure, il (**2**) . . . un nouveau poulet à cuire, pour être sûr d'être prêt à l'heure. Ce soir-là, les soldats (**3**) . . . beaucoup de poulets à manger!
Il y a un plat célèbre, en France, nommé le «poulet Marengo», à cause de la bataille de Marengo, en Italie, où Napoléon (**4**) . . . les Autrichiens, en 1800. Il y a plusieurs histoires qui expliquent l'origine de cette recette. En voilà une.
La veille de la bataille, Napoléon, qui était très occupé, (**5**) . . . de manger. Plus tard, cependant, il (**6**) . . . faim et (**7**) . . . à Dunand, «Qu'est-ce qu'il y a à manger?»
Le cuisinier (**8**) . . . , «J'ai des olives avec des anchois, des œufs sur le plat avec des tomates, et un ragoût de poulet. Qu'est-ce que vous voulez?»
Napoléon lui (**9**) . . . , «Mettez le tout ensemble dans une assiette, je n'ai pas le temps de les manger séparément!»
Et voilà! Ce (**10**) . . . le premier «poulet Marengo».

fut mit refusa demanda répondit eurent
vint vainquit eut dit

Past Historic → Perfect Tense

Now imagine that you were explaining to a friend what happened to Sabine and Nicolas in the story *Un restaurant pas comme les autres*. As you are speaking, you must use the Perfect Tense, not the Past Historic, to explain what happened.

1 Sabine et Nicolas sortirent du cinéma à onze heures et demie.
2 Ils avaient faim et ils décidèrent d'aller au restaurant.
3 Ils cherchèrent un McDonalds, mais sans succès.
4 Enfin, ils trouvèrent un restaurant de grand luxe.
5 Comme ça n'avait pas l'air très cher, ils entrèrent dans le restaurant.
6 Nicolas commanda un gros steak avec des pommes de terre sautées.
7 Sabine mangea du coq au vin.
8 Ils quittèrent le restaurant à une heure du matin.
9 Le dimanche suivant, ils voulurent retourner au restaurant avec des copains.
10 Mais ils ne purent pas le retrouver.

The Pluperfect Tense (le plus-que-parfait)

Je ne savais pas que ton frère **avait visité** Paris.	*I didn't know that your brother had visited Paris.*
Tu ne savais pas que j'**avais été** malade?	*Didn't you know that I had been ill?*
A minuit, il n'**était** toujours pas **parti**.	*At midnight he still hadn't left.*
Elle m'**avait téléphoné** avant de quitter la maison.	*She had telephoned me before leaving the house.*

The Pluperfect Tense is used to describe what *had already taken place* before something else happened or before a fixed point in time. In English, it is translated as 'had done', 'had gone', 'had happened' etc.

This tense is formed in a similar way to the Perfect Tense. The only difference is that the auxiliary verb (*avoir* or *être*) is in the Imperfect Tense. The same rules about agreement of the past participle apply to both tenses.

dire	
j' **avais** tu **avais** il elle **avait** on nous **avions** vous **aviez** ils elles **avaient**	**dit**

arriver	
j' **étais**	**arrivé(e)**
tu **étais**	**arrivé(e)**
il **était**	**arrivé**
elle **était**	**arrivée**
on **était**	**arrivé(e)(s)**
nous **étions**	**arrivé(e)s**
vous **étiez**	**arrivé(e)(s)**
ils **étaient**	**arrivés**
elles **étaient**	**arrivées**

Understanding the Pluperfect Tense

Look at the following sentences and pick out the examples of the Pluperfect Tense, then work out what each sentence means.

Exemple: Quand il a téléphoné, sa femme était déjà sortie.
When he phoned, his wife had already gone out.

1 Quand elle est arrivée, nous avions fini de manger.
2 Je croyais que tu étais déjà parti.
3 Tu ne savais pas que j'avais gagné une raquette de tennis au club de sports?
4 Quand je suis arrivé à l'aéroport, l'avion était déjà parti.
5 Je leur avais dit que ce n'était pas un bon film, mais ils sont allés le voir quand même.
6 Elle avait faim, parce qu'elle n'avait rien mangé pendant le voyage.
7 Je savais qu'il venait, parce qu'il m'avait téléphoné avant de quitter la maison.
8 Je croyais que tu avais passé tes vacances en Suisse.
9 Quand elle est rentrée à la maison, les enfants avaient préparé le dîner.
10 Vous ne m'aviez pas dit que les banques fermaient à midi.

Using the Pluperfect Tense

A
La fête des mères

C'était la fête des mères et Mme Jolivet était allée en ville. Avant son retour, ses deux fils avaient fait tout le ménage. Qu'est-ce qu'ils avaient fait exactement?

Exemple: 1 Ils avaient débarrassé la table.

1 débarrasser la table
2 faire la vaisselle
3 nettoyer la cuisine
4 ranger le salon
5 faire la lessive
6 repasser le linge
7 laver les vitres
8 travailler dans le jardin
9 mettre le couvert pour le déjeuner
10 préparer le déjeuner

B
Complétez les phrases

1 Je croyais que tu ...... ce film. (**voir**)
2 Je ne savais pas que les Roche ... déjà ... en vacances. (**partir**)
3 Quand j'ai téléphoné à la maison, ma sœur n'... pas encore .... (**rentrer**)

4 Tu ne savais pas que mon frère …… un accident de route? (**avoir**)

5 Quand je suis arrivé à l'appartement, ils ne s'… pas encore …. (**se lever**)

6 Elle avait soif, parce qu'elle n'… rien … de la journée. (**boire**)

7 Il …… trois heures avant de téléphoner à la police. (**attendre**)

8 Il m'…… de l'attendre au café, mais il n'est pas venu. (**dire**)

9 Quand elle …… les courses, elle est allée au café. (**faire**)

10 Avant Noël, mon frère …… tous les soirs à réviser pour ses examens. (**passer**)

The Conditional Tense (le conditionnel)

Je **voudrais** regarder le film à la télévision, s'il vous plaît.	*I would like to watch the film on television, please.*
Pourriez-vous venir me chercher?	*Could you come and collect me?*
Ça serait très gentil.	*That would be very kind.*

The Conditional Tense is often used when *asking for something* or *asking for a favour*. It is more polite than the Present Tense.

Si j'avais assez d'argent, j'**achèterais** une nouvelle voiture.	*If I had enough money, I would buy a new car.*
Si tu n'allais pas à Paris tous les week-ends, tu **aurais** plus d'argent!	*If you didn't go to Paris every weekend, you would have more money!*

The Conditional Tense, as its name implies, is also used to say what *would* happen if a certain condition were met, e.g. "If I had enough money …", "If you didn't go to Paris every weekend …." etc.

Note: Although the Conditional Tense often translates 'would' in English, 'would' is sometimes used in English to mean 'used to'. If this is the case, the Imperfect Tense must be used:

Quand j'étais en vacances, j'**allais** à la plage tous les jours.	*When I was on holiday, I would (used to) go to the beach every day.*

The Conditional Tense is formed by adding the Imperfect endings to the Future stem:

regular *-er* verbs

gagner	
je **gagnerais**	nous **gagnerions**
tu **gagnerais**	vous **gagneriez**
il elle on **gagnerait**	ils elles **gagneraient**

regular *-ir* verbs

sortir	
je **sortirais**	nous **sortirions**
tu **sortirais**	vous **sortiriez**
il elle on **sortirait**	ils elles **sortiraient**

regular *-re* verbs

prendre	
je **prendrais**	nous **prendrions**
tu **prendrais**	vous **prendriez**
il elle on **prendrait**	ils elles **prendraient**

Verbs which are irregular in the Future Tense are also irregular in the Conditional Tense.

Verb	Future Tense	Conditional Tense
acheter	j'achèterai	j'**achèterais**
aller	j'irai	j'**irais**
avoir	j'aurai	j'**aurais**
devoir	je devrai	je **devrais**
être	je serai	je **serais**
faire	je ferai	je **ferais**
pouvoir	je pourrai	je **pourrais**
savoir	je saurai	je **saurais**
venir	je viendrai	je **viendrais**
voir	je verrai	je **verrais**
vouloir	je voudrai	je **voudrais**
courir		*courrais*

Understanding the Conditional Tense

Look at the following sentences and pick out the examples of the Conditional Tense, then work out what each sentence means.

Exemple: Si j'avais le temps, j'irais à la piscine tous les jours.
If I had the time, I would go swimming every day.

1 Si j'avais le temps, je lirais le journal tous les jours.
2 Si j'avais assez d'argent, je passerais mes vacances en Australie.
3 Si je gagnais une grosse somme d'argent, j'achèterais des cadeaux à toute la famille.
4 Je voudrais réserver une table pour quatre personnes, s'il vous plaît.
5 Si tu me prêtais de l'argent, je pourrais t'acheter un cadeau d'anniversaire.
6 Sauriez-vous quoi faire, si la voiture tombait en panne?
7 Que feriez-vous à ma place?
8 Nous devrions aller voir tes parents, ce week-end.
9 Le garage a téléphoné pour dire que votre voiture serait prête à quatre heures.
10 Mme Dublanc m'a demandé de vous dire qu'elle arriverait un peu plus tard que d'habitude.

Using the Conditional Tense

Complétez les phrases:

1 Mes parents … passer leurs vacances en Grèce, cet été. (**vouloir**)
2 S'ils prenaient le train à Athènes, ils y … dimanche à 19 heures, mais par avion, ils y … samedi matin. (**arriver, être**)
3 A leur place, je … l'avion. (**prendre**)
4 On … beaucoup moins fatigué à l'arrivée, et on … un jour de plus. (**être, gagner**)
5 …-vous leur réserver un hôtel à Athènes? (**pouvoir**)
6 Je … très reconnaissant, si vous pouviez faire ça. (**être**)
7 Moi, si j'avais assez d'argent et assez de temps, j'… en Grèce en voiture. (**aller**)
8 Ce … bien. On … beaucoup de pays en route. (**être, visiter**)
9 On … s'arrêter quand on voudrait. (**pouvoir**)
10 On … beaucoup de choses intéressantes. (**voir**)

EXAMINATION PRACTICE

In this section, you will find notes and practice material to help you prepare for your examination in French. The notes have been divided into four main sections: listening comprehension, reading comprehension, speaking, and writing.

Listening Comprehension

What is expected of you?

When you unexpectedly hear French people speaking or some French spoken on the radio, your first reaction might be that you can't understand anything at all. When you're in an examination room and nervous, you're even more likely to feel like this. So be prepared and don't panic. Remember that no one expects you to understand the *whole* French language at this stage, and in an examination you will only be presented with the sort of French you can reasonably be expected to understand. The examiners want to know what you *can* understand, not what you can't. Just listen as calmly as you can, because panicking only works against you.

Tackling the examination

The first time you hear the French on the tape, just try to get the main points of the conversation or story. Don't worry if there are parts which you haven't quite followed. Listen for the details the next time round. Even if you still don't understand everything, there's a good chance that you'll have enough information to make a reasonable guess at the answers.

Preparing yourself

There are certain things you can do in advance to prepare yourself. Make sure that you know:

- exactly what form your listening exam will take;
- how many times you will hear each item;
- whether the actual questions will be recorded on the tape or printed on the paper, or both;
- whether the questions will be in French or English;
- how long you will get to answer them.

Generally, listen to as much French as you can in advance. Tune in to a French radio station whenever you can and just listen for a few minutes. Even if you don't understand much, it'll help you to get used to French voices.

Intensive and gist listening

When you are with French people your ability to understand what you hear will be tested in different ways. When a French person is talking directly to you, he or she will probably speak more slowly or clearly than usual and, by listening carefully, you should understand almost everything the person says. If you are listening to a phone message or to information about sports results, road conditions etc., or any occasion where you want to understand exactly what you hear, you will have to listen intently and take all the words into consideration. This is sometimes called *intensive listening*.

However, when you are listening to a French radio programme, a long anecdote being related or just several French people talking to each other, you can't expect to understand everything, so just listen for the main points, picking up clues from the words you do understand and the tone of the voice of the speakers. This is called *listening for gist*.

Both kinds of listening are tested in most examinations. *Intensive* listening is usually tested by short items. When doing these, make sure you listen to *everything* that is said. Don't just pick up odd words which you immediately recognise and then guess the answer.

This may sound obvious now, but lots of examination candidates do make this mistake. For example, you hear this:

- Regarde, Jean-Pierre, il y a un bon film ce soir, je voudrais voir ça!
- Ah non! C'est à la même heure que le match de foot sur Antenne 2. Je ne veux pas manquer ça!

Question

What are the speakers discussing?

If you just hear *un bon film* or *le match de foot* you might put any of these answers:

They are discussing a film/the football match/whether to go to the cinema/the match/where to go this evening/etc.

However, if you listen carefully to the whole conversation, and especially if you understand *Antenne 2*, you will realise that the correct answer is: They are discussing what to watch on TV/TV programmes.

Listening for *gist* is usually tested in most examinations by a longer piece of recorded material, often a conversation, and you then have to answer three or four questions on it. Usually you hear the recorded text and the questions at least twice. In this kind of test, your memory is called more into play. On the first hearing, listen steadily and calmly to the whole thing and try to remember the main points. Even if you are allowed to take notes, be careful about this because while you are writing down one thing, you could be missing some other vital information. Just jot down a key word or two, or perhaps a number or date. After the first hearing, read quickly through the questions and see what you have to listen for the next time. Often this will also give you a few clues about possible answers. The facts you need usually come in the same order in the recording as the questions and sometimes there are pauses for you to answer after each part of the recording.

Here is the text of a longer listening item:

- Eh bien, Hélène, tu as passé tes vacances à Paris, paraît-il?
- Non, non. En France, mais pas à Paris. J'ai pris l'avion de Genève jusqu'à Paris, et j'ai passé mes trois semaines de vacances en Bretagne.
- Ah bon! C'est joli, la Bretagne. Je l'ai visitée deux ou trois fois pendant mes vacances dans la Normandie, l'an dernier. Mais tu as eu beau temps? J'ai l'impression qu'il pleut beaucoup sur la côte, et il ne fait pas très chaud non plus.
- Si, si, il a fait bien chaud et on a pu se bronzer. Nous avons passé presque tout le temps sur la plage. Je n'aime pas les vacances où on ne peut pas sortir. Les visites des musées et les séances au cinéma, tout ça est pour l'hiver à mon avis.
- D'accord; mais même en hiver on peut être dehors, si on aime faire du ski!

Questions

1 Where did Hélène spend her holidays?
2 What was the weather like during Hélène's holidays?
3 How did Hélène spend most of her time on holiday?

Genève, Paris, la Bretagne, la Normandie – these would be possible answers to Question 1. However, the first two are quickly eliminated – they were simply places on the journey. Perhaps on the first hearing you weren't sure which of the other two was correct, so listen carefully next time to what is said about each and you should hear quite clearly the statement: *J'ai passé mes trois semaines de vacances en Bretagne.*

The next bit of discussion is all about the weather. Don't be misled by what the woman talking to Hélène says. Although she suggests it might have been cold and rainy, listen to what Hélène says herself. She makes it very clear that it was warm. First she says: *il a fait bien chaud,* then she says: *on a pu se bronzer.*

The last question is about what Hélène did on holiday. You would probably realise on the first hearing that the references to museum visits, cinemas and skiing were things Hélène did *not* do. In any case, if you checked this by careful listening the second time, you would realise that the answer should refer to spending time on

the beach. (Hélène also mentioned getting suntanned and that she preferred outdoor holidays.)

Points to remember

1 Guesswork

You should be able to make a reasonable guess at a word or phrase you didn't hear quite clearly, but only guess as a last resort and guess sensibly! For example, you may not know the word *coccinelle*. However, in this sentence the other words tell you it's something small enough to be on a leaf, and the colours mentioned should help you to guess that it is a 'ladybird'.

Sur la feuille verte il remarqua une petite coccinelle, orange et noir, qui brillait comme un bijou au soleil.

Always guess the right kind of word. It's easy to recognise which parts of speech words are – for example *un/le/du* etc. before a word tells you it must be a noun. Words accompanying nouns and agreeing with them are adjectives, and the endings should help you to spot which words are verbs.

2 Verbs

Always listen carefully to the verbs. Especially check which *tense* they are in. (At least whether it's Past, Present or Future). Other clue words like *hier*, *demain*, *tous les jours*, *plus tard*, etc., help you to work out the tense too.

3 Expressions which may be misleading

Listen for words or expressions which mean one thing, but might look or sound as if they mean something else. Four very common ones are:

a) **venir de** + infinitive

  Elle **vient de visiter** Paris.

  to have just done something
  She has just been visiting Paris.
  (**Not** She is coming to visit Paris.)

b) **être en train de** + infinitive

  Il **était en train de lire** un magazine.

  to be in the process of doing something
  He was reading a magazine.
  (**Not** He was reading a magazine on the train.)

c) **Ce n'est pas**
  Ça ne vaut pas
  la peine de + infinitive

  Ce n'est pas la peine d'aller chez le médecin.

  it's not worth doing something

  It's not worth going to the doctor's.
  (**Not** It's not painful going to the doctor's.)

d) **être sur le point de**

  Nous **étions sur le point de** partir.

  to be about to do something

  We were about to leave

4 Faux amis ('false friends')

These are French words which look the same as English words but have different meanings. Here are some of the commonest ones. Make sure you know them as you'll find a few in most exams.

assister à	= *to attend, be present at* (*to assist* = aider)
une caméra	= *movie camera* (*camera* = un appareil-photo)
un car (autocar)	= *coach* (*car* = une voiture, une auto)
la cave	= *cellar* (*cave* = une caverne)
le conducteur	= *driver* (*bus conductor* = le receveur)
le couvert	= *cover charge, place in a restaurant* (*a cover, bed cover, covering* = une couverture)
la librairie	= *bookshop* (*library* = la bibliothèque)
le pétrole	= *oil, paraffin* (*petrol* = l'essence)
une pièce	= *room, coin, play, per item* (*piece* = un morceau)
un photographe	= *photographer* (*photograph* = une photographie)

5 Words which sound alike, or nearly alike

Listen for these and use your common sense to work out which one must be correct.

l'argent = *money*
l'agent = *policeman*

un chêne = *an oak tree*
une chaîne = *a chain*

dans = *in*
dont = *of which, of whom, whose*

le livre = *book*
la livre = *pound/£1 or 1lb.*

un magasin = *a shop*
un magazine = *a magazine*

le Midi = *the South of France*
midi = *midday (12 noon)*

une montre = *a watch*
montrer = *to show*

la peau = *skin*
un pot = *pot, jug, jar*

une pêche = *a peach*
aller à la pêche = *to go fishing*

prêt = *ready*
près = *near*

vert = *green*
un vers = *a line (of verse etc.)*
un ver = *a worm*
un verre = *a glass*
vers = *towards*

6 'Before' and 'after'

Après avoir + past participle *after having done*
Après être *something*

You might hear something like this:

«Après avoir mangé son sandwich, Jean se leva et sortit de la cuisine.»

Question

What was the *first* thing Jean did?
The answer is not 'got up' but 'ate his sandwich'!

A similar possible pitfall involves the construction **Avant de** + infinitive (before doing something):

«Avant de fermer la porte, Marie vérifia qu'elle avait sa clef dans son sac à main.»

Question

What did Marie do *first*?

The answer is 'Checked that her key was in her bag'.

7 Negatives

Don't forget that there are several different negative constructions which have different meanings. It's easy to hear the *ne* and assume that it just means 'not'. Don't forget the commonest trap: **ne ... que** means 'only'. Remember too: **ne ... plus que** means 'now only':

Il **n'**y a **plus que** deux filles dans la pièce.   *There are now only two girls in the room.*

Also watch out for **personne**, **jamais** and **rien** used alone to mean 'nobody', 'never' and 'nothing':

Personne n'est descendu.   *Nobody got off/Not one person got off.*

There may seem to be a lot of possible traps, but if you know about them now, and watch out for them, by the time you come to the examination, they won't present you with any real problems.

Listening Comprehension: short items with questions in English

Task A

Write the answers to the questions in English.

Section 1

1 How much did Pierre pay?
2 How much did his sister win?
3 How much butter did she buy?
4 When was Monsieur Doublet born?

Section 2

1 What is in short supply this week?
2 What does he want to do when he leaves school?

3 What was Alain doing the last time I saw him?
4 What will happen because of the snow?

Section 3

1 Why has the lady not seen Colette today?
2 Why does the man not want the lady to phone tonight?
3 Where is the bank?
4 What does the lady offer to do?

ALSEB 1982

Task B

You will hear 8 short sentences spoken in French. Each sentence will be read to you twice. Decide which of the four answers is correct. Only one answer is correct.

1 Why must you be careful while crossing the road in Paris?

A The drivers do not pay attention to pedestrians.
B The traffic travels on the right.
C The cars go very fast.
D The traffic is very heavy.

2 The client in this hotel is

A booking a room.
B making a complaint.
C checking out.
D reporting something missing.

3 To go to work, M. Bonnard

A often takes the métro.
B never takes the métro.
C seldom takes the métro.
D always takes the métro.

4 Jeanette

A will soon be back from France.
B will always remember her first stay in France.
C still has a souvenir of her first visit to France.
D still remembers her first stay in France.

5 What did Mme. Vidal ask her daughter to do?

A Call at the chemist's.
B Be home from school by 5.00 p.m.
C Come straight home from school.
D Call at the farm.

6 M. Besson was

A trying to find his way somewhere.
B teaching Mathematics.
C speaking to his son.
D having a meal in a restaurant.

7 Mme. Destouches

A was going through Customs.
B was packing to go on her holidays.
C had just arrived in her hotel room.
D was preparing to leave her hotel.

8 The speaker's telephone number is

A 88.13.47
B 78.16.97
C 68.16.87
D 78.6.87

EMREB 1983

Task C

Claude answers the phone

Section A

a) What favour was Claude asked to do for Monsieur Leblanc?
b) Where precisely had Monsieur Leblanc arranged to meet Claude's father at 7 p.m.?

Section B

c) What exactly had happened at the office which caused Monsieur Leblanc to change the arrangements?
d) What exactly did Monsieur Leblanc suggest as a new place and time to meet?

EAEB 1983

Task D

Section A

A passer-by is giving you directions to the station.
1 Say briefly where it is situated.
2 Roughly how far away is it?
3 What *two* directions are you given to bring you to within sight of the station?

Section B

Your French penfriend is arriving today to visit you. Shortly before you are due to set out to meet her at Victoria station, she rings up from Dover to say there has been a delay.
1 What are the reasons for the delay?
2 What did a lady do to help her?
3 When does she hope to arrive in London?

Section C

You are staying in a fairly small French town in the Loire Valley. You go to the Tourist office and ask what there is to do and see in the district. Listen to the reply.
1 What kind of museum is there in the town?
2 When does the church date from?
3 When is there a market?
4 What kinds of trips or outings are mentioned?

Section D

You have checked in with your family at a campsite in France and the warden is giving you some details about it.
1 Whereabouts is the site he has reserved for you?
2 What are *two* advantages of this site?
3 Where are the toilets?
4 Which of these facilities are available on this campsite?
a) swimming pool
b) children's playground
c) showers
d) shop
e) restaurant
f) take-away, serving hot meals

Listening Comprehension: items involving visuals

Task A

Look at the material for each question and follow the instructions.

1 Study the four suggested meals below. A wife is discussing with her husband what they should eat at lunchtime. What do they have for lunch?

1	2
Omelette aux champignons Salade de tomates	Truite Pommes vapeur

3	4
Bœuf Bourguignon Riz Salade	Poulet rôti froid Haricots verts Pommes frites

A Menu 1   B Menu 2   C Menu 3   D Menu 4

2 A couple have been poring over advertisements for flats to let. These four have attracted their attention. You will hear their conversation twice. Which one do they decide to inspect that day?

Séjour double. 1 chambre. Cuisine. Près gare. Visite mardi 14 à 17 heures	Très bel immeuble récent. Soleil, grand séjour. 4 chambres. 2 salles de bains. Cuisine.
1	2

Près gare et écoles. Calme, living double. 2 chambres.	Immeuble ancien. Charmant. Entièrement équipé. Cuisine, salle de bains.
3	4

A 1   B 2   C 3   D 4

AEB 1983

3 At the lost property office a woman is describing a suitcase she has lost. Listen twice to her conversation with the official there and then try to identify her case from the pictures below.

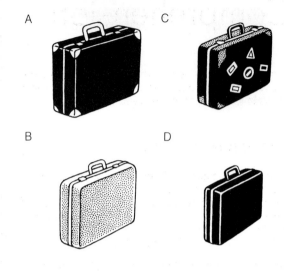

A   C

B   D

Listening Comprehension: longer items with questions in English

Task A

A mugging

1 What is becoming more dangerous these days?
2 When exactly did this incident take place?
3 How old were Marcel's attackers?
4 Why had Marcel got off the train at Concorde?
5 Why was he attacked?
6 What happened during the fight? (Give *two* details)
7 How was Marcel able to help the police?

YHREB 1984

Task B

A man goes shopping for a present

1 Why is the man buying a dress for his wife?
2 What size does his wife take?
3 Of what material is the dress made?
4 What has the man forgotten to do that morning?
5 How does he offer to pay?
6 What document does the shop assistant ask him to produce?
7 Why can he not do so?

YHREB 1983

Reading Comprehension

Find out in advance exactly what you will have to do in your reading comprehension examination, and keep in practice by reading as much French as you can.

Intensive reading

What kinds of reading in French might you need or want to do? At the simplest level, you will need to be able to read the signs and notices which you will see on a visit to France, e.g. town and road signs like BUREAU DE POSTE or SENS INTERDIT, or shopping signs like BOUTEILLES CONSIGNÉES, CAISSE.

You may also want to read leaflets, programmes or posters, to find out particular information, such as the time and place of an event, what's on TV or at the cinema, what facilities are offered etc.

Intensive reading is often tested in an examination by short items of various kinds. To answer this type of question, you need to pay careful attention to *all* the words and watch out for clues and pitfalls (see *Points to remember*).

Reading for gist

After learning French for four or five years, you should be able to read, for pleasure, a magazine article or a simple short story. You should not expect to understand every word, but you should be able to understand enough of what you read to follow the main points or story line, and get some interest and enjoyment out of it.

Reading for *gist* is tested in examinations by longer extracts of French to see if you have understood the important points, the *gist* of the text. You are not expected to understand evey word and it would certainly be a mistake to try to translate the passages.

Read, read and read again

Remember, a reading comprehension examination is intended to test your ability to read and understand, nothing else. So read the passage carefully, right through, before you even look at the questions.

The first reading will give you a broad idea of what the passage or item is about. Then read it again, really thinking as you go, but not pausing to worry over odd words which you don't know. Get the *gist* of it. Then

look for clues. Notice the title – it's there to help you. Read *all* the questions; they probably throw quite a lot of light on the answers. Make sure you know *exactly* what the question asks, then answer the questions one at a time, checking your facts from the passage, making sure you have included *all* the answer. (It may be in two parts, or there may be several different facts in the passage which should be included in the answer.) Often the questions will follow the order of the text, so bear this in mind when you are looking for the answers.

Remember, this is not like the listening test. Although you must not be too slow, you do have time to look back and check in a reading test, so make sure you do.

Points to remember

1 Possible traps

Many of the misleading expressions you might come across in a reading comprehension examination are the same as those mentioned under *Listening Comprehension* (page 213). Read through that section again.

2 Verbs

Pay particular attention to verbs – an easier task now that you can see them printed. Watch out for the tense and the endings, they sometimes provide vital clues:

> L'inspecteur quitta le poste de police et descendit la rue jusqu'au petit café où il avait pris rendez-vous avec André. Cinq minutes plus tard, ils repartirent pour aller au casino.

Question

For which part of the journey was the inspector alone?

Answer

(He was alone) from the police station to the café. (If you didn't realise that *ils repartirent* was plural, you might have put 'to the casino'.)

If you are asked for answers in complete sentences, you should have to include 'He was alone'. Make sure you read the instructions carefully.

3 Words with several meanings

Watch out for these. If one meaning doesn't make sense, try the other, e.g.

encore can mean 'still' or 'again'
toujours can mean 'always' or 'still'

Même has different meanings, according to its position in relation to other words:

Même (*even*) le garçon a reçu un cadeau.
Le **même** (*same*) garçon qu'hier a reçu un cadeau.
C'est le garçon lui-**même** (*himself*) qui a reçu un cadeau.

4 Beginnings and endings of words

Often a letter or two at the beginning or ending of a word makes a difference to its meaning. Here are the most common ones:

Beginnings

im- or *in-* = 'not' e.g. *im*possible, *in*connu, *in*évitable, *im*prévu

para- = 'against', 'for protection against' e.g. un *para*chute, un *para*pluie, un *para*sol, un *para*vent

re- = 'again', 'back' e.g. *re*tourner, *re*venir, *re*partir, *re*faire, *re*ntrer

Endings

-ée = 'ful' e.g. une bouch*ée* ('mouthful'), une cuiller*ée* ('spoonful')

-ette = 'little' e.g. une fill*ette*, une camionn*ette*

-aine = 'about' e.g. une vingt*aine* ('about 20'), une cent*aine* ('about 100')

5 Answering questions in French

It's unlikely that your answer can be taken directly from the reading passage. Check to see if you should have changed the tense or ending of the verb. Make sure that your answers sound natural, something you might actually say if asked those questions.

Reading Comprehension: short items with questions in English

Task A

Study the questions and the five possible answers. You should then select the answer which you think is most appropriate and write down the letter before it.

> ## A partir du 9 JUILLET
>
> ### SOLDES
>
> **rue de la vieille-horloge**
> **LA ROCHE-S-YON**
> Ouvert tous les jours (sauf lundi)
> Rue de la Vieille Horloge
> ## LA ROCHE S/YON

1 When is the shop open?

A every day from 9th July onwards
B only the 9th July
C every Monday
D every day except Monday
E every day except 9th July

> ### Météo
> **Région parisienne. Ciel nuageux et brumeux le matin, puis belles périodes ensoleillées. Température maximale voisine de vingt-trois degrés.**

2 Which of the following best describes the weather in the Paris region?

A maximum temperatures of 25–30 degrees
B misty and cloudy followed by sunny periods
C cloudy with outbreaks of rain
D sunshine followed by more cloudy weather
E very cold in the morning with temperatures rising to 20 degrees

> ### A TIRER EN CAS D'INCENDIE

3 You would be pleased to see this sign

A if there was a fire
B if you had a puncture
C if you had lost your suitcase
D if you had been injured
E if you were tired

4 You are looking for the left luggage office in a railway station. Which of these words will tell you where it is?

A OBJETS TROUVÉS

B CONSIGNE

C PORTE-BAGAGES

D GRANDES LIGNES

E GUICHET

> **Pour tout achat prière de se munir des paniers qui se trouvent à l'entrée**
> **merci**

5 What are customers requested to do at this supermarket?

A return empty baskets to the entrance
B undergo a security check
C use a basket for any purchase
D clear their cheques at the entrance
E leave their shopping bags at the entrance

NICSE 1983

Task B

Write down the letter by the answer which you think is correct.

1 "Je ne veux pas aller à Paris, c'est trop loin", a dit Mme. Perrier.

Mme. Perrier's reason for not wanting to go to Paris was that it was too

A crowded.
B noisy.
C expensive.
D far.

2 La première levée du courrier est à 8 h. 30.

This notice refers to

A a school timetable.
B travel arrangements.
C a bus timetable.
D a postal service.

3 Au-delà de cette limite, les tickets ne sont plus valables

This sign informs you that

A no tickets will be sold after a certain date.
B tickets cannot be renewed after this date.
C no tickets will be on sale until this date.
D tickets are not valid beyond a certain point.

4 La police a trouvé le porte-feuille que Monsieur Ledoux avait perdu. Rien n'avait été pris sauf un billet de cent francs.

What had been taken from M. Ledoux's wallet?

A Nothing.
B A ticket.
C Everything.
D Some money.

5 "J'en ai assez de visiter de vieilles églises", a écrit Fernand.

Fernand wrote that he

A was happy looking round old churches.
B was fed up with looking round old churches.
C could not look around enough old churches.
D had enough old churches to visit.

6 Mme. Maillot voulait acheter un chapeau vert, mais elle a fini par acheter un chapeau bleu, qui a coûté plus cher, mais qui lui allait mieux.

Mme. Maillot bought the hat she did because it

A was cheaper.
B was the one she wanted
C made her feel better.
D suited her better.

7 Un témoin a dit que le camion roulait à plus de 90 à l'heure.

This sentence comes from a report on a

A car race.
B game of bowls.
C road accident.
D crash between two trains.

8 Le train passe par Riom et Clavières, mais il ne s'arrête pas avant Clermont

This piece of information tells us that the train

A stops at Riom and Clavières.
B does not stop at Clermont.
C does not stop at any of the three stations.
D does not stop until Clermont.

EMREB 1983

Task C

1 Il est interdit de stationner devant le bureau du gardien.

The notice says:

A You are allowed to park in front of the warden's office.
B You should report to the warden's office on arrival.
C You mustn't park in front of the warden's office.
D The warden's office is near the station.

2 Messieurs les visiteurs sont priés de ne pas laisser leurs ordures par terre et de ne pas garer leur voiture sur les pelouses.

This notice at a picnic site, is asking people:

A to park their cars in an orderly way in the car park.
B not to leave litter around or park on the grass.
C to read the rules about parking on the lawns.
D not to park without getting a ticket at the desk.

3 Ne pas jeter dans cette boîte ni journaux ni imprimés

This notice in a post office in France tells you:

A that this is the correct box for printed matter.
B not to throw things in the letter boxes.
C that you should post newspapers here.
D not to post printed matter in this box.

Nous voudrions surtout être à l'ombre, et
en plus nous avons besoin d'un
emplacement avec branchement
d'électricité et pas trop loin du bloc
sanitaire.

4 In this extract from a letter to a campsite, M. Dubois says:

A they don't need electricity but must have a shady site.

B they want to be near the toilets and need mains electricity.

C they have their own toilet but want to be connected to electricity.

D they don't like the shade very much. They want to be near the washrooms.

Reading Comprehension: medium-length items with questions in English

Task A

1 You see this advert in a shop window in France.

PERDU
Chat noir et blanc, mignon,
depuis 15 jours
(quartier Place du Marché)
répondant au nom de "Moumou"
Récompense
Tél: 61.33.84

(a) What has been lost?
(b) Say at least two things which you are told about it.
(c) For how long has it been missing?
(d) Why would it be in your interest to find it?

2 Read this advert for flats from a French newspaper:

Votre 4 pièces résidentiel à Loiret pour
468 300F (jusqu'à la fin du mois)
Profitez du prix choc! C'est le moment d'acheter.
Visitez l'appartement modèle t.l.j. de 15H à 19H,
46 rue du Moulin

VOTRE APPARTEMENT IDÉAL avec
● grande salle de séjour, côté soleil
● 2 chambres, cuisine, salle de bains avec douche
● proximité immédiate des écoles, commerces, autobus
● environnement tranquille

a) Why, according to the advert, should you buy now if you want a flat?

b) If you were thinking of buying one of these flats, what would it be a good idea to do first and when could you do it?

c) What is especially good about the living-room?

d) What else are you told about the flats beside their price and the number of rooms?

3 You are staying in Loches and you look at the notice in the local paper to see what services etc. are available today. Here are some of the things you might possibly want to do during the day, but can you do them? Write yes, no or impossible to tell (ITT) for each possibility.

AUJOURD'HUI
LOCHES

LA NOUVELLE RÉPUBLIQUE
  Bureaux: 12, rue Alfred-de-Vigny, tél: 59.03.07, ouvert de 9 h à 13 h.

URGENCES
  Pompiers: tél: 18.
  Hôpital: tél: 59.08.20.
  Gendarmerie: tél: 17 ou 59.07.84.

PERMANENCES
  Chirurgien: Dr Churet, tél: 59.08.15.
  Mairie: services administratifs, de 8 h 15 à 16 h 45.
  Bibliothèque municipale: deuxième étage de la mairie, ouvert de 16 h à 19 h.
  Piscine: avenue Aristide-Briand, de 17 h 30 à 19 h 45.

VISITES
  Château royal: de 9 h à 12 h et de 14 h à 18h.
  Donjon: de 9 h 30 à 12 h et de 14 h 30 à 18 h 30.
  Musée de la Porte-Royale: de 9 h à 11 h 45 et de 14 h à 18 h.
  Pavillon du tourisme: place de la Marne, tél: 59.07.98, ouvert de 9 h 30 à 12 h 30 et de 14 h 30 à 19h.

CINEMAS
  Royal: 21 h, « Les uns et les autres », de Claude Lelouch, à voir.
  Vigny: 21 h, « Les casseurs », avec Chuck Norris, vedette de films de karaté.

You might need or want to:

a) see a doctor
b) go to the library, this morning
c) see a film this afternoon
d) go to the dentist
e) go swimming this evening
f) take some papers to the Town Hall to be signed
g) do some late-night shopping

4 Here is part of a weather forecast from a French national newspaper:

Météo Généralement bonne.

Après un début de matinée brumeux, il y aura de belles éclaircies sur toute la France. Les vents seront faibles. Les régions du nord seront affectées par des nuages pendant l'après-midi mais dans la moitié sud il y aura de longues périodes de soleil. Températures maximales, 20° dans la région parisienne, 30° dans le Midi près de la Méditerranée.

a) What will the weather be like, in general?
b) How will the morning start?
c) How, in general, will the weather develop during the day? (Mention features of it.)
d) Describe in detail the differences between the weather in the North and in the South.?

5 You are handed this publicity leaflet in the street, in the French town where you are staying. Read it, and answer the questions which follow.

J. P. Legallon, (le boulanger de *votre* région)
informe sa clientèle, de l'ouverture d'une nouvelle
BOULANGERIE-PATISSERIE
au centre commercial de Saint-Cyr (près de la gare routière)
Le pain est fait sur place
Spécialités: croissants fourrés et brioches pur beurre

1 What is M. Legallon's job?
2 What event does this leaflet publicise?
3 Where is the St. Cyr shopping centre situated?
4 What is special about
   a) the bread?
   b) the brioches?
5 As far as you can tell from this leaflet, has M. Legallon just moved to this area? Explain what makes you think this.

Task B

1 An amusing article from a French newspaper:

L'éléphant lave plus blanc!

Un gardien du zoo de Prague pensait ne plus jamais revoir sa chemise. Il l'avait enlevée quand il était en train de nettoyer la cage de l'animal, et celui-ci l'avait avalée!

La chemise a reparu dans la cage, quelques jours plus tard, et en parfaite condition. Les taches sales, qu'une machine à laver n'avait pas réussi à faire disparaître, avaient disparu, après le passage dans l'estomac et les intenstins de l'animal!

a) How did the keeper lose his shirt?
b) Why did he get it back spotlessly clean?

2 Here is a brief description of a film from the entertainments page of a newspaper.

LA BOUM. Un film de Claude Pinoteau, un film pour les jeunes, avec Sophie Marceau, la toute jeune vedette de ce film dans le rôle de Vic.

"La Boum" raconte l'histoire de Vic, une jeune fille de 13 ans. Sa famille vient de quitter Versailles et elle habite maintenant à Paris. Vic change de ville, d'école et d'amis. Un soir, elle est invitée à sa première "BOUM" et elle rencontre très vite de nouveaux amis.

Venez voir les nouvelles aventures passionnantes de notre jeune héroïne!

a) At what age group is this film aimed?
b) Why is her visit to the party important for her?

3 The following extract is taken from the crime reports in a newspaper.

Une Française de dix-sept ans, Anne-Marie Dachy, originaire de Salon-de-Provence, a disparu peu après son arrivée à Londres, jeudi dernier, alors qu'elle se rendait au domicile de ses hôtes britanniques. Hier, les enquêteurs de Scotland Yard se montraient inquiets sur le sort de la jeune fille. Arrivée en train, Anne-Marie avait téléphoné à ses hôtes, leur indiquant qu'elle se trouvait à Piccadilly Circus, en plein centre de la ville, tout en leur précisant qu'elle allait prendre un taxi pour se rendre chez eux. Elle ne devait jamais arriver à sa destination. La jeune fille, qui appartient à une excellente famille méridionale, devait travailler au pair dans la capitale britannique.

a) About what are Scotland Yard worried?
b) Give one item of information which she telephoned to her hosts?

WJEC GCE Mode 31983

Reading Comprehension: longer items with questions in English

Task A

Read carefully the following passage which is *not* to be translated. Then answer *in English* the questions set out below giving as much information as possible. Complete sentences are not necessary.

An incompetent thief

Mercredi matin Claudette Rotin arriva au petit supermarché où elle travaillait comme caissière depuis huit mois. Elle se sentait un peu fatiguée parce qu'elle était allée voir un film avec sa sœur la veille et elle s'était couchée très tard.

Elle ôta son manteau et alla s'asseoir à sa caisse. Elle regarda autour d'elle et elle fut contente de voir qu'il y avait peu de monde dans le magasin. Deux ou trois clients vinrent payer à la caisse.

Comme elle n'avait pas grand-chose à faire elle se mit à penser au film qu'elle avait vu. Soudain elle entendit une voix – c'était un jeune homme qui était venu acheter du beurre. Elle le regarda de plus près – il ressemblait un peu à la vedette du film.

– Je le regrette, mademoiselle, disait-il, mais je n'ai qu'un billet de cent francs.

– Ça ne fait rien, répondit Claudette en souriant.

Elle prit le billet et ouvrit la caisse. Tout à coup le jeune homme saisit tous les billets de banque dans la caisse et se sauva à toutes jambes.

Claudette cria «Au voleur» et le gérant arriva en courant. Claudette lui expliqua ce qui s'était passé.

– Il y avait combien d'argent dans la caisse? demanda-t-il.

– Quatre billets de dix francs, dit Claudette.

– Mais, ça, c'est formidable, dit le gérant en riant. Vous avez toujours le billet de cent francs et le voleur a même laissé son beurre. En fait, nous lui devons soixante francs.

Questions

1 What day was it?
2 Where did Claudette work and what was her job?
3 How long had Claudette worked there?
4 With whom had Claudette been out the night before?
5 What was the first thing she did when she arrived?
6 What did she do when she sat down and why was she pleased?
7 Why did she look closely at the man?
8 What did the man tell her?
9 What did Claudette do as she replied?
10 What did the man do?
11 What did the manager ask Claudette?
12 What did the manager do and why?

ALSEB 1982

Task B

Read the following passage carefully. Then answer *in English* the ten questions which follow.

Study the whole passage before answering the questions.

Depuis quelque temps déjà, François pensait à déménager. Le quartier où il habitait ne lui plaisait guère, étant plein de bruits. En plus, son loyer devenait de plus en plus cher. Chaque mois il mettait de côté de l'argent pour acheter un appartement – une résidence élégante, pas trop loin de la capitale. Il en avait déjà visité un certain nombre, sans pourtant trouver ce qu'il cherchait. Chaque jour il étudiait avec soin les annonces du journal.

Ce fut vendredi matin que lui arriva l'avis de l'agence, annonçant un appartement à vendre dans la banlieue entre Versailles et Saint-Germain. Le propriétaire vendait parce qu'il partait pour l'étranger. C'est le gardien qui avait la clef. Il fallait y aller tout de suite.

Il partit avec Valérie après le déjeuner. Il conduisait si vite qu'ils ne remarquèrent pas les maisons tristes et les grands immeubles laids qui bordaient la route. Ils avaient fait à peine dix kilomètres qu'ils aperçurent le panneau élégant annonçant l'entrée: "Résidence Azur. Propriété privée."

La résidence se trouvait dans un joli parc. Le gardien vint leur ouvrir.

– Si ces messieurs-dames veulent bien me suivre.

Ils passèrent devant un magnifique escalier en marbre blanc, préférant prendre l'ascenseur. L'appartement situé au troisième étage leur parut charmant. Une superbe moquette rouge couvrait le sol de la salle de séjour. La cuisine était vaste, les chambres nouvellement peintes et décorées, une en couleur turquoise, une en couleur abricot. De l'autre côté de la route, on voyait le centre commercial.

– Le prix est de trois cent mille francs. Vous ne pourriez trouver mieux.

1 What did François dislike about the district where he was living?
2 For what other reason was he trying to replace his existing flat?
3 How did he learn about the flat for sale at the Résidence Azur?
4 Why was the flat for sale?
5 Who was he to meet there?
6 How did they travel there?
7 How did they know they had arrived at the right place?
8 How did they get up to the flat?
9 How many bedrooms did it have?
10 Where was the nearest shopping centre?

AEB 1983

Speaking

Speaking: general conversation

By now you should be able to hold a conversation with a French-speaking person, talking about yourself and your interests and opinions, and asking questions to find out more about the person to whom you are speaking. This kind of speaking is tested in an examination by a general conversation, in which the examiner plays the part of a French person.

Find out in advance what you will be expected to do. You may be given a list of topics to prepare. If not, think about the sort of questions which would be asked in any general conversation. Almost all examiners begin by asking you your name and age.

Then you are almost sure to be asked something about your family and pets, your home, your school life, your hobbies and interests, the weather, what you like to eat and drink, whether you have been to France, etc. Practise by trying to think your way through these common topics.

Think up questions you might ask a French person, and then what answers you would give if asked these questions yourself. When you're preparing, always make a note of anything you wanted to say, but weren't able to – then ask your teacher about this. Make notes as you go through a topic; not full sentences – you don't want to sound like a parrot – just key words and phrases to help you call to mind what to say, e.g.

Ma maison: grande/petite, en ville/à la campagne, deux étages, jardin derrière; *ma chambre:* grande/petite, partagée avec mon frère; *les meubles:* un lit, une armoire, un bureau, un électrophone, un micro-ordinateur.

Role-playing or Assignments

Your ability to ask questions and to cope with a situation is mainly tested in the part of the examination known as *Role-playing* or *Assignments*. In this section, you are put into an imaginary situation in which you might find yourself in France. You have to find out certain facts, carry out certain tasks and act the part of one of the participants. The examiner will play the part of the French person involved, the ticket-seller, shop assistant, etc. You will usually have some time beforehand to prepare for this part of the test. As you do this, think of all the words you know which might come into the conversation. Don't panic if there is a key word which you don't know – for example, if you are told that you have lost your wallet, and you can't think of the word for 'wallet', don't just sit there and say nothing. When you are due to begin the role-play, just ask the examiner, in French, for the word, e.g. *Monsieur/Madame, je ne sais pas le mot en français pour «wallet»,* or *Comment dit-on en français, «wallet», s'il vous plaît?*

It's a good idea to be equipped with a set of emergency questions and remarks to help you out if you get stuck – though don't overuse them, the examiner will have met this kind of thing before! Here are some useful phrases:

Voulez-vous répéter la question s'il vous plaît?	*Will you repeat the question please?*
Parlez un peu plus lentement, s'il vous plaît?	*Please speak a bit more slowly.*
Que veut dire le mot …?	*What does the word … mean?*
Je n'ai pas compris, Monsieur.	*I didn't understand.*
J'ai oublié le mot pour …	*I have forgotten the word for …*
Je ne sais pas …	*I don't know …*

Points to remember

1 Always listen carefully to the examiner's questions to find out exactly what you are being asked, and what tense is being used. You nearly always use the same tense in the answer as in the question.

2 Reply simply and in fairly short sentences, but not just *oui* or *non*. Remember, the more correct French you say, the more marks you get.

3 If you can go on talking, do so (but on the subject, of course). Most examiners are only too pleased to listen to you talking. All too often they have to do most of the talking themselves.

4 If you don't understand the question, ask (in French, of course).

5 You don't have to tell the truth. If you can't think of the French for your Dad's job, or your sister's favourite hobbies, make up something else for which you know the French.

6 Remember, the examiner is there to find out what French you know, not what a fascinating person you are, so don't introduce an interesting but complicated subject unless you are confident that you can talk about it without getting into difficulties.

7 Be prepared. Some subjects always come up, so make sure you can talk about them.

8 Call the examiner *vous*, and also use *Monsieur* or *Madame* when talking to him or her. The same applies in the role-playing situations, if you are talking to an official, etc. But be careful – if you are supposed to be talking to a teenage friend, use *tu*.

9 Try to use different tenses in your exam. Expect to be asked about what you *will do* on holiday, or in the future, and what you *did* last weekend, in the Easter holidays, etc.

10 Try to introduce a few opinions, using phrases like:

A mon avis …
Je pense que …

11 In conversation, and especially in role-playing, don't be taken by surprise by an unexpected reply. Listen carefully to what is said – after all, in real life, people often don't say what you expect them to!

Speaking: role playing

A lot of examination practice is provided in each unit, in the sections called *A vous, maintenant*. The following items provide extra practice. Work out what you would say each time.

Unit 1

1

You are on a camping holiday in France and are supposed to be looking after your 4-year-old brother while your parents are out shopping. Unfortunately, you suddenly realise he is missing. You ask other campers if they have seen him, and search the site, but you can't find him anywhere so you go to the warden's office to ask for help. (Your teacher will play the part of the warden.)

a) Explain who you are, how long you've been on the site, and that you have lost your little brother.
b) Describe your brother's appearance (face, hair etc.) and the clothes he was wearing.
c) Say that he doesn't speak French and that he doesn't know anyone on the site.
d) Explain where your parents are and what you have done so far to try and find your brother.
e) Explain that he likes playing with other children and is very fond of animals.

2

You get talking to a Swiss girl at a youth club in France. (Your teacher will play her part.)

a) Ask where she's from in Switzerland.
b) Find out what languages she speaks and how long she's been learning them.
c) Ask how she spends her spare time when at home.
d) Find out when she's leaving and what her plans are for the rest of her holiday.
e) Ask her for her address in Switzerland and suggest that she visit you in Britain one day.

Unit 2

1

You and your family are going to stay in self-catering accommodation in France and you are phoning the owner to try to find out more about it. (Your teacher will play the part of the owner.) Here are the things you want to find out:

a) The number of bedrooms and how many beds there are in each.
b) Is there central heating? If so, what kind.
c) Is there a bathroom/water heater? How many toilets?
d) How is the kitchen equipped? (cooker, fridge, washing machine etc.)
e) Is the *gîte* near the shops?/Where can you get milk and bread.

2

A French speaking visitor is coming to stay at your house. He speaks no English. (Your teacher will play the part of the visitor, who has just arrived at your house.)

a) Greet the visitor, ask about his journey and show him his room.
b) Enquire if he would like a drink now and explain that the evening meal will be in about an hour's time.
c) Show him round the house explaining about the different rooms.
d) Ask him what he is interested in.
e) Explain a bit about your town or village (amenities etc.).

Unit 3

1

Your family has been involved in a minor car accident in France, and you being the only French speaker, are being questioned by a French policeman. (Your teacher will play the part of the policeman.)

a) Explain that your Dad was driving along slowly because he was looking for a garage.
b) Ask the policeman if he wants to see your Dad's passport, or only his driving licence and insurance.
c) Ask where the nearest garage is and if it's a garage which does repairs or just serves petrol.
d) Thank the policeman for his help and check that everything is now in order.

2

You are staying in a small French hotel where you get to know a Belgian couple. They have never used the *métro* in Paris, so tell them what you know about it. (Your teacher will play the part of one of the Belgians.)

Mention some of the following points:
a) the saving you get by buying a book of ten tickets
b) the two classes on the *métro*
c) the standard price tarif (one price whatever the distance)
d) where to find a *métro* plan and say that you must look for the last station on the line and follow direction signs for that
e) what to do when changing stations (Give an example, e.g. Change at Châtelet, follow signs for Porte d'Orléans.)
f) the R.E.R. (e.g. express line for crossing Paris; doesn't stop at every station; prices vary according to length of journey.)

Unit 4

1

Your French pen-friend has come to stay for a fortnight. Your mother asks you to find out a few things about him/her. (Your teacher will play the part of your French visitor.)

Find out
a) if (s)he likes the room.
b) if (s)he has everything (s)he needs.
c) what time (s)he usually gets up and goes to bed.
d) if there are any foods (s)he dislikes.
e) what (s)he'd like to do this evening.

2

A neighbour of yours has a French au pair girl who has recently arrived to work for the family for six months. The neighbour speaks very little French and is not sure if the French girl is clear about everything. She asks you to get a few things sorted out for her. (Your teacher will play the part of the au pair girl.)

a) Introduce yourself to the French girl and ask her if everything is all right so far and if she has any problems.
b) Explain that the woman won't ask her to do any heavy work but would she lay the table for the evening meal and tidy up the children's bedroom at night.
c) Explain that she can have one day off a week and ask which day she'd prefer (not Sundays).
d) Ask if she'd like to go to English lessons at the local technical college and say they're on Wednesday mornings from 10 till 12.
e) Explain that the family will be going to London for the day next Saturday and ask if she'd like to go with them.

Unit 5

1

While on a touring holiday you stop at a grocer's to buy provisions for a picnic. (Your teacher will play the part of the shopkeeper.)

a) Ask what kind of pâté they have
b) Buy the 'home-made' one (250 grammes).
c) Ask the price of peaches and when you're told, say they're too expensive – ask if you can buy them separately.
d) You can't, so buy a kilo of apples instead.
e) Buy butter (a pound) and some tomatoes (half a pound). Then ask the price, and pay.

2

You're having a meal in a French restaurant when a Frenchman comes up and asks you questions for a survey which he is doing on what foreign tourists eat in France. You try to be helpful, especially since his restaurant chain is giving free meal-vouchers to the tourists who answer the questions! (Your teacher will play the part of the interviewer.)

He wants to know
a) if you like French food.
b) how many meals a day you usually have in a restaurant while in France, and what you do for the other meals (e.g. picnic, buy snacks etc.)
c) which French foods you have especially liked or disliked.
d) which kind of eating place in France you prefer (e.g. café, small *bistro*, self-service restaurant, large restaurant, MacDonald's).
e) what you think of 'fast food'.

Speaking: giving information about things

Sometimes, in real life, you have to explain to someone else about something you have done, seen or read, for example details of an event advertised on a poster, an account of what happened to make you late for an appointment, or a description of a meal you had out. In this sort of situation, you do most of the talking, though the person to whom you are speaking may ask you a few questions or make some comments.

In your oral examination you might be asked to do something like this, for example you might be given a French town plan or a leaflet advertising an event, and be asked to talk about it. It is important, in this kind of test, firstly to have a calm but thorough look at the material you are given, and to realise that most of the vocabulary for speaking about it will probably be provided by the document itself, i.e. you will be able to use the names of places on the map, the words for the kind of event, or the dishes on the menu, as part of what you say. Secondly, remember that you are supposed to be the main speaker here, so try to keep talking as much as you can – you don't get marks for silence!

Giving information: practice items

Here is an example of the kind of thing you might be asked about:

Au Syndicat d'Initiative de la petite ville de Mondoubleau vous avez obtenu un plan de la ville. Regardez bien cette partie du plan et préparez-vous à répondre à quelques questions.

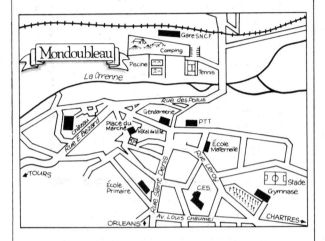

You might be asked the following questions (you would not see them written down in the exam, of course):

1 Est-ce qu'on peut faire du camping dans cette ville?

Answers

    a) Oui. (Not many marks for this one!)
    b) Oui, on peut faire du camping. (Correct, but couldn't you say a bit more?)
    c) Oui, on peut faire du camping. Il y a un grand terrain de camping (avec une piscine) près de la gare etc. (A correct, full answer.)

2 Où se trouve l'hôtel de ville?

Possible answer

L'hôtel de ville $\left[\begin{array}{l}\text{se trouve}\\\text{est}\end{array}\right]$ sur la place du Marché.
Il

3 Vous êtes au camping. Donnez-moi des directions pour aller à la poste. (Notice that many of the words needed in the answers are given on the map.)

Possible answer

En sortant du camping allez tout droit, puis tournez à droite. Prenez la première rue à gauche, puis, encore une fois la première à gauche, et la poste est là, à votre gauche.

You may be asked further questions about the map, e.g.

Décrivez le centre ville. Est-ce que la ville a beaucoup de bâtiments? Où se trouve l'église? *etc.*

Alternatively you may be asked some questions about yourself and your own life which are slightly connected with the town plan, e.g.:

Faites-vous du camping quelquefois? Racontez des détails de vos vacances au terrain de camping. Ferez-vous du camping cet été? Savez-vous nager? Êtes-vous allé à la piscine récemment? Parlez-moi un peu de ça. Avez-vous un hôtel de ville près de chez vous? A quoi sert ce bâtiment? Avez-vous visité l'hôtel de ville? Pour quelles raisons iriez-vous à un hôtel de ville en France?

a) Parlez-moi un peu au sujet de ce potage – par exemple, ça vient de quel pays? Décrivez en général le contenu.
b) Regardez les instructions pour faire ce potage:
    (i) Qu'est-ce qu'il faut faire *avant* de vider le contenu dans l'eau?
    (ii) Est-ce que c'est long à préparer, ce potage?
    (iii) Est-ce qu'il faut remuer le potage tout le temps?
c) Aimez-vous le potage? Quelle sorte de potage aimez-vous le mieux/le moins?
d) Avez-vous déjà mangé du potage comme ça? Vous l'avez aimé?
e) Mangerez-vous du potage ce soir, peut-être?
f) Décrivez un potage que vous aimez spécialement/ que vous n'aimez pas du tout.

2

Imaginez que vous travaillez, cet été, à l'office de tourisme de St. Hilaire. Expliquez à une famille de visiteurs ce qu'il y a à faire ici. (Le père aime le sport, sa femme aime goûter aux spécialités gastronomiques, la fille adore l'équitation et le fils s'intéresse au cyclisme et au cinéma).

St-Hilaire du-Harcouët

DISTRACTIONS

Tennis - Salle Omnisports - Pétanque
Boule Bretonne - Courses Cyclistes
Courses Hippiques
CINEMA, une des plus belles salles de la région.
EQUITATION - Club Hippique - Manège couvert,
leçons - randonnées et rallyes équestres.

Spécialités du pays

camembert - viande de première qualité - charcuterie fine - vrai calvados. visite des chais et dé-
gustations - cidre bouché - tripes - truites.
Nombreux antiquaires - Pépinières et Horticul-
ture.
Hôtels restaurants, nombreux et confortables
(200 chambres disponibles), terrain de camping
homologué.

3

Votre famille vient de recevoir cette invitation.

SYLVIE et JEAN-PIERRE

sont heureux de vous annoncer leur mariage

et vous prient d'assister ou de vous unir d'intention

à la Messe de Mariage qui sera célébrée

le Samedi 8 Décembre 1984, à 15 h. 30,

en l'Église de Gometz la Ville (Essonne).

Expliquez à un ami français les détails de l'invitation et répondez à ses questions. (Make sure you mention that it is a wedding invitation. State whose wedding it is and when and where it will take place.)

D'autres questions

a) Avez-vous assisté à un mariage en Angleterre?
b) Avez-vous assisté à un mariage en France?
c) Que savez-vous au sujet des mariages en France?
d) Voudriez-vous vous marier, plus tard dans la vie?
e) En général êtes-vous pour ou contre le mariage?

4

Voici un extrait d'un magazine pour les consommateurs:

Votre marché
Fruits et légumes

Le panier du mois
Voici les prix d'avril que vous devriez trouver sur vos marchés (prix moyens d'avril 83 + 10 % pour tenir compte de l'inflation). Si vous trouvez plus cher, évitez d'acheter.

LÉGUMES
(prix au kg, sauf salades et choux-fleurs)
● **Laitue, batavia, romaine :** 4 à 5 F pièce.
● **Chicorée, frisée :** 5 à 6 F.
● **Tomates :** d'Espagne, du Maroc ou d'Italie 12 à 15 F ; 25 F les premières tomates de serre de Provence.
● **Carottes :** 4 F.
● **Choux-fleurs :** 10 F pièce début avril, 7 à 8 F à la fin du mois.

● **Oignons :** 2,50 F ; 5 F la botte d'oignons blancs.
● **Endives :** 10 F les dernières.
● **Artichauts :** violets d'Espagne ou d'Italie 9 à 15 F ; 18 F les premiers Macaux.
● **Concombres :** 4 à 5 F.
● **Poireaux :** 5 à 6 F.

FRUITS
(prix au kg) :
● **Oranges :** maltaise 12 F, oranges d'Espagne ou du Maroc 10 F, celles de Chypre ou d'Israël 7 à 8 F.
● **Pommes :** golden 5 F, pommes rouges d'Argentine ou vertes granny du Chili 10 F, pommes d'Italie 5 F.
● **Bananes :** 8 à 9 F.
● **Poires :** conférence 9 F. Passe-crassane 4 à 5 F. Packam's 12 F.

50 Millions de Consommateurs : avril 1984

a) Il s'agit de quel mois de l'année?
b) On parle ici de quelle sorte de provisions?
c) Est-ce que la plupart sont d'origine française?
d) Dans un article comme ça de quoi parle-t-on surtout? (la variété de provisions? la qualité? les prix?)
e) Quelle sorte de conseil est-ce qu'on donne aux lecteurs?
f) Vous allez faire une soupe de légumes – choisissez des légumes pour mettre dedans. Puis pour faire une salade verte, qu'est-ce que vous prendrez? Et comme fruits, qu'est-ce que vous allez choisir cette semaine?

5

Racontez l'incident qui vous est arrivé le dernier jour de votre séjour en France. Dites ce que vous faisiez, ce qui est arrivé et faites une description des deux garçons.

Vous étiez dans un grand magasin en train d'acheter des souvenirs. Deux garçons ont volé de l'argent de la caisse et deux ou trois cassettes. Une vendeuse les a vus mais ils se sont sauvés. Vous êtes allé(e) à la porte et vous les avez vus, en train de descendre dans une station de métro.

D'autres questions

a) Avez-vous vu un incident comme ça?
b) Lorsque vous partez en vacances, achetez-vous beaucoup de souvenirs? Qu'est-ce que vous achetez? A votre avis, quels sont les meilleurs souvenirs?

6

Voici la carte d'une brasserie à Dieppe. Que lisez- vous sur le menu?

a) Qu'est-ce qu'il y a comme sandwichs?
b) Est-ce qu'on peut obtenir des plats chauds?
c) Quand est-ce qu'on peut manger ici?
d) Si vous aimez les choses sucrées, qu'est-ce que vous pouvez manger ici?
e) Il fait très chaud aujourd'hui. Qu'est-ce que vous me conseillez?

D'autres questions

f) Allez-vous quelquefois au café prendre un verre avec vos copains?
g) Quelle est votre boisson préférée?
h) Qu'est-ce que vous choisiriez à manger dans cette brasserie?
   (*Start your answer:* Je choisirais …)
i) Quelles sont les différences entre les cafés en France et en Grande-Bretagne?
j) Que pensez-vous de ces différences?

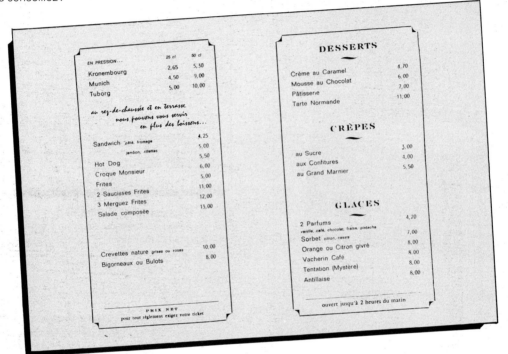

Speaking: describing pictures

Sometimes, in an oral examination, you will be asked to describe either a single picture, or a series of pictures. For hints on how to cope with a series of pictures, which usually tells a story, have a look at the notes on writing a picture narrative (see page 235). The single picture is mainly a test of vocabulary and of how well you can string a series of sentences together. Have a good look at the picture and think of all the things you *can* say, don't worry about the things you don't know. Again, some standard phrases will come in handy. Start from a general description of the scene, e.g.

La scène se passe à la campagne.
La famille se trouve sur la place.
Au premier plan
   (*in the foreground*)
A l'arrière-plan
   (*in the background*)
Au milieu (*in the middle*)
Au fond (*at the back*)
A gauche/à droite/tout près de …

il y a …
se trouve …
se trouvent …
on voit …

Then move on to the details about the picture. Bring some verbs in by saying what the people are doing, e.g.

Les enfants *jouent* …
Le père *dort* et la mère *lit* un journal.

Try to pick up any opportunity to say what *has just* happened or what *is going* to happen – you get extra marks for this, and there is nearly always a built-in clue or two to help you, e.g.

Un taxi *vient d'arriver* et les enfants *vont monter* dedans.

Say what the people look like, e.g.

Les enfants *ont l'air heureux*, mais la mère est *en colère* et le père *semble très fatigué*.

If you can't think of anything else, at least say who the people are and describe what they are wearing.

Writing

Find out exactly what sort of writing in French you will be required to do in your examination. This may vary quite considerably. This section has been divided into three parts: writing short letters and messages; writing letters (informal and formal); writing essays and stories.

Writing messages and short notes

When you are in France, you may sometimes want or need to leave a message for someone or write a short note on a postcard. This is easy to do – just remember to keep it short, to the point, but still 'grammatically' correct, i.e. you must still put *le/la/un/une* etc. in front of nouns, e.g. *Le* boucher a livré *la* viande et l'a laissée dans *le* garage. (Not, as perhaps in English, 'Butcher left meat in garage'.)

Writing messages: practice items

Write a short message, in about 20–25 words of French, on the following situations. (Each message should take about 10–15 minutes to write).

1 Your hostess in France has offered to do some shopping for you when she goes to town, and has told you to write a note about what she should get.

a)   Ask her to buy 3 stamps for England and the magazine 'Paris Match'.
b)   Ask her to post 2 postcards for you.
c)   Tell her that there is a 20 Franc note in your purse on the kitchen table.

2 Your hostess is out when her friend, Mme Martin, phones. Leave her a message to let her know.

a)   who has phoned.
b)   why she can't come to lunch tomorrow (daughter ill).
c)   that she'll ring next week.

3 Leave a note to tell your hostess:

a)   that you had lunch. (Mention *two* things which you had.)
b)   that you have gone to the cinema.
c)   when you'll be back.

4 You have taken a phone message for your pen-friend about her piano lesson. Leave a note about it for her. The key facts are:

a)   Her lesson is changed this week.
b)   Can she come on Thursday at 8.00 p.m.?
c)   She should let her piano teacher know.

5 Send a postcard to your pen-friend to remind him of some essential facts about your arrival in France next week. Say:

a)   what time you'll arrive at the *gare St. Lazare*.
b)   what you will be wearing.
c)   that you will wait there until he arrives.

6 You are staying with a French family. Leave a note to say that:

a)   you have gone to the *bureau de tabac* to buy some stamps.
b)   you will be back by 6.00 p.m.
c)   you haven't forgotten to buy some butter.

7 You have taken a phone message for your friend's Dad. Leave a note to say that:

a)   M. Martin phoned.
b)   he can't come to the office tomorrow after all.
c)   your pen-friend's Dad should phone him tonight after 9.30 p.m.

8 While your French friends were out, the grocer called with two dozen bottles of mineral water. You told him to put them in the garage. You hadn't enough money to pay so you told him Mme Deladier would pay at the shop later. As you have to go out now, write Mme Deladier a note to explain all this.

Writing letters

There are two distinctly different types of letter that you might want to write in French: *informal* and *formal*.

Informal letters are the kind you might write to a pen-friend and for these you have some choice about what you want to say – they are just like conversation which is written down. *Formal* letters are the ones you would write for instance to book accommodation at a hotel or campsite, to make enquiries about a holiday, to ask about something you have lost or to make a complaint. In these letters you have to follow a fairly rigid pattern and stick to the rules. The French are more particular than we are about this and you must learn by heart the correct ways to begin and end this kind of letter and the sort of expressions you must use. Once you've learnt these, a formal letter is quite easy to write – there are fewer pitfalls.

Both kinds of letter might be tested in an examination. You may be given the text of a letter from France to which you have to reply, or just instructions or an outline for a letter that you have to write. As usual, it is important to find out in advance exactly what you will have to do.

Think ahead

It is important to plan your letter in note form before beginning to write it. Notice carefully how many words the letter has to be and make sure yours is the correct length. Writing too much will *not* be a way of impressing the examiner. He has rules to stick to as well! About 10 words after the stated maximum, he simply has to draw a line across and ignore everything else you have written, however good the French is. Don't write too little either. No one can give you marks for what isn't there!

Remember that every letter must have a beginning, a middle and an ending. The middle of an informal letter is often in two parts: *answers to questions* in the letter you have received, and *further information* supplied by you with some extra questions that you want to ask. When you plan your letter make a note of the approximate number of words you expect to allocate to each section, making sure you leave enough for the ending or for any crucial information you need to give. Find out beforehand whether you are expected to write a full address or if just the name of your town will do, and whether the date has to be completely in words. Find out also if the address and date count as part of the total number of words.

Always read through the letter you have to answer, or the outline plan several times before you begin to write your own letter.

Planning your letter

An informal letter

Make some notes, *in French*, of what you are going to say. Jot down any key words, or phrases under the headings *Beginning, Middle, Ending.* Usually you are asked some questions in the letter. How will you reply? Comment on the information given to you to prove that you have read it. Think out *in French* what you are going to say. It's no good working out all sorts of exciting things in English if you don't know the necessary French words. If there is an original letter use it to help you with ideas for the general pattern and perhaps one or two key words, but try not to copy out bits of the actual letter unless it's really necessary. Don't worry about sticking to the truth – nobody but you has to decide exactly what to say in an informal letter, so make a note of any French words you know which seem to fit in, and use them.

When you actually write the letter make sure you link it all together and set it out properly in paragraphs. In the first one, thank the writer for his letter, comment on anything which he said (e.g. if he has been ill, say that you hope he is better; if he talks about his likes and dislikes, say if you share them etc.) The next one or two paragraphs should form the main body of the letter. Answer the questions or write about what you are told to do in the outline. In the last paragraph say that you must finish the letter now (and perhaps explain why). Express the hope that you will hear from your pen-friend again soon.

A formal letter

Plan it in French, under headings. Use the correct phrases for the beginning and the ending and check back that you have answered the questions fully and given all the information required. Don't get chatty in a formal letter, and stick to the point.

Points to remember

1 Notice which tense or tenses are required and make sure you use them, but *never* use the Past Historic in a letter.
2 Decide at the beginning if you should be using *tu* or *vous* and then stick to it throughout.
3 Check that you have commented on anything worthy of comment and answered any questions asked, or done all the things mentioned in the outline.
4 If you have re-used any of the words from the original, double check that you have spelt them correctly.
5 Keep to the subject. (Incidentally, a short reference to the weather may be okay, but don't write a full weather report!)
6 Check thoroughly what you have written. Go through checking just the verbs, then start at the *end* and check back each paragraph at a time. (You'll get a fresh look at it that way.) Then read the whole thing through and see if it sounds like a real letter.

Writing informal letters: useful phrases

Opening

(Mon) cher/(Ma) chère/ (Mes) chers …	*(My) Dear …*
Chers ami(e)s, …	*Dear friends, …*

Expressing thanks

Merci (beaucoup) de ta (votre) lettre. Je te (vous) remercie de ta (votre) lettre.	*Thank you (very much) for your letter.*
J'ai bien reçu ta (votre) lettre qui m'a fait beaucoup de plaisir.	*I received your letter which gave me a great deal of pleasure.*

Commenting

Tu as dit que … Vous avez dit que …	*You said that …*
C'est très bien/excellent/ fantastique.	*That's very good/great/ fantastic.*
C'est bien triste.	*That's very sad.*
C'est vraiment affreux.	*That's really awful.*
C'est difficile.	*That's difficult.*
C'est (bien) dommage.	*That's a (real) pity.*
Félicitations.	*Congratulations.*
Tu as de la chance. Vous avez de la chance.	*You're lucky.*

Closing

Maintenant, je dois terminer ma lettre.	*I must stop now.*
Je dois faire mes devoirs.	*I've got to do my homework.*
Je dois sortir.	*I've got to go out.*
J'espère bientôt te (vous) lire.	*I hope to hear from you soon.*
En attendant de tes (vos) nouvelles, . . .	*Waiting to hear from you, . . .*
Écris (écrivez)-moi bientôt!	*Write soon!*

Signing off

Amicalement . . . (Meilleures) amitiés . . . Bien cordialement . . . Ton ami(e) . . . Ton (ta) correspon- dant(e) . . .	*(Fairly casual)*
Je t'embrasse . . . (Bien) affectueusement . . . Grosses Bises . . . Bons baisers . . .	*(More affectionate)*

Writing formal letters: useful phrases

Opening

Monsieur(Messieurs), . . .	*Dear Sir(s), . . .*
Madame/ Mademoiselle, . . .	*Dear Madam, . . .*

Expressing thanks

Je vous remercie de votre lettre du 5 avril.	*Thank you for your letter of 5th April.*
J'ai bien reçu votre lettre du 5 avril.	*I have received your letter of 5th April.*
J'accuse réception de votre lettre du 5 avril.	*I acknowledge receipt of your letter of 5th April.*

Requesting something

Veuillez m'envoyer . . .	*Please send me . . .*
Je voudrais vous demander de . . .	*I would like to ask you to . . .*
Je vous prie de . . .	
Je serais très reconnaissant(e) si vous pouviez . . .	*I would be very grateful if you could . . .*
Vous seriez très aimable de me faire savoir . . .	*Would you kindly let me know . . .*

Apologising

J'ai le regret de vous faire savoir que . . .	*I am sorry to advise you that . . .*
Je vous prie d'accepter mes excuses.	*Please accept my apologies.*

Ending

Veuillez agréer, Monsieur/Madame/Mademoiselle, l'expression de mes sentiments les plus distingués.	*Yours sincerely, . . .*
Je vous prie d'agréer, Monsieur/Madame/Mademoiselle, l'assurance de mes sentiments les meilleurs.	

Informal letters: replying to a letter

Task A

Write *in French* a letter (100 to 120 words) to your pen-friend Dominique in reply to the following letter which you have just received:

Rennes, le 7 mai

Cher ami/Chère amie,
Je me demande pourquoi je n'ai pas reçu de réponse à la dernière lettre que j'ai écrite en janvier. Tu m'as oublié?

Écris bientôt et raconte-moi ce que tu as fait pendant l'hiver. Il y a eu beaucoup de neige chez toi? Tu as pu aller à l'école tous les jours? Tu sais faire du ski?

Dis-moi aussi si tu penses toujours venir en France cet été pour nous rendre visite à Rennes. Mes parents t'invitent à venir à la fin de juillet. Cela me ferait plaisir si tu disais 'oui'.

En attendant de tes nouvelles,

Amitiés,

Dominique

Extra marks will be awarded for the correct use of different tenses.
You will gain nothing by writing more than 120 words. Please state the number of words you have used at the end of your letter.

EAEB 1983

Task B

Below is a letter which you have received from your French pen-friend who is on holiday in England. Write a reply *in French* of 120–150 words, remembering to set out your letter correctly. You should try to deal with all the points in your pen-friend's letter.

> Y.M.C.A.
> 112 Great Russell Street
> London W1.
>
> le 9 mai 1983.
>
> Cher …
> Chère …
>
> Merci de ta lettre. Comment vas-tu? Et ta famille? Je t'écris en français parce que je n'ai pas beaucoup de temps aujourd'hui.
>
> Qu'as-tu pensé de ta visite chez nous à Paris? Qu'est-ce que tu as préféré?
>
> Nous sommes en Angleterre depuis trois jours mais nous avons déjà des problèmes. Il fait un temps affreux, nous n'avons pas trouvé de camping et en plus ma sœur ne veut pas rester ici. Est-ce qu'on peut te rendre visite samedi prochain?
>
> Y a-t-il un camping près de ta ville ou serait-il possible de passer les quinze jours chez toi? Dis-moi vite ce qu'il faut faire pour y arriver.
>
> Est-ce qu'il y a beaucoup à faire dans ta région?
>
> Si ma sœur ne veut pas sortir, qu'est-ce qu'elle pourra faire à la maison?
>
> Réponds-moi vite, s'il te plaît, et donne-moi ton numéro de téléphone. Je ne le trouve pas dans l'annuaire.
>
> Amicalement,
>
> Alain/Claire
>
> *EAEB 1983*

Informal letters: writing to an outline

Task A

Write a complete letter to your pen-friend on all the following points:

a) Thank him/her for the birthday present and letter you received a week ago.
b) Tell him/her about the surprise outing your parents arranged for you to celebrate your birthday.
c) Answer your pen-friend's questions about your school, what subjects you do, and which you enjoy.

SWEB 1983

Task B

Write your first letter to a new French pen-friend about whom you know virtually nothing. (Write between 90 and 110 words. Allow 20 minutes).

1 Introduce yourself (name, age).
2 Say why you want to write to a French pen-friend.
3 Describe the rest of your family.
4 If you have any pets, say something about them.
5 Say that you would like to visit France one day.
6 Ask about your pen-friend's family.
7 Ask which sports (s)he plays and which (s)he likes best.
8 Say which sports (if any) interest you.
9 Finish your letter and say that you hope (s)he will write soon.

Task C

Your pen-friend has written to ask you about the food which you like and how English and French foods differ. Write back and

1 thank him/her for the letter;
2 apologise for the delay in replying;
3 tell him/her *four* things about English food, mentioning things that you like;
4 ask *two* questions about French food;
5 ask if (s)he has ever tried fish and chips;
6 sign off in a friendly way.

Task D

Imagine you've spent a weekend in London. Write a letter to a French friend and describe what you did. Say how you travelled, what you did and what your impressions of London were. Ask your pen-friend if (s)he has ever been there.

Task E

You have just moved from the countryside to live in a town. Write to your pen-friend to say whether or not you like living in a town and why. Say what there is to do, where you have been and mention anything you are looking forward to doing.

SEREB 1983

Formal letters

Task A

You and your family are hoping to stay at a campsite in Normandy called *Le camping St. Michel* near Avranches. Write a formal letter in about 100 words to the camp owner.

1 Tell him that your family would like to stay there next August.
2 Say for how long, and which are the best dates.
3 State how many there are in the family.
4 Say whether you have a tent or caravan.
5 Tell him if you need electricity.
6 Ask *four* questions about facilities at the site, and sign off.

Task B

You have been staying in a French hotel and think that you have left your pullover and a pair of socks behind. Write to the hotel manager (a formal letter of about 100 words).

1 Say when you stayed there.
2 Say which was your room.
3 Describe the two things which you have lost.
4 Ask if they will let you know if they are found.
5 Explain that you will get a French friend to collect them.
6 Sign off politely.

Task C

Write a letter of 130–150 words based on the following outline. A variety of verb tenses should be used as appropriate.

You are looking for a French pen-friend and have written to the English teacher at a French lycée. State the personal details about yourself, and give an account of your own interests and hobbies. Give an account of any noteworthy things you have done (playing an instrument, winning prizes). Mention your school (which form you are in, what your favourite subjects are). In the second part of the letter, describe what sort of person you would like as a correspondent (whether you would prefer someone living in the town or country; what kind of pursuits and interests he/she might have).

Make it clear that you would like to visit him/her in France, and have the visit returned. Suggest a time of year which would be suitable for you.

Close the letter in a suitable manner.

You may use additional ideas if you wish.
The name and address of the teacher is as follows:
M. Marc Duvallon, Lycée Guy Mollet, Rue Jean Baptiste, 17007 La Rochelle.

WJEC GCE (Mode 3) 1983

Task D

Vous êtes professeur de français en Angleterre, et vous proposez de visiter une usine française avec un groupe d'élèves. Vous avez reçu cette lettre. Écrivez une réponse.

Bordeaux, le 20 janvier

Monsieur,

J'accuse réception de votre aimable lettre du 3 janvier, dans laquelle vous parlez de la visite que vous voulez faire chez nous en avril. Nous serons très contents de vous accueillir, mais malheureusement le jour que vous proposez nous est impossible, parce que nous ne recevons les visites que le mardi et le jeudi. Veuillez me dire, s'il vous plaît, à quelle date et à quelle heure vous voudriez venir nous voir, combien de personnes seront dans votre groupe, l'âge approximatif de vos élèves, et si vos élèves pourront comprendre facilement ou non les explications qu'on leur donnera en français.

Dans l'attente de vous lire je vous prie de croire, Monsieur, à mes sentiments les meilleurs.

R. Mazot,

Directeur Commercial.

AEB 1983

Writing essays and stories

Why write an essay?

In real life you probably won't have to write much in French, except for letters or notes. However, some examining boards do set a composition in the examination in order both to test how well you can express yourself in French and whether you have a good command of vocabulary and the basic structure of the language, especially verbs. It is important to remember that this is what the examiner wants to find out. Unlike the essay in your English examination, where your imagination and ideas are also being put to the test, the ability to express yourself in simple correct French is all important. Obviously you must stick to the story outline and instructions which you are given, but remember that you're *not* expected to make up a masterpiece of novelty and suspense. Indeed, to try to do so will probably land you in difficulties with the language!

Preparing yourself

Just as for letter writing, find out in advance exactly what you will be expected to do, what type of composition will be set, whether there is a choice of subject, how many words you must write and whether the essay must always be written in the past tense.

To help make sure you're as well prepared as you can be, when you practise writing an essay first look up the relevant vocabulary, learn any key words and jot down any words or phrases you think will fit the subject. Then, do the essay under examination conditions with the correct time limit and using the correct number of words. Try very hard to think in French. Don't worry if you can't write the whole thing without looking words up, but see how much you can cope with first, then go back and look up any words you need to complete it. When you've found the words you didn't know, learn them for future use.

It's a good idea to learn some phrases which could be used in most essays (see below), but do be careful to use them only where they really fit in – don't just bring them in because you happen to know them. Also, there are several common subjects which are always cropping up in this kind of test. Make sure for example that you know some vocabulary to do with accidents, picnics, shopping, holidays (especially at the seaside), the countryside and school life.

Tackling the examination

In the examination, read through carefully the instructions and the story outline, or look closely at the picture series which you will have in front of you. Then plan your essay by making a series of notes in French, using headings and taking each paragraph or picture at a time. Also write down any key vocabulary you could use and any good phrases which might be appropriate.

Jot down roughly how many words you plan to use for each paragraph, making sure you leave enough for the ending of the story. Write yourself a note about which tenses you will put the verbs in and check afterwards that you did use these throughout. Think out before you start whether you're going to be in the story yourself, in which case you'll need to use mainly the 'first' person of the verbs (*je* or *nous*) or whether you are just writing about other people, in which case you need the 'third' person: *il/elle*, *ils/elles*. When you actually write your essay, try to link up the separate sentences and parts into a continuous story with an ending.

Different types of essay

Title and brief details only

These may be *in English*:

One day in the street, you witnessed an accident between a motor bike and a private car. Tell your friends what you saw, what you did and what happened later.

or *in French*:

Les vacances en auberge de jeunesse – Imaginez que l'an dernier, vous êtes parti en vacances avec un/des amis. Vous avez passé plusieurs nuits en auberges de jeunesse. Racontez vos vacances.

This type of essay leaves most of the story to you, but nothing really exciting need happen – just make sure that you have included all the points listed and build your narrative around these. Include any relevant French words and phrases that you know, and avoid any which you're not really sure of. Try to think things out a sentence at a time – in this way you won't get half way through a sentence and not know how to complete it in French!

Story from an outline

This is similar to the first type, but more details are provided. However, it should be tackled in the same sort of way. With this type of essay be especially careful to include all the points mentioned.

Tell the story outlined below, using past tenses. Length 180–200 words. (Time: 1 hour.)

Votre anniversaire – quel âge? – vos cadeaux – une surprise de la part de vos parents – des billets pour le théâtre/un concert – lequel? Coups de téléphone pour inviter des amis – votre visite au théâtre – vos opinions sur le spectacle – après vous êtes allés manger quelque chose – où? quoi? – vous êtes rentrés à quelle heure?

This type of outline gives you a lot of help with the story and provides some of the vocabulary you need. Make sure you take advantage of this and use the words you're given, but don't forget, the story is in *note* form – you must put it into correct French sentences and, as usual, the correct usage of verbs is of prime importance.

Picture narrative

Sometimes you're just given the series of pictures, but sometimes there are questions under each picture to help you. In either case, first study the pictures really carefully and make sure you understand the story. Decide next which tenses you'll use for each picture, make a note of vocabulary for the things in it, including verbs. As you write, try to include about the same amount of words for each picture and, as usual, make sure you leave enough words for the ending. Remember too that you must link each bit of narrative to the text – you are telling a story, not just describing the pictures.

At the end, remember that it is very important to check what you've written. Pay particular attention to the following:

a) *Verbs*:
    correct tense and person, correct ending, correct agreement of past participle if in the Perfect Tense.

b) *Nouns and adjectives*:
    do they agree with each other?

c) *Pronouns*:
    have you put them in where possible or could you introduce some more, or link two short sentences together? For example:

    Il a vu le cadeau de sa grand-mère.
    Tout de suite il a ouvert le cadeau.
    (*Better*: Tout de suite il *l'*a ouvert.)

        Voilà l'homme, a dit Marie. J'ai vu cet homme hier.
    (*Better*: Voilà l'homme *que* j'ai vu hier, a dit Marie.)

d) *Number of words*:
    Check the number of words – it it's wrong, cut some out or add a bit.

e) *Ending*:
    Have you 'rounded off' the story?

f) *How it reads*:
    Does it read like a proper narrative? (For example, do the sentences 'hang together', and does the whole thing make sense?)

Writing essays and stories: useful vocabulary and phrases

Setting the scene
Time

Ce jour-là ...	*That day ...*
L'année dernière ...	*Last year ...*
Pendant les vacances ...	*During the holidays ...*
Un jour en hiver ...	*One winter's day ...*
Hier matin ...	*Yesterday morning ...*

Place

à la campagne	*in the country*
à la montagne	*in the mountains*
en ville	*in town*
chez moi	*at home*

Linking phrases

à ce moment même	*at that very moment*
à la fin	*in the end*
à ma grande surprise	*to my great surprise*
ainsi	*thus*
alors	*in that case, then, so*
bref	*in short*
car	*for, because*
cependant	*however*
c'est à dire	*that's to say*
d'abord	*first, at first*
d'ailleurs	*moreover, besides*
déjà	*already*
de toute façon	*in any case*
donc	*therefore, so*
du moins	*at any rate*
en effet	*indeed, as a matter of fact*
en faite	*in fact*
en général	*in general*
enfin	*at last, finally*
ensuite	*then, next*
et ... et	*both ... and*
finalement	*finally*
heureusement	*fortunately*
lorsque	*when*
mais	*but*
malgré	*in spite of*
malheureusement	*unfortunately*
naturellement	*of course*
parce que	*because*
par conséquent	*as a result, consequently*
peut-être	*perhaps*
pourtant	*however*
puis	*then, next*
quand	*when*
quand même	*all the same*
soit ... soit	*either ... or*
soudain	*suddenly*
surtout	*above all*
tandis que	*while, whereas*
tout à coup	*suddenly*
tout de suite après	*immediately afterwards*

Endings

C'était une erreur.	*It was a mistake.*
On ne sait jamais.	*You never know.*
Quelle bonne chance!	*What good luck!*
Tout est bien qui finit bien.	*All's well that ends well.*

Writing essays: title and brief details

Task A

During a school trip to Paris you become separated from your friends. Write a composition in 60–80 words *in French*, explaining what happened and saying how you re-joined the group.

LREB 1983

Task B

Une journée sur la plage

Où, quand, avec qui? Racontez tous les détails de votre journée et de vos activités.

Writing essays: story from an outline

Task A

Tell this story in about 80–100 words:

Une mauvaise surprise

You and a friend decided to go for a bicycle ride one fine day last summer. After some discussion, you decided to look up a friend whom you had not seen for a year or so. You were disappointed, however. After a long ride, you arrived at an empty house – your friend (according to the neighbours) moved away last month.

Task B

Tell the story outlined below, keeping to three paragraphs each of at least 60 words. You may use as you wish the suggestions given and may add any relevant detail. Use the title:

En retard à l'école

(i) Un jour votre mère (ou votre père) vous demande de faire quelque chose pour elle (ou pour lui) avant d'aller à l'école. (Qu'est-ce qu'on vous demande de faire? Pourquoi faut-il le faire avant d'aller à l'école? Quelles sont vos réactions?)

(ii) Vous mettez plus de temps à le faire que vous n'aviez pensé. (Racontez ce que vous faites. Pourquoi mettez-vous si longtemps à le faire? A quelle heure partez-vous enfin pour l'école?)

(iii) Vous arrivez à l'école en retard. (A quelle heure? Racontez votre arrivée en classe. Quelles sont les réactions de vos professeurs et de vos camarades? Comment se termine l'incident?)

WJEC GCE 1983

237

Writing essays: picture narrative

Task A

Below are two unconnected pictures. Treat each one as a separate scene. Write about 50 words, *in French*, about each picture, recounting some of the things that are happening.

Each picture is numbered (**A1**, **A2**). Give each of your answers the same number as the picture to which it relates.

EAEB 1983

A1

A2

Task B

Write *in French*, in about 130 words, the story depicted in the series of pictures below. Compositions of fewer than 130 words will lose marks, and no advantage will be gained by writing at greater length. (If you exceed this amount, please indicate clearly the point at which you reach 130 words). State at the end of your essay the number of words used.

Your story should be written in the past tenses, although other tenses may be used when required (e.g. in dialogue).

Un incendie

Oxford and Cambridge 1983

Task C

Write *in French* in the *past tense*, using 140–150 words, the story told in the series of pictures below. (No extra marks will be gained by candidates who write more than 150 words.) You may if you wish imagine that you are one of the people shown in the pictures and write the story in your own words.

Cambridge 1983

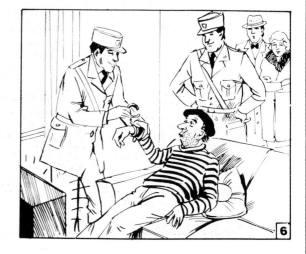

Task D

Write at least 120 and not more than 130 words (not counting names) *in French* on the story depicted by these pictures. Use a suitable past tense as your main narrative tense.

London 1983

Grammaire

This section provides both an index to the grammatical sections which appear in each unit of this book and some additional notes on different points of French grammar.

Nouns

Masculine and feminine
All nouns in French are either **masculine** or **feminine**:

masculine singular	feminine singular
un appartement	**une** maison
le village	**la** ville
l'hôtel	**l'**épicerie

Nouns which describe people often have a special feminine form. Most follow one of these patterns:

1. For the feminine form, you add an -**e**:

un ami	une ami**e**
un Français	une Français**e**
un client	une client**e**
un employé de bureau	une employé**e** de bureau

2. If the masculine form ends in -**er**, you change this to -**ère**:

| un ouvrier | une ouvri**ère** |
| un infirmier | une infirmi**ère** |

3. a) Many masculine nouns which end in -**eur**, have a feminine form ending in -**euse**:

| un coiffeur | une coiff**euse** |
| un vendeur | une vend**euse** |

   b) However, a few have a feminine form ending in -**rice**:

| un moniteur de ski | une monit**rice** de ski |
| un instituteur | une institut**rice** |

4. To convert some masculine nouns, you double the last letter and add an -**e**. (This is common with nouns which end in -**n**):

| un lycéen | une lycée**nne** |
| un Parisien | une Parisie**nne** |

5. The feminine forms of some masculine nouns don't follow any clear pattern. You just have to try and remember these:

| un copain | une copine |
| un roi | une reine |

Remember, not all nouns referring to people have different masculine and feminine forms:

un touriste	une touriste
un élève	une élève
un enfant	une enfant

Singular and plural
Nouns can also be **singular** (referring to just one thing or person)) or **plural** (referring to more than one thing):

| une chambre | des chambre**s** |

In many cases, it is easy to use and recognise plural nouns because the last letter is an -**s** (remember that this is not usually sounded in spoken French):

| un ami | des ami**s** |
| un ouvrier | des ouvrier**s** |

Again, there a few exceptions:

1. Nouns which end in -**eau**, -**eu** or -**ou** in the singular, add an -**x** for the plural:

un château	des château**x**
un bateau	des bateau**x**
un jeu	des jeu**x**
un chou	des chou**x**

Exception:

| un pneu | des pneu**s** |

2. Most nouns which end in -**al**, change this to -**aux**:

| un animal | des anim**aux** |
| un journal | des journ**aux** |

3. Nouns which already end in -**s**, -**x**, or -**z** don't change in the plural:

| un repas | des **repas** |
| le prix | les **prix** |

4. A few nouns don't follow any clear pattern:

| un œil | des **yeux** |

'Some' or 'any' (partitive article)

masculine singular	feminine singular	before a vowel	plural
du pain	**de la** viande	**de l'**eau	**des** poires

After a *negative*, use **de** or **d'**:

Je n'ai pas **d'**argent.   *I haven't any money.*

Il n'y a plus **de** légumes.   *There are no vegetables left.*

After *expressions of quantity*, use **de** or **d'**:

un kilo **de** poires   beaucoup **de** bananes

un morceau **de** fromage   un paquet **de** biscuits

une portion **de** frites

When an adjective comes *before* a noun, **de** or **d'** is normally used:

Ce sont **de** bons amis.

Adjectives

Agreement of adjectives

Adjectives change their form according to the noun they describe. They are then said to 'agree' with that noun. They can be masculine, feminine, singular or plural.

1. Regular adjectives

		masculine singular	feminine singular	masculine plural	feminine plural
a)	Many adjectives follow this pattern. + e = feminine + s = plural + es = feminine plural	grand intelligent fort français allemand	grande intelligente forte française allemande	grands intelligents forts français* allemands	grandes intelligentes fortes françaises allemandes
b)	Adjectives which end in **-u, i** or **é** follow this pattern, but although the spelling changes, they don't sound any different when you say them.	bleu joli fatigué âgé	bleue jolie fatiguée âgée	bleus jolis fatigués âgés	bleues jolies fatiguées âgées
c)	Adjectives which already end in **-e** (with no accent) have no different feminine form.	jaune mince stupide jeune	jaune mince stupide jeune	jaunes minces stupides jeunes	jaunes minces stupides jeunes
d)	Adjectives which end in **-er** follow this pattern.	cher premier	chère première	chers premiers	chères premières
e)	Adjectives which end in **-x** follow this pattern.	délicieux merveilleux	délicieuse merveilleuse	délicieux* merveilleux*	délicieuses merveilleuses
f)	Some adjectives double the last letter before adding an **-e** for the feminine form.	gentil mignon gros bon	gentille mignonne grosse bonne	gentils mignons gros* bons	gentilles mignonnes grosses bonnes

2. Irregular adjectives

	masculine singular	feminine singular	masculine plural	feminine plural
Many common adjectives are irregular, and each one has to be learnt separately. Here are some common ones:	blanc long vieux (vieil**) nouveau (nouvel**) beau (bel**)	blanche longue vieille nouvelle belle	blancs longs vieux* nouveaux beaux	blanches longues vieilles nouvelles belles

*If the adjective already ends in **-s** or **-x** in the masculine singular, it doesn't change in the plural form.

A few adjectives have a different masculine form which is used when the following word begins with a vowel or a silent **h: un **nouvel** élève   un **vieil** homme   un **bel** appareil photo   *See also page 31.*

Comparisons

To compare one person or thing with another, you use **plus** ('more …') **moins** ('less …') **aussi** ('as …') before the adjective:

Il est | **plus** **moins** **aussi** | riche que mon père.

Remember to make the adjective agree in the usual way:

Jean-Luc est **plus âgé** que Nicole.
Nicole est **plus âgée** que Robert.
Jean-Luc et Nicole sont **plus âgés** que Robert.

Notice these special forms:

bon ⟶ **meilleur** (*better*)
mauvais ⟶ **pire** (*worse*)

Ce livre est **meilleur** que l'autre.
Cette maison est **meilleure** que l'autre.
Ce disque est **pire** que l'autre.

The superlative

You use the superlative when you want to say that something is 'the best', 'the greatest', 'the fastest', 'the biggest', 'the most expensive' etc:

La Tour Eiffel est **le plus haut** monument de Paris. | *The Eiffel Tower is the highest monument in Paris.*

Paris est **la plus belle** ville du monde. | *Paris is the most beautiful city in the world.*

Les TGV sont les trains français **les plus rapides**. | *The TGV are the fastest French trains.*

Notice that:
– you use **le**, **la**, **les** and the correct form of the adjective, depending on whether you are describing something which is masculine, feminine, singular or plural.

– if the adjective normally goes *after* the noun, then the superlative also follows the noun.

  C'est le monument **le plus moderne** de Paris.

– if the adjective normally goes *before* the noun, then the superlative also goes before the noun.

  C'est **le plus haut** monument de Paris.

– you usually use **plus** (meaning *most*), but you can also use **moins** (meaning *least*).

J'ai acheté ce pantalon, parce que c'était **le moins cher**. | *I bought this pair of trousers, because it was the least expensive.*

Here are some useful expressions:

le moins cher | *the least expensive*
le plus cher | *the most expensive*
le plus petit | *the smallest*
le plus grand | *the biggest*
le meilleur | *the best*
le pire | *the worst*

Adverbs

Adverbs are words which add some meaning to the verb. They usually tell you *how*, *when* or *where* something happened or *how much* something is done.

Many adverbs in English end in '-**ly**', e.g. 'generally', 'happily', 'quietly'.

Similarly, many adverbs in French end in -**ment**, e.g. générale**ment**, heureuse**ment**, douce**ment**.

To form an adverb in French you can often add -**ment** to the feminine singular of the adjective.

masculine singular	feminine singular
malheureux	malheureuse
lent	lente

adverb + **ment** = **malheureusement**
　　　　　　　　　　unfortunately
　　　　+ **ment** = **lentement**
　　　　　　　　　　slowly

If the masculine singular adjective ends in a vowel just add -**ment** to this:

vrai + **ment** = **vraiment**
　　　　　　　　really, truly
simple + **ment** = **simplement**
　　　　　　　　simply

Comparative and superlative

As with adjectives, you can use the comparative or superlative to say that something goes *more quickly, more slowly, fastest* or *slowest*:

Marc ski **plus vite** que Chantal.	*Marc skis faster than Chantal.*
Mais, c'est moi qui skie **le plus vite** du groupe.	*But I ski the fastest in the group.*
Nous sommes en retard. Allez à la gare **le plus vite** possible.	*We're late. Go to the station as quickly as possible.*

Notice this special form: bien ⟶ **mieux**
well   better

Ça va **mieux** aujourd'hui?	*Are you feeling better today?*

'This' and 'that'

ce, cette, ces

The different forms of **ce** are used when you want to point out a particular thing or person:

masculine singular		feminine singular		plural
	before a vowel		*before a vowel*	**ces**
ce chapeau	**cet** anorak	**cette** jupe	**cette** écharpe	chaussures

Ce can mean either 'this' or 'that'. **Ces** can mean either 'these' or 'those'. If you want to be more precise, you can add **-ci** to the noun for 'this', and **-là** for 'that':

Est-ce que tu préfères **ce** pull-**ci** ou **ce** pull-**là**?	*Do you prefer this pullover or that pullover?*
Je vais acheter **cette** robe-**là**.	*I'm going to buy that dress.*

celui, celle, ceux, celles

When 'this' or 'that' is not followed by a noun, use **celui**, **celle**, **ceux** or **celles**. To distinguish between 'this one' and 'that one' add **-ci** or **-là**:

masculine singular	feminine singular	masculine plural	feminine plural
celui-ci *this one*	**celle-ci** *this one*	**ceux-ci** *these*	**celles-ci** *these*
celui-là *that one*	**celle-là** *that one*	**ceux-là** *those*	**celles-là** *those*

Nous avons deux appartements à louer. **Celui-ci** se trouve au centre-ville. **Celui-là** se trouve dans la banlieue.	*We have two flats to rent. This one is in the town centre … That one is in the suburbs …*

Celui, **celle**, **ceux** and **celles** can also be used in a sentence to save repeating a noun and to give the meaning of 'the one' or 'the ones':

– Tu reconnais ce disque?
– Oui, c'est **celui** que nous avons écouté chez Marc, n'est-ce pas?
– C'est ta voiture, ça?
– Non, c'est **celle** de mon père.
– Ce sont tes nouvelles chaussures?
– Oui, ce sont **celles** que j'ai achetées ce matin.

ceci and cela

If there is no noun or you want to refer to a general idea, the pronouns **ceci** meaning 'this' and **cela** (or **ça**) meaning 'that' can be used:

Ça, c'est une bonne idée.	*That's a good idea.*
Cela n'a pas d'importance.	*That's not important.*
Aïe! **Ça** me fait mal!	*Ouch! That hurts!*
Ce qui nous concerne est **ceci**:	*The thing that concerns us is this:*

245

Expressing possession

mon, ma, mes *etc.*

These possessive adjectives go with nouns to show *who* something or someone belongs to. They agree with the noun which follows (not with the person who owns the thing):

	masculine singular	feminine singular	before a vowel	plural
my	**mon**	**ma**	**mon**	**mes**
your	**ton**	**ta**	**ton**	**tes**
his, hers, its	**son**	**sa**	**son**	**ses**
our	**notre**	**notre**	**notre**	**nos**
your	**votre**	**votre**	**votre**	**vos**
their	**leur**	**leur**	**leur**	**leurs**

Notice that **son**, **sa**, **ses** can mean 'his', 'her' or 'its'. The meaning is usually clear from the context:

Paul mange **sa** viande.	*Paul eats his meat.*
Marie mange **sa** viande.	*Marie eats her meat.*
Le chien mange **sa** viande.	*The dog eats its meat.*

Before a feminine noun beginning with a vowel, you use **mon**, **ton** or **son**:

Mon affiche préférée est celle d'Air France.	*My favourite poster is the Air France one.*

Où habite **ton** amie, Françoise?	*Where does your friend live, Françoise?*
Son école est fermée aujourd'hui.	*His school is closed today.*

Note that:
— you should not use possessive adjectives with parts of the body. (See below).
— when using more than one noun, you must repeat the possessive adjective, e.g.

Ses frères et **ses** sœurs.	*His brothers and sisters.*

à moi, à toi *etc.*

mine	**à moi**	*ours*	**à nous**
yours	**à toi**	*yours*	**à vous**
his	**à lui**	*theirs*	**à eux**
hers	**à elle**	*theirs*	**à elles**

— C'est à qui, ce stylo?	— *Whose pen is this?*
— C'est **à moi**.	— *It's mine.*
— Les cartes postales sont **à toi**, aussi?	— *Are the postcards yours as well?*

de + *noun*

There is no use of apostrophe 's' in French, so to translate 'Marie-Claire's house' or 'Olivier's skis', you have to use **de** followed by the name of the owner:

C'est la maison **de** Marie-Claire.	*It's Marie-Claire's house.*
Ce sont les skis **d'**Olivier.	*They're Olivier's skis.*

If you don't actually name the person, you have to use the appropriate form of **de** (**du**, **de la**, **de l'** or **des**):

C'est la tente **de la** famille anglaise.	*It's the English family's tent.*
— C'est votre journal?	— *Is it your newspaper?*
— Non, c'est celui **du** monsieur qui vient de sortir.	— *No, it belongs to the man who has just gone out.*

le, la, l', les + *parts of the body*

In French, the definite article (**le**, **la**, **l'**, **les**) is normally used with parts of the body:

Elle s'est lavé **les** mains.	*She washed her hands.*
Il s'est coupé **le** doigt.	*He cut his finger.*

Pronouns

Le, la, les

See page 71.

Lui and leur

See page 191.

Me, te, nous, vous

See page 191.

y

See page 96.

en

See page 168.

Order of pronouns

See page 193.

Direct object pronouns in the Perfect Tense

See page 203.

Pronouns in commands

When the command is *to do* something, the pronoun comes *after* the verb and is joined to it by a hyphen:

Donne-**le**-**lui**.	*Give it to him.*
Montrez-**lui** votre passeport.	*Show him your passport.*

When the command is *not to do* something (i.e. in the negative), the pronoun comes *before* the verb:

Surtout, ne **le lui** dites pas!	*Be sure not to tell him.*
Ne **lui** dites rien.	*Don't say anything to her.*

Note that:
– in commands, **moi** and **toi** are used instead of *me* and *te* except when the command is in the negative:

Donnez-**moi** un kilo de tomates, s'il vous plaît.	*Give me a kilo of tomatoes, please.*
Ne **me** regarde pas, comme ça!	*Don't look at me like that!*

Prepositions

à *to* or *at*

masculine singular	feminine singular	before a vowel	plural
au parc	**à la** piscine	**à l'**épicerie **à l'**hôtel	**aux** magasins

A can be used on its own with nouns which do not have an article (*le, la, les*):

Il va **à** Paris.

de *of* or *from*

masculine singular	feminine singular	before a vowel	plural
du	**de la**	**de l'**	**des**

Le train est parti **de la** gare à six heures.
Pour aller **du** centre-ville à la gare, il faut environ une demi-heure.

De can be used on its own with nouns which do not have an article (*le, la, les*):

Elle vient **de** Boulogne.

en *in, by, to, made of*

En is often used with the names of countries and regions:

Strasbourg se trouve **en** Alsace.
Nous passons nos vacances **en** Italie.
Je vais **en** France.

It is used with most means of transport:

en autobus	*by bus*
en autocar	*by coach*
en avion	*by plane*
en bateau	*by boat*
en camion	*by lorry*
en moto	*by motorbike*
en taxi	*by taxi*
*****en vélo**	*by bike*
*****en vélomoteur**	*by moped*
en voiture	*by car*

*****à** is the correct word to use, but **en** is becoming more common.

It is used to describe what something is made of:

C'est **en** cuir ou **en** plastique?	*Is it leather or plastic?*
des fleurs **en** papier	*paper flowers*
Elle est **en** coton ou **en** nylon?	*Is it cotton or nylon?*

Notice the following additional uses:

en 1789	*in 1789*
Le film est **en** version originale, mais il est sous-titré **en** anglais.	*The film is with the original soundtrack, but it is sub-titled in English.*
On fait les vendanges **en** octobre.	*The grapes are picked in October.*
en automne, **en** hiver, **en** été	*in Autumn, in Winter, in Summer*

Prepositions with countries and towns

See page 24.

Time and dates

Telling the time

The hours

Quelle heure est-il?	What time is it?
Il est une heure.	1 o'clock.
Il est deux heures.	2 o'clock etc.

Minutes past the hour

Il est trois heures cinq.	3.05.
Il est trois heures dix.	3.10 etc.

Minutes to the hour

Il est quatre heures moins cinq.	3.55 (five to four)
Il est quatre heures moins dix.	3.50 (ten to four)

Quarter and half hours

Il est trois heures et quart.	3.15
Il est trois heures et demie.	3.30
Il est quatre heures moins le quart.	3.45 (quarter to four)

Midday and midnight

Il est midi.	12 noon
Il est minuit.	12 midnight
Il est midi cinq.	12.5 pm
Il est midi et demi.	12.30 pm

24 hour clock

Il est treize heures.	13.00
Il est quatorze heures cinq.	14.05
Il est quinze heures quinze.	15.15
Il est seize heures trente.	16.30
Il est dix-sept heures quarante-cinq.	17.45

Days, months, dates

Les jours de la semaine

lundi	jeudi	samedi
mardi	vendredi	dimanche
mercredi		

Les mois de l'année

janvier	mai	septembre
février	juin	octobre
mars	juillet	novembre
avril	août	décembre

Les saisons

le printemps	au printemps
l'été	en été
l'automne	en automne
l'hiver	en hiver

Quel jour sommes-nous?	le premier mars
Quelle est la date?	le dix-huit novembre

1985	mil neuf cent quatre-vingt-cinq
	dix-neuf cent quatre-vingt-cinq

Expressions of time

See page 116.

Numbers

See page 12.

Negatives

See page 52.

Asking questions

See page 8.

Verbs

The Present Tense

See page 19.

The Perfect Tense

See pages 62, 63 and 64.

The Imperfect Tense

See pages 78, 90 and 108.

The Future Tense

See page 123.

The Past Historic Tense

See page 207.

The Pluperfect Tense

See page 209.

The Conditional Tense

See page 210.

Reflexive verbs

See pages 134 and 136.

aller + *infinitive*

See pages 179 and 181.

venir de + *infinitive*

See pages 179 and 181.

après avoir + *past participle*

See page 161.

Expressions with *avoir*

See page 117.

Verb Table

Regular verbs

Infinitive Present participle Imperative	Present	Perfect	Past Historic	Imperfect	Future	Conditional	Pluperfect
jouer *to play* jouant joue! jouons! jouez!	je joue tu joues il joue nous jouons vous jouez ils jouent	j'ai joué tu as joué il a joué nous avons joué vous avez joué ils ont joué	je jouai tu jouas il joua nous jouâmes vous jouâtes ils jouèrent	je jouais tu jouais il jouait nous jouions vous jouiez ils jouaient	je jouerai tu joueras il jouera nous jouerons vous jouerez ils joueront	je jouerais tu jouerais il jouerait nous jouerions vous joueriez ils joueraient	j'avais joué tu avais joué il avait joué nous avions joué vous aviez joué ils avaient joué
attendre *to wait (for)* attendant attends! attendons! attendez!	j'attends tu attends il attend nous attendons vous attendez ils attendent	j'ai attendu tu as attendu il a attendu nous avons attendu vous avez attendu ils ont attendu	j'attendis tu attendis il attendit nous attendîmes vous attendîtes ils attendirent	j'attendais tu attendais il attendait nous attendions vous attendiez ils attendaient	j'attendrai tu attendras il attendra nous attendrons vous attendrez ils attendront	j'attendrais tu attendrais il attendrait nous attendrions vous attendriez ils attendraient	j'avais attendu tu avais attendu il avait attendu nous avions attendu vous aviez attendu ils avaient attendu
finir *to finish* finissant finis! finissons! finissez!	je finis tu finis il finit nous finissons vous finissez ils finissent	j'ai fini tu as fini il a fini nous avons fini vous avez fini ils ont fini	je finis tu finis il finit nous finîmes vous finîtes ils finirent	je finissais tu finissais il finissait nous finissions vous finissiez ils finissaient	je finirai tu finiras il finira nous finirons vous finirez ils finiront	je finirais tu finirais il finirait nous finirions vous finiriez ils finiraient	j'avais fini tu avais fini il avait fini nous avions fini vous aviez fini ils avaient fini
se laver *to wash oneself* se lavant lave-toi! lavons-nous! lavez-vous!	je me lave tu te laves il se lave nous nous lavons vous vous lavez ils se lavent	je me suis lavé(e) tu t'es lavé(e) il s'est lavé elle s'est lavée nous nous sommes lavé(e)s vous vous êtes lavé(e)(s) ils se sont lavés elles se sont lavées	je me lavai tu te lavas il se lava nous nous lavâmes vous vous lavâtes ils se lavèrent	je me lavais tu te lavais il se lavait nous nous lavions vous vous laviez ils se lavaient	je me laverai tu te laveras il se lavera nous nous laverons vous vous laverez ils se laveront	je me laverais tu te laverais il se laverait nous nous laverions vous vous laveriez ils se laveraient	je m'étais lavé(e) tu t'étais lavé(e) il s'était lavé elle s'était lavée nous nous étions lavé(e)s vous vous étiez lavé(e)(s) ils s'étaient lavés elles s'étaient lavées

-er verbs with stem changes

1. Verbs like **acheter, lever, mener, peser, se promener**

Present	Future	Conditional
j'achète tu achètes il achète nous achetons vous achetez ils achètent	j'achèterai *etc.*	j'achèterais *etc.*

2. Verbs like **espérer, considérer, s'inquiéter, répéter, préférer**

Present
j'espère tu espères il espère nous espérons vous espérez ils espèrent

3. Verbs like **appeler, jeter, se rappeler**

Present	Future	Conditional
j'appelle tu appelles il appelle nous appelons vous appelez ils appellent	j'appellerai *etc.*	j'appellerais *etc.*

4. Verbs ending in **-yer**, like **payer, essayer, appuyer, ennuyer, employer, nettoyer**

Present	Future	Conditional
je paie tu paies il paie nous payons vous payez ils paient	je paierai *etc.*	je paierais *etc.*

5. Verbs ending in **-ger** like **manger, ranger, changer, échanger, loger, obliger, partager, nager**

Present	Imperfect	Past Historic
je mange tu manges il mange nous mangeons vous mangez ils mangent	je mangeais *etc.*	je mangeai *etc.*

6. Verbs ending in **-cer** like **commencer, avancer, lancer, menacer, prononcer, remplacer**

Present	Imperfect	Past Historic
je commence tu commences il commence nous commençons vous commencez ils commencent	je commençais *etc.*	je commençai *etc.*

Irregular verbs

Grammaire

Infinitive Present participle Imperative	Present	Perfect	Past Historic	Imperfect	Future	Conditional	Pluperfect
aller to go allant va! allons! allez!	je vais tu vas il va nous allons vous allez ils vont	je suis allé(e) tu es allé(e) il est allé elle est allée nous sommes allé(e)s vous êtes allé(e)(s) ils sont allés elles sont allées	j'allai tu allas il alla nous allâmes vous allâtes ils allèrent	j'allais tu allais il allait nous allions vous alliez ils allaient	j'irai tu iras il ira nous irons vous irez ils iront	j'irais tu irais il irait nous irions vous iriez ils iraient	j'étais allé(e) tu étais allé(e) il était allé elle était allée nous étions allé(e)s vous étiez allé(e)(s) ils étaient allés elles étaient allées
apprendre to learn see **prendre**							
s'asseoir to sit down s'asseyant assieds-toi! asseyons-nous! asseyez-vous!	je m'assieds tu t'assieds il s'assied nous nous asseyons vous vous asseyez ils s'asseyent	je me suis assis(e) tu t'es assis(e) il s'est assis elle s'est assise nous nous sommes assis(e)s vous vous êtes assis(e)(es) ils se sont assis elles se sont assises	je m'assis tu t'assis il s'assit nous nous assîmes vous vous assîtes ils s'assirent	je m'asseyais tu t'asseyais il s'asseyait nous nous asseyions vous vous asseyiez ils s'asseyaient	je m'assiérai tu t'assiéras il s'assiéra nous nous assiérons vous vous assiérez ils s'assiéront	je m'assiérais tu t'assiérais il s'assiérait nous nous assiérions vous vous assiériez ils s'assiéraient	je m'étais assis(e) tu t'étais assis(e) il s'était assis elle s'était assise nous nous étions assis(e)s vous vous étiez assis(e)(s) ils s'étaient assis elles s'étaient assises
avoir to have ayant aie! ayons! ayez!	j'ai tu as il a nous avons vous avez ils ont	j'ai eu tu as eu il a eu nous avons eu vous avez eu ils ont eu	j'eus tu eus il eut nous eûmes vous eûtes ils eurent	j'avais tu avais il avait nous avions vous aviez ils avaient	j'aurai tu auras il aura nous aurons vous aurez ils auront	j'aurais tu aurais il aurait nous aurions vous auriez ils auraient	j'avais eu tu avais eu il avait eu nous avions eu vous aviez eu ils avaient eu
battre to beat battant bats! battons! battez!	je bats tu bats il bat nous battons vous battez ils battent	j'ai battu tu as battu il a battu nous avons battu vous avez battu ils ont battu	je battis tu battis il battit nous battîmes vous battîtes ils battirent	je battais tu battais il battait nous battions vous battiez ils battaient	je battrai tu battras il battra nous battrons vous battrez ils battront	je battrais tu battrais il battrait nous battrions vous battriez ils battraient	j'avais battu tu avais battu il avait battu nous avions battu vous aviez battu ils avaient battu

251

Infinitive Present participle Imperative	Present	Perfect	Past Historic	Imperfect	Future	Conditional	Pluperfect
boire *to drink* buvant bois! buvons! buvez!	je bois tu bois il boit nous buvons vous buvez ils boivent	j'ai bu tu as bu il a bu nous avons bu vous avez bu ils ont bu	je bus tu bus il but nous bûmes vous bûtes ils burent	je buvais tu buvais il buvait nous buvions vous buviez ils buvaient	je boirai tu boiras il boira nous boirons vous boirez ils boiront	je boirais tu boirais il boirait nous boirions vous boiriez ils boiraient	j'avais bu tu avais bu il avait bu nous avions bu vous aviez bu ils avaient bu

comprendre *to understand* see **prendre**

Infinitive Present participle Imperative	Present	Perfect	Past Historic	Imperfect	Future	Conditional	Pluperfect
conduire *to drive* conduisant conduis! conduisons! conduisez!	je conduis tu conduis il conduit nous conduisons vous conduisez ils conduisent	j'ai conduit tu as conduit il a conduit nous avons conduit vous avez conduit ils ont conduit	je conduisis tu conduisis il conduisit nous conduisîmes vous conduisîtes ils conduisirent	je conduisais tu conduisais il conduisait nous conduisions vous conduisiez ils conduisaient	je conduirai tu conduiras il conduira nous conduirons vous conduirez ils conduiront	je conduirais tu conduirais il conduirait nous conduirions vous conduiriez ils conduiraient	j'avais conduit tu avais conduit il avait conduit nous avions conduit vous aviez conduit ils avaient conduit
connaître *to know* connaissant connais! connaissons! connaissez!	je connais tu connais il connaît nous connaissons vous connaissez ils connaissent	j'ai connu tu as connu il a connu nous avons connu vous avez connu ils ont connu	je connus tu connus il connut nous connûmes vous connûtes ils connurent	je connaissais tu connaissais il connaissait nous connaissions vous connaissiez ils connaissaient	je connaîtrai tu connaîtras il connaîtra nous connaîtrons vous connaîtrez ils connaîtront	je connaîtrais tu connaîtrais il connaîtrait nous connaîtrions vous connaîtriez ils connaîtraient	j'avais connu tu avais connu il avait connu. nous avions connu vous aviez connu ils avaient connu

construire *to build* see **conduire**

Infinitive Present participle Imperative	Present	Perfect	Past Historic	Imperfect	Future	Conditional	Pluperfect
coudre *to sew* cousant couds! cousons! cousez!	je couds tu couds il coud nous cousons vous cousez ils cousent	j'ai cousu tu as cousu il a cousu nous avons cousu vous avez cousu ils ont cousu	je cousis tu cousis il cousit nous cousîmes vous cousîtes ils cousirent	je cousais tu cousais il cousait nous cousions vous cousiez ils cousaient	je coudrai tu coudras il coudra nous coudrons vous coudrez ils coudront	je coudrais tu coudrais il coudrait nous coudrions vous coudriez ils coudraient	j'avais cousu tu avais cousu il avait cousu nous avions cousu vous aviez cousu ils avaient cousu
courir *to run* courant cours! courons! courez!	je cours tu cours il court nous courons vous courez ils courent	j'ai couru tu as couru il a couru nous avons couru vous avez couru ils ont couru	je courus tu courus il courut nous courûmes vous courûtes ils coururent	je courais tu courais il courait nous courions vous couriez ils couraient	je courrai tu courras il courra nous courrons vous courrez ils courront	je courrais tu courrais il courrait nous courrions vous courriez ils courraient	j'avais couru tu avais couru il avait couru nous avions couru vous aviez couru ils avaient couru

craindre *to fear*
craignant
crains!
craignons!
craignez!

Present	Perfect	Past historic	Imperfect	Future	Conditional	Pluperfect
je crains	j'ai craint	je craignis	je craignais	je craindrai	je craindrais	j'avais craint
tu crains	tu as craint	tu craignis	tu craignais	tu craindras	tu craindrais	tu avais craint
il craint	il a craint	il craignit	il craignait	il craindra	il craindrait	il avait craint
nous craignons	nous avons craint	nous craignîmes	nous craignions	nous craindrons	nous craindrions	nous avions craint
vous craignez	vous avez craint	vous craignîtes	vous craigniez	vous craindrez	vous craindriez	vous aviez craint
ils craignent	ils ont craint	ils craignirent	ils craignaient	ils craindront	ils craindraient	ils avaient craint

croire *to believe*
croyant
crois!
croyons!
croyez!

Present	Perfect	Past historic	Imperfect	Future	Conditional	Pluperfect
je crois	j'ai cru	je crus	je croyais	je croirai	je croirais	j'avais cru
tu crois	tu as cru	tu crus	tu croyais	tu croiras	tu croirais	tu avais cru
il croit	il a cru	il crut	il croyait	il croira	il croirait	il avait cru
nous croyons	nous avons cru	nous crûmes	nous croyions	nous croirons	nous croirions	nous avions cru
vous croyez	vous avez cru	vous crûtes	vous croyiez	vous croirez	vous croiriez	vous aviez cru
ils croient	ils ont cru	ils crurent	ils croyaient	ils croiront	ils croiraient	ils avaient cru

découvrir *to discover* see **ouvrir**

descendre *to go down*
descendant
descends!
descendons!
descendez!

Present	Perfect	Past historic	Imperfect	Future	Conditional	Pluperfect
je descends	je suis descendu(e)	je descendis	je descendais	je descendrai	je descendrais	j'étais descendu(e)
tu descends	tu es descendu(e)	tu descendis	tu descendais	tu descendras	tu descendrais	tu étais descendu(e)
il descend	il est descendu	il descendit	il descendait	il descendra	il descendrait	il était descendu
	elle est descendue					elle était descendue
nous descendons	nous sommes descendu(e)s	nous descendîmes	nous descendions	nous descendrons	nous descendrions	nous étions descendu(e)s
vous descendez	vous êtes descendu(e)(s)	vous descendîtes	vous descendiez	vous descendrez	vous descendriez	vous étiez descendu(e)(s)
ils descendent	ils sont descendus	ils descendirent	ils descendaient	ils descendront	ils descendraient	ils étaient descendus
	elles sont descendues					elles étaient descendues

devenir *to become* see **venir**

devoir *to have to, to owe*
devant
dois!
devons!
devez!

Present	Perfect	Past historic	Imperfect	Future	Conditional	Pluperfect
je dois	j'ai dû	je dus	je devais	je devrai	je devrais	j'avais dû
tu dois	tu as dû	tu dus	tu devais	tu devras	tu devrais	tu avais dû
il doit	il a dû	il dut	il devait	il devra	il devrait	il avait dû
nous devons	nous avons dû	nous dûmes	nous devions	nous devrons	nous devrions	nous avions dû
vous devez	vous avez dû	vous dûtes	vous deviez	vous devrez	vous devriez	vous aviez dû
ils doivent	ils ont dû	ils durent	ils devaient	ils devront	ils devraient	ils avaient dû

253

Infinitive Present participle Imperative	Present	Perfect	Past Historic	Imperfect	Future	Conditional	Pluperfect
dire _to say_ disant dis! disons! dites!	je dis tu dis il dit nous disons vous dites ils disent	j'ai dit tu as dit il a dit nous avons dit vous avez dit ils ont dit	je dis tu dis il dit nous dîmes vous dîtes ils dirent	je disais tu disais il disait nous disions vous disiez ils disaient	je dirai tu diras il dira nous dirons vous direz ils diront	je dirais tu dirais il dirait nous dirions vous diriez ils diraient	j'avais dit tu avais dit il avait dit nous avions dit vous aviez dit ils avaient dit
dormir _to sleep_ dormant dors! dormons! dormez!	je dors tu dors il dort nous dormons vous dormez ils dorment	j'ai dormi tu as dormi il a dormi nous avons dormi vous avez dormi ils ont dormi	je dormis tu dormis il dormit nous dormîmes vous dormîtes ils dormirent	je dormais tu dormais il dormait nous dormions vous dormiez ils dormaient	je dormirai tu dormiras il dormira nous dormirons vous dormirez ils dormiront	je dormirais tu dormirais il dormirait nous dormirions vous dormiriez ils dormiraient	j'avais dormi tu avais dormi il avait dormi nous avions dormi vous aviez dormi ils avaient dormi
écrire _to write_ écrivant écris! écrivons! écrivez!	j'écris tu écris il écrit nous écrivons vous écrivez ils écrivent	j'ai écrit tu as écrit il a écrit nous avons écrit vous avez écrit ils ont écrit	j'écrivis tu écrivis il écrivit nous écrivîmes vous écrivîtes ils écrivirent	j'écrivais tu écrivais il écrivait nous écrivions vous écriviez ils écrivaient	j'écrirai tu écriras il écrira nous écrirons vous écrirez ils écriront	j'écrirais tu écrirais il écrirait nous écririons vous écririez ils écriraient	j'avais écrit tu avais écrit il avait écrit nous avions écrit vous aviez écrit ils avaient écrit
entendre _to hear_ entendant entends! entendons! entendez!	j'entends tu entends il entend nous entendons vous entendez ils entendent	j'ai entendu tu as entendu il a entendu nous avons entendu vous avez entendu ils ont entendu	j'entendis tu entendis il entendit nous entendîmes vous entendîtes ils entendirent	j'entendais tu entendais il entendait nous entendions vous entendiez ils entendaient	j'entendrai tu entendras il entendra nous entendrons vous entendrez ils entendront	j'entendrais tu entendrais il entendrait nous entendrions vous entendriez ils entendraient	j'avais entendu tu avais entendu il avait entendu nous avions entendu vous aviez entendu ils avaient entendu
envoyer _to send_ envoyant envoie! envoyons! envoyez!	j'envoie tu envoies il envoie nous envoyons vous envoyez ils envoient	j'ai envoyé tu as envoyé il a envoyé nous avons envoyé vous avez envoyé ils ont envoyé	j'envoyai tu envoyas il envoya nous envoyâmes vous envoyâtes ils envoyèrent	j'envoyais tu envoyais il envoyait nous envoyions vous envoyiez ils envoyaient	j'enverrai tu enverras il enverra nous enverrons vous enverrez ils enverront	j'enverrais tu enverrais il enverrait nous enverrions vous enverriez ils enverraient	j'avais envoyé tu avais envoyé il avait envoyé nous avions envoyé vous aviez envoyé ils avaient envoyé

	Présent	Passé composé	Imparfait	Passé simple	Futur	Conditionnel	Plus-que-parfait
éteindre *to put out, to switch off* éteignant éteins! éteignons! éteignez!	j'éteins tu éteins il éteint nous éteignons vous éteignez ils éteignent	j'ai éteint tu as éteint il a éteint nous avons éteint vous avez éteint ils ont éteint	j'éteignais tu éteignais il éteignait nous éteignions vous éteigniez ils éteignaient	j'éteignis tu éteignis il éteignit nous éteignîmes vous éteignîtes ils éteignirent	j'éteindrai tu éteindras il éteindra nous éteindrons vous éteindrez ils éteindront	j'éteindrais tu éteindrais il éteindrait nous éteindrions vous éteindriez ils éteindraient	j'avais éteint tu avais éteint il avait éteint nous avions éteint vous aviez éteint ils avaient éteint
être *to be* étant sois! soyons! soyez!	je suis tu es il est nous sommes vous êtes ils sont	j'ai été tu as été il a été nous avons été vous avez été ils ont été	j'étais tu étais il était nous étions vous étiez ils étaient	je fus tu fus il fut nous fûmes vous fûtes ils furent	je serai tu seras il sera nous serons vous serez ils seront	je serais tu serais il serait nous serions vous seriez ils seraient	j'avais été tu avais été il avait été nous avions été vous aviez été ils avaient été
faire *to do, make* faisant fais! faisons! faites!	je fais tu fais il fait nous faisons vous faites ils font	j'ai fait tu as fait il a fait nous avons fait vous avez fait ils ont fait	je faisais tu faisais il faisait nous faisions vous faisiez ils faisaient	je fis tu fis il fit nous fîmes vous fîtes ils firent	je ferai tu feras il fera nous ferons vous ferez ils feront	je ferais tu ferais il ferait nous ferions vous feriez ils feraient	j'avais fait tu avais fait il avait faif nous avions fait vous aviez fait ils avaient fait
falloir *must, is necessary*	il faut	il a fallu	il fallait	il fallut	il faudra	il faudrait	il avait fallu
lire *to read* lisant lis! lisons! lisez!	je lis tu lis il lit nous lisons vous lisez ils lisent	j'ai lu tu as lu il a lu nous avons lu vous avez lu ils ont lu	je lisais tu lisais il lisait nous lisions vous lisiez ils lisaient	je lus tu lus il lut nous lûmes vous lûtes ils lurent	je lirai tu liras il lira nous lirons vous lirez ils liront	je lirais tu lirais il lirait nous lirions vous liriez ils liraient	j'avais lu tu avais lu il avait lu nous avions lu vous aviez lu ils avaient lu
mettre *to put (on)* mettant mets! mettons! mettez!	je mets tu mets il met nous mettons vous mettez ils mettent	j'ai mis tu as mis il a mis nous avons mis vous avez mis ils ont mis	je mettais tu mettais il mettait nous mettions vous mettiez ils mettaient	je mis tu mis il mit nous mîmes vous mîtes ils mirent	je mettrai tu mettras il mettra nous mettrons vous mettrez ils mettront	je mettrais tu mettrais il mettrait nous mettrions vous mettriez ils mettraient	j'avais mis tu avais mis il avait mis nous avions mis vous aviez mis ils avaient mis

Verb Table

Infinitive / Present participle / Imperative	Present	Perfect	Past Historic	Imperfect	Future	Conditional	Pluperfect
mourir *to die* mourant meurs! mourons! mourez!	je meurs tu meurs il meurt nous mourons vous mourez ils meurent	je suis mort(e) tu es mort(e) il est mort elle est morte nous sommes mort(e)s vous êtes mort(e)(s) ils sont morts elles sont mortes	je mourus tu mourus il mourut nous mourûmes vous mourûtes ils moururent	je mourais tu mourais il mourait nous mourions vous mouriez ils mouraient	je mourrai tu mourras il mourra nous mourrons vous mourrez ils mourront	je mourrais tu mourrais il mourrait nous mourrions vous mourriez ils mourraient	j'étais mort(e) tu étais mort(e) il était mort elle était morte nous étions mort(e)s vous étiez mort(e)(s) ils étaient morts elles étaient mortes
naître *to be born* naissant	je nais tu nais il naît nous naissons vous naissez ils naissent	je suis né(e) tu es né(e) il est né elle est née nous sommes né(e)s vous êtes né(e)(s) ils sont nés elles sont nées	je naquis tu naquis il naquit nous naquîmes vous naquîtes ils naquirent	je naissais tu naissais il naissait nous naissions vous naissiez ils naissaient	je naîtrai tu naîtras il naîtra nous naîtrons vous naîtrez ils naîtront	je naîtrais tu naîtrais il naîtrait nous naîtrions vous naîtriez ils naîtraient	j'étais né(e) tu étais né(e) il était né elle était née nous étions né(e)s vous étiez né(e)(s) ils étaient nés elles étaient nées

offrir *to offer, give* see **ouvrir**

Infinitive / Present participle / Imperative	Present	Perfect	Past Historic	Imperfect	Future	Conditional	Pluperfect
ouvrir *to open* ouvrant ouvre! ouvrons! ouvrez!	j'ouvre tu ouvres il ouvre nous ouvrons vous ouvrez ils ouvrent	j'ai ouvert tu as ouvert il a ouvert nous avons ouvert vous avez ouvert ils ont ouvert	j'ouvris tu ouvris il ouvrit nous ouvrîmes vous ouvrîtes ils ouvrirent	j'ouvrais tu ouvrais il ouvrait nous ouvrions vous ouvriez ils ouvraient	j'ouvrirai tu ouvriras il ouvrira nous ouvrirons vous ouvrirez ils ouvriront	j'ouvrirais tu ouvrirais il ouvrirait nous ouvririons vous ouvririez ils ouvriraient	j'avais ouvert tu avais ouvert il avait ouvert nous avions ouvert vous aviez ouvert ils avaient ouvert

paraître *to appear* see **connaître**

Infinitive / Present participle / Imperative	Present	Perfect	Past Historic	Imperfect	Future	Conditional	Pluperfect
partir *to leave* partant pars! partons! partez!	je pars tu pars il part nous partons vous partez ils partent	je suis parti(e) tu es parti(e) il est parti elle est partie nous sommes parti(e)s vous êtes parti(e)(s) ils sont partis elles sont parties	je partis tu partis il partit nous partîmes vous partîtes ils partirent	je partais tu partais il partait nous partions vous partiez ils partaient	je partirai tu partiras il partira nous partirons vous partirez ils partiront	je partirais tu partirais il partirait nous partirions vous partiriez ils partiraient	j'étais parti(e) tu étais parti(e) il était parti elle était partie nous étions parti(e)s vous étiez parti(e)(s) ils étaient partis elles étaient parties

Infinitive	Present	Perfect	Past historic	Imperfect	Future	Conditional	Pluperfect
pleuvoir *to rain* pleuvant	il pleut	il a plu	il plut	il pleuvait	il pleuvra	il pleuvrait	il avait plu
pouvoir *to be able, can*	je peux tu peux il peut nous pouvons vous pouvez ils peuvent	j'ai pu tu as pu il a pu nous avons pu vous avez pu ils ont pu	je pus tu pus il put nous pûmes vous pûtes ils purent	je pouvais tu pouvais il pouvait nous pouvions vous pouviez ils pouvaient	je pourrai tu pourras il pourra nous pourrons vous pourrez ils pourront	je pourrais tu pourrais il pourrait nous pourrions vous pourriez ils pourraient	j'avais pu tu avais pu il avait pu nous avions pu vous aviez pu ils avaient pu
prendre *to take* prenant prends! prenons! prenez!	je prends tu prends il prend nous prenons vous prenez ils prennent	j'ai pris tu as pris il a pris nous avons pris vous avez pris ils ont pris	je pris tu pris il prit nous prîmes vous prîtes ils prirent	je prenais tu prenais il prenait nous prenions vous preniez ils prenaient	je prendrai tu prendras il prendra nous prendrons vous prendrez ils prendront	je prendrais tu prendrais il prendrait nous prendrions vous prendriez ils prendraient	j'avais pris tu avais pris il avait pris nous avions pris vous aviez pris ils avaient pris
recevoir *to receive* recevant reçois! recevons! recevez!	je reçois tu reçois il reçoit nous recevons vous recevez ils reçoivent	j'ai reçu tu as reçu il a reçu nous avons reçu vous avez reçu ils ont reçu	je reçus tu reçus il reçut nous reçûmes vous reçûtes ils reçurent	je recevais tu recevais il recevait nous recevions vous receviez ils recevaient	je recevrai tu recevras il recevra nous recevrons vous recevrez ils recevront	je recevrais tu recevrais il recevrait nous recevrions vous recevriez ils recevraient	j'avais reçu tu avais reçu il avait reçu nous avions reçu vous aviez reçu ils avaient reçu
reconnaître *to recognise* see **connaître**							
revenir *to come back, return* see **venir**							
rire *to laugh* riant ris! rions! riez!	je ris tu ris il rit nous rions vous riez ils rient	j'ai ri tu as ri il a ri nous avons ri vous avez ri ils ont ri	je ris tu ris il rit nous rîmes vous rîtes ils rirent	je riais tu riais il riait nous riions vous riiez ils riaient	je rirai tu riras il rira nous rirons vous rirez ils riront	je rirais tu rirais il rirait nous ririons vous ririez ils riraient	j'avais ri tu avais ri il avait ri nous avions ri vous aviez ri ils avaient ri
savoir *to know* sachant sache! sachons! sachez!	je sais tu sais il sait nous savons vous savez ils savent	j'ai su tu as su il a su nous avons su vous avez su ils ont su	je sus tu sus il sut nous sûmes vous sûtes ils surent	je savais tu savais il savait nous savions vous saviez ils savaient	je saurai tu sauras il saura nous saurons vous saurez ils sauront	je saurais tu saurais il saurait nous saurions vous sauriez ils sauraient	j'avais su tu avais su il avait su nous avions su vous aviez su ils avaient su
sortir *to go out* see **partir**							

Infinitive Present participle Imperative	Present	Perfect	Past Historic	Imperfect	Future	Conditional	Pluperfect
suivre *to follow* suivant suis! suivons! suivez!	je suis tu suis il suit nous suivons vous suivez ils suivent	j'ai suivi tu as suivi il a suivi nous avons suivi vous avez suivi ils ont suivi	je suivis tu suivis il suivit nous suivîmes vous suivîtes ils suivirent	je suivais tu suivais il suivait nous suivions vous suiviez ils suivaient	je suivrai tu suivras il suivra nous suivrons vous suivrez ils suivront	je suivrais tu suivrais il suivrait nous suivrions vous suivriez ils suivraient	j'avais suivi tu avais suivi il avait suivi nous avions suivi vous aviez suivi ils avaient suivi
tenir *to hold*	see **venir**						
venir *to come* venant viens! venons! venez!	je viens tu viens il vient nous venons vous venez ils viennent	je suis venu(e) tu es venu(e) il est venu elle est venue nous sommes venu(e)s vous êtes venu(e)(s) ils sont venus elles sont venues	je vins tu vins il vint nous vînmes vous vîntes ils vinrent	je venais tu venais il venait nous venions vous veniez ils venaient	je viendrai tu viendras il viendra nous viendrons vous viendrez ils viendront	je viendrais tu viendrais il viendrait nous viendrions vous viendriez ils viendraient	j'étais venu(e) tu étais venu(e) il était venu elle était venue nous étions venu(e)s vous étiez venu(e)(s) ils étaient venus elles étaient venues
vivre *to live* vivant vis! vivons! vivez!	je vis tu vis il vit nous vivons vous vivez ils vivent	j'ai vécu tu as vécu il a vécu nous avons vécu vous avez vécu ils ont vécu	je vécus tu vécus il vécut nous vécûmes vous vécûtes ils vécurent	je vivais tu vivais il vivait nous vivions vous viviez ils vivaient	je vivrai tu vivras il vivra nous vivrons vous vivrez ils vivront	je vivrais tu vivrais il vivrait nous vivrions vous vivriez ils vivraient	j'avais vécu tu avais vécu il avait vécu nous avions vécu vous aviez vécu ils avaient vécu
voir *to see* voyant vois! voyons! voyez!	je vois tu vois il voit nous voyons vous voyez ils voient	j'ai vu tu as vu il a vu nous avons vu vous avez vu ils ont vu	je vis tu vis il vit nous vîmes vous vîtes ils virent	je voyais tu voyais il voyait nous voyions vous voyiez ils voyaient	je verrai tu verras il verra nous verrons vous verrez ils verront	je verrais tu verrais il verrait nous verrions vous verriez ils verraient	j'avais vu tu avais vu il avait vu nous avions vu vous aviez vu ils avaient vu
vouloir *to want, wish* voulant veuille! veuillons! veuillez!	je veux tu veux il veut nous voulons vous voulez ils veulent	j'ai voulu tu as voulu il a voulu nous avons voulu vous avez voulu ils ont voulu	je voulus tu voulus il voulut nous voulûmes vous voulûtes ils voulurent	je voulais tu voulais il voulait nous voulions vous vouliez ils voulaient	je voudrai tu voudras il voudra nous voudrons vous voudrez ils voudront	je voudrais tu voudrais il voudrait nous voudrions vous voudriez ils voudraient	j'avais voulu tu avais voulu il avait voulu nous avions voulu vous aviez voulu ils avaient voulu

VOCABULAIRE

A

à (au, à la, à l', aux) in, to, at
d'abord first (of all), at first
absolument without fail, entirely
d'accord agreed, all right
accueillir to welcome
un achat purchase
acheter to buy
actuel up to date
actuellement now, at the present time
l'addition f bill
admettre to admit
adorer to love
l'adresse f address
une aérogare air terminal
un aéroglisseur hovercraft
un aéroport airport
les affaires f.pl. things, matters
les affaires étrangères foreign affairs
une affiche poster
s'affoler to get into a panic
affreux awful
afin de in order to
l'âge m age
une agence de voyages travel agent
une agglomération urban area
s'agir de to be about, concerned with
un agneau lamb
agréable pleasant
aider to help
l'ail m garlic
une aile wing
d'ailleurs moreover
aimable likeable
aimer to like, love
aîné older
une aire de service service area
l'Algérie f Algeria
l'Allemagne f Germany
allemand German
aller to go
aller à la pêche to go fishing
s'en aller to go away
un aller-retour return journey
allez-y go on
allumer to light up, switch on
les allumettes, f.pl. matches
alors well, so, in that case
une ambiance (good) atmosphere
une amélioration improvement
aménagé equipped
une amende a fine
amener to bring
un(e) ami(e) friend
l'amitié f friendship
l'amour m love
s'amuser to have a good time
un an year
analphabète illiterate
un ananas pineapple
un anchois anchovy
ancien old, former
anglais English
l'Angleterre f England
anglophone English-speaking
un animal domestique pet
animé lively
une année year
un anniversaire birthday
un annuaire directory

antillais West Indian
un antivol anti-theft device
août August
apercevoir to notice
à l'appareil on the phone
un appareil appliance, camera
un appartement flat
appartenir to belong to
s'appeler to be called
apporter to bring
apprendre to learn
un apprenti-conducteur learner-driver
s'approcher de to approach
appuyer to lean
après after
après-demain the day after tomorrow
l'après-midi m afternoon
une araignée spider
un arbre tree
~ généalogique family tree
l'argent m money, silver
l'argot m slang
une armoire cupboard, wardrobe
un arrêt d'autobus bus stop
s'arrêter to stop
l'arrivée f arrival
arriver to arrive
un arrondissement district
un artichaut artichoke
un ascenseur lift
asiatique Asian
asphyxier to suffocate
un aspirateur vacuum-cleaner
assaisonné seasoned
s'asseoir to sit down
assez quite
une assiette plate
assister à to attend
une assurance insurance
un athlète athlete
atteindre to reach
attendre to wait (for)
l'atterrissage m landing (of plane)
une auberge de jeunesse youth hostel
aucun no, not one
aujourd'hui today
aussi also, as well
autant as many
l'auteur(-trice) author
une auto car
une auto-école driving school
un autobus bus
l'automne m Autumn
un automobiliste car driver
une autoroute motorway
autour around
autre other
autrefois formerly
l'Autriche f Austria
avaler to swallow
d'avance in advance
avancer to put forward, advance
avant de before
avant-hier the day before yesterday
avec with
l'avenir m future
un avion plane
un avis opinion
à mon ~ in my opinion

avoir to have
~ l'air to seem
~ besoin de to need
~ le droit to have the right, be allowed
~ envie de to wish, want
~ faim to be hungry
~ honte to be ashamed
~ lieu to take place
~ peur to be afraid
~ raison to be right
~ soif to be thirsty
~ tort to be wrong
avril April

B

le bac boat, ferry
le baccalauréat (le bac) equivalent to A-level examination
les bagages m.pl. luggage
une baguette French loaf
se baigner to swim, bathe
baisser to lower
le bal dance
un balcon balcony
un ballon ball
un banc bench
la banlieue suburbs
une banque bank
la banquette bench, seat
une barbe beard
bas low
le basket basketball
une bataille battle
un bateau boat
un bateau à avirons rowing boat
un batteur drummer
se battre to have a fight
beau (bel, belle) fine, beautiful
beaucoup a lot, many
un beau-frère brother-in-law
un beignet doughnut
la Belgique Belgium
une belle-sœur sister-in-law
une bête animal
bête stupid
le béton concrete
le beurre butter
la bibliothèque bookcase, library
bien well
bien sûr of course
la bienvenue welcome
bien vêtu well-dressed
bientôt soon
la bière beer
une bijouterie jeweller's shop
un billet ticket, note
la biologie biology
bizarre strange, peculiar
blanc (blanche) white
blessé injured
bleu blue
le bloc sanitaire washrooms
blond blonde
boire to drink
le bois wood
une boisson drink
une boîte box
une boîte aux lettres post-box
une boîte de conserves tinned food
une boîte (de nuit) (night) club
un bol bowl
bon good, correct

un bonbon sweet
de bonne humeur in a good mood
un bord edge
la bouche mouth
une bouchée mouthful
une boucherie butcher's
un bouchon traffic jam
une boucle d'oreille earring
bouillir to boil
une boulangerie bakery
une boum party
le bout end
une bouteille bottle
une boutique hors taxe duty-free shop
brancher to plug in
une brasserie large café
bref briefly
le bricolage handiwork, DIY
briller to shine
britannique British
se bronzer to get brown
une brosse à dents toothbrush
le bruit noise
brumeux misty
brun brown
brusque abrupt
un buffet sideboard
un bulletin scolaire school report
un bureau office
le bureau d'accueil reception office
un bureau de tabac tobacconist's

C

ça that
une cabine téléphonique call-box
un cabinet de médecin surgery
un cabinet de toilette washing facilities
cacher to hide
un cadeau present
le cadet youngest
un cadre executive, frame
le café coffee
un café café
un cahier exercise book
~ de brouillon rough book, jotter
la caisse cash desk
un(e) caissier(-ière) cashier
le calcul arithmetic, number work
le cambriolage burglary
la campagne country, countryside
un camping campsite
le Canada Canada
un canard duck
la capitale capital
car for
un car coach
une caravane caravan
un carnet book of métro tickets, notebook, pupil's record book
une carotte carrot
le carrefour crossroads
un cartable school bag, satchel
une carte card, map
une carte de crédit credit card
une carte d'identité identity card
une carte postale postcard
un casque helmet
un casse-croûte snack

casser to break
une casserole saucepan
une caution deposit
ce (cet, cette, ces) this, that
ce n'est pas la peine... it's not worth...
céder to give away
une ceinture de sécurité seat belt
célèbre famous
le céleri celery
célibataire single
celui (celle) the one
les cendres f.pl. ash(es)
un cendrier ashtray
une centaine about a hundred
le centre centre
un centre commercial shopping centre
le centre-ville town centre
cependant however
les céréales f.pl. cereals
la cervelle brain
cesser to stop, cease
c'est it is
c'est-à-dire that's to say
chacun each one
une chaîne chain, channel (TV)
la chair flesh
une chaise chair
une chambre bedroom
la chambre d'hôte bed and breakfast
un champ field
le champagne champagne
un champignon mushroom
le championnat championship
la chance luck
une chanson song
chanter to sing
un chapeau hat
chargé loaded, heavy
une charcuterie pork butcher's, delicatessen
un chariot trolley
chaque each, every
chasser to hunt
un chat cat
châtain brown-haired
un château castle, stately home
chaud hot
le chauffage heating
chauffer to heat
un chauffeur driver
les chaussures f.pl. shoes
chauve bald
le chef boss
le chemin way, path
le chemin de fer railway
cher (chère) dear, expensive
chercher to look for
un cheval horse
les cheveux m.pl. hair
une chèvre goat
chez at the house of
un chien dog
un chiffre figure, number
la Chine China
les chips m.pl. crisps
un chirurgien surgeon
le chocolat chocolate
choisir to choose
le choix choice
une chorale choir
une chose thing
un chou cabbage
la choucroute sauerkraut
chouette nice, great
ci-dessous mentioned below
le ciel sky, heaven
le cimetière cemetery

le cinéma cinema
un cintre coat-hanger
cinq five
un circuit tour
la circulation traffic
circuler to move around
un cirque circus
un citadin city dweller
un citron lemon
une clef/clé key
un(e) client(e) customer
la climatisation air-conditioning
une clinique private hospital
clos enclosed
un cochon pig
une cocotte stew-pan
le code de la route highway code
se coiffer to do one's hair
un coiffeur hairdresser
le coin corner
en colère angry
un collège school (11 – 16)
coller to stick
un collier necklace
une colline hill
combien how much, how many?
un(e) comédien(-ienne) actor
la commande control, switch
le commandant flight commander
commander to order
comme as, like
comment how, what
les commerces m.pl. shops, business
le commissariat (de police) police station
une commode chest of drawers
commun common
un compartiment compartment
complet complete, full
complètement completely
(se) comporter to consist of, (behave)
composter to date-stamp
comprendre to understand
compris included
les comptes m.pl. accounts
une comptine rhyme
le comptoir counter
un concombre cucumber
un concours competition
conduire to drive
une conférence lecture, talk
la confiture jam
le confort comfort
la connaissance acquaintance, knowledge
connaître to know, be acquainted with
(bien) connu (well) known
le Conseil de l'Europe Council of Europe
un conseil piece of advice
la consigne left-luggage office
les consignes f.pl. instructions
construire to build
le contenu contents
continuer to continue
le contraire opposite
contre against
le contrôle checking point
le contrôleur inspector
convenir to suit, be suitable
un copain (une copine) friend
un cornichon gherkin
la correspondance connection
un correspondant pen-friend
correspondre to correspond, write

corriger to correct
la côte coast
à côté de next to
un côté side
les côtes f.pl. ribs
se coucher to go to bed
une couleur colour
coudre to sew
couler to run out, flow
le couloir corridor
un coup de pied a kick
couper to cut
la cour school yard
couramment fluently
au courant in touch, aware
un courant d'air draught
courir to run
le courrier post, letters
un cours lesson
au cours de in the course of
court short
courtois courteous
un cousin cousin
un couteau knife
coûter to cost
un couturier fashion designer
couvert de covered with
une couverture blanket
(se) couvrir to cover (oneself)
cramoisi crimson
une cravate tie
un crayon pencil
créer to create, form
la crème anglaise custard
une crémerie dairy
une crêpe pancake
le cresson cress
les crevettes f.pl. prawns
crier to shout
une crise cardiaque heart attack
la Croix Rouge the Red Cross
croire to believe, think
une croisière cruise
la croûte crust, pastry
les crudités f.pl. raw vegetables served as first course
une cuillère/cuiller spoon
une cuillerée a spoonful
cuire to cook
la cuisine kitchen, cooking
un cuisinier chef, cook
une curiosité touristique tourist sight
un cyclomoteur moped

D

une dame lady
le Danemark Denmark
dangereux dangerous
dans in
danser to dance
la date date
de of, from
de nos jours nowadays
débarrasser la table to clear the table
débarquer to disembark
debout standing up
se débrouiller to manage, get by
le début beginning
décédé dead, deceased
décembre December
décevant disappointing
déchiffrer to decipher
décoller to take off (plane)
décontracté relaxed, easy-going
découvrir to find out, discover
dedans inside

un défaut fault
défendu forbidden
une définition definition
la dégustation tasting (of wines etc.)
dehors outside
déjà already
le déjeuner lunch
au delà de beyond
délabré broken-down
demain tomorrow
demander to ask
déménager to move away
demeurer to live
la demi-pension half-board
un demi-pensionnaire pupil who has school lunch
à demi-tarif half-fare
dense heavy, dense
une dent tooth
la dentelle lace
le dentifrice toothpaste
le départ departure
dépasser to exceed
se dépêcher to hurry
dépenser to spend (money)
se déplacer to move about, travel
un dépliant leaflet
depuis for, since
la déprime depression
dernier last
dernière behind
dès since, from
un désastre disaster
descendre to go down, get off (bus etc.)
désirer to wish, want
désolé (very) sorry
un dessin drawing
un dessin animé cartoon film
dessiner to draw
détester to hate
dessous below
dessus above
le deuil mourning, bereavement
deux two
devant in front of
devenir to become
deviner to guess
devoir to have to, must
les devoirs m.pl. homework
dicter to dictate
un(e) diététicien(-ne) dietician
dimanche Sunday
la dinde turkey
le dîner dinner
dire to say
le (la) directeur(-trice) headmaster (-mistress)
une discothèque discothèque
discuter to talk, discuss
disparaître to disappear
disponible available
se disputer to have an argument
un disque record
une distraction diversion, entertainment
distribuer to give out
diviser to divide
divorcé divorced
dix ten
un doigt finger
c'est dommage it's a pity
domicile home, place of residence
donc so, therefore
un donjon keep (of a castle)
donner to give
dont of which
doré golden

dormir to sleep
le dos back
un dossier document, folder
le double copy
doubler to overtake
doucement gently
une douche shower
la douleur pain, sorrow
une doute doubt
douze twelve
un droit right, fee, law
à droite on the right
drôle funny
la durée duration, lasting
durer to last

E

l'eau f water
l'eau minérale f mineral water
l'eau potable f drinking water
une échalote shallot (small onion)
un échange exchange
s'échapper to escape
une éclaircie sunny period
une école school
~ maternelle nursery
l'Écosse f Scotland
écouter to listen
s'écraser to crash
écrire to write
un écrivain writer
l'éducation f education
s'égarer to get lost
en effet in fact
une église church
égoïste selfish
un électrophone record player
un(e) élève pupil
élevé high
elle she, her
l'emballage m packaging
embarquer to go on board
un embouteillage traffic jam
s'embrasser to kiss one another
l'embrayage m clutch,
connecting gear
une émission programme,
broadcast
emménager to move to an area
un emplacement site, pitch
un emploi du temps timetable
un(e) employé(e) de banque bank
employee
un(e) employé(e) de bureau office
worker
employer to use
emprunter to borrow
en in, of it/them
l'encombrement m congestion
encore again, more, yet
s'endormir to fall asleep
un endroit place
énervé irritable, on edge
s'énerver to get irritable, annoyed
un enfant child
enfin at last, finally, in a word
s'enflammer to become covered
in flames
engorgé blocked, choked
un ennui problem
s'ennuyer to get bored
une enquête survey, enquiry
un enquêteur investigator
l'enregistrement m recording
enregistrer to record
enrhumé with a bad cold
une enseigne sign
l'enseignement m teaching

ensemble together
l'ensemble m whole, entirety
ensoleillé sunny
ensuite next, then
entendre to hear
s'entendre to get on well
enterrer to bury
entier whole, complete
entouré de surrounded by
entre between
l'entrée f entrance
environ about
l'environnement m environment
envoyer to send
épais thick
épeler to spell
une épicerie grocer's
éplucher to peel
une époque era, age
épouvantable dreadful
un(e) époux(-se) spouse
une épreuve test
épuisé exhausted
une équipe team
l'équitation f horse-riding
une erreur mistake
un escalier staircase
un escargot snail
l'Espagne f Spain
espagnol Spanish
l'espérance de vie f life
expectancy
espérer to hope
essayer to try
l'essence f petrol
les essuie-glaces m.pl. windscreen
wipers
essuyer to wipe up (dishes)
l'est m east
est-ce que…? question form,
see p8
et and
une étable stable
un étage storey, floor
une étagère shelf
étaler to spread out, space out
l'état m state
les États-Unis m.pl. United States
l'été m summer
éteindre to turn off
une étoile star
étouffer to smother
étrange strange
à l'étranger abroad
un étranger foreigner, stranger
être to be
être reçu à to pass
être témoin to be a witness
étroit narrow
l'étude f study period
un étudiant student
étudier to study
éventuellement possibly
évidemment obviously
éviter to avoid
exactement exactly
un examen exam
un exemple example
s'exercer to do exercises
expliquer to explain
exposer to exhibit
à l'extérieur outside

F

la fabrication manufacture
fabriquer to make, manufacture
en face de opposite
se fâcher to get angry

facile easy
facilement easily
facultatif optional
une façon way
le facteur postman
faible weak
faillir to nearly/almost do
something
faire to do, make, go
~ des achats to go shopping
~ la connaissance de to get
to know
~ les courses to go shopping
~ la cuisine to cook
~ une demande to make an
application
~ des économies to save
~ la lessive to do the
washing
~ mal to hurt
~ le ménage to do the
housework
**~ part de la naissance
(du mariage, du décès)**
to announce the birth
(marriage, death)
~ partie de to belong to
~ le plein to fill up (petrol)
~ le repassage to do the
ironing
~ la vaisselle to do the
washing up
~ les valises to pack
~ visiter to show someone
round
familial adj. family
un fantôme ghost
farci stuffed
fatigué tired
il faut you need, it is necessary
une faute mistake
un fauteuil armchair
faux (fausse) false
favori favourite
félicitations congratulations
une femme woman, wife
une fenêtre window
une ferme farm
fermer to close
une fête festival, Saint's day
un feu fire
un feu d'artifice firework display
une feuille sheet of paper, leaf
feuilleter to flick through
(magazine)
les feux m.pl. traffic lights
les feux de détresse m.pl. hazard
warning lights
février February
les fiançailles f.pl. engagement
une fiche form
la figure face
le filet luggage rack, net
une fille girl, daughter
un film film
un fils son
la fin end, finish
fin fine
finir to finish
une fleur flower
un fleuve river
le foie liver
une fois time, once
foncé dark
un fonctionnaire civil servant
fonctionner to work, function
le fond bottom, base
au fond at the far end, back
la forêt forest
forfaitaire inclusive

un forgeron blacksmith
formidable great
une formulaire form
fort strong, loud, well-built
un(e) fou (folle) a madman (-woman)
une foule crowd
le four oven
une fourchette fork
fournir to provide
un foyer hostel, centre
frais (fraîche) fresh, chilled
les frais m.pl. expenses
une fraise strawberry
une framboise raspberry
français French
franchement frankly
francophone French-speaking
frapper to knock
un frein à main handbrake
un frère brother
un friand sausage roll
frisé curly
frit fried
les frites f.pl. chips
froid cold
le fromage cheese
une frontière border, frontier
frotter to rub
les fruits de mer m.pl. seafood
la fumée smoke
fumer to smoke
furieux furious
un fuseau horaire time zone

G

gagner to win
un galet pebble
un gant glove
la gare station
la gare routière bus station
garer to park
un gâteau cake
à gauche on the left
une gaufre waffle
le gaz gas
la gelée jelly
un gendarme armed policeman
généralement usually
le genou knee
les gens m.pl. people
gentil kind, nice
la géographie geography
le gérant manager
un gilet de sauvetage life jacket
une glace ice cream
glisser to slide
goûter to taste
le goûter afternoon tea, snack
une graine seed
la graisse grease, fat
grand large, tall
une grand-mère grandmother
un grand-père grandfather
un grand magasin department
store
une grande surface large store
gras fatty
gratuit free
la Grèce Greece
une grille grid
gris grey
grave serious
gros big
grossir to put on weight
un groupe group
la guerre war

le guichet ticket office
le guidon handlebars
un guignol puppet show
une guitare guitar
le gymnase gymnasium

H

s'habiller to get dressed
un habitant inhabitant
habiter to live
d'habitude normally
un habitué regular (customer)
hâché chopped
les haricots (verts) *m.pl.* (green) beans
en haut up there
à haute voix aloud
hebdomadaire weekly
l' hébergement *m* accommodation, lodging
de l'herbe *f* grass
une herbe herb
l'heure *f* time
les heures de pointe *f.pl* rush hour
heureusement fortunately
heureux happy, pleased
heurter to hit, crash into
hier yesterday
une hirondelle swallow
l'histoire *f* history
une histoire story
l'hiver *m* winter
un homme man
honnête honest
l'hôpital *m* hospital
un horaire timetable
horizontalement across
un hôte host, guest
un hôtel hotel
l'hôtel de ville *m* town hall
une hôtesse de l'air air hostess
l'huile *f* oil
l'huile d'olive *f* olive oil
huit eight
les huîtres *f.pl.* oysters
un hydroglisseur hydrofoil

I

ici here
une idée idea
il y a there is, there are
il y a (deux ans) (two years) ago
une île island
les îles Anglo-Normandes the Channel Isles
une image picture
un immeuble building, block of flats
un immigré immigrant
l'immobilier *m* property
l'imparfait *m* imperfect (tense)
un imperméable raincoat
imprévu unexpected
inattendu unexpected
un incendie (large) fire
un inconvénient disadvantage
l'indicateur *m* gauge, departure board
industriel industrial
un(e) infirmier(-ière) nurse
l'informatique *f* computer studies
inquiet anxious
s'inquiéter to worry
s'inscrire to enroll
s'installer to settle in

un(e) instituteur(-trice) primary school teacher
un instrument de musique musical instrument
insupportable insufferable
interdit forbidden
intéressant interesting
à l'intérieur inside
un(e) interne boarder
interroger to question
l'Irlande *f* Ireland
islamique Islamic
isolé isolated, lonely
l'Italie *f* Italy

J

jamais never, ever
une jambe leg
le jambon ham
janvier January
un jardin garden
jaune yellow, tan
un jean pair of jeans
un jeu game
jeudi Thursday
jeune young
la jeunesse youth
les Jeux Olympiques *m.pl.* Olympic Games
la joie joy
joli pretty
jouer to play
~ de la batterie to play percussion
un joueur player
un jour day
~ de congé holiday
le jour de l'An New Year's Day
un journal newspaper
journalier daily
une journée day
une jupe skirt
un jus de fruit fruit juice
juillet July
juin June
jusqu'à until
juste correct, right

L

le, la, l', les the
là there
là-bas over there
un laboratoire laboratory
un lac lake
laid ugly
laisser to leave
laisser tomber to drop
le lait milk
une laitue lettuce
une langue language, tongue
un lapin rabbit
las(-se) tired, weary
un lavabo wash basin
laver to wash
un lave-vaisselle dishwasher
la location for rent, hire
un lecteur reader
la lecture reading
léger light
un légume vegetable
lequel (laquelle)? which one?
une lettre letter
leur (leurs) their
la levée collection (post)
se lever to get up
une librairie bookshop

libre free
libre-service self-service
une licence first degree (university)
un lien link, tie
le lieu place
un lieu de rencontre meeting place
une ligne line
la limonade lemonade
le linge linen (sheets, towels etc.)
lire to read
un lit bed
un livre book
une livre pound
livrer to deliver
loger to stay, live in
loin far
les loisirs *m.pl.* leisure
Londres London
le long de along
longtemps for a long time
lorsque (at the time) when
louer to rent
un loup wolf
le loyer rent
lui to or for him, her, it
la lumière light
lundi Monday
les lunettes *f.pl.* glasses
le lycée senior school (15+)

M

un machin thing
un maçon builder
un magasin shop
un magazine magazine
un magnétophone tape-recorder
une magnétoscope video-recorder
mai May
maigre thin
maigrir to lose weight
la main hand
maintenant now
la mairie town hall
mais but
une maison house
une maîtresse mistress
mal badly
malade ill
malgré in spite of
un malheur misdeed, misfortune
malheureusement unfortunately
la Manche the Channel
manger to eat
manquer to be missing
un manteau coat
une maquette model
se maquiller to put on make-up
mars March
un marché market
le Marché Commun Common Market
marcher to work, walk
mardi Tuesday
un mari husband
le mariage marriage
se marier to get married
le Maroc Morocco
une marque make, brand
marquer to score
marrant funny
se marrer to have fun
marron brown
un matelas pneumatique lilo, air bed
les mathématiques *f.pl.* maths
une matière grasse fatty food
une matière (scolaire) (school) subject

le matin morning
mauvais bad
un mécanicien mechanic
mécontent unhappy
la médaille medal
un médecin doctor
(le) meilleur better (best)
mélanger to mix
même even, same
mener to lead
la mer sea
mercredi Wednesday
merci thank you
une mère mother
méridional southern
mériter to deserve
merveilleux marvellous, fantastic
un métier job, trade
le métro underground
mettre to put, place
~ le couvert to set the table
se mettre à to begin to
meublé furnished
un micro-ordinateur microcomputer
le miel honey
mieux better
mignon sweet, cute
au milieu de in the middle of
mille a thousand
mince slim
mitonner to let simmer
le mobilier furniture
la mode fashion
moi me
moins less
du moins at least
un mois month
la moitié half
mon (ma, mes) my
le monde world
la monnaie change
un monsieur gentleman
la montagne mountain
monter to go up, get on (bus etc.)
une montre watch
montrer to show
un monument historique historical building
la moquette fitted carpet
un morceau piece
un mot word
une moto motorbike
un mouchoir handkerchief
les moules *f.pl.* mussels
mourir to die
la moutarde mustard
un mouton sheep
moyen average
un moyen de transport means of transport
en moyenne on average
municipal owned by the local authority
le mur wall
mûr ripe
un musée museum
la musique music

N

nager to swim
la naissance birth
naître to be born
une nappe tablecloth
la natation swimming
la nationalité nationality

la **nature** nature
nautique relating to water
ne…aucun no…
ne…guère not much
ne…jamais never
ne…ni…ni neither…nor
ne…nulle part nowhere
ne…pas not
ne…personne nobody
ne…plus no more, no longer
ne…que only
ne…rien nothing
nécessaire necessary
néfaste ill-fated
neiger to snow
net outright
le **nettoyage** cleaning
neuf nine
neuf (neuve) new
un **neveu** nephew
le **nez** nose
une **nièce** niece
le **niveau** level
n'importe quel any, no matter which
Noël Christmas
noir black
noisette with nuts
le **nom** name, surname
nombreux numerous
être **nommé** to be appointed
nommer to name
non no
le **nord** north
la **note** bill, mark
noter to mark
les **nouilles** f.pl. noodles
la **nourriture** food
nous we, us, to us
nouveau (nouvel, nouvelle) new
les **nouvelles** f.pl. news
novembre November
un **nuage** cloud
nuageux cloudy
la **nuit** night
une **nuitée** one night's accommodation
nul hopeless
un **numéro** number

O

être **obligé de** to have to, be obliged to
les **obsèques** f.pl. funeral
obtenir to obtain
un **occasion** opportunity
s'**occuper de** to be concerned with
octobre October
un **œil** eye
un **œuf** egg
un **œuf à la coque** boiled egg
une **œuvre** work
l'**office de tourisme** m tourist office
offrir to offer, give (present)
une **oie** goose
un **oignon** onion
un **oiseau** bird
à l'**ombre** in the shade
on one, we, people (in general)
un **oncle** uncle
onze eleven
l'**opposé** m opposite
l'**or** m gold
les **ordures** f.pl. rubbish
une **oreille** ear
un **organisme** organisation

oriental Eastern, oriental
originaire de native of, originally from
l'**orthographe** f spelling
ôter to take off
ou or
où where
oublier to forget
l'**ouest** m west
oui yes
ouvert open
un(e) **ouvrier(-ière)** worker

P

la **page** page
le **pain** bread
un **palais** palace
le **palier** landing
le **pain grillé** toast
un **panier** basket
un **panneau** sign
un **pantalon** pair of trousers
une **papeterie** stationer's, newsagent's
le **papier** paper
les **papiers** m.pl. papers, form of identification
un **papillon** butterfly
Pâques Easter
par by
paraître to seem
un **parc** park
parce que because
un **pardessus** overcoat
les **parenthèses** f.pl. brackets
le **pare-brise** windscreen
le **pare-choc** bumper
pareil the same
un **parent** parent, relative
paresseux lazy
parfait perfect
parfois sometimes
le **parfum** perfume, flavour
un **parking** car park
parler to speak
parmi among
une **parole** word
à **part** besides, apart from
partager to share
un **partenaire** partner
participer to take part in
un **particulier** private individual
une **partie** part
partir to leave
à **partir de** from
partout everywhere
parvenir to reach
au **pas** at a walking pace
pas mal not bad
pas tellement not much
un **passager** passenger
le **passage souterrain** subway
un **passant** passer-by
le **passé** the past
un **passeport** passport
passer to spend (time)
se **passer** to happen
~ **de** to do without something
un **passetemps** hobby
passionnant fascinating
les **pâtes** f.pl. pasta
une **patinoire** skating rink
une **pâtisserie** cake shop
une **pause-café** coffee break
la **pause-déjeuner** lunch-break
pauvre poor
payer to pay for
un **pays** country
le **pays de Galles** Wales

le **paysage** scenery, landscape
un(e) **paysan(-ne)** peasant
une **pêche** peach
un **pêcheur** fisherman
peindre to paint
peler to peel
le **pèlerinage** pilgrimage
une **pelouse** lawn
penché leaning
pendant for, during
penser to think
un **pépin** seed, pip
perdre to lose
un **père** father
se **perfectionner** to perfect, improve
le **périphérique** ring road
permettre to allow
un **permis de conduire** driving licence
le **persil** parsley
le **personnage** character
une **personne** person
personnel personal
peser to weigh
la **pétanque** French bowls
petit small, little
le **petit déjeuner** breakfast
une **petite annonce** small ad.
les **petits pois** m.pl. peas
un **peu** a little, few
la **peur** fear, anxiety
peut-être perhaps
un **phare** headlight
une **pharmacie** chemist's
un(e)**pharmacien(-ienne)** chemist
la **philosophie** philosophy
une **photo** photo
une **phrase** sentence, phrase
la **physique** physics
le **piano** piano
une **pièce** room, coin, play
la **pièce** each (fruit etc.)
un **pied** foot
un **piéton** pedestrian
une **pincée** pinch
le **ping-pong** table tennis
un **pique-nique** picnic
une **piqûre** injection
une **piscine** swimming pool
une **piste cyclable** cycle track
une **piste de ski artificielle** dry ski slope
pittoresque picturesque
un **placard** cupboard
une **place** seat, square
le **plafond** ceiling
la **plage** beach
se **plaindre (de)** to complain (of)
plaire (à qqn.) to please (someone)
le **plaisir** pleasure
la **planche à voile** windsurfing
une **plaque d'immatriculation** number plate
plat flat
un **plat** dish
un **plateau** tray
plein full
le **plein air** open air
pleurer to cry, weep
pleuvoir to rain
la **plongée sous-marine** sub-aqua diving
plonger to dive, dip
la **pluie** rain
la **plupart de** most of
plus… more…
plusieurs several
plutôt rather

un **pneu** tyre
une **poche** pocket
une **poêle** frying pan
la **poésie** poetry
le **poids** weight
un **point** stitch, full stop
un **point noir** black spot
une **poire** pear
un **poireau** leek
un **poisson rouge** goldfish
une **poissonnerie** fishmonger's
le **poivre** pepper
un **poivron vert** green pepper
la **politique** politics
pollué polluted
une **pomme** apple
une **pomme de terre** potato
les **pompiers** m.pl. fire brigade
un **pompiste** petrol pump attendant
un **pont** bridge
le **port** port
~ **de pêche** fishing port
un **porte-monnaie** purse
porter to wear, carry
la **portière** door
le **Portugal** Portugal
poser to put
la **poste** post-office
un **poste** job, position
le **potage** soup
une **poubelle** dustbin
la **poudre** powder
une **poule** hen
le **poulet** chicken
pour for, in order to
un **pourboire** tip
pourquoi why
pourtant however
pousser to grow, push
la **poussière** dust
pouvoir to be able, can
une **prairie** meadow
préférer to prefer
premier(-ière) first
prendre to take
prendre en charge to take care of, sort out
le **prénom** first name
préparer to prepare
près near
se **présenter** to introduce oneself
presque almost, nearly
la **presse** press
être **pressé** to be in a hurry
la **pression** pressure
prêt ready
prêter to lend
prévoir to foresee
prier to request, ask, beg
principal main
principalement mainly
le **printemps** Spring
un **prisonnier** prisoner
privé private
un **prix** prize, price
prochain next
proche near
un **professeur** secondary school teacher
profiter to take advantage of
un **projet** plan
prolonger to extend
se **promener** to go for a walk, to go for a trip
promettre to promise
propice favourable
à **propos (de)** by the way, (about, concerning)
proposer to suggest
propre own, clean

le propriétaire owner
en provenance de from the direction of, coming from
la prudence caution
la publicité advertising
puis then, next
puisque since, seeing that
un pull(-over) jumper, pullover
la purée (de pommes) mashed potato

Q

un quai platform
quand when
un quartier district
quatorze fourteen
quatre four
que that
quel (quelle, quels, quelles)? what?
quelle que soit whatever
quelque some, a few
quelquefois sometimes
quelque part somewhere
quelqu'un someone
une question question
une queue tail, queue
qui who
quinze fifteen
quitter to leave
quoi what
quotidien daily

R

raccourcir to shorten
la radio radio
un radis radish
un ragoût stew
raid straight, stiff
du raisin grapes
une raison reason
ramasser to collect together, pick up
un rang row
ranger to sort out, put in order
rapide fast
se raser to get shaved
rater to fail
récemment recently
une recette recipe
recevoir to receive
une récompense reward
reconnaître to recognise
la récréation break
reculer to go back, reverse
redoubler to repeat the year (at school)
un réfrigérateur fridge
regarder to look at, watch
un régime diet
une région area, region
une règle rule, ruler
rejoindre to join, contact
remercier to thank
remplacer to replace
remplir to fill
remporter to achieve, take away
remuer to move
rencontrer to meet
un rendez-vous appointment, meeting
rendre to return, give back
rendre visite to visit (person)
renforcer to reinforce

les renseignements *m.pl.* information
renseigner to inform
rentrer to return home
renverser to spill, knock over
réparer to repair
la répartition sharing out
un repas meal
repasser to iron
répéter to repeat
répondre to reply
le repos rest, relaxation
un réseau network
réserver to reserve, book
respirer to breathe
un responsable person responsible, representative
ressembler à to look like, resemble
un restaurant restaurant
rester to stay, remain
restituer to return, hand back
en retard late
retarder to put back, delay
une retenue hold up
le retour return journey
une réunion meeting
réunir to bring together
réussir to succeed
un rêve dream
un réveille-matin alarm clock
se réveiller to wake up
une revue magazine
le rez-de-chaussée ground floor
un rideau curtain
rien nothing
rire to laugh
une rivière river
le riz rice
une robe dress
un robinet tap
un robot-chef food processor
les rognons *m.pl.* kidneys
le roi king
romain Roman
un roman novel
un roman policier crime story, thriller
rond round
un rond-point roundabout
une rondelle round slice
rose pink
une roseraie rose garden
un rosier rose bush
un rôti de bœuf roast beef
une roue wheel
rouge red
rouler to drive
une route road
le Royaume Uni United Kingdom
une rue street

S

le sable sand
un sac bag
sacré holy
sage wise, good
sain healthy
une saison season
une salade salad
sale dirty
salé salty, savoury
une salle à manger dining-room
une salle de bains bathroom
une salle de séjour living room
un salon lounge
salut! Hi!

samedi Saturday
sans without
~ doute doubtless
~ interruption without a break
la santé health
la sauce sauce, gravy
la sauce vinaigrette French dressing
le saucisson continental sausage
sauf except
sauter to jump
sauvage wild
se sauver to escape
savoir to know (a fact, how to do something)
le savon soap
la science-fiction science-fiction
les sciences *f.pl.* science
scolaire *adj.* school
une séance performance, showing (of film)
sécher to dry
un séchoir hair dryer
une secrétaire secretary
sécurisant reliable
seize sixteen
un séjour stay
le sel salt
la selle saddle
selon according to
une semaine week
semblable similar
sembler to seem
un sens sense, meaning
sensible sensitive
sentir to feel, sense
sept seven
septembre September
sérieux serious
un serpent snake
serrer la main to shake hands
une serviette towel
servir to serve
seul alone
sévère strict
le shampooing shampoo
si if, yes
un siècle century
un siège seat, head office
le sifflet whistle
un sigle abbreviation
signaler to point out
s'il vous plaît please
sinon otherwise
un sirop fruit squash
situé situated
six six
le ski skiing
le ski nautique water-skiing
une sœur sister
la soie silk
soigneusement carefully
le soin care
le soir evening
une soirée evening
soit...soit either...or
le sol ground, soil
une solde sale bargain
un soldat soldier
le soleil sun
le sommeil sleep
un sommet height, peak
son (sa, ses) his, her, its
un sondage opinion poll
la sonnerie bell
le sort fate
la sortie exit
sortir to go out
une soucoupe saucer

soudain suddenly
souffrir to suffer
souhaiter to wish, want
souligner to underline
la soupe soup
une souris mouse
des sous *m.pl. fam.* money, cash
sous terre underground
un souvenir memory
souvent often
un spectacle show
le sport sport
un stade stadium
un stage course
une station balnéaire seaside resor
une station de métro underground station
une station-service petrol station
stationner to park
un studio bedsitter
un stylo pen
le sucre sugar
sucré sweet
le sud south
suffisamment sufficiently, enou
la Suisse Switzerland
suivant following
suivre to follow
super 4-star petrol
un supermarché supermarket
sur on, about
sûr safe
le surnaturel supernatural
surnommer to nickname
surtout above all
un surveillant student who supervises pupils during school hours
survenir to occur, happen
svelt slender
sympa(-thique) nice, good
un Syndicat d'Initiative tourist office

T

le tableau board, picture
un tabouret stool
un tache stain
une tâche task
la taille size
tandis que whilst
tant so much
tant mieux so much the better
une tante aunt
le tapis carpet
tard late
plus ~ later
une tartine piece of bread and butter and/or jam
un tas heap, pile
une tasse cup
un(e) technicien(-ienne) technician
tel (telle) such
téléphoner to telephone
la télévision television
un témoignage personal account, evidence
un témoin witness
le temps time, weather
tenir to hold
le tennis tennis
une tentative attempt
une tente tent
la terminale final year at lycée
se terminer to end, finish
un terrain ground, pitch
la terre earth
la tête head

le thé tea
le théâtre theatre
le thym thyme
un tiers a third
un timbre stamp
timide shy
tirer to pull
un tiroir drawer
le tissage weaving
un tissu fabric, material
toi you
une toile d'araignée spider's web
le toit roof
une tomate tomato
tomber to fall
tomber en panne to break down
un torchon tea towel
tôt early
toujours always, still
à tour de rôle each in turn
tourner to turn
tousser to cough
tout all, every
tout de suite straight away,
    immediately
tout droit straight ahead
tout le monde everybody
le train train
en train de in the process of
le traitement treatment
traiter to treat
un trajet journey
une tranche slice
tranquille quiet
le transport public public transport
travailler to work
traverser to cross
treize thirteen
très very
le trésor treasure
un trimestre term
triste sad
trois three
un trois-pièces three-roomed flat
se tromper to make a mistake
trop too many, too much
le trottoir pavement
trouver to find
se trouver to be found, to be
    situated
un truc thing
une truite trout
se tutoyer to use 'tu'
typique typical

U

un (une) a, an, one
unique only
une usine factory
utile useful

V

les vacances f.pl. holidays
une vache cow
vaincre to conquer
la vaisselle crockery
valable valid
une valise suitcase
la vapeur steam
une vedette (de cinéma) (film-) star
la veille the day before
veiller to supervise
un vélo bicycle
un vélomoteur small motorbike
    (50cc – 125cc)
le velours velvet

un(e) vendeur(-euse) sales assistant
vendre to sell
vendredi Friday
venir to come
venir de to have just
le vent wind
un verger orchard
vérifier to check
la vérité truth
un verre glass
vers towards
un vers worm
vert green
une veste jacket
la vestiaire cloakroom
un vêtement article of clothing
un vétérinaire vet
veuillez (from vouloir) kindly,
    please
veuf (veuve) widowed
la viande meat
vide empty
la vie life
un village village
une ville town
le vin wine
le vinaigre vinegar
un virage bend
le visage face
la vitesse speed
une vitre window pane
une vitrine shop window
vivement brightly, smartly
vivre to live
voilà here is, here are
la voile sailing
voir to see
un voisin neighbour
une voiture car
une voix voice
un vol flight
le vol à voile gliding
le volant steering wheel
voler to steal, to fly
le volley volley ball
volontiers willingly
vouloir to wish, want to
vouloir dire to mean
vous you
votre (vos) your
se vouvoyer to use 'vous'
le voyage journey
voyager to travel
vrai true
vraiment really, truly
la vue view

Y

y there
un yaourt yoghurt
les yeux m.pl. eyes

Z

zut! blast!

Index to vocabulary sections

Index to Grammar

Calendrier

JANVIER

1	JOUR DE L'AN	16	S MARCEL
2	S BASILE	17	Se ROSELINE
3	Se GENEVIÈVE	18	Se PRISCA
4	S ODILON	19	S MARIUS
5	S ÉDOUARD	20	S SÉBASTIEN
6	ÉPIPHANIE	21	Se AGNÈS
7	S RAYMOND	22	S VINCENT
8	S LUCIEN	23	S BARNARD
9	Se ALIX	24	S FRANÇ. SALES
10	S. GUILLAUME	25	CONV. S. PAUL
11	S PAULIN	26	Se PAULE
12	Se TATIANA	27	Se ANGÈLE
13	BAPT. DU SEIGNEUR	28	S THOMAS D'AQ.
14	Se NINA	29	S GILDAS
15	S REMI	30	Se MARTINE
		31	Se MARCELLE

FEVRIER

1	Se ELLA	16	Se JULIENNE
2	PRÉSENTATION	17	S ALEXIS
3	S BLAISE	18	Se BERNADETTE
4	Se VÉRONIQUE	19	MARDI GRAS
5	Se AGATHE	20	CENDRES
6	S GASTON	21	S PIERRE DAMIEN
7	Se EUGÉNIE	22	Se ISABELLE
8	Se JACQUELINE	23	S LAZARE
9	Se APOLLINE	24	CARÊME
10	S ARNAUD	25	Se ROMÉO
11	N.-D. LOURDES	26	S NESTOR
12	S FÉLIX	27	Se HONORINE
13	Se BÉATRICE	28	S ROMAIN
14	S VALENTIN		
15	S CLAUDE		

MARS

1	S AUBIN	16	Se BÉNÉDICTE
2	S CH. LE BON	17	S PATRICE
3	S GUÉNOLÉ	18	S CYRILLE
4	S CASIMIR	19	S JOSEPH
5	Se OLIVE	20	S HERBERT
6	Se COLETTE	21	Se CLÉMENCE
7	Se FÉLICITÉ	22	Se LÉA
8	S JEAN DE DIEU	23	S VICTORIEN
9	Se FRANÇOISE	24	Se CATH. DE SU.
10	S VIVIEN	25	ANNONCIATION
11	Se ROSINE	26	Se LARISSA
12	Se JUSTINE	27	S HABIB
13	S RODRIGUE	28	S GONTRAN
14	Se MATHILDE	29	Se GWLADYS
15	Se LOUISE	30	Se AMÉDÉE
		31	RAMEAUX

AVRIL

1	S HUGUES	16	S BENOÎT-J.-L.
2	Se SANDRINE	17	S ANICET
3	S RICHARD	18	S PARFAIT
4	S ISIDORE	19	Se EMMA
5	VENDREDI SAINT	20	Se ODETTE
6	S MARCELLIN	21	S ANSELME
7	PAQUES	22	S ALEXANDRE
8	Se JULIE	23	S GEORGES
9	S GAUTIER	24	S FIDÈLE
10	S FULBERT	25	S MARC
11	S STANISLAS	26	Se ALIDA
12	S JULES	27	Se ZITA
13	Se IDA	28	SOUV. DÉPORTÉS
14	S MAXIME	29	Se CATHERINE S.
15	S PATERNE	30	S ROBERT

MAI

1	FÊTE TRAVAIL	16	ASCENSION
2	S BORIS	17	S PASCAL
3	SS JACQ./PHIL.	18	S ÉRIC
4	S SYLVAIN	19	S YVES
5	Se JUDITH	20	S BERNARDIN
6	Se PRUDENCE	21	S CONSTANTIN
7	Se GISÈLE	22	S ÉMILE
8	VICTOIRE 1945	23	S DIDIER
9	S PACÔME	24	S DONATIEN
10	Se SOLANGE	25	Se SOPHIE
11	Se ESTELLE	26	PENTECÔTE
12	FÊTE J. D'ARC	27	S AUGUSTIN
13	Se ROLANDE	28	S GERMAIN
14	S MATTHIAS	29	S AYMAR
15	Se DENISE	30	S FERDINAND
		31	VISITATION

JUIN

1	S JUSTIN	16	FÊTE DES PÈRES
2	FÊTE DES MÈRES	17	S HERVÉ
3	S KÉVIN	18	S LÉONCE
4	Se CLOTILDE	19	S ROMUALD
5	S IGOR	20	S SILVÈRE
6	S NORBERT	21	S RODOLPHE
7	S GILBERT	22	S ALBAN
8	S MÉDARD	23	Se AUDREY
9	FÊTE DIEU	24	S JEAN-BAPT.
10	S LANDRY	25	S PROSPER
11	S BARNABÉ	26	S ANTHELME
12	S GUY	27	S FERNAND
13	S ANTOINE P.	28	S IRÉNÉE
14	SACRÉ-CŒUR	29	SS PIERRE/PAUL
15	Se GERMAINE	30	S MARTIAL

JUILLET

1	S THIERRY	16	N.-D. Mt CARMEL
2	S MARTINIEN	17	Se CHARLOTTE
3	S THOMAS	18	Se FRÉDÉRIC
4	S FLORENT	19	S ARSÈNE
5	S ANTOINE-M. 187-178	20	Se MARINA
6	Se MARIETTE	21	S VICTOR
7	S RAOUL	22	Se MARIE-MAD.
8	S THIBAUT	23	Se BRIGITTE
9	Se AMANDINE	24	Se CHRISTINE
10	S ULRICH	25	S JACQ. MAJ.
11	S BENOIT	26	Se ANNE
12	S OLIVIER	27	Se NATHALIE
13	SS HENRI/JOEL	28	S SAMSON
14		29	Se MARTHE
15	S DONALD	30	Se JULIETTE
		31	S IGNACE DE L.

AOUT

1	S ALPHONSE	16	S ARMEL
2	S JULIEN	17	S HYACINTHE
3	Se LYDIE	18	Se HÉLÈNE
4	S J.-M. VIANNEY	19	S JEAN EUDES
5	S ABEL	20	S BERNARD
6	TRANSFIGURATION	21	S CHRISTOPHE
7	S GAÉTAN	22	S FABRICE
8	S DOMINIQUE	23	Se ROSE
9	S AMOUR	24	S BARTHÉLEMY
10	S LAURENT	25	S LOUIS
11	Se CLAIRE	26	Se NATACHA
12	Se CLARISSE	27	Se MONIQUE
13	S HIPPOLYTE	28	S AUGUSTIN
14	S ÉVRARD	29	Se SABINE
15	ASSOMPTION	30	S FIACRE
		31	S ARISTIDE

SEPTEMBRE

1	S GILLES	16	Se ÉDITH
2	Se INGRID	17	S RENAUD
3	S GRÉGOIRE	18	Se NADÈGE
4	Se ROSALIE	19	Se ÉMILIE
5	Se RAISSA	20	S DAVY
6	S BERTRAND	21	S MATTHIEU
7	Se REINE	22	S MAURICE
8	NATIVITÉ N.-D.	23	S CONSTANT
9	S ALAIN	24	Se THÈCLE
10	Se INÈS	25	S HERMANN
11	S ADELPHE	26	SS COME/DAMIEN
12	S APOLLINAIRE	27	S VINCENT DE P.
13	S AIMÉ	28	S VENCESLAS
14	SAINTE CROIX	29	S MICHEL
15	S ROLAND	30	S JÉRÔME

OCTOBRE

1	Se THÉRÈSE E.-J.	16	Se EDWIGE
2	S LÉGER	17	S BAUDOUIN
3	S GÉRARD	18	S LUC
4	S FRANÇ. ASS.	19	S RENÉ
5	Se FLEUR	20	Se ADELINE
6	S BRUNO	21	Se CÉLINE
7	S SERGE	22	Se SALOMÉ
8	Se PÉLAGIE	23	S JEAN DE CAP.
9	S DENIS	24	S FLORENTIN
10	S GHISLAIN	25	S CRÉPIN
11	S FIRMIN	26	S DIMITRI
12	S WILFRIED	27	Se ÉMELINE
13	S GÉRAUD	28	S SIMON
14	S JUSTE	29	S NARCISSE
15	Se THÉRÈSE D'AV.	30	Se BIENVENUE
		31	S QUENTIN

NOVEMBRE

1	TOUSSAINT	16	Se MARGUERITE
2	DÉFUNTS	17	Se ÉLISABETH
3	S HUBERT	18	Se AUDE
4	S CHARLES BOR.	19	S TANGUY
5	Se SYLVIE	20	S EDMOND
6	Se BERTILLE	21	PRÉSENT. N.-D.
7	Se CARINE	22	Se CÉCILE
8	S GEOFFROY	23	S CLÉMENT
9	S THÉODORE	24	CHRIST-ROI
10	S LÉON	25	Se CATH. LAB.
11	VICTOIRE 1918	26	Se DELPHINE
12	S CHRISTIAN	27	S SÉVERIN
13	S BRICE	28	S JACQ. DE LA M.
14	S SIDOINE	29	S SATURNIN
15	S ALBERT	30	S ANDRÉ

DECEMBRE

1	AVENT 336-029	16	Se ALICE
2	Se VIVIANE	17	S JUDICAEL
3	S FR.-XAVIER	18	S GATIEN
4	Se BARBARA	19	S URBAIN
5	S GÉRALD	20	S. THÉOPHILE
6	S NICOLAS	21	S PIERRE CANIS.
7	S. AMBROISE	22	Se FR.-XAVIÈRE
8	IMM. CONCEPT.	23	S HARTMANN
9	S PIERRE FOUR.	24	Se ADÈLE
10	S ROMARY	25	NOEL
11	S DANIEL	26	S ÉTIENNE
12	Se CHANTAL	27	S JEAN APOTRE
13	Se LUCIE	28	SS INNOCENTS
14	Se ODILE	29	SAINTE FAMILLE
15	Se NINON	30	S ROGER
		31	S SYLVESTRE